To B 增长实战

高阶思维与实战技能全解

tobcgo
A PRACTICAL
GUIDE TO DRIVING
B2B GROWTH

朱　强　张　艳　董金伟　黄海钧　王庆峰　沈立昀
刘　玺　谭　彬　王　曼　肖九长　徐　晨　唐　艳
洪　鸿　冯　洋　荣　华　崔希真　鲁　扬　李　洋　著
陈　尘　黄宙有　袁华杰　张成燕　陈　楠　马西伯
蒋梦瑶　邹　叔

机械工业出版社
CHINA MACHINE PRESS

图书在版编目（CIP）数据

To B 增长实战：高阶思维与实战技能全解 / 朱强等著 . —北京：机械工业出版社，2024.1
ISBN 978-7-111-74427-6

Ⅰ . ①T… Ⅱ . ①朱… Ⅲ . ①企业管理 – 研究 Ⅳ . ① F272.1

中国国家版本馆 CIP 数据核字（2023）第 243126 号

机械工业出版社（北京市百万庄大街 22 号　邮政编码 100037）
策划编辑：孙海亮　　　　　　　责任编辑：孙海亮
责任校对：孙明慧　张　薇　　　责任印制：郜　敏
三河市宏达印刷有限公司印刷
2024 年 1 月第 1 版第 1 次印刷
147mm×210mm・14.5 印张・3 插页・457 千字
标准书号：ISBN 978-7-111-74427-6
定价：119.00 元

电话服务　　　　　　　　网络服务
客服电话：010-88361066　　机 工 官 网：www.cmpbook.com
　　　　　010-88379833　　机 工 官 博：weibo.com/cmp1952
　　　　　010-68326294　　金 书 网：www.golden-book.com
封底无防伪标均为盗版　机工教育服务网：www.cmpedu.com

前言

为什么要写这本书

2018年时我还是一个To B企业市场总监，那时候有几个问题一直缠绕着我：作为一个To B市场总监，我的能力在业界到底是什么水平？我的未来需要如何规划？我需要强化或学习什么技能？到底怎样从上到下制定一套完整的To B企业增长策略？

那时的我对这些问题解答不上来，甚至不知道症结在哪里。现在回过头去看，其实背后的原因就是我没有一套能力体系。现在的市场人，大部分都如当年的我一样。

为了帮助市场人从根本上解决能力体系问题，我借助To B CGO这个平台，联合来自多家知名企业的多位专家（一部分来自IBM、SAP、字节跳动等国内外知名大企业，一部分来自国内To B细分领域龙头企业，还有一部分来自To B营销细分领域）一起研讨To B市场人能力体系到底包括什么，如何落地，如何衡量，标准是什么。我们的目标是打造一套业内公认的、相对科学的能力体系，帮助To B市场人规划成长路径，帮助To B企业的CEO确认自己到底该找什么样的To B市场人，帮助To B市场团队构建完整的运营与增长体系。

通过大家的不懈努力，最终我们得到了一套能力体系。虽然这套体系还处于雏形状态，但是我们认为它可以帮助当下的To B市场人解决成长和定位问题。而您现在拿到的这本书，就是对这套能力体系中所有核心内容的完整呈现。

读者对象

- **To B 企业市场、销售一线从业者**。本书包含很多实用的工具、技巧和案例，一线从业者不仅可以直接参照执行并取得预期效果，还能提升认知，提高业务水平。
- **To B 企业市场总监**。从策略到团队再到落地，本书为 To B 企业市场总监提供了一整套解决方案。这向上可以帮助其与高管层更好地沟通，获得更多的支持和理解；向下可以帮助其指导、监督团队工作，通过抓重点和要点带动团队的整体业绩稳步上升。
- **To B 企业市场副总裁**。本书不仅包含战略层面的内容，还包含 20 多家知名企业在不同层面的落地方法，这可以帮助 To B 企业市场副总裁统揽全局，制定有效的市场策略。
- **To B 企业 CEO**。To B 企业 CEO 可以通过本书了解 To B 企业市场工作的全貌，明确不同层面工作的重点，从而判断市场走势，把控公司的发展方向。

如何阅读这本书

如果说《To B 增长实战：获客、营销、运营与管理》（简称《To B 增长实战 1》，书号为 978-7-111-71013-4，已由机械工业出版社出版）是帮助大家掌握 To B 营销基础知识的指导手册，那么本书就是帮助大家塑造能力体系的指导手册。

本书从逻辑上分为思维与执行两大板块，并按照市场人工作的顺序组织相关内容。

- 思维板块（第 1～6 章）站在企业高管层面，对市场战略的制定、营销数字化的规划与落地、品牌生态的建设进行深度解读。本书采用的不是让你读完依然找不到落地抓手的"说教式"解读方式，而是以解决方案的形式组织内容，让你看后不仅知道如何制定相关的策略，还知道如何落地策略。所以无论是高管层的 CEO 或市场副总裁，还是中层管理者，都能在这里看到想要的东西。

- 执行板块（第 7~23 章）是对思维板块得到的市场策略的细分和直接落地，其中涉及方法、团队、渠道、工具等多维度的内容。这部分按照市场策略中内容的先后顺序展开：首先介绍市场团队的落地策略，这里按市场部架构、SDR 团队、产品团队三个方面展开；有了人的支撑之后，介绍市场工作的基础——市场调研，这是所有市场工作的发端；接着按照市场工作从上到下的顺序，并结合市场工作的重要性依次介绍了公关、舆情、生态、渠道等工作的具体落地方法；最后给出市场人必须掌握的工具，包括新闻稿、短视频、直播、背书体系、活动、社群、官网、SEM 等的高阶落地方法。中层管理者要认真学习这部分，尤其是与团队和市场调研相关的内容；一线从业者一定要精读这部分内容，尤其是工具部分。

致谢

首先，感谢 To B CGO 社群成员的持续关注和大力支持。

其次，感谢所有参与能力体系研究的专家。限于篇幅及能力体系精简性要求，不少专家的文章未能列入本书，对此我一直觉得是一大遗憾。

再次，感谢本书的所有作者，大家的付出将帮助所有 To B 企业及市场人获得更大成功。

最后，感谢我的爸爸、妈妈、女朋友和各路好友的鼎力支持！

朱强

2023 年 10 月

目录

前言

01 如何制定高质量的市场战略 / 董金伟　　1

第 1 节　引言：战略的品级　　1
第 2 节　"攻城"：后发制人的市场战略开发　　3
第 3 节　"伐兵"：红海中的短兵相接　　4
第 4 节　"伐交"：建立丰富多彩的生态型市场战略　　6
第 5 节　"伐谋"：刷新战略，重新定义赛道及战场　　9
第 6 节　总结：周而复始，一个螺旋式上升的过程　　10

02 To B 市场战略落地的 4 项工作 / 张艳　　12

第 1 节　To B 市场变化及应对措施　　12
第 2 节　构建持续的市场洞察　　14
第 3 节　聚焦主业及优质客户　　16
第 4 节　善用市场生态资源　　21
第 5 节　策划整合营销战役　　23

03　To B 营销数字化规划与落地 / 邹叔　　26

第 1 节　数字营销助力企业营销升级　　26
第 2 节　营销数字化赋能数字营销进化　　30
第 3 节　营销数字化的规划与落地　　33

04　To B 品牌的规划与塑造 / 黄海钧　　43

第 1 节　品牌规划：设计品牌发展的顶层架构　　44
第 2 节　品牌塑造：三大手段塑造品牌影响力　　49

05　建立品牌内容制高点：To B 白皮书营销 / 鲁扬　　57

第 1 节　什么是白皮书　　57
第 2 节　如何开展白皮书营销　　60
第 3 节　白皮书营销成功要素和避坑指南　　68

06　To B 企业品牌视觉规划 / 王庆峰　　70

第 1 节　基础规划　　71
第 2 节　交付执行　　93
第 3 节　验收 / 考核　　98

07　To B 市场部架构设计 / 沈立昀　　101

第 1 节　重新理解架构设计的本质和重要性　　102
第 2 节　不同阶段的市场策略及架构设计　　103

08　搭建 SDR 团队 / 刘玺　　109

第 1 节　市场营销中为什么需要 SDR　　109

第 2 节　如何搭建 SDR 团队　　　　　　　　113
第 3 节　SDR 的工作技巧　　　　　　　　　116
第 4 节　SDR 的考核、薪酬和成长　　　　　128

09 产品商业化及产品市场团队规划 / 王曼、谭彬　　131

第 1 节　产品商业化的流程与实践　　　　　131
第 2 节　产品市场工作中的"人"　　　　　140

10 市场调研与分析 / 肖九长　　153

第 1 节　市场调研框架　　　　　　　　　　154
第 2 节　市场调研方式　　　　　　　　　　159
第 3 节　市场调研的一般程序　　　　　　　159
第 4 节　市场调研的应用　　　　　　　　　161

11 To B 公关传播规划与管理 / 徐晨　　163

第 1 节　明确公关的方向和目标　　　　　　163
第 2 节　制订全面的公关计划　　　　　　　169
第 3 节　推动公关计划的落地　　　　　　　177
第 4 节　评估公关的价值　　　　　　　　　190

12 市场舆情监测和管理 / 唐艳　　192

第 1 节　企业负面舆情频发的原因　　　　　192
第 2 节　舆情传播的底层逻辑　　　　　　　194
第 3 节　4 类常见的负面舆情　　　　　　　196
第 4 节　企业如何做好舆情管理　　　　　　199

13　To B 企业下一个主阵地——生态圈 / 洪鸿　　219

第 1 节　构建市场生态圈的必要性　　219
第 2 节　合作生态矩阵全景　　221
第 3 节　商业生态的落地路径：在技术与商业价值侧共振　　228
第 4 节　不同生态板块价值点分析　　232
第 5 节　To B 企业生态圈的战略意义与愿景　　236

14　To B 渠道管理实战 / 冯洋　　237

第 1 节　To B 渠道概述　　237
第 2 节　To B 渠道全生命周期管理　　240
第 3 节　渠道管理中的市场人员　　248
第 4 节　市场人员目标的制定与落地　　255
第 5 节　经销商资质评估表　　259

15　To B 企业公众号规划与运营 / 荣华　　262

第 1 节　用做产品的思维来运营公众号　　263
第 2 节　掌握平台机制，让公众号体系搭建赢在起跑线　　270
第 3 节　To B 企业公众号运营"铁三角"　　276

16　To B 新闻稿撰写实战 / 崔希真　　293

第 1 节　新闻稿对 To B 企业品牌传播的作用　　294
第 2 节　To B 企业新闻稿的常见类型　　295
第 3 节　To B 企业撰写新闻稿之前要做的准备　　297
第 4 节　好的 To B 企业新闻稿的典型特点　　300
第 5 节　新闻稿的结构与行文　　303
第 6 节　执行层面的挑战与解决办法　　308
第 7 节　成功的 To B 企业是如何讲故事的　　308

17　To B 短视频策划与制作 / 李洋　　310

第 1 节　短视频发展概况　　311
第 2 节　制作企业短视频的准备工作　　313
第 3 节　如何策划优质内容　　316
第 4 节　从 0 到 1 制作短视频　　318
第 5 节　短视频的运营与规范　　326

18　To B 直播实战 / 陈尘　　329

第 1 节　深入理解 To B 直播　　330
第 2 节　To B 直播体系规划与平台矩阵构建　　331
第 3 节　To B 品效直播搭建策略　　335

19　To B 企业的客户背书体系建设策略与运营 / 袁华杰　　351

第 1 节　从两个小故事说起　　351
第 2 节　客户背书体系建设策略全解　　352

20　线下活动策划与营销 / 陈楠　　359

第 1 节　写给活动人的话　　359
第 2 节　如何做好线下活动　　361
第 3 节　活动组合策略　　365
第 4 节　活动人的"灵魂拷问"　　368

21　从零开始打造中高端社群 / 朱强　　370

第 1 节　社群的底层逻辑　　370
第 2 节　一级增长——基础盘　　373

第 3 节　二级增长——加速盘　　　　　　　　　385
第 4 节　三级增长——规模盘　　　　　　　　　396

22　To B 官网搭建与运营 / 马西伯　　　　　399

第 1 节　高质量官网的标准：从感性到理性都要做好　　400
第 2 节　了解网站策划流程　　　　　　　　　407
第 3 节　网站开发制作流程　　　　　　　　　420
第 4 节　官网的公域拓客及私域转化的闭环设计　　422
第 5 节　自研还是外包　　　　　　　　　　　429
第 6 节　归因、表单及常用运营工具　　　　　432

23　SEM 营销与实战 / 蒋梦瑶　　　　　　440

第 1 节　SEM 执行流程　　　　　　　　　　441
第 2 节　SEM 的团队管理　　　　　　　　　449

附录　中文名称与英文缩略语对照表　　　　　　451

01

如何制定高质量的市场战略

——董金伟

董金伟 Bizmeme合伙人,具有20多年的营销管理工作经验。曾在IBM、亚马逊、华为等公司从事营销管理、营销战略咨询、品牌管理等工作。擅长营销战略开发、品牌管理、数字营销、营销战役规划和实施,熟悉营销理论且具有丰富的营销实战经验。

市场战略承接业务战略,用于指导营销资源的分配和使用,从而对业务结果提供强有力的支撑。不同公司的决策层对营销团队的定位和期待有所不同,CMO本身的业务经验和战略水平也有比较明显的差异,从而导致市场战略的高度和可实施性有较大的差异。

本章旨在分享如何制定高质量的市场战略,以便市场营销领域的从业者提升战略思维能力,掌握市场战略的开发技巧,轻松完成有高度、可落地的市场战略。

第1节 引言:战略的品级

上兵伐谋,其次伐交,其次伐兵,其下攻城。

——《孙子兵法·谋攻篇》

这句话的大概意思是，最好的交战策略是谋略胜敌，其次是以外交手段战胜敌人，再次就是兵戎相见，最下等的办法就是攻城，即动用大量的武力器械进攻已经防护得很好的敌方城池。

下面从市场战略的角度理解这段话。

1）**伐谋**：最好的市场战略是在策略上下功夫，包括品牌的顶层设计、赛道和市场的选择、产品和技术的定位，让自己的企业始终在市场中占据优势地位。

2）**伐交**：和产业的上下游、第三方营销者以及客户建立战略联盟，找到大家利益一致的点，做到合作共赢。同时与政府的产业方向保持一致，与客户的期待保持一致，符合大多数利益相关者甚至老百姓的期望，构筑攻防兼备的工事，达到事半功倍的效果。

3）**伐兵**：这是短兵相接的实战策略，根据竞争对手的动作和业务部门的要求，调动营销组合手段，通过扩大传播来占领用户的心智阵地，产生销售线索，加速线索的孵化和转化，提升市场占有率。

4）**攻城**：这是很多成长型的 ToB 企业不得不面对的，即在友商已经占据优势地位的成熟市场里展开攻势，获得品牌认知，争取业务机会，强化品牌联想，获取并培养忠实客户。

在我们的业务当中，上述这4个层次其实是一个金字塔的关系（见图1-1）。上面的层次需要以下面层次的策略为条件，我们先经历进入市场的艰难阶段，再进入与竞争对手平等竞争的"互殴"阶段。有了一定

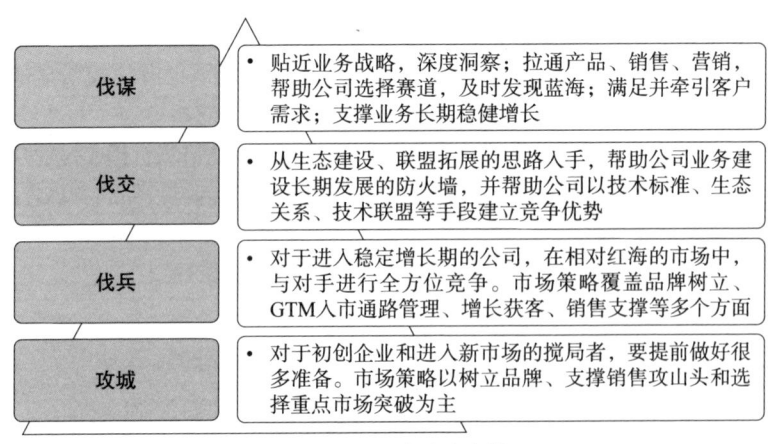

伐谋	• 贴近业务战略，深度洞察；拉通产品、销售、营销，帮助公司选择赛道，及时发现蓝海；满足并牵引客户需求；支撑业务长期稳健增长
伐交	• 从生态建设、联盟拓展的思路入手，帮助公司业务建设长期发展的防火墙，并帮助公司以技术标准、生态关系、技术联盟等手段建立竞争优势
伐兵	• 对于进入稳定增长期的公司，在相对红海的市场中，与对手进行全方位竞争。市场策略覆盖品牌树立、GTM入市通路管理、增长获客、销售支撑等多个方面
攻城	• 对于初创企业和进入新市场的搅局者，要提前做好很多准备。市场策略以树立品牌、支撑销售攻山头和选择重点市场突破为主

图1-1　市场战略金字塔

的资本，再开始建立自己的生态并对目标群体产生影响。最后才能实现精准的定位，树立起足够高的战略壁垒。因此，为了让大家能够容易理解并迅速掌握4种层次的市场战略开发方法，本章将从第四个层次的市场战略开始，逐一介绍制定市场战略的要素和模板。

第2节 "攻城"：后发制人的市场战略开发

对于一个市场的后进者来说，在一个比较成熟的市场破冰，将会面临很多挑战，尤其是那些品类和赛道比较明确的、竞争对手耕耘了很长时间的市场。从这个角度来说，最需要投资并攻克的是种子客户，并建立市场对自己品牌的认知。就To B客户而言，让客户了解并且接纳一个新的品牌，最有效的方法是让客户迅速了解、感知新的品牌能够带来的差异化价值。因此在这个阶段，对价值主张的提炼和沟通变得尤为重要。

为了集中攻坚力量，所有的媒体资源和宣传内容都要围绕价值主张来展开。这就意味着需要有强有力的创意和口号，围绕着目标客户喜闻乐见的媒体，用其喜闻乐见的方式进行传播。客户对新的品牌有所了解之后，自然会通过自己的主动搜索和浏览来查询并获取更多的资料。因此，在传播方面进行投入之前，要准备好足够的自媒体内容。其中最重要的阵地就是官网和官方的社媒账号。一定要准备好比较有说服力的成功案例，树立标杆客户，围绕标杆客户展开一系列能扩大影响的活动，比如在第三方会议上发言，与客户联合发布白皮书等。

在这个阶段，营销团队需要辅助销售团队锁定局部市场（典型行业或者高价值区域），攻下具有代表意义的"城池"（样板客户）。可能有很多的预算和资源要投入到对销售的支持上（比如一些垂直行业的会议等）。这时的营销战役就和攻城战役一样，要用一定的资源来做大量的准备工作，在战役开始后的一段时间内，都要保持较高的投入。《孙子兵法》为什么说攻城是最下策呢？意思就是攻城所要花费的时间和精力是最多的。当然，在迫不得已的时候或者说需要攻城略地的时候，这种策略是必备的。

下面是一个简单的战略框架，大家可以根据业务情况酌情进行增减。

"攻城"阶段的市场战略框架
1. 市场洞察 　1）市场描述：行业，区域，产品品类 　2）竞争对手情况：排名靠前的几个重要友商的市场占有率，产品和技术特征，渠道策略，营销动作 　3）客户需求描述：典型客户画像，客户需求，典型客户采购流程 　4）SWOT分析，从市场信息分析角度找出相关策略的思路
2. 将业务战略分解到营销战略 　1）业务目标：目标市场，目标客户，目标业绩 　2）重点行业路线图，渠道开发策略，将业务目标分解到营销目标
3. 市场计划：如何进入新市场 　1）市场定位及价值主张 　2）目标客户及目标受众 　3）传播计划 　4）客户相关营销动作：举办会议，建设样板点，建设展厅 　5）与销售团队配合的机制和流程，线索传递 　6）自媒体矩阵：官网、官微、社媒账号 　7）战役计划及重要活动列表 　8）内部赋能 　9）营销团队能力建设，工具与流程建设，供应商策略 　10）精准广告投放（线上+线下）：尽量选择有行业或者产业属性的媒体，不建议选择大众媒体
4. 人力资源及预算

第3节 "伐兵"：红海中的短兵相接

与势均力敌的竞争对手展开全面竞争，这种局面是每一个To B企业必然要经历的。在这种态势下，市场部从幕后走到前台，和销售部并肩作战，以求在整个公司的业务版图中发挥最大作用。

在这个阶段，CMO要积极向上走，稳住自己在公司管理层的核心地位。市场部不仅要提供基础支撑，还要拓展自己的战场。在这个阶段，品牌的重点业务已经从最开始的获得品牌认知，发展到增加对客户的心智占领以支撑公司获得更高的市场份额。这是一个全方位竞争的阶段，所以增长的要求就是我们所说的需求生成，这也是营销团队的主要任务。在这个阶段要大力攻下更多的"城池"，也就是说企业需要把主要精力放在市场拓展上，比如将某一个成功案例复制到其他的业务上，或者尽量增加某一个行业的客户基数。

因此，这个阶段的营销基调是在上一个阶段形成的客户对产品认知的基础上，开始注意增长并扩大客户对品牌的认知和信任，开始有选择地培养忠诚的客户。此时，品牌方对客户需求的理解开始深入，产品研发也会更加针对客户需求展开。在这个阶段，如果是 SaaS 厂家，可能有很多的注意力要放在续费和复购上面。分销渠道和合作伙伴在这个阶段的重要性显著提高，但还不是市场战略的业务重心。因为在第一个阶段已经有了很好的工作基础，比如网站和社媒构建，以及逐渐增多的样本客户。在本阶段要更加注重与主要竞争对手的市场争夺。

此外，这也是业务快速增长的阶段，此时充分利用 IT 系统和工具能够提升工作效率并缩短响应时间，使业务动作更加敏捷，因此应用 Martech 及建立营销数据库的需求，在此阶段变得更加迫切。这一阶段初始性的投入（网站建设、法务注册）不多，但持续性的建设投入将会增加，因而总体的营销资源投入也会增加。

这一阶段的市场战略框架，在"攻城"框架的基础上，除了大幅增加获客、复购等竞争性的策略之外，还要加上很多建设动作，并加强品牌传播的策略性投入。下面是"伐兵"阶段的市场战略框架，大家同样可以根据自己的业务情况酌情调整。

"伐兵"阶段的市场战略框架
1. 市场洞察 　　1）市场描述：行业，区域，产品品类，**市场容量，增长潜力分析** 　　2）竞争对手情况：排名靠前的几个重要友商的市场占有率，产品和技术特征，渠道策略，营销动作，**友商盈利能力，盈利率，销售资源分析** 　　3）客户需求描述：典型客户画像，客户需求，典型客户采购流程；对当前市场的深度分析，拓展其他产品销售的可能性分析；其他目标市场（行业）的客户及其需求描述，推荐适合进一步突破的市场；随着实际使用产品的用户数量的增多，增加对客户行为和需求的洞察 　　4）SWOT分析，从市场信息分析角度找出相关策略的思路
2. 将业务战略分解到营销战略 　　1）业务目标：目标市场，目标客户，目标业绩 　　2）重点行业路线图，**跨行业拓展路线图**，渠道开发策略，将业务目标分解到营销目标 　　3）**对选定的竞争对手，分别明确竞争策略** 　　4）**交叉销售和复购策略，成功案例规模复制的策略**
3. 市场计划：如何快速增长 　　1）市场定位及价值主张，**面对不同人群形成价值主张矩阵** 　　2）目标客户及目标受众，**跨行业** 　　3）传播计划，**增加声量，提升品牌好感度** 　　4）客户相关营销动作：举办会议，建设样板点，建设展厅 　　5）与销售团队配合的机制和流程，线索传递

(续)

"伐兵"阶段的市场战略框架
6）自媒体矩阵：官网、官微、社媒账号、**客户互动专区建设、客户圈层建设** 7）战役计划及重要活动列表，**针对性竞争战略设计** 8）内部赋能 9）营销团队能力建设，工具与流程建设，供应商策略，**营销IT系统（Martech）规划建设，营销数据库建设** 10）精准广告投放（线上+线下），**跨受众群的品牌广告投放（线上+线下）** 11）数字营销能力建设 12）数据分析能力建设 13）跨产品线和业务部门协同，建立一致性规则和流程 14）增加渠道管理体系
4.人力资源及预算，品牌传播和DG（增长）职能分开

第4节 "伐交"：建立丰富多彩的生态型市场战略

当企业有了基本的营销团队，团队有了基本的营销技能，通过这些技能有了基本的营销动作、流程、工具、体系等后，市场的竞争优势就需要用一些更高级的手段来巩固和加强。这个时候就需要用生态的眼光来制定市场战略。沿着前两层市场战略的思路，生态型市场战略最开始的阶段是开发销售渠道，通过销售渠道的力量拓展对市场的覆盖。

在这个阶段，常用的思路有两个：一是针对渠道伙伴开展营销活动，进行伙伴招募；二是选择一些有优势特点的合作伙伴共同拓展市场。合作伙伴的优势可能是地域型的、客户关系型的、政府关系型的，或者产品和解决方案互补型的。大家可能面对的是同一类客户，但销售的产品大概率不是一类的。

在生态型营销建立的初期阶段，主要目标还是辅助线索生成，也就是帮助销售人员发现、创造、孵化、关闭销售机会。但随着公司的成长，与竞争对手的竞争就开始从竞标、注意力获取这些短兵相接的场景竞争逐渐过渡到更深层次的造势竞争。这里的势，不只是品牌势能和影响力，还包括营商环境、资源获取等。在这个阶段，对客户不再只是销售某些产品和解决方案，而是开始全面洞察客户的需求，解决客户更广、更深的业务痛点，所覆盖的客户层次从使用者、采购者逐步延伸到 CEO、CFO 等战略决策层，这时要考虑客户的国别、客户所处行业的政策、支撑业务发展所需要的 IT 政策等。因此需要有专门的以生态建设为核心的营销策略和打法，以解决更高层次的竞争问题。

这时公司要与有影响力的第三方合作，找到双方或者多方的利益一致点，打造新理念，在传播公司的价值主张方面加强差异化价值的塑造，获得第三方的背书，甚至建立政策性或者技术性的壁垒，获得进一步的竞争优势，帮助企业实现业务发展。更高层次的生态营销，是跨领域建立产业生态战略联盟，如华为的鸿蒙生态、谷歌的安卓生态、苹果的 iOS 生态等。大家需要根据自己企业所在的赛道、发展状态和目标等，酌情选择策略。

通常，在这个阶段，为了获取更高层次的注意，并获得更广泛的企业内部和社会受众的好感，需要开展企业社会责任工作的布局和建设。结合产品特性、公司上下游供应商所处的行业和技术特性，公司要有选择地在特定领域开展企业社会责任活动。此刻，营销的对象已经不再是具体的客户，而是一类崭新的人群。这部分的投入，不是能够简单地通过销售线索的多少来衡量的。决策层需要有勇气投入战略性的资源来建设生态圈，维护生态圈。

在这个阶段，有一些出圈的打法，例如和上下游的伙伴开展联合营销。只要大家看好未来长期的合作，并且在一些重点领域（如社会责任、技术路线）有着共同的看法和长期的利益，就可以通过联合营销来共同表达自己的观点，树立品牌的高度。

这一阶段的市场战略框架，在上两层的基础之上，会显著增加与非客户的第三方合作，平常的营销打法比重降低，但针对重要客户的活动要保留。下面是"伐交"阶段的市场战略框架。

"伐交"阶段的市场战略框架

1. 市场洞察

　　1）市场描述：行业，区域，产品品类；市场容量，增长潜力分析；**产业组织和标准组织分析，公益组织分析**

　　2）竞争对手情况：排名靠前的几个重要友商的市场占有率，产品和技术特征，渠道策略，营销动作；友商盈利能力，盈利率，销售资源分析；**与产业组织和标准组织的关系，社会责任活动及投入，技术联盟状况，政府关系，上游供应商营销合作，对外赞助情况**

(续)

"伐交"阶段的市场战略框架
3）客户需求描述：典型客户画像，客户需求，典型客户采购流程；对当前市场的深度分析，拓展其他产品销售的可能性分析；其他目标市场（行业）的客户及其需求描述，推荐适合进一步突破的市场；随着实际使用产品的用户数量的增多，增加对客户行为和需求的洞察；**客户所处产业地位，与政府的关系，是否参与和承担政府相关产业政策和标准的制定，是否参与行业项目招标采购政策制定，社会责任活动领域，技术联盟情况** 4）SWOT 分析，从市场信息分析角度找出相关策略的思路，列出生态联盟相关动作思路
2. 将业务战略分解到营销战略，**为高速增长提供势能支撑，排除干扰，营造良好的营商环境** 1）业务目标：目标市场，目标客户，目标业绩 2）重点行业路线图，跨行业拓展路线图，渠道开发策略，将业务目标分解到营销目标 3）对选定的竞争对手，分别明确竞争策略 4）交叉销售和复购策略，成功案例规模复制的策略 5）**利用生态联盟，参与政府对产业政策的制定，参与产业标准制定，推进企业社会责任活动**
3. 市场计划：如何快速增长，如何正面进行产品销售竞争，通过生态建设、战略联盟、企业社会责任活动等手段支撑安全的高速增长 1）市场定位及价值主张，面对不同人群形成价值主张矩阵，**目标人群延展到政府、产业组织及对业务发展有影响力的第三方组织（如高校及科研院所等）** 2）目标客户及目标受众，跨行业，**延伸到第三方组织** 3）传播计划，增加声量，提升品牌好感度，**传播与第三方组织合作的内容，增加媒体曝光**，围绕公司品牌理念及核心价值主张加强一致性管理 4）客户相关营销动作：举办会议，建设样板点，建设展厅，**与相关的第三方进行合作营销** 5）与销售团队配合的机制和流程，线索传递；**通过战略联盟伙伴活动，交换、搜集并传递线索；通过第三方组织的会议接触目标客户高层** 6）自媒体矩阵：官网、官微、社媒账号、客户互动专区建设，客户圈层建设；**通过第三方联盟伙伴的自媒体报道相关故事，增加品牌曝光** 7）战役计划及重要活动列表，针对性竞争战略设计，**企业社会责任战略，赞助并参与第三方组织的会议，组织高校学术竞赛、产业技术竞赛等** 8）内部赋能，**调动内部员工，配合企业进行社会责任建设，对外进行行业标准建设** 9）营销团队能力建设，工具与流程建设，供应商策略，营销 IT 系统（Martech）规划建设，营销数据库建设 10）精准广告投放（线上+线下），跨受众群的品牌广告投放（线上+线下），**文体活动赞助** 11）数字营销能力建设，**产业组织关系、企业社会责任流程及能力建设** 12）数据分析能力建设 13）跨产品线及业务部门协同，建立一致性规则和流程 14）增加渠道管理体系，**增加与联盟伙伴的传递渠道和管理流程**
4. 人力资源及预算，品牌传播和 DG（增长）职能分开，**设立生态营销和企业社会责任部门**

第 5 节 "伐谋": 刷新战略,重新定义赛道及战场

市场战略的最高层次是通过营销资源的投入,及时帮助业务战略进行调整,及时选择最有价值的市场,甚至重新定义赛道和战场,让竞争对手按照我们设计的规则来竞争,从而占据不败的竞争地位。

本节讨论最高层次的市场战略,即在兼顾红海竞争的同时,及时寻找并开辟蓝海,迅速将更多资源投入到蓝海。亚马逊推出的 AWS 云计算服务,是开创新蓝海的典范。

公司自己开创一个崭新的市场,自己定义玩法,这个市场就是蓝海市场。所有的蓝海,因为投入产出比非常高,一定会吸引大量效仿者,所以蓝海有变为红海的可能。"伐谋"的市场战略,要利用各种营销手段给竞争对手设置障碍,尽量拖延蓝海变为红海的时间,同时留出足够的资源提前布局新的蓝海。这样的案例很多,笔者认为谷歌是自己定义赛道的佼佼者,它在某个领域不断推出新的玩法,扩展生态,储备足够多的技术专利,让自己始终保持领先地位。在这种情况下,竞争优势能够得到长期保持。

这一阶段的市场战略,与公司的业务战略有很多的重合。如果公司有战略部门,那么这个阶段的大部分工作应该由这个部门来执行,营销团队是战略的促成者,提供市场洞察,包括市场情报和营销数据的分析等。如果公司没有专门的战略部门,CMO 要帮助 CEO 制定业务战略。

这部分的工作和前面 3 个层次的工作有着本质的不同。这部分要回答的是"企业的客户在哪里""客户的需求是什么""如何长期满足客户的需求"这三个核心问题。同时,战略制定经常要跳出现有的思维方式,用拓展、替代的思路探讨开发新市场的可能。比如:公司现有能力能不能服务其他类型的客户?公司能不能离开现有市场区域和行业?

这个阶段的工作需要进行一系列的分析和讨论,最常用的模型就是 STP。

1) S 是 Segmentation,也就是划分出对某一类服务和产品有着同样需求的不同的客户群。例如,有的产品有突出的行业属性,不同行业对同类型的产品和服务在使用方法和采购模式方面可能完全不一样,如不同行业的 CRM 或者 ERP 系统。而有些产品和服务就没有这样突出的行业属性,如 HR 软件,这时市场的细分就要按照其他方式进行了,如员工规模、地理位置等。

2）T 是 Targeting，就是用市场的数据和公司自己的数据来分析、选择自己的重点目标市场。

3）P 是 Positioning，即市场定位，也就是明确自己的公司以什么样的身份在目标市场开展竞争。

"伐谋"阶段的市场战略框架
1. 市场洞察 1）市场占有率，市场潜力，市场潜力的增长率，市场 PEST 深入洞察，考虑未来发展的中长期趋势 2）客户需求潜力，客户所处行业趋势分析 3）主要竞争对手情况 4）SWOT 分析
2. 内部审视 1）不同产品的销售额、利润来自哪些客户，行业、区域、其他客户统计，企业自身相关业务单元，行业市场或者区域市场，销售人员配备，售前、售后人员配备，渠道情况 2）市场占有率，技术能力，专利数量，供应链情况，成本控制情况
3. 提炼新的细分维度下的细分市场列表及细分市场详细信息 1）市场细分的方式是否体现了客户的不同需求，是否符合当前销售团队的分区或分组 2）对未来市场细分的维度是行业、产品类型、产业、地区，还是客户公司统计指标（人数、平均收入、平均受教育程度、白领人数、平均差旅费用、会议室数量、培训预算、广告预算等）
4. 锁定重要细分市场（赛道） 1）当前选择的目标市场是否满足企业的增长 2）开辟哪些新市场可以帮助企业持续增长 3）客户的需求是否得到满足，有哪些满足不了的客户需求是通过努力就可以满足的，条件是什么？ 4）对新的细分市场进行排序
5. 对排序完成的细分市场，分别开发 4P 组合和市场战略。整体分配预算，并对识别出来的重要增长机会进行投资，新的蓝海就可能产生在某个重点细分市场里
6. 引入 BLM 等战略开发方法，审视并从市场战略角度配合调整当前公司战略

第 6 节　总结：周而复始，一个螺旋式上升的过程

基本的市场策略是：从进入一个新市场的"攻城"阶段开始。积累到一定规模，就要进入全面竞争的"伐兵"阶段。公司发展到足够大时，一定要从全面竞争进阶到生态竞争的高度，这个时候就要用"伐交"阶段了。公司不能总是停留在红海市场，一定要不断地审视自己的

市场选择，这就逼着CMO进入"伐谋"阶段，辅助或者主导公司业务战略的开发。等选择好了新的市场，可能又会从"攻城"策略阶段开始，敏捷地转换新的玩法，在新的市场迅速攻城略地。

前面介绍了制定不同层次市场战略的思路与框架。需要注意的是，在实战中，一个企业面临的往往不会是清晰、线性的发展过程，企业的不同产品或服务会处于不同的发展阶段，企业不同层次的市场部门要解决不同层次和阶段的问题。CMO要在错综复杂的局势和发展需求中，凭借自身的经验和睿智，综合运用以上提到的策略和方法，制定和实施有效的市场战略。

市场战略有一些"外围"要素需要给予长期且系统性的关注，下面分6个方面进行介绍。

1）**基础建设**：需要关注营销数字化（工具、系统、数据、电商平台流程）、业务流程及规则，对接IT部门。

2）**采购策略**：需要关注工具、工作外包、出海供应商和广告投放，对接采购部。

3）**运营策略**：需要关注自媒体的日常运营、网站管理、多语种内容、市场部日常运营机制、在多个区域或国家运营营销组织的机制。

4）**人力资源**：需要关注人才招聘及技能培养、团队建设、人员在组织内部长期成长的路线图、人员资格。

5）**内部传播**：需要关注品牌相关内部员工使能、部门产品宣传、内部产品和技术赋能、内部传播规则设置、内部传播资源管理。

6）**市场洞察**：需要关注洞察专业团队建设、相关部门洞察力培养、洞察报告内部输出，选择磨合好的供应商和洞察专家。

02

To B 市场战略落地的 4 项工作

——张艳

张艳 To B 品牌营销领域资深专家，拥有广阔的行业视野和丰富的实战经验。曾在 IBM、SAP 负责市场工作，亲历跨国企业品牌、市场战略转型和组织变革过程。自 2013 年起作为品牌营销咨询顾问，帮助众多中国优秀科技企业规划品牌及市场战略，实现业务战略目标。

第 1 节　To B 市场变化及应对措施

笔者一直有个观点：每一位市场专员都应该对公司业务战略有所了解，并或多或少地参与到市场战略的规划中。站在更高格局、更上游的视角思考问题，可以让你面对目前的工作时更有方向感，也能更主动地将自己的工作与公司的高层目标进行连接，这有利于你个人的职业发展。高阶职场人都应该具备一定的战略智商。

哈佛商学院教授约翰·韦尔斯曾撰文阐述战略智商：三流战略智商是无视变化，最终被变化所抛弃；二流战略智商是应对变化，并做出快速改变；一流战略智商是主动创建变化，推动战略创新并引领新潮流。

市场营销的本质是为抓住机遇和应对威胁而调动组织资源的过程。

制定市场战略及实施计划是 CMO 的重要任务之一，能否敏锐地把握内外部环境变化，合理调配资源并做出及时、正确的响应，是检验市场战略是否合格的重要标准。

过去十多年，中国 To B 企业的腾飞离不开几个外部红利条件：全球化加速、狂热的资本以及市场对粗犷经营模式的高容忍度。在企业飞速发展的同时，从业者也养成了不利于持续增长的惯性思维和动作。

此刻，相信大多数 To B 市场人正经历着职业生涯中最大的环境变化。我们已经看到，伴随全球市场的动荡局面，影响企业存续经营的外部因素正在发生巨变，这主要体现在如下方面。

1）宏观方面，国内外政治、经济政策调整进入新周期和新模式。

2）中观格局，产业和赛道发展趋势震荡演变，机构投资逻辑摇摆不定。

3）微观层面，业务机会、客户需求的决定性因素及竞争态势显著改变。

这些变化给企业带来新的机遇与挑战，同时也暴露出很多公司在市场战略规划和实施中的几个显著弱点。

1）市场关键影响因素激烈动荡，市场战略缺乏敏锐洞察，无法做出灵活响应。

2）宏观红利下粗犷型增长模式失速，精益营销战略思维与谋划能力缺位。

3）市场经费与人员编制持续缩减，除资金之外缺乏有效可用的市场资源。

结合多年的一线实践经验和近期思考，面对前所未有的新形势，笔者建议各位市场人做好下面 4 项工作。

1）**构建持续的市场洞察**。做好企业的千里眼、顺风耳，及时为管理团队提供高质量的市场情报和高价值的洞察建议，为公司的战略规划和动态调整提供科学、可靠、及时、全面的决策依据，成为 CEO 信赖的智囊，支持公司快速灵活地响应外部环境的变化，不断探索新机会。

2）**聚焦主业及优质客户**。识别与公司主业优势能力匹配的目标细分市场，甄选优质客户群体，避免将资源投给"错配的客户"。认真打磨核心价值主张，让匹配的客户获得最好的价值认同感，从而稳住营收基本盘并优化现金流和利润表现。

3）**善用市场生态资源**。在之前市场营销驱动的增长实践中，充足的市场经费和人员编制是成功的必要条件。现在大家有必要转换思路，结合当下政治、经济的新形势，学会分析、探索并善用政府、机构、学术、专家智库及战略合作伙伴资源，实现资金与资源的双轮驱动模式。

4）**策划整合营销战役**。从市场战略到落地实施，策划整合营销战役是承上启下的重要环节。无论战略谋划多么高明，如果缺乏目标一致、主题清晰、动作协同的整合营销战役规划，只是排列花样繁多的推广动作，都难以高效达成营销目标。

下面详细介绍做好这四项工作的具体策略及实战要领。

第 2 节　构建持续的市场洞察

市场洞察的必要性和重要性

在市场整体稳定增长、政策方向确定性强、竞争格局明朗的时期，大多数企业高管其实不太重视市场情报，感觉自己身处业务一线，可以做到眼观六路、耳听八方，无须市场部专门进行系统化的情报研究。

公司战略由 CEO 和几位高管凭借他们的业务洞察和实战经验做出，最多会选择性地参考市场部提供的信息来支持自己的结论。公司战略拍板定下来之后，三五年内少有调整。

而当下的局面是，企业的生存环境正在重构，毫不夸张地说，几乎每家企业的战略都应该被重新审视和调整。更值得重视的是，由于市场因素剧烈动荡，黑天鹅、灰犀牛事件频发，政策调整周期明显缩短，这就要求公司战略必须保持一定的灵活性和适配性，敏锐地识别环境变化，在战略和战术上做出正确响应。

2023 年 3 月正式开启政策经济新周期，企业发展要坚持"政策理解"和"市场规律"两条腿走路，市场洞察这项专业工作要发挥更大的作用。BLM 战略模型中有一个著名的"五看三定"，其中"看行业、看客户、看竞争"是洞察外部环境变化的核心内容，它为公司战略规划和动态调整提供科学、可靠、及时、全面的决策依据，也决定了 CMO 能否成为 CEO 的可靠智囊。

市场洞察的工作目标

市场洞察的工作目标是根据公司的战略方向，针对性地跟踪并调研国内外重大政策、行业发展趋势、客户需求变化、市场热点话题，以及主要竞争对手的重要动态、关键指标等方面的信息，进行专业分析并形成高价值洞察建议。

市场洞察的工作策略

作为公司的智囊，通过持续和系统的情报收集、分析、洞察建议输出，拓宽管理团队、产研团队和销售团队的视野，为战略规划和快速调整提供支撑，同时也为营销内容的创作输送热门题材，丰富销售人员进行客户拜访的话题和话术。

市场洞察的工作实施框架如图 2-1 所示。

① 理解公司战略方向 → ② 确定市场情报的需求 → ③ 落实信息收集来源及手段 → ④ 规划服务对象、呈现方式及周期 → ⑤ 执行并持续优化

图 2-1　市场洞察的工作实施框架

实战案例

这里以某科技公司的市场洞察策略规划为例。

1）**理解公司战略方向**：在选定的重点行业，帮助客户解决信息系统迭代升级的问题，让自己的企业成为数字化转型及软件解决方案领域的领军服务商。

2）**确定市场情报的需求**：国家相关政策的跟踪与解读；重点行业及客户的需求机会；数字化转型服务市场动态及发展趋势；主要竞争对手能力关键指标变化；行业重点专题。

3）**落实信息收集的来源及手段**：政府及行业相关部门公开信息；专业媒体文章；第三方权威机构报告；与分析师、专家、KOL、媒体记者的日常交流、闭门研讨；重点客户（包括现有客户、潜在客户以及竞争对手的客户）访谈；定期进行的专题定性及定量调研；借助类似 ChatGPT 等 AI 工具进行信息归纳与提炼等。

4）规划服务对象、呈现方式及周期，具体如表 2-1 所示。

表 2-1 规划服务对象、呈现方式及周期

情报类型	服务对象	呈现方式	周期	情报保密级别
国内外重大政策解读	高管团队、核心骨干	部委重大政策摘要及分析报告，智库专家分享，战略研讨会	不定期	低—中
企业数字化转型发展趋势	高管团队、产研团队、销售团队	行业刊物、信通院、IDC、Gartner、艾瑞等第三方报告及数据深度解读文章	不定期	中—高
重点行业及标杆客户动态及发展趋势	高管团队、产研团队、销售团队	重点客户行业发展趋势报告、行业标杆客户动态、上市公司分析、政府采购公开信息汇总分析	半月报/月报	中—高
竞争对手动态及能力指标	高管团队、产研团队、销售团队	重点友商业务经营及营销动态季度分析	季报	中—高
热门题材	全员	信创、数字化转型相关主题跟踪	月报	中—高

洞察外部环境变化（也就是三看：看行业、看客户、看竞争），是识别挑战与机会的关键。这里要强调的是，**要特别关注你所服务的客户不断变化的期待值，以及由此带来的竞争态势变化**。能否持续满足客户的期待，帮助客户不断获得成功，是对战略能否成功的终极检验。

持续性、系统化开展市场情报洞察工作，是制定高质量战略的必要条件之一，是 CEO 获得战略灵感的重要渠道之一，也是 CMO 成为 CEO 可靠智囊的路径之一。

第 3 节 聚焦主业及优质客户

品类全覆盖、大小通吃、跑马圈地、野蛮生长……这是过去几年 To B 圈的流行语。

下一时期的发展问题

凡是"活"到今天且能保持正常经营的企业，都面临下一时期的发展命题：是继续激进地拓宽赛道、拓展产品线、扩大地盘，还是聚焦主

营业务和高价值客户群体，着力扩大与竞争对手的差异化优势，把主业市场做深做透，从而改善现金流及利润表现？要回答这个问题，可以从如下几个方面思考。

1）**理性、务实地选择**：无论是央企、国企还是民企，也无论是集团企业还是成长型企业，聚焦主业、回归价值、经营好现金流和利润，几乎是企业经营者的一致选择。作为市场部负责人，需要在市场战略的规划与实施中，认真落实这个指导原则。

2）**策略思考**：新形势下，客户的成功目标、发展路径、考量标准及优先级事项在动态变化，前景越不明朗，客户对生产资料、生产工具的采购投资就应该越谨慎，甚至要重新审视价值收益指标，这就导致采购决策周期更长，需求也可能会被重新设置。

基于上述认知，企业需要摆脱对以往成功路径的依赖，转而将资源重点投入到那些有真实需求、预算合理、采购动机强烈的高价值客户群体中，赢得与自身价值优势匹配的优质用户，减少无谓消耗，这是关乎企业生存的最重要因素。

两种增长策略

这里推荐两种增长策略。

1. 不容忽视的存量增长

这种增长策略的主要目标是优化并增强短期内业绩增长的确定性。

由于众多的外部不确定因素，拓展新市场、开发新产品的成本和风险不断攀升，对那些资源有限的企业来说，如果判断现有市场仍未饱和，那么提升现有市场的渗透率则成为明智之选。也就是面向现有市场中的现有客户和新客户，制定针对性策略来增加产品销量，如图2-2中的①所示。

相比于新市场，我们对现有市场客户群体的需求和痛点更了解，在与竞争对手的真枪实弹交锋中也掌握了对方底牌，积累了相对丰富的营销数据以及客户关系，可持续优化营销策略和执行手段，从而获得更佳的营收业绩，赢得更高的客户忠诚度。

下面给出存量市场营销策略优化的几个方向。

1）**增加现有客户的复购、增购**：针对现有客户群体，深入了解其业务收益和合作体验。满意和不满意的具体事实和依据是什么？我们有

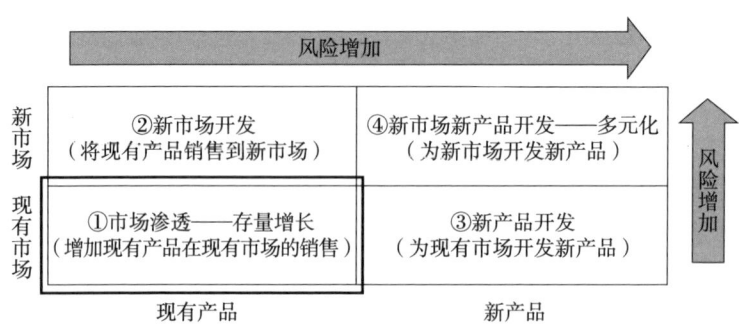

```
                    风险增加 →
新市场  | ②新市场开发              | ④新市场新产品开发——多元化   | ↑
        | (将现有产品销售到新市场)  | (为新市场开发新产品)         | 风
现有市场| ①市场渗透——存量增长      | ③新产品开发                  | 险
        | (增加现有产品在现有市场的销售) | (为现有市场开发新产品)   | 增
        |                          |                              | 加
            现有产品                      新产品
```

图 2-2 安索夫矩阵

什么改进、优化价值及体验的创新方法？客户复购、增购的动机是什么？成功复购、增购的标杆客户是否具有代表性？可据此推演，进行更大范围的优化，复制现有客户的增长路径。

2）**从衰落的竞争对手那里抢客户**：随着竞争的日趋激烈和不断演变，有些厂商会逐步掉队失去竞争优势。它们曾经服务的客户群体，也面临重新选择供应商的局面。对于依然稳健发展并保持竞争优势的厂商来说，这是从竞争对手地盘抢客户的绝好机会。

针对这部分客户，可深入挖掘竞争对手产品和服务的"薄弱点"，摸清竞争对手客户对迁移到我方产品的主要顾虑，例如成本、风险、体验等，推出针对性优惠措施，激发客户迁移动机，打消客户的顾虑，提供更高价值的回报，从衰落的竞争对手手中赢得更多市场份额。

3）**争取现有市场中的潜在新客户**：现有市场中仍有尚未采用任何一个厂商产品的潜在高价值客户，这些客户实际上已经被各厂商进行了充分教育/培育，所以一旦明确了具体需求和预算就会采取行动，商机转化的周期相对较短、转化成本较低。这是高性价比获客的好途径。

综上，提升存量市场中高价值客户群体的占有率，优化营销策略，是短期内获得确定性增长的优先选项。

2. 精益增量

应聚焦高吸引力、高竞争力的细分市场，集中力量拿稳"必胜盘"，规避狂热的无效扩张。精益化分析、选择、投资，经营细分市场，对于企业的健康生存和发展，从未像今天这般重要。

在营销预算吃紧、客户需求低迷的市场寒冬，更有必要认真拆解细分市场、精准选择目标客户,应用精益营销的思维和方法,将稀缺市场经费和组织资源谨慎投入到成功率最高、盈利能力最强的优势领域,制定与之匹配的营销策略、产品及方案组合、上市通路、价值主张矩阵,以支持业务的可持续发展。

To B 市场细分有很多方法。例如:按照预期业务营收对客户进行划分;按照企业规模、组织形态(央企、民企、外企等)、行业/子行业、区域等统计学数据对客户进行划分;基于客户购买动机、业务痛点相似性对客户进行划分;通过客户采购旅程对客户进行划分;根据客户决策风格(价格敏感型、业务创新型、技术狂热型)对客户进行划分……市场人员可根据自家企业的实际情况,协同业务负责人共同商讨如何对客户进行划分。

需要提醒大家的是,应结合公司特定资源和经营能力来选择细分市场的维度和粒度,既要避免过于宽泛导致自身的差异化价值不突出,又要考虑过度细分对规模效益和营销成本的影响。

市场细分之后,就要选取最值得投入的目标客户群体了。如图 2-3 所示,可从市场吸引力和自身竞争力两个维度确定目标客户的优先级。

自身竞争力	高	⑤维持	③维持	①领导
	中	⑧收缩	④维持	②领导
	低	⑨退出	⑦实验	⑥实验
		低	中	高

市场吸引力(市场价值与发展潜力)

图 2-3 确定目标客户优先级的评估图(GE 矩阵)

在评估每一个细分市场吸引力的过程中,可列举影响细分市场价值的重要因素,逐项进行评判,例如:此细分市场整体是否在上行通道?增长率如何?是否有利好政策促使它对相关品类进行投资?品类采购规模如何?是否有标杆企业的标志性动作带动需求涌现?客户对品类的认知度如何?供应商竞争是否激烈?

接下来要逐项评估每个细分市场中企业的自身竞争力，例如：我们对这个细分市场是否有深厚的专业知识积累？我们的产品竞争力如何？我们的销售能力如何？我们的交付及服务能力如何？我们的品牌认知度如何？

通过横纵两个维度的综合评判，每一个细分市场都将落在图 2-3 所示九宫格中的对应位置。

1）图 2-3 所示的①②是指市场吸引力高，企业自身竞争力也较强，最有机会成为市场领导者的细分市场。这两个板块应占据业务发展的最高优先级。持续、大力地进行市场投入以赢得或巩固领先地位，有利于企业获得稳健营收和利润增长。

2）图 2-3 所示的③④⑤是指市场吸引力和发展潜力一般，但企业自身竞争力相对较强的细分市场，适合采取保持竞争力、维持市场地位的策略，控制以较小的市场资源投入保持合理市场份额。同时，可将这个板块中的产品向高价值细分市场提升和迁移，以获得更大的增长机会。

3）图 2-3 所示的⑥⑦是指市场吸引力和发展潜力较高，但企业当下竞争力偏弱的细分市场，在组织内部常被定义为新兴业务，这意味着企业要想在这部分市场中获得优势地位，需要较长时间打磨核心竞争力，过程中失败风险大，不确定因素多。对于现金流吃紧、短期盈利目标严峻的企业，应审慎选择这类细分市场。

如果公司经营者判断这个市场机会极大，一旦成功可获得巨大的收益回报，那么企业在保住前面两个基本盘的情况下，可用可承担的风险和成本去"以小博大，小试一把"。

4）图 2-3 所示的⑧⑨是指目前市场吸引力较低且企业自身竞争力也偏弱的细分市场，显然这是要逐步退出、坚决缩减投入的业务板块。应将之前投入这里的市场经费和组织资源，果断转移到那些具有高盈利能力的业务领域和高价值客户群体上。有些 To B 公司虽然历史不长，规模不大，但表现出严重的既往成功路径依赖的惯性，事实上，越是拖延实施精益营销管理决策，越难以及时、正确地规划出新的增长策略。

总之，对目标细分市场的选择决定了公司整体资源和市场经费的调动分配原则。具体在哪个战场需要加大投入，在哪个战场仅需要以小投入维持，在哪个战场要坚决退出，以及哪个战场值得以小博大做出新尝试,是精益营销策略规划的关键思考方向,也是探索业务增长的一个破局方向。

整个决策过程需要逻辑清晰,进行决策时需要坚决果断,协同一致。在制定市场战略时大家经常争论:是聚焦高价值主战场,集中全公司力量实现清场,还是全面布局,期待遍地开花?当下,这个答案愈发清晰,战略聚焦才是活下去的希望。

作为CMO,务必在这个环节和业务负责人深入讨论,集体决策,达成共识,这是实战推演的过程,可以通过阶段复盘及持续优化进行提升。

第4节 善用市场生态资源

好的To B市场战略规划,通常表现出资金与资源双轮驱动的思路。新形势下,基于对政治、经济、科技及社会文化形态等市场影响因素的考虑,在有限的营销经费条件下,尤其需要重视企业的市场生态资源,包括与政府部门、行业机构、专家智库、圈内权威意见领袖、战略合作伙伴、专业分析师等的关系的运维和价值置换。

几年前,在各个城市的机场大厅、高铁车厢、商业楼宇电梯间经常会看到To B企业的品牌广告,动辄亿元的广告投放也屡见不鲜。在资本加持、估值看涨、销售跑马圈地的野心驱动下,独角兽、准独角兽企业中有相当比例的融资金额划拨到市场经费池,通过大手笔的推广活动为企业造势。

在同赛道的同品类中,不论是媒体广告还是大型论坛,但凡哪一家有营销大动作,另外几个厂商就会如坐针毡,不论形式是否合适,似乎CMO不做出直接反击就表示自己有问题。这些攀比心态和变形动作造成综合获客成本居高不下,也给CMO造成极大困扰。

现在,烧钱模式驱动的品牌知名度和业绩增长迅速枯竭,而市场资金与资源双轮驱动模式渐兴。市场人有必要采取行动,梳理并挖掘那些"少花钱、不花钱"的市场生态资源,强力补充日渐窘迫的市场经费。

1)**新形势下,善用生态资源**。举例来说,我国政府大力支持实体产业的科技创新,力促拥有战略资源的国企、央企带动下一阶段的经济增长。众所周知,与国企、央企的合作门槛很高,国企、央企有自成体系的规则和规范,在合规、资质等方面要求严苛。对于成长型企业来说,有些要求往往无法在短时间内仅靠资金和销售能力达成,而是需要直接或间接借助权威的市场资源逐步建立,从而获得必备的准入资质,形成必要的信用背书,拿到宝贵的"合作入场券"。

2)**构建各种 To B 企业生态资源**。相关部委、产业负责部门、地方政府及机构、行业协会、专业研究机构、高校及科研院所、政策专家智库、拥有特定影响力的战略合作伙伴等,都是重要的备选资源。

3)**对市场资源进行专业管理、分工**。领先企业的战略市场部都非常看重生态资源的建立与维护,因为这类资源在关键时刻能发挥不可替代的作用。为此,企业也设置了专门岗位对政府事务、高校学术关系、行业专家/学者/影响者社群、分析师关系、政企战略合作、战略合作伙伴联盟等进行专业化的长期运营。

市场资源成功运作的必要(不充分)条件如下。

1)公司高管是重要的内部支持者和贡献者,在策略规划和落地实施阶段,都需要他们亲身参与,积极分享自己掌握的人脉资源,并配合对接第三方的对等级别人物。

2)公司可指定市场部相关岗位人员作为对外沟通接口和责任人,于内汇总评估资源,于外实行统一对接通道,避免沟通误差和形势误判。

3)公司需保持战略耐心和关系运维的主动性,投入相应资源和人力,长期、深入地运营与重要资源方的互动往来,逐步深化合作基础,提高合作收益。

4)公司可适当寻求相关领域的资深外脑或智库资源,打开视野,拓宽思路,正确解读关键政策与趋势,通过外脑牵线搭桥实现重要关系的零的突破。

实战案例

某科技独角兽企业的 CMO 牵头召集公司高管,深度盘点市场生态格局及权威资源,仔细评估各个资源的特点、价值、企业自身及对方的核心关切点和价值链条,据此制定重要关系推进路线图以及价值置换策略,做到有点有面、短期长期相结合,有条不紊地实现合作目标。

部分实施计划示例如下。

1)与重点行业专家、机构、地方政府及区域政企进行合作,布局专业圈层的生态联盟，获得权威背书及必要的资质认证，与更广泛的专家库成员建立良好关系，以便公司的投标文件更贴近客户关注点，提升赢标概率。

2）利用公司技术领导者的专家背景、独特学术资源，推动产学研合作、专业交流及科技共创项目。通过合作共创开拓市场，帮助重点客户培养人才，攻克特定技术难题。解决高校学生就业，助力地方政府吸引高科技人才安家落户，以期在商业回报和企业社会责任方面双丰收，获得更多项目机会和政府信任背书。

3）通过智库或外脑资源辅助，深度解读相关政策，与政府有关部门建立点对点连接，积极参与国家部委及地方政府的重点科技专项，申请专项资金及拓展项目商机，并为内部战略决策提供政策依据。

重点提示：国家的很多政策类资源会通过相关机构、部门及专家智库进行集中管理、分配和指导，向外辐射符合条件的企业。对于那些"有心"的市场部，会战略性地构建并运维核心关系，快人一步获得有价值的消息并参与到重要项目中，凭借自己的技术专长为政府机构和行业智库献计献策，由此获得信任及资源扶持。

还有些企业积极参与地方政府牵头的创新项目，这样不仅能获得数目可观的资金补贴，还能帮助与其合作的客户成功申报专项补贴，极大地增强客户黏性。

第 5 节　策划整合营销战役

策划整合营销战役是市场战略落地执行的关键，企业需要围绕如何实现特定业务目标来绘制全景作战图。

在日常工作中，整合营销战役经常表现为营销大事件和各种市场推广动作组合，常用 Excel 表按时间轴和行动类别进行规划。市场部经常忙于数以百计的营销行动，例如举办几十场市场活动，制作并发布多个白皮书，联合进行产品促销，拍摄客户案例视频……反而忽略了更重要的事情：**实现业务目标的一致性和任务执行的协同性**。

在近年来的咨询项目中，笔者看到高质量整合营销战役规划的缺失带来了两个明显弊端。

1）**内部协同不到位**。市场部负责人定期向高管进行工作汇报、预算申请，或是与销售团队进行工作协调，经常被指责"对不上业务口径"。公司高管面对市场计划书上的各种推广动作、媒介渠道及创意形式，甚至预期的营销目标，很多是囫囵吞枣，脑海中无法形成与他们自己扛的业务目标一致的、销售主题信息鲜明的、执行手段连贯缜密的全景作战图。他们不能真正理解众多执行动作之间的逻辑关系，每个动作对达成整体目标的必要性、重要性，做或不做的后果。这就造成内部市场预算审批拖沓，销售团队动作与市场部行动计划之间缺乏高效协同。

2）**营销效果不理想**。在内部协同不充分的情况下，对外的营销动作就缺乏一致性、连贯性。例如销售团队下个季度要着力拓展某个重点区域重点行业的头部客户，亟须面向这类重点客户建立具有品牌差异化价值的认知，激活一些有效的专家资源，定向启动与潜在客户的合作意向对话。而市场部作为先遣部队，此前的营销节奏和内容并不匹配销售下一阶段的行动重点，这不但会造成每个营销执行动作的结果不理想，站在公司整体层面看，更是浪费了经费资源和时间窗口机会。

在营销驱动增长的企业里，CMO需要与销售负责人明确具体的阶段性业务目标，牵头策划整合营销战役，从策略实施层面提供全景作战图，拉通达成目标所需要的完整行动计划、资源分配计划以及时间节奏，彻底解决营销执行中的冲突与混乱。

整合营销战役框架简洁版示例如图2-4所示。

业务目标	打造××品牌认知 实现××营收目标	主题信息	让××更××
产品及解决方案	××解决方案、咨询服务	重点区域及行业	汽车、能源、制造等
目标细分市场	• 主要：现有高价值装机客户 • 其次：重点行业百强企业	目标决策及影响人群	CEO、CFO、CIO、生产负责人等
执行框架	**品牌建设** • 构建营销战役主题信息，在目标受众中形成品牌势能 • 建立××知名度 • 激发或强化××认知度 • 提升××认同度		**执行计划（示例）** • 发布白皮书、客户案例，组织领军企业高管对话 • 行业媒体专栏内容，撰稿合作 • 参加具有重大影响力的第三方行业盛会
	商机获取 • 挖掘商机线索 • 获取××新线索		**执行计划（示例）** • 举办用户大会，主题论坛、大客户高层闭门沙龙 • 产品发布会 • 微信公众号推文、电话回访

执行框架	商机加速/转化 • 培育、激活或加速商机线索转化 • 激活××现有客户 • 加速××商机结单	执行计划（示例） • 安排成功企业客户高管与重点客户高管的交流对话 • 安排行业智囊专家与客户座谈 • 安排相关企业创新及解决方案应用工作坊
	资源连接 • 梳理、甄选、建立并运营有价值的生态资源 • 开发××个机构合作项目 • 建立××个专家KOL常态沟通关系 • 参与××个行业平台合作联盟	执行计划（示例） • 与行业专家学者、政策制定者、知名记者建立影响力关系 • 结识行业权威机构并创造合作机会 • 定期运营高端主题闭门会议 • 加入商业生态平台联盟
	销售赋能 • 对相关销售人员及合作伙伴团队，进行营销战役主题的内容宣讲及话术武装 • 达成销售及合作伙伴主题培训××覆盖率 • 提供××营销资产内容	执行计划（示例） • 组织对销售人员及合作伙伴的赋能培训、认证 • 开发数字化销售工具 • 建立成功案例资产数字库 • 开发数字营销资产—数字展厅等

图 2-4 整合营销战役框架简洁版示例

在真实的商业竞争中，思维决定上限，资源决定下限。在有限的资源条件下，市场人的最佳选择是持续提升思维格局和专业水平，充分利用宝贵资源，努力优化营销成果，带领团队不断进步，让市场部成为促使企业持续成功的刚需团队。

03

To B 营销数字化规划与落地

——邹叔

邹叔（本名邹杨）　"To B增长蓝图"主理人，曾任创蓝云智VP与国际事业部总经理、明源云集团CMO、船长BI VP。曾实现4年10亿级营收增长，操盘过千人级销售队伍，负责过300人市场团队。现致力于营销人才教育，提供企业增长的培训和咨询。担任多家企业增长顾问，著有《To B营销增长》。微信号：zouyangmy1。

第 1 节　数字营销助力企业营销升级

传统 To B 营销面临的挑战

随着技术的发展和客户心智的成熟，产品同质化日趋严重，激烈的竞争让 To B 企业的利润持续降低，部分 SaaS 和专业服务企业甚至出现产品的首年收入无法覆盖研发和营销成本的窘境。

随着信息传播的加速，特别是短视频、知识付费的兴起，向来不够重视营销的 To B 企业发现单纯依靠销售已经无法快速说服客户，因为客户在购买前已经对行业、产品等有了一定的了解，心中有了一些潜在选择，这让重获客轻培育的传统市场人倍感不安。参会、活动、发新闻稿所产生的效果每况愈下，使用传统营销（包含市场和销售）手段的企业，面临的困难越来越多。

1. 获客成本越来越高，效率越来越低

过去企业具有产品或技术优势，行业竞品不多，客户没有太多选择，此时获客是比较容易的。而现在技术创新越来越多，产品同质化日趋严重，活动营销也越来越卷，你送日历我送书，你送数据线我送充电宝，线上投放相互抢词甚至购买对方品牌词……这让获客成本日益升高。优秀的 SEM（搜索引擎营销）负责人普遍不愿意加入一年投放预算不足百万元甚至每月不足万元的 To B 企业，这让不少 To B 企业的投放成本优化不足。

很多企业主要依靠销售自拓客，笔者曾统计过销售部和市场部在新客户获取成本方面的数据，得出销售部获客的成本为市场部的 3～5 倍，这也令很多市场团队不健全、营销能力不足的企业倍感压力。

2. 无法把握客户购买旅程，客户互动不够

随着客户在购买旅程中的主动性越来越强，获得信息的渠道越来越多，客户在接触销售人员前已经积累了足够的认知，这也让传统营销的推销模式面临挑战，广撒网式的客户沟通变得低效。如果没有某种技术来对客户需求进行筛选和甄别，并对不同的客户进行正向性营销，往往无法击中客户的痛点，让很多努力失效。

同时因为 To B 领域购买的复杂性，客户在评估过程中会更加谨慎。有报告指出，在产生兴趣并深入了解后，有 27% 的客户会改变最初的购买决策。而在 To B 购买决策过程中，销售人员的影响力远不如决策者的朋友和同行，决策者所处圈层的意见领袖也会对决策产生影响。

而在 To B 企业的客户购买旅程中，决策者往往仅能与销售人员沟通，和多个关键人物的互动不够，对客户的心智变化难以把握，这也增加了对客户决策预测的不准确性。如果企业无法把握客户购买旅程中的变化，那么很可能会出现订单丢失而不知道原因的现象。

3. 营销工作效果难以量化，工作成果无法自证

根据笔者的咨询经验，不少公司都算不清楚各种获客成本，比如市场获客成本和销售获客成本，再比如 SEM 获客成本、活动获客成本、

内容获客成本、销售新客获客成本、销售转介绍获客成本等。此外，不少企业也算不清楚客户生命周期中各个阶段的成本、各个不同渠道的产出等。究其原因，是 To B 企业不重视这些数据，没有收集和沉淀这些数据，就更谈不上数据分析了。

因为传统营销粗放和对数据不重视，所以缺乏数字化的支撑，营销工作难以量化。而市场部所做的很多影响客户心智的工作无法得到内部的认同，甚至很多销售认为参会人数、公众号阅读数没有意义，从而产生营销工作成果无法自证的问题。

从传统营销向数字营销升级

传统 To B 营销工作遇到的各种挑战，应该如何去应对呢？根据笔者多年的实战和咨询经验，从传统营销向数字营销升级，是 To B 企业应对这些挑战的可靠方法。

所谓数字营销，就是一种使用数字化技术来实现企业营销目标的营销方式。数字营销的根本还是营销，并不是完全取代传统营销，而是让传统营销更先进、更高效。传统营销和数字营销的对比如表 3-1 所示。

表 3-1 传统营销和数字营销的对比

对比项	传统营销	数字营销
客户洞察	依靠经验	通过数据
客户沟通	当面沟通，难以沉淀	可以记录和沉淀
客户画像	经验总结	数据标签
品牌传播	单向传播	双向互动
内容营销	群发为主	个性化推动
活动营销	手工操作	系统支撑

通过数字化技术的加持，数字营销能够实现营销工作数字化、客户数字化、营销管理数字化等，也能够更好地沉淀客户数据，掌握客户心智变化，量化客户生命周期，从而在一定程度上提高获客效率，更好地培育和经营客户。

To B 企业常用的数字营销渠道如表 3-2 所示。

表 3-2 主要数字营销渠道

渠道类型		说明
免费渠道		官网、官微、公众号等
付费渠道	搜索引擎	百度、360、搜狗、谷歌（出海）
	信息流	抖音、知乎、脉脉
	网络广告	垂直网站、社区的广告位
	数字营销	短信、邮件、私域等

目前行业认为的数字营销就是通过表 3-2 所示的渠道向客户进行营销，笔者认为这并不全面。因为数字营销最重要的工作是了解客户，对客户了解越多，对客户行为掌握就越精准，就越能传递有效的信息，提高营销的效率。

笔者不建议使用传统营销时代的洞察方法，因为这类洞察更多依靠的是个人的认知与经验。数字营销可以通过对客户数据的积累和行为的判断来了解客户。但是仅靠第三方平台（百度、抖音等）是远远不够的，因为客户的基础和行为数据都属于第三方平台，企业只能接触部分数据，而且需要持续付费。使用第三方平台的主要目的是获客，而要与客户进行交流互动，企业就需要沉淀属于自己的客户数据。

不同的企业应该根据自己的情况确定数字营销目标，并确定当下要采用的营销方法。为了更好地确定数字营销的目标，笔者将数字营销划分为 5 个阶段，如表 3-3 所示。

表 3-3 数字营销的 5 个阶段

阶段	阶段特征	阶段案例	阶段目标
第一阶段	企业内部没有营销数字化产品，主要使用第三方平台提供的产品	• 百度营销 • 网站统计代码 • 企业邮箱	• 获客
第二阶段	企业内部自研或采购了一些营销数字化产品	• 打通所有线上投放渠道的数据工具 • 活动全过程的管理工具	• 获客 • 沉淀客户数据
第三阶段	企业内部有了较为完整、体系化的营销数字化产品	• 专业的市场部工具 • 市场与销售线索流转工具	• 获客 • 培育客户 • 沉淀客户数据

(续)

阶段	阶段特征	阶段案例	阶段目标
第四阶段	打通企业的营销数字化产品，统一数据，初步实现自动化营销	自动化营销工具	• 获客 • 培育客户 • 经营客户 • 沉淀客户数据
第五阶段	利用持续沉淀的统一数据，开始更智能化的数字营销	智能营销工具	• 获客 • 培育客户 • 经营客户 • 沉淀客户数据

大部分 To B 企业的数字营销尚处于第一阶段，而高阶段的数字营销能够更好地助力企业营销升级。比如有了数据沉淀之后，就能够形成更精准的客户画像并进行精准客户培育，再通过客户培育过程中得到的客户行为数据，指导制定数字营销策略。营销过程中又能够进一步沉淀数据，从而形成良性循环，让营销越来越趋向精准和有效，如图3-1所示。

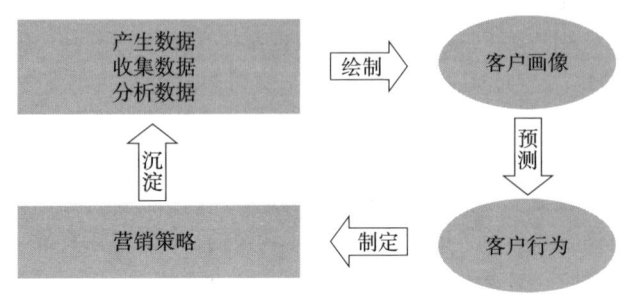

图 3-1 数字营销模型示意

第 2 节　营销数字化赋能数字营销进化

营销数字化的 5 个阶段

想要进入更高的数字营销阶段，企业就需要具备较好的营销数字化能力，而这要求企业必须具备三方数据。只有拥有较为完整的三方数据，企业才能更好地了解客户，提供个性化的营销策略。

第一方数据是企业直接从客户那里收集的基础和行为数据，这也是了解客户最好的数据。这类数据包括企业官网埋点数据、企业自有 App

数据、产品数据、CRM 中的客户数据等。

第二方数据是指由可信伙伴共享的数据，比如代理商提供的数据。

第三方数据是指通过购买得到的数据，比如百度、抖音的客户数据。To B 企业接触到的第三方数据不会是原始状态的，而是经过脱敏和简单处理的，以行为、兴趣等特征或标签形式呈现的数据。

数据的产生、收集、整理和分析都需要数字化产品的支撑，也就是说企业想实现数字营销从第一阶段向第二阶段跨越，就需要建设初步的企业内部的营销数字化体系，开始收集第一方数据。

注意，零散、割裂的数据对数据分析没有实际意义，必须对客户数据进行识别和打通。这里的关键是针对每个客户建立统一的 ID，并对这个 ID 进行整理和合并，此时必须使用数字化产品来辅助。

通过对每个渠道、各项工作、全生命周期的客户数据进行分析，能逐步解决营销费用花在哪里、花了多少、哪些效果好、哪些效果差等问题。同时营销数据还能完整呈现出市场部的工作效果，以及每项工作的投入产出、潜在优化空间等。而实现数字营销的过程就是营销数字化。由此可见，营销数字化能够赋能数字营销进化，高阶的数字营销又能更好地提高营销效率。

顾名思义，营销数字化就是使用数字化产品，将企业的营销工作数字化。经过多年的总结，笔者同样将企业营销数字化分为 5 个阶段，如表 3-4 所示。

表 3-4 营销数字化的 5 个阶段

阶段	阶段特征	客户数据处理
第一阶段	使用外部第三方工具，数字零散和割裂	• 使用第三方数据
第二阶段	通过自研或采购，实现部分营销业务的数字化	• 使用第三方数据 • 沉淀第一方数据
第三阶段	通过自研或采购，实现大部分营销业务的数字化	• 沉淀第一方数据 • 使用第一、二、三方数据
第四阶段	通过自研或采购，将各业务的数据打通	• 沉淀第一方数据 • 打通第一方数据 • 使用第一、二、三方数据
第五阶段	通过自研或采购，实现客户全生命周期的营销智能化	• 沉淀第一方数据 • 打通第一方数据 • 使用第一、二、三方数据

营销数字化首先需要自研或采购数字化产品，然后用产品与客户产生连接，数字化产品可以记录与客户连接和互动的数据，通过这些数据产品可以对工作数据、客户数据进行建模，从而支持数字营销策略的生成，实现数字营销。接着使用更多数字化工具来执行数字营销策略，进而沉淀更多的数据，这些数据又会反哺数字营销，从而实现数字营销的持续进化，如图 3-2 所示。

营销数字化 → 产品 → 连接 → 互动 → 沉淀数据 分析数据 数据建模 → 数字营销 → 数字营销策略 → 使用数字化工具 → 优化数字营销策略

图 3-2　从营销数字化到数字营销

Martech 支撑营销数字化落地

To B 企业如何才能做好营销数字化？这就不得不提 Martech。营销数字化的落地，需要 Martech 的支撑。

Martech 将营销技术分为广告技术、内容与体验、社交与关系、渠道与销售、数据管理、营销管理 6 个大类，具体如表 3-5 所示。

表 3-5　Martech 的 6 个大类

分类	产品和服务	应用案例	应用价值
广告技术	程序化广告、搜索广告、短信营销等	企业可以使用程序化广告产品采购媒体资源，并利用算法和技术自动实现精准的目标受众定向，只把广告投放给对的人	• 获客
内容与体验	内容变现、内容管理、内容优化、H5营销、视频营销、邮件营销、网站呈现和SEO等	可以根据客户的行为和标签判断客户的喜好，并推送个性化的内容	• 获客 • 客户培育
社交与关系	社交媒体管理、ABM、社群管理、CRM、SCRM、智能客服、电话营销、活动营销、网络会议、CEM、企业微信服务、直播等	可以管理多个社交媒体产品平台的账号，使用CRM和SCRM产品可以管理企业的客户资源	• 客户培育 • 客户转化
渠道与销售	销售管理、销售自动化、渠道管理、零售营销、电商营销、物联网营销等	使用销售自动化产品，可以沉淀销售与客户互动的数据，还可以通过朋友圈来收集感兴趣的潜在客户的行为数据	• 客户培育 • 客户转化

(续)

分类	产品和服务	应用案例	应用价值
数据管理	数据洞察、数据可视化、CDP、DMP、数据集成、数据分析、营销效果监测和归因分析等	使用CDP产品可以打通多渠道的客户数据,清洗过的数据可以打上标签,对人群进行分类,对客户场景进行建模	• 客户数据 • 客户生命周期管理
营销管理	协同、预算、项目等内部管理	使用营销预算管理可以实现年度营销预算的实时管理	• 营销工作管理

由表 3-5 可以发现,Martech 所包含的产品或服务能够很好地支撑企业营销数字化落地,笔者建议市场负责人深入了解 Martech,开发和研究能够用在工作中的好产品或服务。

注意,虽然欧美的 Martech 产品相对丰富和成熟,但是如果是在国内使用,则建议使用国内的 Martech 产品,因为国内的厂商更加了解国内企业的工作习惯,而且国内 Martech 产品的性价比更高。

第 3 节 营销数字化的规划与落地

营销数字化规划 7 步法

上一节介绍了通过营销数字化实现数字营销的过程以及营销数字化的 5 个阶段,而 To B 企业要实现营销数字化,还需要进行一系列工作,比如规划、实施、落地等。

笔者常用的是营销数字化规划 7 步法,即现状分析、需求诊断、蓝图规划、落地计划、实施与采购、使用与推广、完善与迭代,如图 3-3 所示。

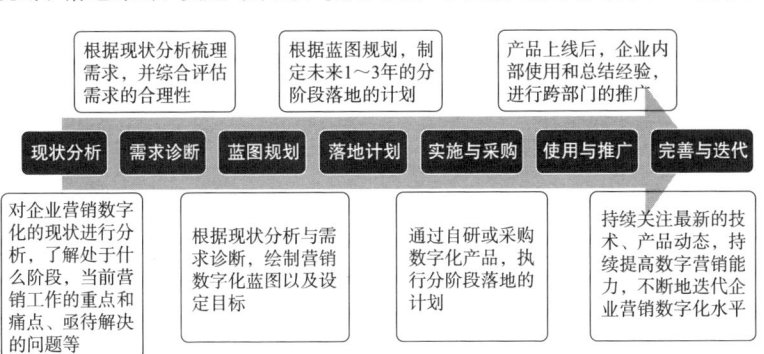

现状分析	需求诊断	蓝图规划	落地计划	实施与采购	使用与推广	完善与迭代
对企业营销数字化的现状进行分析,了解处于什么阶段,当前营销工作的重点和痛点、亟待解决的问题等	根据现状分析梳理需求,并综合评估需求的合理性	根据现状分析与需求诊断,绘制营销数字化蓝图以及设定目标	根据蓝图规划,制定未来1~3年的分阶段落地的计划	通过自研或采购数字化产品,执行分阶段落地的计划	产品上线后,企业内部使用和总结经验,进行跨部门的推广	持续关注最新的技术、产品动态,持续提高数字营销能力,不断地迭代企业营销数字化水平

图 3-3 营销数字化规划 7 步法

笔者认为其中几个比较重要的环节是现状分析、蓝图规划、落地计划、实施与采购。

1. 现状分析

很多时候企业并不知道自身处于营销数字化的什么阶段，应该着重解决什么问题，为此笔者绘制了一个To B企业营销数字化成熟度自测表，如表3-6所示，大家可以简单测试一下。

表3-6 To B 企业营销数字化成熟度自测表

自测题	得分标准	说明	得分
是否已经开展数字营销工作？	每开展一项工作得2分，满分20分	官网、百度、360、搜狗、SEO、抖音、视频号、知乎、脉脉、垂直网站、短信、EDM、私域等（包含且不限于）	
是否已经自研或采购了营销数字化产品？	每个产品5分，满分40分	包含且不限于如下数字化产品：程序化广告、搜索广告、内容管理、视频营销、邮件营销、网站和SEO、社交媒体管理、ABM、社群管理、CRM、SCRM、智能客服管理、活动营销、直播、销售管理、营销效果监测和归因分析、营销协同管理等	
是否自研或采购了CDP产品？	有但没打通全部数据，得5分；打通了数据但使用一般，得10分；打通数据且使用良好，得20分		
是否使用了MA工具和整体自动化策略？	有使用MA工具但没有策略，得5分；有策略、有使用MA工具，但使用得一般，得10分；有策略、有使用MA工具且使用良好，得20分		
总分			
营销数字化阶段	第____阶段		

得分标准与阶段划分（按照每道题的评分标准累加，最终计算得分）：
0~20分处于第一阶段
21~40分处于第二阶段
41~60分处于第三阶段
61~80分处于第四阶段
81~100分处于第五阶段

2. 蓝图规划

市场负责人的数字化专业知识往往不深，也很少具备蓝图规划的能力，但蓝图规划又非常重要，影响整个数字化的落地。笔者将自己在这方面的一些实践经验总结出来，供大家参考。

首先我们需要基于企业的营销业务来规划数字化营销体系蓝图。图 3-4 所示是笔者做过的一个案例。

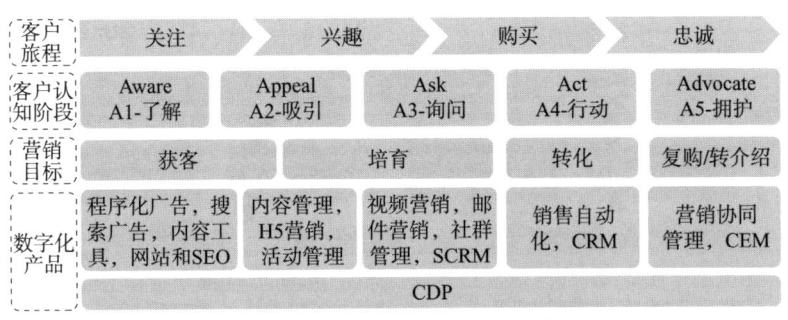

客户旅程	关注	兴趣		购买	忠诚
客户认知阶段	Aware A1-了解	Appeal A2-吸引	Ask A3-询问	Act A4-行动	Advocate A5-拥护
营销目标	获客	培育		转化	复购/转介绍
数字化产品	程序化广告，搜索广告，内容工具，网站和SEO	内容管理，H5营销，活动管理	视频营销，邮件营销，社群管理，SCRM	销售自动化，CRM	营销协同管理，CEM
	CDP				

图 3-4　数字化营销体系蓝图示意

在图 3-4 所示的整个数字化营销体系蓝图中，将客户旅程划分成几个阶段，并为每个阶段匹配了营销目标，如获客、培育、转化、复购、转介绍等，其中也包括每个阶段可能需要的数字化产品。

有了数字化营销体系蓝图，接下来就可以绘制数字化营销技术蓝图了。图 3-5 就是某企业的数字化营销技术蓝图，其中展现了相关产品需要具备哪些功能才能满足企业的需求。该蓝图为企业自研或采购产品指明了方向。

从数字化营销技术蓝图可以发现，要实现营销数字化，首先需要多个 Martech 产品，具体组合需要企业根据实际情况来确定；其次需要营销内容中心，内容是影响客户心智最有力的武器，随着时代的发展，内容营销的形式也从文字向图文、音频、视频、虚拟现实等发展；最后需要数据中心，在数据中心对数据进行收集、合并、打通和分析，为后续数字营销策略的制定和实施提供支持。

3. 落地计划

企业在落地营销数字化的时候，按规划可能需要 1~3 年甚至 3~5 年的时间，但是在真正落地的时候需要小步快跑、分阶段落地。常用的思路如下。

1）**单点切入**。不要一开始就想着大而全，任何企业购买产品都会考虑投入产出比。市场部推动营销数字化的时候要从单点切入，选择比

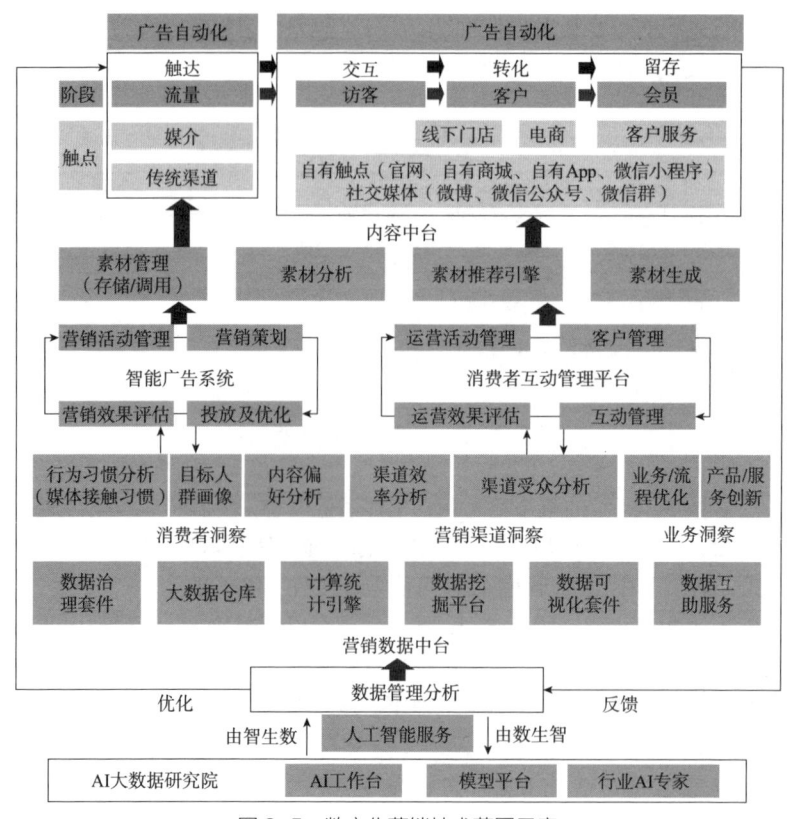

图 3-5 数字化营销技术蓝图示意

较成熟、最容易给企业带来收益且能让管理团队看到希望的方向去做，比如多渠道投放的优化产品、线下活动营销全过程管理工具、社群管理工具等。

2）**专业联动**。当一个产品在内部取得了成功，赢得了管理层和团队的信任之后，就可以围绕已成功的产品，延伸至上下游、关联的产品，让数字化产品之间产生叠加效果，比如打通获客阶段的数据，进行内容生产、内容管理和社交媒体管理组合等。

3）**体系打通**。当落地了多个数字化产品之后，需要考虑数字化体系构建和数据打通问题，单独的产品产生的数据多是片面的，产品间的数据也是割裂的，这样不利于数据的清洗、分析和应用，所以数字化达到一定程度就需要打通所有数据产品了，将所有产品串联起来，形成一个整体。当然企业可以在最初的时候就部署数据中台类的产品。

4）**智慧智能**。当有了数据中台并将所有数据打通之后，市场人员对工作流程的优化和对客户的理解会更加深刻，这时候可以考虑通过AI、MA等工具来实现智能数字营销，进一步提高营销的效率和精准度。

笔者曾服务某To B企业营销数字化项目。该企业最初的市场部人员较少，市场部的主要工作是为销售人员制作营销物料，围绕产品做宣发支持。企业融资之后，对获客的要求变高，因此企业希望围绕获客和客户数据进行数字化转型。该项目的分阶段落地计划如下。

第一步，搭建获客数字化能力，比如SEM、SEO线索的承接能力，多渠道投放的数据收集和沉淀能力，官网埋点和数据分析能力，短信、EDM等链接的标记和跟踪能力等。

第二步，建立线索评分机制，实现线索来源渠道判断，初步实现标签自动化并完善人工标签，实现线索的分层分级管理。

第三步和第四步，实现线索按照设定的条件进行分配，实现线索跨部门流转，以及实现线索全生命周期的数字化。

第五步，对线索池进行优化，实现主动营销，激活沉默线索。当优质线索评分变动后，系统主动提醒销售人员。

整体计划如图3-6所示。

1. 获客数字化	2. 线索数字化	3. 市场和销售数据对接	4. 线索全生命周期数字化	5. 主动营销
营销痛点： 主要辅助销售做一些营销物料，没有销售线索支持的能力	**营销痛点：** 市场部对线索的评判缺乏标准，质量参差不齐，浪费销售大量时间	**营销痛点：** 线索分配机制不合理，没有给予销售足够的激励	**营销痛点：** 线索转出后，进入CRM，市场和销售的数据不同，造成客户数据割裂	**营销痛点：** 公海线索领取不够，获取沉默线索和异常线索的主动性不足，造成不少客户丢单
营销工作目标： 开展SEM、SEO、EDM等工作，设定获客目标	**营销工作目标：** 设定线索评价标准，开展线索评价机制	**营销工作目标：** 建立合理的线索分配机制	**营销工作目标：** 实现线索全生命周期数字化	**营销工作目标：** 建立沉默线索分析机制，开展主动营销
数字化重点： 搭建获客的数字化能力，持续优化多渠道投放，官网埋点，短信、邮件自动触达，线索管理等	**数字化重点：** 线索评分，自动化标签	**数字化重点：** 持续提升线索评分能力，培养线索自动分配能力	**数字化重点：** 打通多系统的客户数据，实现统一的客户ID数据化	**数字化重点：** 建立线索的初步自动化营销能力，引导销售关注有价值的线索，对沉默线索进行激活

图3-6　某企业线索数字化落地计划示意

4. 实施与采购

（1）自研还是采购

当营销数字化成为 To B 企业竞争的主方向时，自研还是采购相应产品就成了一道必答的选择题。

一般来说，互联网公司和大型传统企业会选择自主研发数字化产品。互联网公司之所以这样做，是因为市场变化快，企业内部调整也快，每家企业的业务形态和管理模式差异较大，而且公司普遍具备较好的敏捷开发能力和自身研发能力。大型传统企业往往数字化需求不迫切，对自身的数据和业务流程保密性较强，同时内部信息化团队也希望做出成绩，资金实力也比较雄厚。

尽管许多 To B 企业有产研团队，但很多 CTO 或产品经理认为市场上的许多 Martech 产品不过如此，只需要几个月甚至几十天的时间，按照产品画个原型图，让实习生写一些代码就能实现，以后就能够一劳永逸了。笔者建议，除非企业的业务比较复杂，市场上确实找不到合适的产品，或者企业产品本身就属于 Martech 产品，否则企业的营销数字化不应该自主研发，而应该选择采购成熟的产品。在欧美，即使是微软、IBM、SAP 这样的领先软件公司也会采用大量的第三方系统产品和 Martech 产品来满足自身的业务发展需求。

从另一个角度来看，To B 企业的产品经理不一定精通营销的业务逻辑和流程，而且企业有自身的业务方向和产品节奏，产研团队若兼顾内部的数字化，往往得不偿失。此外，从时间上来说，市场竞争不断发生，自主研发的时间往往比采购的周期长 3～6 个月，甚至达到 6～12 个月。在这期间，可能会面临营销费用的浪费和效率不高的问题。更重要的是，一旦相关人员离职，营销数字化反而可能会成为一个很大的障碍。

笔者曾接触过一个客户，该公司已经上市，也拥有多个营销数字化产品。但是，笔者体验后发现，产品整体仍然是搭积木式的，系统性不够。内部营销数字化团队只有 1 个产品经理、1 个产品助理、4～6 个开发人员、1 个兼职 UI。在过去几年中，该公司为营销数字化投入的自主研发成本已经超过了 2000 万元。

当笔者和市场、销售团队沟通后发现，这两个团队对内部的数字化产品认可度并不高，常见的问题就是产品界面不美观，产品逻辑不顺畅，无法对接业务的需求等。负责的产品经理也因为产品效果改善不明显而被频繁更换。

（2）私有化还是SaaS

市场上的数字化服务商越来越多，有做定制项目的，也有做标准化SaaS产品的，琳琅满目，热闹非凡，这也让正在进行数字化转型的企业有更多的选择。

工欲善其事，必先利其器，下面笔者从一个市场负责人的角度来展开介绍。营销数字化是一个复杂的系统工程，一旦选择错误，就会给企业带来不小的损失。如果第一个产品就选错了，没有做出效果，那后续的预算可能就没了。

那么，在各种不同类型的营销数字化产品中，应该如何选择呢？根据企业的特点，笔者尝试梳理了不同的企业选择数字化产品的基本原则，如表3-7所示。

表3-7 不同企业选择数字化产品的基本原则

企业规模	预算	数字化产品
小微企业（10~100人）	1万元以内	各种成熟、标准的SaaS或aPaaS产品
	1~20万元	一体化营销云产品
中小企业（101~500人）	10万元以内	各种成熟和标准的SaaS、aPaaS产品或一体化营销云产品
	10~100万元	一体化营销云产品或定制的私有化产品
大中型企业（500人以上）	100万元以内	SaaS产品、aPaaS产品、一体化营销云产品或定制的私有化产品
	100万元以上	定制的私有化产品

对于小微企业和中小企业来说，采用标准化、云部署的SaaS产品比较合适，如果有一定的开发能力，aPaaS产品也是不错的选择。只要企业的业务流程比较规范，符合行业的通用做法，在产品升级、实施周期方面有优势，且正在采用"软件即服务"的模式，就建议采用标准化、云部署的SaaS产品。当然，对于有一定信息化基础和能力的大中型企业，可能本身就已经有了ERP、CRM等系统，也可以选择私有化的产品，即在原有的基础上对数据进行打通，对产品进行优化。

企业在选用SaaS产品的时候，不仅需要对产品进行功能测试，还需要对数字化厂商进行评估，以确保产品能够持续迭代，服务能够满足需求以及保持延续性。

（3）数字化产品的采购流程

数字化产品的采购流程和其他产品大同小异。笔者常用的采购流程如图3-7所示。

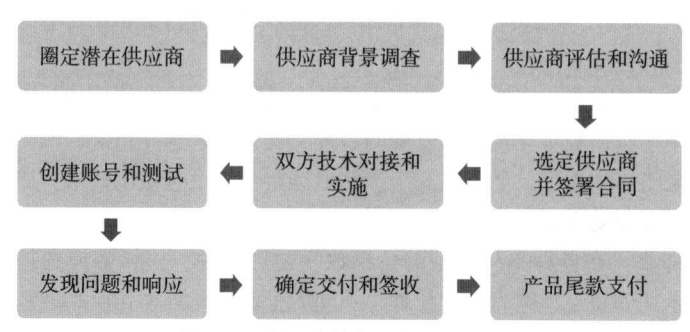

```
圈定潜在供应商 → 供应商背景调查 → 供应商评估和沟通
                                          ↓
创建账号和测试 ← 双方技术对接和实施 ← 选定供应商并签署合同
      ↓
发现问题和响应 → 确定交付和签收 → 产品尾款支付
```

图3-7 常见的数字化产品采购流程

1）**圈定和调查**。当企业决定开始产品选型的时候，市场负责人可以拿出之前规划的蓝图和落地计划，圈定潜在的供应商。如果对市场不是很熟悉，建议大家基于最新的营销技术云图列出清单来进行背景调查。此外，还可以看看行业头部企业或竞争对手在用哪些产品。背景调查的主要是一些基础信息，比如供应商的成立时间、创始团队的背景、融资规模、客户规模、续约率、行业口碑等。

如果选择定制产品，那么供应商的PaaS能力就值得关注了，良好的PaaS能力能够让产品在模块化、复制能力、开发速度等方面具备优势。

2）**评估和谈判**。经过圈定和调查，最终可能只有3~5家供应商进入下一个环节。这些供应商可能会告诉你，企业的需求它们完全可以满足，而且物美价廉，那么企业该如何评估和谈判呢？笔者建议企业关注以下几点。

- **公开招标**。通过官网、公众号、朋友圈等途径公开招标，以吸引更多的潜在供应商，让可选范围变大，这样选出合适供应商的机会也会更大。
- **解决方案**。虽然很多通用产品都不错，但如果你所在的企业属于垂直细分行业，必然会有一些和通用产品不一样的地方，那么供应商是否有成功的行业解决方案就非常重要了。
- **成功案例**。要关注和你的企业规模类似的同行业其他企业的成功案例,不要只看大厂案例。

在评估和谈判的过程中,通过和不同供应商进行交流,可以获得很多行业、产品知识,从而帮助你更好地理解如何选择供应商。

3)**选定和使用**。通过多次评估和谈判,企业最终会选定供应商,并开始实施对应的数字化方案。若选择了 SaaS 产品,那么沟通和使用会比较简单。

如果在实施或使用过程中发现问题,还可以和供应商进行沟通。为了保障产品实施的进度,双方需要在合同中约定好相关条款。

4)**交付和尾款**。当产品交付后,就要支付尾款了,SaaS 产品要在付款后才能正式使用。

营销数字化落地与持续优化

企业自研或采购数字化产品后,并非营销数字化的结束,而仅仅是产品交付的结束,也是企业内部营销数字化的开始。接下来需要通过如下行动和共识来保障获得更好的落地与持续优化。

1)**管理层支持**。因为市场工作(包括营销数字化的落地)会和多个部门发生交集,所以只有得到管理层的支持,市场负责人才能在内部更好地调动资源。如果营销数字化规划的预算较大,则建议专门成立一个包含高管的决策委员会,来帮助市场负责人推动整体工作。

2)**组织架构**。企业开展营销数字化之后,还需要及时调整组织架构。比如 IDC 就曾经给出一些示例,其中只有单个产品的中型公司的营销数字化组织架构如图 3-8 所示,有多个业务单元的跨国公司的营销数字化组织架构如图 3-9 所示。

3)**开始行动**。一些企业的负责人在规划的时候希望把所有的问题都想清楚,他们不断地和供应商沟通,也在不断地听到或者想到新的问题,所以一直调整规划,于是迟迟不能真正开启数字化进程。在数字化的过程中过于追求完美是没必要的,因为现实中有太多的变化。越早落地数字化,也就能越早沉淀数据,数据也就能越丰富。丰富的数据可以帮助企业深入理解市场、客户,并有助于数字化迭代优化。

企业的营销数字化不是规划出来的,而是实打实做出来的,好的营销数字化是迭代出来的。

4)**持续学习**。营销数字化落地需要借助营销工具和营销技术,而

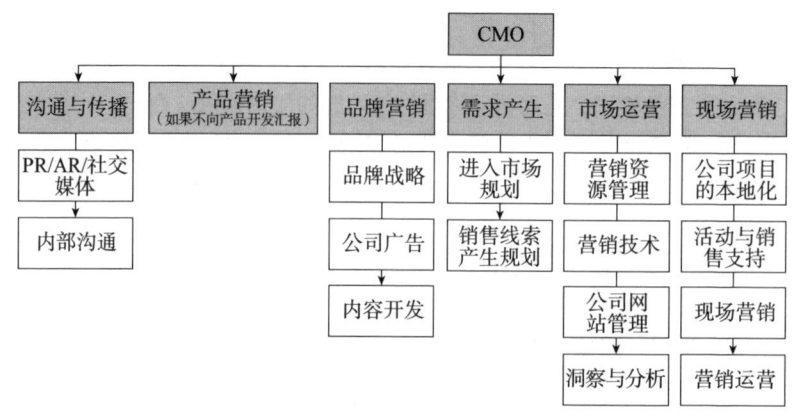

```
                          CMO
    ┌────────┬──────────┬──────┬──────┬──────┬──────┐
  沟通与传播  产品营销   品牌营销 需求产生 市场运营 现场营销
            (如果不向产品开发汇报)
  PR/AR/社交   品牌战略   进入市场  营销资    公司项目
  媒体                   规划     源管理    的本地化
  内部沟通    公司广告   销售线索  营销技术  活动与销
                       产生规划            售支持
            内容开发             公司网     现场营销
                                站管理
                                洞察与分析  营销运营
```

图 3-8　只有单个产品的中型公司的营销数字化组织架构

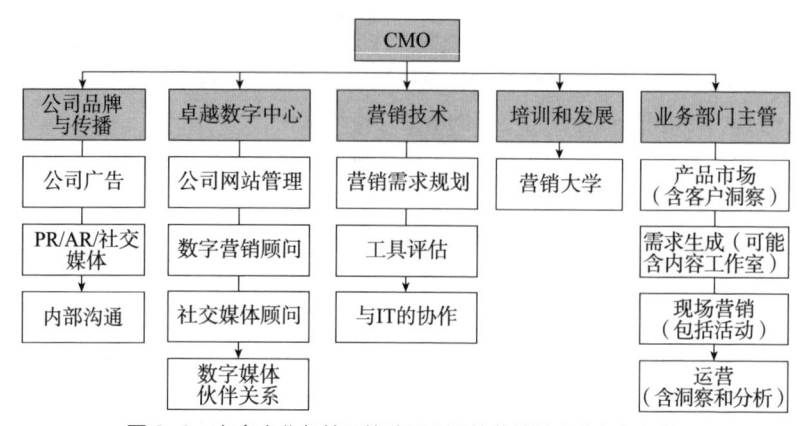

```
                          CMO
    ┌────────┬──────────┬──────┬──────┬──────┐
  公司品牌   卓越数字中心 营销技术 培训和发展 业务部门主管
  与传播
  公司广告   公司网站管理 营销需求规划 营销大学 产品市场
                                          (含客户洞察)
  PR/AR/社交 数字营销顾问 工具评估           需求生成(可能
  媒体                                     含内容工作室)
  内部沟通   社交媒体顾问 与IT的协作         现场营销
                                          (包括活动)
            数字媒体                       运营
            伙伴关系                      (含洞察和分析)
```

图 3-9　有多个业务单元的跨国公司的营销数字化组织架构

工具和技术本身不能直接产生价值，价值是通过人使用工具或技术产生的。对工具或技术的理解和使用深度，会影响产生价值的高低。这就要求用工具的市场人持续学习营销数字化工具和技术。

5）**数据思维**。市场人还需要快速建立数据思维，把所有市场工作数据化，让决策建立在数据分析的基础上。

最后，总结一下 To B 营销数字化成功落地和进化的几个要素：**管理团队支持，企业战略牵引，组织能力适配，需求梳理到位，规划数字蓝图，选择优质供应商，业务团队全力配合，持续学习。**

04

To B 品牌的规划与塑造

— 黄海钧

黄海钧 数枝营销创始人，具有近20年"品牌+市场+销售管理"的复合实战经验，曾任正邦品牌咨询总监、纷享销客高级副总裁、科创板上市公司CMO、制造企业市场销售副总裁等。2022年年初创立数枝营销，为B2B企业提供营销咨询及CRM服务。

从客户旅程视角看，品牌价值主要体现在两个阶段：获客阶段和转化阶段。品牌可使企业以更低的成本获得更多的客户。

在C端，用户打开电商App，在搜索框中是搜品牌名（如华为手机）还是搜品类名（如手机）存在天壤之别，前者直达品牌，有的甚至直达具体的产品型号（如华为Mate 50），后者则需要从品类转化到品牌，企业需要付出更高的竞价排名、说服转化等成本。

在To B业务中，虽然路径不像C端购买这么简单，但"指名购买"的逻辑同样存在。作为细分品类中的主导品牌，更容易进入客户的选型名单，获得与客户接洽、参与项目竞争的机会。在百度等搜索场景中，直接由品牌词搜索带来的官网流量其实大多数都是潜客的"指名流量"，也就是品牌带来的自然流量，而非通过各类广告带来的流量。

品牌对 To C 和 To B 两类企业的价值的区别如图 4-1 所示。

在转化阶段，To B 业务场景极为复杂。Gartner 的一项调研表明，参与一宗 To B 采购的利益相关者约为 6.8 人，而涉及的职位、部门和地域呈现越来越多的趋势。个人与组织的关注点和利益分歧，使购买方内部往往只能在"保持谨慎"和"规避风险"上达成一致。品牌是第一信任状，也是采购决策中的"最大共识公约数"。换句话说，品牌厂商，尤其是领导型品牌厂商，将依靠品牌的力量在竞争中获得更大的赢面，并且更容易获得优质订单。

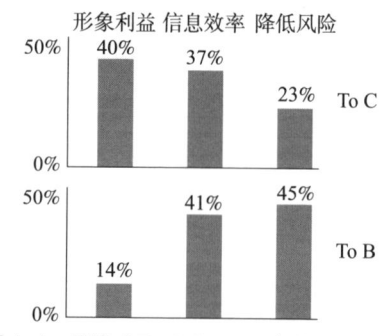

图 4-1 品牌对 To C 和 To B 企业的价值对比

几乎没有人会否定品牌的重要价值，但在建设品牌的认知与态度上大相径庭。

在 To B 企业中，CEO 在衡量品牌价值的时候最容易犯的错误就是"麦克纳马拉谬误"（McNamara Fallacy，即人们倾向于用最容易衡量的指标来评估结果，试图让可测量指标更重要，并不是努力使重要指标可测量）。品牌的效果不够明显，不够直接，市场部也拿不出有效的分析数据，这就导致企业在品牌投入上望而却步，或者干脆认为品牌工作是不重要的。

比较常见的误区还有：品牌是水到渠成的结果，把产品、销售、服务做好就行了。这种认知虽然看到了品牌是企业经营的成果之一，但忽视了品牌有其自身成长、作用的过程，品牌与产品、营销、服务等既存在紧密联系又有独立性。

我们都梦寐以求摘取品牌的果实与红利，这除了要树立正确的品牌认知和态度之外，更重要的是要掌握品牌建设的系统方法，在企业发展的不同阶段，能够像重视业绩一样关注品牌，促使品牌动态发展。

第 1 节　品牌规划：设计品牌发展的顶层架构

罗马不是一天建成的，但在动手修建罗马之前，最重要的事是绘制罗马城的建设蓝图。放到品牌建设中，就是要做好品牌的规划。

很多企业在进行品牌规划的时候，容易"朝定夕改"，无法形成持续积累，或者一下子钻入局部细节，缺乏对品牌建设的总体布局。正像我们进行企业战略规划时广泛用到的战略地图工具一样（战略地图由罗伯特·卡普兰和戴维·诺顿提出），在品牌规划时也需要有相应的工具。最典型的品牌工具是品牌屋（又称品牌信息屋），该工具既兼具了品牌规划的体系性，又能厘清各要素之间的逻辑关系，可帮助我们思考并设计完整的"品牌地图"。

我们难以接受品牌作为一种心智活动，因为这样会变得飘忽不定和不可捉摸，我们必须找到一种相对确定的机理，管理形成心智结果的行为与过程。而品牌屋正是这样的工具，它揭示了品牌建设的底层逻辑，可以牵引我们更全面、合理、结构化地规划品牌。

不同的品牌团队、咨询公司、行业领域构建的品牌屋形态各异，甚至有很多企业搭建的品牌屋徒有其形没有其魂，缺乏必要的逻辑关系。笔者从自身的研究与众多项目实践中总结出一套符合 To B 企业使用的品牌屋模型，如图 4-2 所示。

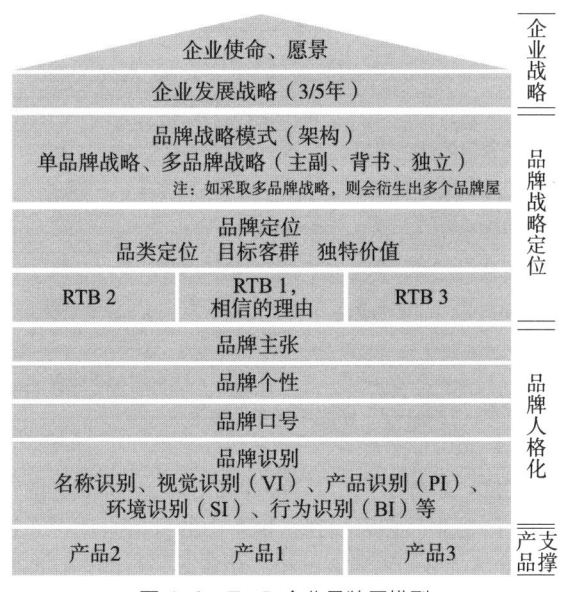

图 4-2　To B 企业品牌屋模型

下面就来逐层逐点解析图 4-2 所示的品牌屋模型。

企业战略层

在企业经营中，品牌起着承上启下的重要作用，"承上"就是承接企业的文化定义与发展战略，"启下"就是统领企业的产品及营销。因此，企业在品牌屋的共创规划中，需要将"使命、愿景"的核心文化以及企业 3～5 年的发展战略纳入其中，构建完整的、一致的顶层规划体系。

品牌战略定位层

品牌战略定位层需要确定品牌战略模式和品牌定位。

1）**品牌战略模式（架构）**。品牌战略分为单品牌战略和多品牌战略，多品牌战略又分为主副品牌、背书品牌、独立品牌 3 种常见的多品牌关系模式。随着企业的发展，会出现多个产品、多条业务线，此时企业就会面临品牌架构规划的问题。企业是否需要设置多个品牌，要从资源和策略两个方向考虑。因篇幅所限，本章不就此问题展开讨论，仅提供一些参考的维度，例如战略或业务协同性、目标客户重叠度、既有品牌影响力、公司资源力、公司管理方式（集中度高、低）等，如图 4-3 所示。

	单品牌模式	多品牌模式
战略或业务协同性	强	弱
目标客户重叠度	高	低
既有品牌影响力	强	弱
公司资源力	弱	强
公司管理方式	集中度高	集中度低
特殊考虑或布局		

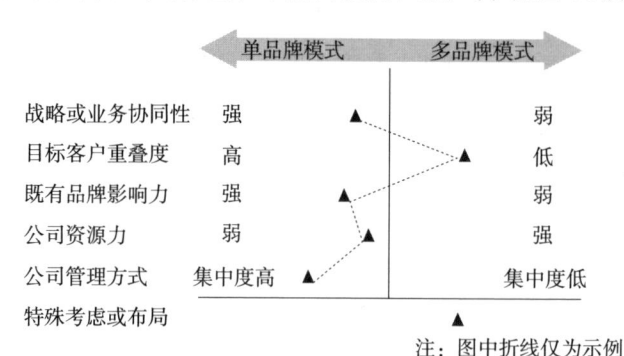

注：图中折线仅为示例

图 4-3 单品牌或多品牌考虑维度

2）**品牌定位**。品牌定位是品牌战略的核心。所谓定位就是"锚定一个位置"。任何企业都必须找到在生态中的价值与位置，我们称之为"生态位"，而市场竞争的本质就是生态位重叠导致的生存冲突，品牌定位的本质就是给自己找到一个有利于竞争的生态位。

要从 3 个方面确定品牌定位。
- 目标客群——我为谁提供服务？
- 品类定位——我是谁？
- 独特价值——我帮客户解决哪些关键问题？能带来哪些效果？什么是我独有的或比别人更有优势的？

这 3 个方面分别体现了客户视角、企业自我视角、竞争视角，三者之间是相互联动的。
- 客户视角：目标客户画像是什么？谁是关键决策者？需求及痛点是什么？
- 自我视角：定位在哪个品类？是否要新建一个品类？客户认不认可？
- 竞争视角：核心竞争者是谁？SWOT 分析如何？人无我有、人有我优的差异化优势是什么？

品牌定位不是纸上谈兵，在这些顶层思考的背后还必须厘清 RTB（Reason To Believe）体系，即为什么你能占据那个生态位。通常来讲，这主要涉及技术优势、产品优势、人才优势、资源优势及相关优势要素的组合等。

一个真正有效的品牌战略定位，一定是"客户愿承认，企业能兑现，对手要憎恨"的。

品牌人格化层

品牌的本质是用户的心智认知。品牌涉及知名度、认知度、联想度、美誉度、忠诚度，这些反映的其实都是用户对品牌的心智旅程。因此，将品牌人格化是建立与用户沟通、驱动品牌建立用户关系的最佳路径。品牌即人，那么它就需要有称呼，有价值观，有个性特征，有外表形象……

1）**品牌主张**。所谓品牌主张，就是品牌的"价值观"，它是品牌内在的精神世界。Salesforce 早期的 "No Software"（软件终结者）、Google 的 "Don't be evil"（不作恶）、企业微信的 "连接创造价值"、飞书的"让组织和个人更加高效、愉悦"等都是品牌主张。品牌主张一般可以分为事实主张、认知主张、情感主张、价值观主张，由企业类型、发展阶段等因素决定。

2）**品牌个性**。品牌个性类似于一个人的性格特征，是张扬还是内敛，是理性还是感性，是豪放还是细腻……品牌个性的定义至关重要，它是形成品牌联想的关键要素，我们甚至可以称之为"品牌人设"。正所谓"物以类聚，人以群分"，尤其是在注重品牌情感属性的 To C 领域，品牌个性在某种意义上决定了吸引什么样的用户群体。

3）**品牌口号**。品牌口号就是大家通常讲的品牌 Slogan（严格意义上讲应该是品牌 Tagline）。在信息极其泛滥的传播环境中，你没有机会向用户做过多解释，而通过一句简短有力的口号更容易建立与目标用户的沟通，传递品牌主张，进入用户心智，这就是品牌口号的价值。正像"农夫山泉有点甜""先进企业，先用飞书"一样。如能将品牌名与品牌价值主张融合在一起，又朗朗上口，那么这句话将是品牌口号的上上之选。

4）**品牌识别**。如果说品牌主张、品牌个性、品牌口号是更偏人格化的"内蕴"部分，那么品牌识别就是人格化的"外显"。品牌识别是一个广义的概念，具体可以分为如下几个部分。

- **名称识别**：名称的本质是用户区分与识别品牌的"代号"，比如张三、李四、王五……但文字本身又有特殊的意象性，会直接影响品牌联想。正像"娃哈哈"与儿童用品、"奔驰"与交通工具、"农夫山泉"与自然生态的联想关系一样。因此，品牌命名应与品牌主张、品牌个性保持紧密的协同与呼应。

- **视觉识别**：绝大部分人对品牌的认知是从这里开始的，因此就不赘述了。这里只想强调一点——"相由心生"，品牌视觉识别应与品牌内蕴保持表里如一。

- **产品识别**：宝马、凯迪拉克的前格栅，苹果电脑的外形与界面，可口可乐玻璃瓶的造型等，都给用户留下了独特的识别印记。有一个名词叫"可粉碎性品牌"，指的就是像可口可乐、苹果这样的产品，即使砸成了碎片，我们通过碎片也依然可以猜出是什么品牌。To B 的工业品也越来越重视产品的外观设计、用户体验设计，而对众多 To B 数字化服务品牌来讲，也许产品识别的核心就是软件产品的 UI、UE。

- **环境识别**：这在连锁终端消费领域尤为重要。对于 To B 品牌来讲，重点是办公环境、展厅、展位等。

- **行为识别**：为什么我们进入高端酒店、飞机头等舱，都会有宾至如归、如沐春风的感受？背后就是行为识别规范的设计与管理。对于 To B 企业来讲，重点是对直接面向客户的营销、服务团队进行行为识别规范设计。
- ❑ **其他触点识别**：直接与客户发生触点连接的载体，如官网、宣传物料等，都应纳入品牌识别规范的范畴。

品牌在与用户进行沟通和接触时，用户通过视觉、听觉、触觉、嗅觉、味觉等感官系统获得综合感受，这种感受就形成"用户体验"。

当然，由于品牌识别体系较为复杂，不是简单的文字能表达到位的，所以不一定最终呈现在品牌屋的模型中，但在规划时，一定要将其置入品牌顶层设计的整体框架当中。

品牌内蕴（主张、个性）与品牌外显（名称、VI、PI 等识别体系）构成了品牌心智认知的完整闭环。有内在的精神世界，也有外在的音容笑貌，一个人格化的品牌就呼之欲出了。而品牌口号则具有内蕴与外显的双重属性。

产品支撑层

品牌意味着塑造（品牌人格化、品牌故事），品牌也意味着承诺（独特价值、价值主张）。而品牌真正与用户发生实质性价值传递的是产品与服务。品牌为产品赋予了精神光环，产品为品牌提供了物质属性。因此可以说，**品牌是精神文明（虚），产品是物质文明（实）**。

对产品部分的归纳与定义也是我们规划品牌地图过程中的关键一步，根据不同的客户群体、行业领域、竞争布局、产品功能等，企业会定义出一个或多个产品系列，比如 Salesforce 重点打造的"四朵云"（销售云、营销云、服务云、商业云），金蝶云的苍穹、星瀚、星空、星辰。

品牌做什么，决定了你在客户心智中是什么。反之，你在客户心智中是什么，决定了你的品牌是什么。

当我们梦想着建造一栋摩天大楼（知名品牌）的时候，建议先详细擘画一幅施工图纸（品牌屋）。

第 2 节　品牌塑造：三大手段塑造品牌影响力

品牌塑造是一个长期且复杂的过程，但总体上可以概括为两个层面：一是品牌的内在生长，核心在于企业通过产品与服务印证对客户的品牌价值承诺，赢得客户的信赖，形成品牌自身的资产积累；二是品牌的外在塑造，正所谓"众口铄金，积毁销骨"，客户的认知极易受到第三方信息的影响，因此需要对品牌进行主动干预与管理。

本节侧重从第二个层面，也就是日常品牌工作的具体路径角度进行阐述。品牌媒体传播、品牌广告宣传、品牌大事件是塑造品牌影响力的3种关键手段。

长袖善舞：借助媒体进行内容传播

在商业活动与企业经营中，品牌知名度、影响力的打造离不开媒体力量的加持。我们发现，再小的企业也会配有负责品牌工作的岗位。虽然随着互联网的崛起，用户习惯与媒体环境发生了巨变，但这并不意味着媒体的消亡。

To B品牌打造，很难有效借助天猫、抖音、小红书等各类用户流量平台，也很难投入巨资进行广告媒体轰炸，因此各类媒体依然是高性价比的传播渠道。尤其是一些权威媒体的公开报道，对于品牌信任度的提升具有不可替代的价值。

如何做好品牌的媒体传播？笔者将其中的要义总结为四个字——内容、密度。下面先来说说密度。

1. 密度

这里所说的密度是指媒体传播的"密度"。媒体传播的基础逻辑是"信息通过媒介触达受众"。信息的密度决定了传播的效应。尤其是在当今媒体高度分化的背景下，难以依靠单一的大众媒体实现集中触达。正像冯仑所讲，过去是合唱团，大家同看一个新闻节目（新闻联播），同看一台晚会（春节联欢晚会），现在是人人独唱的时代。因此，信息密度就尤为重要，否则信息的传播就像石子入海，激不起半点浪花。

密度可以分为"时间、空间"两个维度。

1）时间维度即"频次"。作为品牌运营者，要有策略地做好品牌媒体传播的节奏规划和事件策划，保证每个月或在一定阶段内要有动作，以保持品牌的鲜活形象，同时为网络搜索提供资讯素材。笔者认为，作为一家To B企业，每个月保证1~2篇的媒体传播文章是合理的。

2）空间维度即"媒体分布"。用一个高大上一点的词来说就是"媒体矩阵"。这在媒体分化的大环境下，显得更为重要。要根据公司的业务特征及传播诉求有选择地组织媒体传播资源。比如面向一级市场传播适合选择科技类、创业类媒体，但上市公司面对二级市场时可能就比较适合选择财经类、证券类媒体。

因此，熟稔公司自身的业务、客户特征及媒体生态是品牌工作者的重要一课。

2. 内容

众所周知，时间、地点、人物、事件等是新闻资讯的基础构成要素。绝大多数企业都是名不见经传，且不具备头部企业以及商业领袖的明星效应。对于创业公司、中小型企业来说，往往找发稿公司机械地发文，很多时候都是为了做而做，产生的价值很小。

如何才能引起新闻媒体的关注与报道，并获得媒体力量的助推？笔者认为需要从"内容"层面入手，即需要善于整合资源、策划包装，抓住新闻的"七寸"——新闻点。所谓新闻点，就是这个事件值得讲，有看头。

笔者曾经经历过这样一个事件：某家工业软件领域的 B 轮创业公司，组织了一场不到百人的市场活动。当天晚上却上了新闻联播且有品牌 LOGO 露出。核心原因是活动有某国家超算中心的参与，加上工业软件也是当前"卡脖子"的敏感话题。这样的报道素材对于创业公司来讲是具有高价值的品牌背书，可谓四两拨千斤，价值明显。这一案例中的"国家超算中心""工业软件自主创新突破"就是新闻点。

大家一定要相信一个事实：随着移动互联网的兴起，人群与传播平台的分化，最稀缺的其实是"优质内容"。因为对于媒体平台来讲，内容意味着流量，所以撬动媒体资源的引擎并不是那几百块钱的"车马费"，而是你是否能提供足够优质的内容或内容线索。

从内容角度来讲，笔者认为一家 To B 公司往往可以构建人、财、务三个内容源。

1）内容源——"人"：
- ❏ CEO 等人物专访，这是比较易于操作的；
- ❏ 大咖加盟，在公司发展过程中，如果有大咖加入团队，往往容易引起关注；
- ❏ 领导考察，尤其是高级别的领导的考察，容易建立品牌高度；

❏ 专家站台，如组织市场活动，得到专家的站台支持；

……

2）内容源——"财"：

❏ 融资，这是大部分创业公司的常规玩法；

❏ 上市，这种机会当然比较稀缺，IPO、造富运动都是非常容易引起关注的；

❏ 财报解读，这是上市公司不可或缺的传播主题；

❏ 投资并购，比如"蛇吞象""冤家成亲家"等都是非常有噱头的题材；

……

3）内容源——"务"（指业务）：

❏ 新品发布，这方面 To B 企业可以好好学学 C 端市场的做法，当然现在有很多 To B 企业已经开始重视产品发布的事情；

❏ 标杆客户案例，尤其是先进性、创新性的解决方案给传统领域带来的变化与价值；

❏ 白皮书或专业报告发布，当然需要有足够的专业洞察，要有权威性；

❏ 有影响力的项目，比如参与国家重大科研项目、"十四五"规划重点项目等，并做出贡献；

……

很多品牌运营者总觉得缺乏与品牌相关的传播题材，其实很多时候并不是缺题材，而是缺发现题材的眼睛，以及用心的态度。"内容"的视角不仅体现在有策划地生产内容上，还体现在内容的分发上。现在绝大部分媒体都拥有自己的媒体矩阵，会将内容在媒体矩阵内分发，有些文章也会被其他媒体主动抓取。同时，企业自身也需主动加强传播内容在多媒体渠道的分发、裂变，以形成足够高的内容密度。

在内容营销、Martech 大行其道的今天，我们往往要投入足够多的资源来提高转化率。殊不知，维护好媒体关系，与媒体共舞，获得媒体力量的加持，才是性价比最高的品牌与营销之道。

五看：合理利用品牌广告手段

众所周知，品牌影响力的打造离不开广告的支持，这在 C 端市场已经得到了充分验证。那么，To B 企业到底要不要投放广告，尤其是要不要花重金投放品牌广告？这是广受争议的话题，各有各的立场与看法，很难达成一致意见。但笔者认为，更重要的是我们如何站在一个更全局和理性的视角，避免出现"盲人摸象"和"一叶障目"的情况，在企业的经营实践中，结合企业自身的实际情况做出正确的判断，合理利用品牌广告这一手段。

我们应该像司机开车一样，根据"五看"来综合判断是否利用品牌广告。

1. 看"车型"

作为司机，坐进驾驶位之前，一定要看一下你所驾驶的车是什么类型，是跑车、越野车、重卡、微面、大客车，还是拖拉机？什么样的车决定了你采取什么样的驾驶方式。同理，To B 企业在判断要不要投放品牌广告之前首先要看看自己企业的"类型"，尤其是"客户类型"。通常来讲，像分众电梯广告这种广泛分布且点位密集的媒体，比较适合通用型的 To B 产品，而钉钉移动协同办公平台、纷享销客 CRM、分贝通企业支出管理平台都是比较通用的企业级产品，客户分布非常广泛（这几个品牌都投放过分众广告）。也就是说，此类产品通过品牌广告投放打造多行业领域、多层次市场的品牌影响力比较有价值。反之，如果你的企业面对的客户非常精准且数量不多，或者聚焦在一个极为细分的行业市场，那么这么大张旗鼓地进行品牌广告投放意义就不大了。

2. 看"导航"

当我们启动车上路之后，必须学会看导航，否则容易跑偏、跑错，浪费了时间和资源不说，还会导致未能按预定的计划到达目的地。对于企业来讲，所谓的"导航"就是"战略"。战略决定战术，如果说品牌广告投放是一次战术行动，那么真正影响其决策的就是背后的战略思想。企业投入重金进行品牌广告投放，战略目的无非有如下几种。

- ❏ 在赛道窗口期打造品牌，抢先锁定领域第一的位置，助力业务发展和融资；
- ❏ 招兵买马，招募伙伴，发力市场拓展，需要品牌的"空中轰炸"支持；

- 在冲刺 IPO 或 IPO 后，打通进入二级市场的品牌影响力通道；
- 企业认为大面积广告投放不只是品牌行为，也是行之有效的获客方式；

……

因此，切勿"人为亦为"，盲目决策，一定要思考清楚公司的战略，谋定而后动。

3. 看"油量"

对于企业来讲，"油量"就是"资源"。

笔者曾组织了一个由两三个人组成的小团队，通过 BD 置换等方式整合了数千万的免费或极低成本的广告资源。这对于创业公司来说是一种差异化的竞争力。当然，对于大多数 To B 创业公司来说，大量投放品牌广告需要有足够的资源支持，所以是否投放广告取决于公司的资金储备。笔者记得有一次和 CEO 去拜访分众传媒的江南春，江总问了一个非常直接的问题："你们准备了多少预算？"然后接着说："如果没有足够的预算，那就做不透，这样我反而建议不要做，浪费了钱效果却不好。"笔者记得当时分众推出的重点套餐名为"风暴套"，意思是广告投放切忌像撒胡椒粉一样，这里撒点那里撒点，因为这样起不到效果，要做就是要如风暴般进行饱和式投放。因此，To B 企业是否进行品牌广告投放，应基于企业自身的发展阶段、营收、融资、支出等综合考虑。

4. 看"后视镜"

当前，每一个 To B 赛道的竞争都非常激烈。从全局来看，一个赛道内的高价值客户、优质人才、头部机构的投资等是相对有限的，竞争意味着"在一定周期内对有限资源的争夺"。但从另一个角度讲，与其说是争夺，不如说是被争夺一方的主动给予。客户给予信任、人才给予选择、头部机构给予投资。这种"给予"的背后是"头部效应"，谁都愿意把胜算押在头羊身上。因此，To B 企业在判断要不要启动品牌广告投放时，要看看"后视镜"：核心竞争对手在什么位置？核心竞争对手是否在加速准备超越你？

我们必须记住几个心智竞争法则：

- 心智容量极其吝啬，"第一"只有"一"个，一旦被别人抢了你就很难了；
- 心智认为的"第一"是"品牌力第一"，而品牌力与营收、规模是两码事；
- 市场竞争的微妙之时是势均力敌之时，谁把握住这个时机，谁就抢得了先机。

5. 看"仪表盘"

开车要看仪表盘。如果综合上述几个要素，企业做出了投放品牌广告的决策，那么笔者建议先拿一个典型城市作为测试样本。这个城市的选择与你的兵力部署、客户分布以及广告投放的目的等紧密关联。有条件的甚至可以同时投放两种不同的广告内容，进行 AB 测试，以观察效果。在投放测试期间，要在前、中、后三段做好数据采集与分析。

1）**投放前**：要对自身的客户画像特征、分布特征、目标人群特征等做分析，结合媒体的楼宇点位数据对广告类型进行匹配，尽可能基于数据做到有的放矢，精准投放。

2）**投放中**：通过广告中设置的二维码进行数据的采集与分析，并对接内部团队进行数据的后续跟进，分析转化情况；同时，将投放期间的数据增量作为评估广告投放效果的间接参考数据，比如无投放期间日均官网留资数量是 X，而投放期间为 Y，则 $Y-X$ 就可视为投放带来的效果。

3）**投放后**：要对投放期间的整体数据变化曲线、数据转化情况（比如 SQL、商机甚至是成交）等进行分享，对投资人、媒体、合作伙伴、客户等多维度的定性评价和反馈信息进行收集，对完整投放过程进行复盘。

样本测试是较为稳妥且经济的方法，可为后续大规模投放提供更有效的策略支持。当然，品牌广告异于效果广告的是，受限于广告媒体的形态以及数据采集的技术手段，我们很难追求绝对的"品效合一"，只能尽量往"品效合一"上靠拢，做到"品效融合"。

1+N：高光事件塑造品牌影响力

营销获客当如绣花，品牌运营应似大厨。这句话的意思是：营销获客尤其是数字营销应如绣花般精细，紧盯每一个数据和细节；而品牌运营应如大厨，锅勺之间需大开大合，轻手蹑脚是炒不好菜的。

对于 To B 品牌来讲，很少有足够的预算去做铺天盖地的广告，而大会、大活动几乎成为最佳选择项。纵观国内，移动办公三大品牌——钉钉、企业微信、飞书每年的品牌广告几乎均以大会为主，即飞书的"春、秋季未来无限大会"、钉钉的"产品或战略发布会"、企业微信的"年度大会"。对于众多 To B 领域的品牌来说，大会的名称各异，比如战略发布会、新品发布会、新闻发布、客户大会、主题峰会等，但是"手法"大同小异。

这里分享一个 To B 品牌运用事件、活动提升影响力的法则——1+N。1 是指确定性的部分，即每一个 To B 品牌每年度至少需要有一次大事件（建议以大会为主，最好是线上线下混合形态），N 指一系列的行业和区域中小型品牌活动、展会。

下面重点讲讲"1"的部分，对此笔者有几条建议。

1）**强连接**：品牌运营团队要为大会设定一个简洁、清晰、响亮的主题，而且这个主题需持续使用，形成"活动品牌"。在主题的设计上，务必要锚定一个与品牌强连接的关键词，它可以是品牌愿景、理念，也可以阐述一种独特的业务价值，或明确界定品牌所面向的目标人群。HR SaaS 北森的 HeRo 大会、iTalentU 用户大会、神策的数据驱动大会，都是这方面非常好的案例。

2）**重参与**：大型品牌活动不仅是面向外部客户、投资者、媒体、合作伙伴等的重要品牌传播活动，也是非常好的内部战略动员、文化宣导的机会。在品牌大会上，企业往往会宣布重要的战略动态、重大决策、新产品、新品牌等。因此，大会必须升格为公司级的盛事，CEO 本人需关注并参与。品牌团队可以在年初规划中给出明确的时间安排，甚至每年可以锁定在同一个日期。笔者就见过一个公司，将 IPO 上市的那一天作为每年的产品日、用户日，围绕这一时间，公司内部的各团队进行工作目标的对齐，尤其是产研团队。当然，新产品发布不一定是必选项。

3）**高杠杆**：既然是难得一回的品牌高光时刻，就要下足功夫，并配置必要的资源，全力促成品牌的强影响力传播。从营销策划的角度看，最高明的营销就是寻求高杠杆，即花小钱办大事。因此，对优质资源的调动与整合至关重要，比如找到优质的合作伙伴、邀请顶尖大咖等。神策 2021 数据驱动大会邀请了"现代营销学之父"菲利普·科特勒，Moka 举办的 2021 GHRC 全球人力资源管理大会则邀请了全球管理大师拉姆·查兰，这些对于活动的品质提升和内容传播都有非常高的价值。

05

建立品牌内容制高点：To B 白皮书营销

——鲁扬

鲁扬 火山引擎市场总经理。曾任销售易市场副总裁、京东云市场公关部总经理等，早年在IBM等跨国企业任职。拥有近20年的市场营销经验，对To B市场体系搭建及品牌传播、营销获客、营销自动化等具有深刻洞察。毕业于清华大学中文系。

在 To B 营销中，白皮书是很多企业的市场部喜欢采用的一种营销形式。近年来，随着内容营销的发展和深入，越来越多的营销人员开始尝试将白皮书作为品牌传播和营销获客的渠道。与此同时，也遇到了制作门槛高、效果不明显、ROI 不易评估等问题。本章将就白皮书营销的方法与实践展开讨论。

第 1 节　什么是白皮书

什么是白皮书？根据维基百科的介绍：白皮书（White Paper）通常指具有权威性的报告书或具有指导性的文本作品。

白皮书起源于英国，早期专指政府发布的以白色封面装帧的重要文件或报告书，如就某一重要政策或提议正式发布的官方报告书。通常这种报告在印刷时不做任何装饰，封面也是白纸黑字，所以称为白皮书。根据封面颜色不同，类似的报告还有蓝皮书、红皮书、绿皮书等。

在商业领域，一些研究咨询机构会将自己发布的行业研究报告等称为白皮书；对于企业来说，也会主动制作、发布与自身品牌和产品相关的报告类资料，并以白皮书的名义用于营销活动。

白皮书在营销中的作用

北美内容研究机构 Content Marketing Institute 发布的研究报告"The 13th Annual B2B Content Marketing Benchmarks, Budgets, and Trends: Insights for 2023"（第 13 届 B2B 内容营销基准、预算和趋势：2023 年版）显示，根据针对 To B 市场营销人员的调研结果，59% 的受访人员在过去 12 个月内曾经制作或使用过白皮书类营销资料。同时，有 43% 的受访人表示白皮书是"在过去 12 个月内效果最佳的 To B 内容营销物料"之一，在各类营销物料中排名第 4。

白皮书可以给企业带来的营销效果通常分为 3 类。

1. 提升品牌认知

发布行业白皮书，可以帮助企业提升在相关领域的品牌知名度，打造在行业内的权威性与专业形象；同时可以对外输出企业的使命、愿景、价值观、行业观点和市场洞察，从而打造在相关领域的思想领导力，进而在细分市场占领赛道，获得足够的话语权，抢占传播制高点。比如，IBM 在多年的营销实践中，通过下属的 IBM 商业价值研究院等机构产出大量与行业调研、洞察及趋势分析相关的白皮书。这些白皮书不仅为 IT 行业提供了研究资料，还有效提升和巩固了 IBM 在信息科技领域头部企业的市场地位。IBM 通过白皮书提出的数字化相关理论与经验被众多企业借鉴，甚至成为某些领域的行业标准。

2. 获取销售线索

白皮书的价值对企业的潜在客户具有很强的吸引力，利用这种吸引力可以在各类营销活动中促进潜在客户留下自己的相关信息，如通过官网、电子邮件、社交平台、线上直播或线下活动进行推广，吸引客户留资下载，从而获取销售线索。与直播观看、线下活动参会等 CTA（Call

To Action，行动号召）相比，白皮书下载在获客方面具备如下几个明显优势。

1）**有效期长**。当白皮书发布到网络平台之后，客户可在任何时候进行下载，不受某一次活动时间的限制，因此白皮书可以源源不断地为公司贡献长尾流量和线索，具有更长的营销效果周期。

2）**不受地域限制**。线上下载不受地理位置的限制，可以覆盖更多客户，尤其是线下活动较难覆盖的城镇或边远地区。

3）**成本相对低**。虽然白皮书的制作具有一定成本，但是相对广告投放、线下活动等来说仍有优势，如果能在后期传播中善用裂变、搜索优化等手段，往往能实现较低的线索获取成本。

4）**输出内容全面**。其他类型的物料容易受到篇幅、时长等限制，而白皮书在这方面有更大的空间，可以包含更加完整、全面的信息，除了图文之外还可以通过扫码等形式实现更多内容互动，从而传递给客户更加全面的营销内容。

3. 促进销售转化

在销售的跟单过程中，需要对线索和商机进行持续孵化、培育。有时客户需要了解一些特定的使用场景或产品能力，此时便可以通过白皮书来向其输入相应信息，增加其对产品的了解，提振客户信心，推进购买决策过程。比如在商机跟进过程中，客户对数据安全问题非常关心，也对我方的相关能力提出疑问，这种情况下仅凭销售人员的简单口头沟通很难打消其顾虑，如果此时能够提供一份我方和权威行业机构联合发布的数据安全白皮书，其中完整地阐述了我方在数据安全领域的观点、举措和案例实践，甚至展现出我方正在与相关行业机构合作推进相关安全标准落地，那无疑是一个非常有力的销售工具，会对增强客户信心、推进销售转化起到重要作用。

白皮书的类型

对于 To B 企业营销来说，常见的白皮书类型有如下几种。

1）**市场调研类**。这类白皮书通常先基于某一特定研究领域展开调研，并将最终的调研结果以白皮书的形式对外发布。此类白皮书的特点是包含大量的调研结果数据，可以帮企业了解更多的同行观点、客户反馈等，比较适用于新兴的行业和领域。

2）**行业分析类**。这是最常见的一种白皮书类型，针对某一行业或业务场景进行完整的研究分析，给出观点洞察，分享行业数据，进行趋势预判。

3）**解决方案类**。针对某一特定的业务问题，探讨解决方法和思路，并给出相关的方案路径。除了理论之外往往也会给出实践指导，或者植入自家的产品服务内容。

4）**产品说明类**。聚焦自身的某一款产品，进行详细的功能和优势介绍。区别于产品操作手册，此类白皮书更侧重于对产品价值的剖析和阐述，而非简单的使用说明。

5）**案例解析类**。针对某一行业或者业务场景，解读优秀企业的成功案例，分享最佳实践。

对于 To B 企业来说，以上几种白皮书类型各有优势和适用场景，市场人员可以根据业务阶段和需求，选择不同的白皮书类型来开展营销工作。

第 2 节　如何开展白皮书营销

白皮书营销中的挑战

当我们决定做白皮书营销时，要先做好应对以下几个挑战的准备。

1）**缺少内容来源**。很多时候企业做白皮书是"拍脑袋"决定的，但是拍完就会发现，虽然行业、产品我们都很熟悉，但是手头的资料根本凑不出一本像样的白皮书，企业内部也没有人力或者合适的人选来进行针对性写作。所以我们从一开始就要想好，这本白皮书围绕什么话题来撰写，由谁来撰写，如果要依托外部合作则需要明确找哪个合作方，我们要在其中输出什么样的观点。

2）**成本高，超过预期**。白皮书的制作、宣发都会耗费成本，因此企业需要提前规划好用什么方式撰写、是否与第三方合作、后期如何宣发等，选择适合自身预算条件的方式，避免在项目进程中因预算超支而搁浅。

3）**ROI 难以衡量**。在开始制作白皮书之前就要确定好营销目的：

是提升品牌影响力还是营销获客？还要想好如何衡量后期的效果，并以终为始来设计整个传播和数据回收的链路。

白皮书营销的 3 种形式

有些人认为，做白皮书营销就意味着所有内容都需要自己撰写，这份工作太重了，因而望而却步。实则不然，我们可以采用如下 3 种形式来开展白皮书营销。

1. 第三方白皮书植入

市场上常见的第三方研究机构都会基于自己的研究领域定期发布相关报告。其中，有较大一部分报告会体现厂商和产品相关信息。对于企业来说，争取在权威报告中露出，是一种非常有效的营销路径。因此很多企业会专门设置 AR（Analyst Relationship，分析师关系）岗位来负责这部分工作。

那如何才能在第三方白皮书中展现自家的品牌或产品呢？一般有与分析师沟通和商业合作两种方式。

对于大部分国外研究机构，如 Gartner、Forrester 等，分析师每年会根据自己的研究领域定期产出相关报告。此类报告大多不接受商业植入，分析师会根据自己对各个厂商的认知判断，以及调研获取的厂商营收数据，来决定是否在报告中提及、推荐某家厂商。企业要想让自家产品在报告中有所呈现，就需要 AR 负责人在日常与分析师进行沟通，增加分析师对自家产品的认知和了解，有时还需要报备营收数据，争取在报告中有对自家产品的正向介绍。

对于国内的研究机构，往往会提供更多商业合作的途径，如在报告中设置厂商介绍、案例展示等栏目，企业可以通过付费合作的形式植入内容或广告。

第三方白皮书植入的营销方式的优点有如下几个。

1）能够充分借用第三方机构的知名度，尤其是知名研究机构发布的知名白皮书，一旦入选会是对企业产品能力的极好背书。

2）能够借助第三方机构的传播力和流量来增加曝光。研究机构在白皮书发布之后会通过自有途径进行传播，同时知名机构还自带流量，这些都能给企业带来更多的公域曝光机会。

3）制作和传播成本低。几乎没有制作成本，即便是商业合作形式的植入露出，合作成本也远远低于联合撰写的成本。

当然这种营销形式也有其劣势，比如要对分析师产生影响，需要花费大量的时间精力且相对不容易，与海外分析师沟通时对英文要求较高，结果不好把控，露出的篇幅往往较少。

2. 行业机构联合发布

企业还可以与第三方机构联合撰写并发布白皮书。常见的合作机构类型如下。

1）**第三方研究机构**。无论是 Forrester、IDC 等国际机构，还是国内研究机构，大多都会提供白皮书撰写服务。

2）**媒体**。国内部分财经、创投领域的媒体可以提供相关智库服务。

3）**咨询公司**。尤其是大型国际咨询公司往往可以提供相关服务。

4）**行业协会或主管机构**。适用于特定的细分行业市场。

5）**高校、商学院**。适用于对新兴技术或商业场景的研究。

6）**大型投资公司和私募基金**。适合被投企业，做联合发布。

7）**企业研究院**。国内一些科技或互联网企业会设立自己的研究院或者智库机构，如果我方企业的产品或方案与其有结合点，或者本身就互为生态伙伴，则可以尝试联合发布。

联合发布白皮书的好处在于，可以请合作方的专家执笔，我方只需提供相应的观点素材，成稿压力小；同时还可以借助合作方在市场上的影响力，提升白皮书的权威性和推广效果。联合发布白皮书的缺点是此类合作费用较高。

3. 自行撰写发布

自行撰写白皮书也是一个选择，比较适用于内容产出能力较强或者预算紧缺的企业。这里的"自行撰写"，既可以是企业的产研或者市场人员直接撰写，也可以是花费较少的费用请写手来写作，比如自由供稿人、熟悉相关行业的媒体记者、有书籍出版经验的行业人士等。自行撰写的好处是对内容的把握较好，从生产到传播的可控性高，并且容易形成自有 IP；缺点是写作难度相对高，缺少行业背书，需要通过自己的传播投放来提升影响力。

开展白皮书营销的流程与方法

这里以企业自行撰写为例，看一看完整的白皮书制作和发布流程都有哪些环节。

1. 选择题材

首先我们要为白皮书选择好主题。如前所述，白皮书的类型可以有很多种，我们的白皮书要围绕哪一话题展开？是进行某一行业的市场分析，对某一技术的趋势进行展望，对自身产品或解决方案进行深度介绍，还是对行业案例进行解读？确定好白皮书主题，也就定下了后续的内容组织方向。很多企业选择白皮书题材很随意。事实上，一旦题材选错，不仅会让后续内容组织困难重重，还很可能会因为白皮书的内容与我们的营销目的相悖，导致最终的效果"事倍功半"。白皮书题材需要紧密围绕一个要素——客户购买旅程。

我们通常将 To B 客户的购买旅程分成几个阶段：认知阶段、考量阶段、选型阶段、购买阶段和购买后的维系阶段。前文讲过，白皮书根据其内容主题的不同可以分成多种类型，而不同类型的白皮书适用于处于不同购买阶段的客户。因此，我们需要根据购买旅程阶段，制作不同类型的白皮书，并有针对性地投放。

1）处于认知阶段的客户，可能正在进行项目论证，正在发现自身痛点、总结业务需求。对于这类客户，最适合的是行业趋势研究类白皮书，这类白皮书可以帮助其整理思路、梳理问题、发现需求。

2）处于考量阶段的客户，已经在搜索与自身痛点相关的内容与解决方法，参考同行意见，并开始主动检索服务商信息。对于这类客户，最适合的是市场及客户调研类白皮书，这类白皮书可以帮助其看到市场上同类企业/职位的观点和选择，以及进行相关选择之后取得的结果，从而帮助其确定方向，下定做或不做的决心。

3）处于选型阶段的客户，已经开始了选型考察。此时的决策行为开始从个人行为转为企业行为，客户开始详细了解各家服务商的产品和解决方案，考察其后期流程及服务，同时更加具备风险意识，也会考虑项目对于本人的职业发展影响。对于这类客户，适合推送详细的解决方案及与具体业务场景相关的白皮书。比如面向对安全话题敏感的客户，推送安全解决方案白皮书。

4）处于购买阶段的客户，项目的需求、预算、周期都已确定，已经开始进行具体的需求对接与商务流程谈判，此时最关键的是增强其购买信心。对于这类客户，大量的成功案例背书是非常必要的内容，白皮书内容也应更多侧重于此。

5）客户签约之后，便进入维系阶段。此时的客户更关注服务响应、产品升级，以及如何将产品用好。我们的营销重点就应该更侧重于客户的使用满意度、口碑推荐以及续约和增购。对于这类客户，可以更多地推送产品详细功能、使用技巧相关的白皮书。

总之，我们应当针对客户所处的不同购买旅程阶段，有选择地开发相应的白皮书，在传播过程中针对相关客户（如根据 CRM 系统中的商机阶段进行识别）进行精准推送，以求取得好的效果。

2. 确定体裁

后期发布和传播途径在很大程度上会影响白皮书的呈现形式，也就是具体的产出格式。如果后期涉及线下传播，通常会采用 eBook 和印刷版的形式。其中，印刷版白皮书需要较大的文字量，并辅以配图，后期排版采用出血设计，要兼顾实体书的尺寸和装帧；同时考虑到印刷文件的版式并不适合在线阅读，还需要配套设计一版按页分割、适合电子阅读的版本。

如果白皮书的后期传播不涉及线下实体手册，仅供线上阅读和下载，那么制作方法会简单很多，在预算不充裕的情况下，甚至不需要过多的设计美化，仅提供简单的 PDF 版本就能满足需求。

有些企业还会专门根据移动阅读的场景进行适配，将白皮书生成电子书的格式，便于读者在电子设备上阅读。

近几年，一种更加便捷的白皮书格式也被广泛采用，即将白皮书内容以 PPT 的形式进行排版，然后转为 PDF。这种白皮书与传统的手册形式相比，文字量更少（但一般要求有更多的数据图表），撰写和设计更加容易，可以在相对较短的时间内产出，是一种非常敏捷的白皮书制作方式，尤其适用于市场及客户调研类白皮书。

3. 内容结构

不同类型的白皮书，内容组织各不相同，但在结构上基本都由如下几个重点部分组成。

1）**标题**。跟文章一样，白皮书也需要一个好标题。通常白皮书的标题写法有两种，一种是报告类标题，常见于市场趋势分析和调研报告类白皮书，如"2023中国云计算发展趋势白皮书""2022中国工业互联网暨两化融合发展报告"等。此类标题的写作要求是用词严谨，且核心关键词能准确概括白皮书主题，便于网络上搜索呈现。另一种是传播类标题，适用于解决方案和案例分析类白皮书。此类白皮书类似于社交媒体上的爆款文章，如果标题起得合适，可以大幅提升下载量。通常来说，可以在标题中尽可能体现目标受众、目标领域、急迫性召唤、对象目标、预期收益这几个元素。举个例子，"提升B2B获客效率，CMO需要掌握哪8个常识？"就是一个不错的标题，包含了目标受众（CMO）、目标领域（B2B）、急迫性召唤（需要掌握）、对象目标（8个常识）、预期收益（提升获客效率）。

2）**摘要**。这一点往往会被忽视。事实上一篇好的摘要放置在正文前，对整个白皮书的背景和内容进行概述，可以起到提纲挈领的作用，既可以帮助读者快速理解白皮书背景，将读者带入具体场景，同时上传到网络后可以起到辅助SEO的作用，增加文章的搜索呈现率。

3）**目录大纲**。对白皮书的目录大纲需要给予重视。好的目录大纲可以帮助写作者梳理内容框架，同时便于读者了解白皮书的内容结构，而且当白皮书上传到一些内容平台上后，目录大纲会成为文档传播介绍的一部分，起到辅助传播的作用。

4）**CTA**。与其他营销渠道一样，白皮书也应该加入CTA，从而让营销的链条不断向后引导，推动客户进入我们设计好的下一个营销环节。具体的CTA内容，又与客户所处的购买旅程阶段相关，我们应该先判断这本白皮书对应的是客户购买旅程中的哪一阶段，再在白皮书的适当位置（比如末尾或者每个章节末）加入对应的CTA内容。比如白皮书的内容是市场调研报告，那么埋入的CTA内容可以是观看一个解决方案的视频；如果白皮书的内容是解决方案介绍，则CTA内容可以是下载一个成功案例手册。

同时，CTA的格式也会随着白皮书格式的变化而变化，比如同一本白皮书，其电子版物料上的CTA格式可以是跳转链接，但是在纸质版本上，则应当转换成二维码；而要上传到网上内容平台时，因为很多平台禁止文档里带有链接或二维码，建议将 CTA 变成文字引导，比如"关注公众号×××并回复关键字获取×××"，然后在公众号中推送相关链接。

4. 生产制作

内容框架搭建好之后，就进入白皮书生产环节了，这个环节通常需要进行白皮书的撰写、排版设计、校对等工作。这里要注意如下几点。

1）无论白皮书的执笔人是公司员工，还是合作机构或外包写手，都需注意写作风格与我方的传播调性及一贯的 PR 风格是否相符。如果有出入，则需在全书成稿的基础上进行一轮文案调整，让白皮书的叙述风格符合我方的标准，避免白皮书个人风格化。

2）图片的版权必须处理好，务必用免权或者已购版权的图片，避免用来源不清的网络图片；如果文字中摘录或引用了其他作者的报告，则需要在文末的参考文献中注明，避免后期留下版权隐患。

3）白皮书的版式设计要与内容调性相符，比如趋势报告类的白皮书不适合排成异型版式，解决方案或案例类白皮书可以适当采用灵活一些的版式设计以增加吸引力，产品说明类白皮书甚至可以设计成口袋书的形式。

4）同一份白皮书可以生成多个格式，比如电子阅览版、印刷版、电子书等，便于后面在不同场合使用。

5）电子版的白皮书建议打上水印，做好自我版权的保护。

5. 传播分发

生产之后的环节就是分发。白皮书的分发有如下几种途径。

1）**主动推送**。包括通过各种常见的手段（如电子邮件、公众号、社群、线下活动、直邮、企业微信等）主动推送给目标客户，充分触达私域客户。

2）**合作推广**。指与第三方媒体、协会等机构合作，利用其传播渠道和会员资源进行传播。我们可以和第三方机构合作出品白皮书，也可以仅针对后期传播进行合作。

3）**分享裂变**。可以发动员工和私域客户进行转发，如果能配以合适的内容或运营手段，或许能打造出刷屏或爆款的效果。

4）**内容平台**。除了上述各种传播推送手段之外，我们还应该将每一份白皮书上传到网上的内容平台，让其始终在线，在未来更长的时间里保持搜索可见，为企业源源不断地贡献长尾流量和线索。常见的内容平台首先是自家的官网，应该将官网打造成一个内容资料的大本营；同时还包括各种第三方的内容平台、文档平台和社区。

5）**发布会**。对于重量级白皮书，可以召开线上或者线下的发布会，邀请合作机构进行站台、背书，制造舆论关注，进行初期导流。

6. 后期运营

很多市场人在白皮书制作完成后，只重视传播推送，忽略了运营。白皮书的运营一般包括（但不限于）以下方面。

1）**留资**。指客户下载白皮书时，是否要注册并留下相关资料。我们知道留资会增加客户下载的难度，降低体验，进而降低下载量，但是不要求留资又难以达到线索收集的目的。

对于这个问题，通常可以结合当前白皮书的目的以及类型进行设计。如果白皮书的营销目的更偏品牌认知，则可以减少留资要求，反之如果是强获客需求，则可以增加留资要求。如果白皮书内容是行业趋势（用户购买阶段属于早期）或产品说明（大部分目标客户已经签约），则可适当减少留资要求。若是白皮书面向的是处于购买阶段中期的客户，则可以增加留资要求，尽可能多地获取客户资料（注意，要符合国家相关规定）。

2）**切条**。一个白皮书往往内容丰富，此时可以将全书的内容进行"切条分割"，然后将不同的内容用于不同的日常传播活动。比如按照目录大纲，把白皮书拆解成多篇小文章，在公众号上长期推送，或者在视频号上以栏目的形式，每期解读一节。然后通过设置CTA内容来促进读者下载白皮书原文，从而增加白皮书的下载量和IP知名度，同时也给日常的社交传播提供更多内容。

3）**更新**。好的白皮书可以定期更新，哪怕只对少量文字进行改动，我们也可以发布2.0、3.0版本，而每次借新版本的发布又可以策划一轮新的传播，将每一本白皮书的价值最大化。

7. 效果评估

白皮书的评估与效果追踪也是一个老大难问题。这里主要需要做好如下几件事。

1）**目标设定**。在策划阶段就定义好需要考核和监测的数据目标。可以是传播目标，如白皮书的下载量、相关推文的阅读和转发数量等；也可以是获客指标，如留资、MQL、商机量等。

2）**过程监测**。这里需要注意做好埋点，下载链接设好 UTM 参数等，并且要尽可能对不同的白皮书推广渠道，以及同一白皮书的不同物料格式（电子/纸质等）进行区别性埋点和监测。这样做有 3 点好处：可以让白皮书带来的线索商机被监测和归因；可以对推广白皮书的渠道进行数据监测，从而判断究竟哪些推广渠道效果更好；可以对比不同格式的白皮书的效果，为后面的营销策略制定提供参考。

第 3 节　白皮书营销成功要素和避坑指南

本节首先和大家分享一下白皮书营销成功要素。

成功要素 1：行业数据披露。成功的白皮书的一个典型特征是有很多人转载和引用。那么，如何让更多人转载和引用我们的白皮书呢？一个方法就是数据披露。比如很多人在研究一个行业或者一类产品时，都希望能拿到"整体市场规模"数据。如果我们的报告中能有市场规模数据的披露，则势必会被更多人转载和引用。而相关的数据，除了通过自己或伙伴做调研得到之外，还可以考虑与第三方研究机构进行合作，做一些数据的首发披露。

成功要素 2：观点、概念、标准。如果说数据是一本白皮书的生命力，那么通过白皮书传递的观点则是灵魂。所以在开展白皮书营销之前，我们需要对相关的观点进行打磨。如果能够提出足够前沿的观点，抛出会被广泛关注和使用的概念，甚至给出行业标准级别的理论和实践，那么白皮书的效果一定会非常好。

成功要素 3：内容 SEO。白皮书是内容营销的一个重要组成部分，所以应该被纳入内容 SEO 的范畴。我们不仅要重视白皮书发布的短期效果，还要着眼于其后续长期的品牌传播和长尾流量获客效果。因此，在将白皮书上传到网络内容平台时，一定要做好对标题、概述和目录的关键词埋入，增加搜索曝光率，让我们的每一份物料都不会轻易被埋没在互联网长河中。

最后和大家分享白皮书营销中的一些失败点，帮助大家避坑。

坑 1：目的不清。很多营销人做白皮书，并没有想清楚自己的营销目的，只是觉得制作白皮书是一件必须要做的事情。这会导致在后续的制作、发布等环节遇到困难时陷入迷茫，半途而废，或无法跟公司说清楚白皮书项目的价值。我们做白皮书的目的到底是什么？是为了品牌传播还是线索获客？如前所述，不同类型的白皮书的作用和目的不尽相同，因此在开始做白皮书营销之前，要先想清楚目的，再相应地设计后续环节，避免跟风操作，从而确保后续的每个动作都在正确的路径上，以更加主动和可控的姿态来推进项目。

坑 2：重制作，轻分发。有些市场人在白皮书营销过程中，将绝大部分的精力和资源都投入到白皮书的生产制作过程中，但是忽略了传播分发的环节。最后雷声大雨点小，费了很大力气做出来的白皮书，只是在公众号轻描淡写地做了下推送，结果完全没有达到预期的效果，从而让整个白皮书营销的做法在公司内受到质疑。甚至笔者见过有的市场部门将大量人力放在白皮书制作上，每年产出大量白皮书，但最终声量和线索获取不及其他公司 1 本白皮书带来的效果明显。

坑 3：自嗨。不自嗨是市场人做传播，尤其是做内容营销时需要始终秉持的一个原则。很多白皮书之所以效果不好，往往是因为其题材并非客户真正关心的，或者在传播中没有抓住客户兴奋点。所以我们在选题时就要时刻反省：此话题是不是客户想听的话题？我们的观点在行业中究竟是否专业而前沿？我们的传播手段究竟是我们自己喜欢用的，还是客户容易接受的？面对转发和阅读数据，我们自己人转发了，但客户是否被触达？只有避免自嗨，真正让客户嗨起来，才能实现营销的目的。

06

To B 企业品牌视觉规划

——王庆峰

王庆峰 伙伴品牌营销创始人兼CEO，黑龙江大学艺术学院硕士生导师，南京传媒学院企业导师。2011年创业成立伙伴品牌营销，专注于为To B企业提供视觉设计服务。

作为专业为 To B 企业提供视觉设计的服务商，十几年来我们合作过几百家 To B 企业，完成过大大小小几万个设计项目。在帮助企业解决视觉设计问题的过程中，从对接、沟通到交付等各个环节，都出现过大量的问题。经过多次总结经验后，笔者最大的感触是：很多设计公司更关注设计画面本身，对于合作企业的行业、产品、服务等了解不足；很多 To B 企业更关注自己的产品，对品牌设计体系及相关的内容关注较少。

举个例子：一个 To B 企业的手机端产品海报设计项目，企业要求突出自己的品牌和产品信息，标题和 LOGO 要尽可能放大，产品介绍、各种特点的说明文字像报纸一样满满一大片。

首先，突出标题和 LOGO 肯定是正确的，但除了放大，在视觉上还有色彩对比、异形突出等解决方法。另外，在手机的使用场景中，长篇大论肯定是不适合的。内容多字号就会偏小，阅读起来易疲劳，受众大概率是会忽略不看的，海报对产品的推广效果就会被削弱。

多数设计师常常把画面漂亮、精致放到第一位，经常会抗拒对 LOGO、标题的放大。如果设计师还对项目需求了解不足，就会更加注重表现形式，从而忽略了企业需要将内容表达出来的诉求。而 To B 企业的品牌设计，解决问题时需要更加务实、落地，对于产品和服务利益点的描述需要准确、直观地转化为视觉表现。所以企业的需求和设计师呈现的结果，往往是南辕北辙的。

因此，笔者认为在大多数设计工作中出现的问题，都是企业和设计公司（或设计师）之间的信息不对称，对相互的需求以及各自专业不理解造成的。

为了帮助 To B 企业在品牌设计对接中，能与设计公司或企业自己的设计师就知识进行同频、顺畅、良好的沟通，让品牌推广工作的效率更高，下面从品牌视觉设计的角度来谈一下 To B 企业品牌规划的相关知识。

第 1 节 基础规划

要有一套企业 VI 系统

我们首先要明确，对于 To B 企业来讲，企业 VI（Visual Identity）系统实际上是一个用来管理所有企业品牌视觉输出的工具。一套规范、完整、实用的企业 VI 系统，是 To B 企业所有视觉输出的基础。其实很多企业的品牌，包括旗下的子品牌，基本都拥有自己的 VI 系统，这里不做赘述。

我们先来重点了解一下什么是企业的 VI 系统。

1. 企业 VI 系统包括哪些内容

VI 系统，即视觉识别系统，是指一个企业独有的、能让受众马上联想到该品牌的视觉表达体系。按照笔者的经验和理解，To B 企业的 VI 系统主要包括以下 3 个部分。

（1）基础部分

1）标志的标准图形设计。标准图形即企业标志图形，是对企业要传递给受众感受的高度提炼和概括，也是整套企业 VI 系统的核心，比如麦当劳的大 M、耐克的钩子、喜茶的小男孩头像图形等，如图 6-1 所示。

麦当劳标准图形　　　　耐克标准图形　　　　喜茶标准图形

图 6-1　标准图形设计

2）**标准字体设计**。是指企业名称字体的设计，常和 LOGO 搭配使用，构成完整的标志。有的标志直接以品牌名的字母字作为 LOGO，比如三星、松下、英特尔等。在一个有效的 VI 系统中，充满独特个性的字体可以打造统一而连贯的品牌形象。

我们在屏幕上看到的所有汉字的字体，如黑体、宋体、魏碑、等线、微软雅黑等，其实都是由字体设计师一横一竖、一撇一捺、一笔一画设计出来的。这需要大量的人力和时间成本，专门做字体设计的公司或机构也应运而生。目前，除黑体、宋体等少数字体可免费商用外，大部分字体的商用都是需要收费的，即字体的版权使用费。

企业的标准字体，理论上应由设计师或设计机构根据企业所处行业和企业自身的特点来进行定制设计。打个比方，生产婴幼儿产品的企业，给人的感受是温和、柔软的，文字的转折、边缘部分应多以曲线为主；生产门窗的工业类企业，给人的感受是有力量的，因此字体给人的感觉要硬朗，字体的转折、边缘部分多以直线为主，如图 6-2 所示。To B 行业就更复杂了，常常要表达科技、数字、数据、服务这些概念，相对来说给人的感受更加抽象，因此对字体设计的专业要求就更高了。

这里需注意，如果可满足设计需求，企业的标准字体用市场上可商用的字体也是可以的。而且企业的印刷文档、电子文档中的中英文字体，要统一规划。但挑选市场上可商用的字体，要确保使用时不出现版权问题。商用字体一定要购买字体的使用权，并确认好授权期限，以免造成不必要的麻烦。

图 6-2　企业标准字体设计示例

3）**标准图形、标准字体组合设计**。指对标志图形和文字组合方式的设计。为适应不同场合、环境，根据不同的工艺材料、尺寸范围、使用需求，我们要对标志图形、标准字体进行多种组合，以便让企业的视觉形象在不同情况下始终保持规范统一，也便于标志的统一使用与管理。一般情况下，标志的组合形式应包括图形与文字的左右、图形与文字的上下、图形+品牌中文、图形+品牌英文、图形+品牌中英文等多种。

4）**标准色彩设计**。标准色彩是品牌的基础色彩，也是象征品牌精神与企业文化的重要因素。通过视觉传达后色彩可让受众产生强烈的印象，在 VI 系统中具有重要的作用，比如英特尔的蓝色、可口可乐的红色等。

（2）辅助元素

标志只是品牌重要的视觉载体之一，其承载和传递的信息有局限性。只有一个标志、一种色彩，在实际应用过程中往往会相当单调，例如几张海报同时展示给受众，如果画面中只有标志作为企业印记，传播的识别度是相当弱的。因此需在标志设计的基础上，延展开发一套辅助图形、辅助色彩，并制定好与之匹配的图像风格规范，以丰富品牌的视觉形象。

1）**辅助图形开发**。辅助图形是根据标准图形或企业理念再次衍化的图形，是标准图形的延伸和发展，是对标准图形、标准字体、标准色彩的必要补充。辅助图形的开发，有利于企业 VI 系统的完整和统一。

2）**辅助色彩开发**。企业 VI 系统的色彩除了标准色之外，还需要根据不同材质和媒体，选择一系列的辅助色彩，以调和整体的视觉表现，让企业形象的色彩表达层次更加丰富。

3）**图像风格规范制定**。根据企业具体的设计需求，比如品牌的核心价值以及品牌个性的表达，我们还应当制定企业图像风格的使用规范，避免因图像风格不统一造成企业形象模糊。

（3）应用部分

应用部分，其实主要是标准图形、标准字体、标准色彩及各种辅助元素在具体物料使用上的设计规范。应用部分的设计宜精不宜多，很多企业都会做几本 VI 手册，其实这种做法在很多项目中并不实用。针对 To B 企业的特点，笔者把应用分成了 To B 企业办公常用物料规范设计和 To B 企业营销常用物料规范设计两部分。笔者结合 To B 企业 VI 设计需求，为大家整理了一些实用并可落地的物料明细。具体的设计规范后文有相应的介绍，这里不具体展开。

1）To B 企业办公常用物料规范设计明细。名片设计、工牌规范设计、信封规范设计、信纸规范设计、签字纸规范设计、纸巾盒规范设计、纸杯规范设计、文档封面页眉页脚规范设计、邮件签名规范设计、手提袋（纸袋或帆布袋）规范设计、员工 T 恤衫设计（适合销售人员拜访客户时穿）等。

2）To B 企业营销常用物料规范设计明细。宣传画册封面规范设计、纸质邀请函模板规范设计、易拉宝模板规范设计、展板模板规范设计、PPT 封面及内页规范设计（16:9）、微博 / 微信公众号头像规范设计、微博主页题头规范设计、电脑桌面规范设计、官网 BANNER 规范设计等。

应用部分的示例如图 6-3 所示。

图 6-3　应用部分的示例

（4）企业 IP 形象

严格来讲，企业 IP 形象设计并不在企业 VI 系统中，但它算是企业 VI 系统的延伸。

笔者帮不少企业规划和设计过企业 IP 形象。企业 IP 形象的建立绝不是简单做个卡通形象，而是必须实现打造品牌的个性化人设、增强品牌的情感价值和文化价值识别度的目的。企业 IP 形象要让企业品牌在各宣传渠道和场景出现时，给用户的视觉和情感体验与企业品牌紧密关联，让品牌更有亲和力、识别度，并更具温度。企业 IP 形象示例如图 6-4 所示。

图 6-4　企业 IP 形象示例

2. 企业 VI 系统对 To B 企业到底有什么用

企业 VI 系统到底有什么用呢？这是很多 To B 客户经常跟我们讨论的问题。先做个总结：**企业 VI 系统是 To B 企业品牌所有视觉输出的根本**。具体功能从以下几个方面来阐述。

（1）差异化/识别度

标志也好，完整的 VI 系统也好，最基础的功能就是让自己的品牌在视觉上与其他品牌有区分。

一个行业里有几万家企业。虽然每家企业都有自己的品牌名，但客户如何快速区分、记住其中一家的品牌呢？这就需要靠标志和 VI 系统了。如果品牌特征非常明显，比如色彩特殊、造型独特，那就容易引起目标客户的注意，容易被记住，这就是所谓的品牌识别度。

To B 行业的产品往往不是一个具象的事物，比如行业解决方案。所以，大多数情况下，目标受众更容易记住品牌，而不是记住某个企业的某个产品。因此，VI 系统建立起来的品牌识别度和差异化，对于 To B 企业来说更加重要。

(2)品牌理念的转化与输出

企业 VI 系统仅能解决视觉上的差异化问题是远远不够的,企业 VI 系统的另一个核心功能是表达企业的品牌理念和价值观,并将其转化成视觉再输出。企业 VI 系统就是企业品牌理念的高度提炼。企业 VI 系统要让受众通过第一眼看到企业品牌形象产生的认知和长期认识的积淀,接收到品牌承载和传递的重要信息,从而与品牌建立长期的联系。

那企业的品牌理念都包括什么呢?除了品牌理念,品牌还需要提炼哪些概念呢?下面简单说明一下。

- ❏ 品牌理念包括品牌的使命、愿景、价值观,即我是谁、从哪里来、到哪里去。
- ❏ 品牌利益包括品牌特征、品牌口号,也就是我们常说的 Slogan。
- ❏ 品牌属性包括品牌个性、品牌特征。

(3)企业品牌调性的制定与确立

品牌调性是我们常说的一个词,那到底什么才是品牌调性呢?我们可以把品牌比作"人"。人的风格、气质、谈吐会决定他在别人心中是一个什么样的"人",而品牌调性会影响企业在用户心中的样子。

对于一个人,我们会看他平时的穿着打扮、在朋友圈的谈吐、最近在跟哪些人"玩耍"(客户群)、平时穿 Polo 衫+西装还是运动鞋+圆领衬衫。落到企业上就是看具体的宣传物料,比如企业的官网、公众号、宣传册、名片等,由此判断出你的企业是国企还是独角兽企业。这就是品牌调性在受众脑海里对企业的影响。品牌调性是企业主动向外界传达的信息塑造出来的。

企业的品牌调性如何得到?这要根据前文所述的品牌理念、品牌利益,尤其是品牌属性中的个性、特征来深入挖掘和提炼。比如:品牌人设是沉稳的,还是有活力的?是领先的,还是强大的?是追求极致,还是追求服务?

品牌调性的示例如图 6-5 所示。

(4)为所有视觉输出制定标准和规范

为什么说企业 VI 系统是 To B 企业品牌所有视觉输出的根本呢?因为我们需要通过企业 VI 系统来保证品牌输出的统一。但是,很多 To B 企业的对外输出并不一致,由此可见,需要对企业 VI 系统进行管理。

图 6-5 品牌调性示例

1)初步自检:
- ❏ 企业公众号的头像是否和品牌主色系统一?
- ❏ 企业公众号封面是否采用统一色系?
- ❏ 企业公众号文章的图片是否采用同一色系?
- ❏ 介绍企业的 PPT,是否统一色系、画面形式?
- ❏ 介绍企业的 PPT,转折承接页是否统一色系、形式?
- ❏ 企业管理层与员工的名片是否使用了统一色系?
- ❏ 企业对外的海报是否有色系使用标准,是否有统一的模板?
- ❏ 企业的官网色系和企业 VI 系统是否有关联?

2)建立品牌统一管理机制,以此保证品牌识别度的统一。

建立企业 VI 系统,就是让企业针对不同场合、不同媒体和不同物料,进行统一的品牌视觉输出管理,以保证企业品牌识别度的完整和统一。图 6-6 所示是 QingCloud 的部分对外输出内容。

图 6-6 QingCloud 的部分对外输出内容

(5)关于视觉行业属性

视觉上的行业属性,就是每个行业约定俗成的视觉表达特点和习惯。比如 IT 行业最常用的色彩是蓝色,表达方式以品牌名英文名或中文名的汉语拼音字母排列组合为多,这就是所谓的视觉行业属性。

IT 行业为什么多用蓝色呢?原因很简单,因为最早的科技公司 IBM、英特尔、惠普、索尼、三星用的就是蓝色,当它们成为行业标杆后,也就形成了视觉上的行业属性。因此后续成立的 IT 企业,大多数都跟随它们的脚步,把主色彩定为了蓝色系。久而久之,受众也就认为蓝色就代表了 IT 行业。

To B 行业的企业 VI 系统符合行业属性,在色彩、表现形式上和 To B 行业的龙头标杆企业接近,让客户看到品牌输出就能知道企业处于什么行业,视觉表达比较安全。但是,符合行业属性也会有弊端。前文说过,企业 VI 系统的第一项功能就是为了构建品牌的差异化和识别度。如果我们过于追求与当下的行业属性接近,企业品牌的个性便会缺失,品牌也容易显得平庸。那到底要不要符合 To B 的视觉行业属性呢?各有利弊,具体需要企业根据自己的情况决定。符合行业属性的例子很多,而打破陈规的企业也有,比如多年前苹果的视觉形象系统在众多科技 IT 企业里就是异类。到了今天,苹果已成为行业的标杆,它倡导的扁平化视觉(见图 6-7)让绝大多数 IT 企业跟风模仿。

图 6-7 iOS 从拟物化到扁平化的演进

在这个视觉表现形式和技术越来越丰富,表达个性化、多元化的时代,行业属性的概念和边界已经被逐渐打破,越来越模糊了。不仅 To B 行业和产品需要创新,品牌视觉输出和表达的方式同样需要创新。

3. 企业 VI 系统不好看、不好用，怎么办

To B 行业虽然近几年在国内发展很快，但仍处于野蛮生长的阶段，因此很多 To B 企业成立之初没有任何品牌经验，一开始根本没有品牌规划，只是简单做了一个标志，之后的官网、画册、其他物料也是各自为政。自家企业的产品质量过硬，行业和企业快速发展，很多 To B 企业的老板觉得，不做品牌规划，销售情况也不错，那为什么要花钱升级标志，做 VI，做设计呢？

当我们看到企业的各项物料不统一、标志和 VI 不好看、不完整、不好用，试图说服老板升级 VI 时，却发现很难得到支持。这应该是很多企业经常遇到的问题，也是很多市场人实实在在的痛点。下面笔者结合自己的经验，从几个角度来给大家一些建议。

（1）不好看、不好用，要从底层逻辑思考

要想获得企业内的支持，就要让高管意识到企业 VI 系统确实不好看、不好用，而且这会给企业带来巨大的负面影响。我们可以从如下几个角度自证。

1）**企业品牌形象要与企业规模、发展阶段相匹配**。人们只相信自己看到的，对于产品、企业、品牌都是如此。在企业的创业初期，由于条件有限，各方面的软硬件能力也不强，对标志和所有的视觉输出没有做明确的规划，这可以理解，而且影响也确实不会很大。因为在这个阶段，企业品牌的曝光量没那么大，范围也没那么广，看到的人有限。但随着企业发展壮大，影响力也越来越大，关注企业品牌的人就越来越多。再往前发展，品牌形象和企业不匹配所带来的影响会越来越大。这就好比社交，小圈子里的聚会大家都比较熟悉，不会特别在意穿着，但在大型的宴会场合，我们就要盛装出席了。企业品牌形象若是与企业规模、发展阶段不匹配，就会带来诸多问题。

2）**企业 VI 系统要与时代审美相匹配**。我们来思考一个问题，很多国际品牌的标志，为什么每隔几年就要升级一次呢？从谷歌、微软、Meta，到国内的腾讯、京东、阿里云、小米、美团（部分示例见图 6-8），我们每隔一段时间总能看到它们的标志升级的新闻。

这是因为每个时代的审美、视觉语言都是不同的，这就和每年都有流行色和流行的衣服款式一样。视觉对人的影响是潜移默化的，如果一

图 6-8 2021—2022 年部分企业的标志升级

成不变，品牌也会让大众觉得老气、过时，不再年轻。因此企业的 VI 系统需要在保持核心元素不变的基础上，不断地优化更新，从而和时代审美匹配，保持品牌的活力。

3）**企业 VI 系统要与当下的媒介相匹配**。这其实是企业 VI 系统落地的问题。企业 VI 系统在设计之初，要充分考虑企业品牌的营销需求，其中最重要的就是渠道适配问题。举个例子，现在很多 To B 企业常用的线上海报、长图、每期公众号的封面等，都是新媒体时代的产物，那么在企业 VI 系统规划中，就应该有与之匹配的模板和规范设计。图 6-9 所示是足力健海报和终端展示效果。

图 6-9 足力健海报及终端展示

（2）不好看、不好用的解决方案

1）**重新设计企业 VI 系统**。这是最为理想的解决方案了，从企业品牌理念提炼到视觉呈现，从头开始重新规划，这里不再赘述。

2）**对企业 VI 系统进行升级**。这是目前最常见的解决方案。因为企业的原标志已经应用了一段时间，已给受众及客户群体留存了一些认知印象。因此，我们可以在保留原标志的主形态、主色系、主元素的基础上，对视觉形式表达进行重新设计。

下面是近年来 To B 行业标志升级的几个趋势。

- **去繁化简**。这是近几年标志升级最大的趋势。无论是标志图形、结构，还是色彩数量，都力求更加简洁。
- **弱化英文，加大汉字比重**。增加品牌名称字体设计感，让其更利于识别。
- **定制字体**，让字体更具个性，与企业品牌调性更匹配。
- **大幅提升色彩饱和度和明度**，让色彩更有温度、亲和度、活力。
- **让标志动态化和视频化**，更具动感、更吸引人，同时适合更多视频场景。

3）**品牌色彩规划 / 升级 + 辅助图形开发 / 升级**。如果以上两项工作的推进难度都较大，那么不妨试试在标志保持不动的基础上，重新规划品牌色彩，并开发辅助图形。色彩规划在整个企业 VI 系统输出中占有相当重要的地位。前文说过，一旦我们陷入代表行业蓝色的色彩海洋中，就很难跳脱出来。如果色系也不好改变的话，可以改变色彩的饱和度和明度，比如深蓝变浅蓝，墨绿变翠绿等，这些工作很大程度上都会提高品牌的识别度。至于辅助图形的作用，前文已经讲过了。我们可根据标准图形，以及对企业品牌理念的提炼，开发或升级一套符合时代审美的辅助图形，再以此为基底，去制定办公和营销的应用物料规范。

色彩规划 / 升级 + 辅助图形开发 / 升级，可帮助我们将所有视觉物料的输出统一化、规范化。

4）**办公和营销物料应用规范的开发 / 优化**。如果以上工作都推不动，最后的方法就是开发或优化企业品牌的办公与营销应用规范了。其实在没有完善的品牌理念、标志、色彩、辅助图形指导的情况下，此部分工作是很难与品牌产生呼应的，大多都是形而上的设计，但至少会让企业的大部分视觉输出不再各自为战，从色彩到形式有基本的统一性。

以上几种解决方案，实质都可归为阶段性解决方案。再强调一遍，企业 VI 系统本质上是一个管理系统，可帮助企业针对不同场合、媒体和物料，进行统一的品牌视觉输出管理，以保证企业品牌识别度的完整和统一。

4. 如何管理企业 VI 系统

1）**专人专管**。由有广告或营销美学从业经验的人员来专门管理企业 VI 系统。

2）**明确企业 VI 系统使用规范及细节**。负责管理企业 VI 系统的相关人员，应与 VI 设计公司或机构保持良好的沟通，充分了解企业 VI 系统的各项使用规范和注意事项。也可邀请设计公司或机构对企业 VI 系统如何落地使用进行说明和培训。

3）**定期检查纠错**。企业需定期检查企业 VI 系统的使用情况，包括对外宣传的所有物料是否符合企业 VI 系统的规范要求，如标志在实际使用中是否改变比例，标准色彩是否有使用偏差，海报、PPT 模板规范是否落实到位等。

目前在很多企业中，对企业 VI 系统的管理和使用是割裂的。业务部门的 PPT、市场部门的 PPT、品牌部门的 PPT 都是五花八门的，不利于形成品牌的识别性与统一性。

5. 企业 VI 系统设计的流程和周期

（1）设计流程

1）**签订合同**。企业和设计公司双方签订合同。

2）**沟通信息**。双方需要沟通大量信息，这也是企业 VI 系统设计中非常重要的一环。这里为大家简单整理了需要沟通和确认的主要信息。

- **文字内容部分**：企业品牌的中英文全称、中英文简称、中英文 Slogan 等。
- **背景信息部分**：品牌简介、愿景、使命、发展方向、发展战略、主要受众画像、主要竞争对手信息等。
- **形象需求部分**：
    - 希望通过 VI 传递出哪些信息（如理念、使命、产品特征、行业特征等）？
    - 希望品牌对外展示什么气质和风格（冷静的、专业的、现代的、亲和力等）？
    - 对 VI 有何期待？
    - 同行业中优秀的标志或 VI 有哪些？

➢ 主要应用场景有哪些？

➢ 其他需求。

3）**方案提报**。根据双方的沟通结果，在设计理念、方向、形式上达成一致后，设计公司会给出标志的设计方案。设计方案一般会有 3 套，当然不同公司会有不同。每套方案大致包括标志、字体设计展示，标准色、辅助色展示，辅助图形展示，以及标志方案的模拟应用效果展示。

4）**方案调整/确认**。初步方案确定，对部分形式及方案进行调整优化，直至方案最终确定。

5）**方案完稿**。VI 基础部分和应用部分都完稿后，提交整体文件。

（2）设计周期

对于沟通阶段、合同阶段，每家企业的情况都不同，所以这里仅针对其余阶段，给出中小企业 VI 系统的大致周期。

1）方案提报阶段：设计周期为 15～30 天。

2）方案调整/确认阶段：确认周期为 5～10 天。

3）方案完稿阶段：每个项目的应用部分涉及的物料数量不一，完稿周期一般为 30～60 天。

相对来讲，企业 VI 系统的设计还是比较耗时的，而且这还是一个定制化比较强的项目。中小企业 VI 系统的设计周期参考区间为 45～90 天。

要有一套基础的市场物料系统

如果把企业 VI 系统归结成企业品牌基础物料的话，那其余物料基本都可以归为市场物料了。市场物料系统除了需要担任传递信息的角色外，从品牌角度来讲，还需要建立企业品牌与受众之间的联系。

其实大多数 To B 企业从产品线、服务到管理模式，甚至到销售渠道，都是极其相似的。如果 To B 企业彼此间的品牌视觉再区分不开，无疑会增加企业与客户之间更多的沟通成本。因此，To B 企业的品牌视觉区隔——品牌视觉差异化，就显得尤为重要了。

综上所述，To B 企业市场物料的视觉输出，基本上还是企业 VI 系统的延续。企业 VI 系统是建立企业视觉识别度、差异化的根本与核心。企业输出的视觉物料，大到一个楼体广告，小到一张名片，都是在通过媒介告诉受众：这就是我，是用颜色、结构、形式、特征、理念、个性、价值观构建的不一样的烟火。

针对 To B 企业的特点，这里为大家梳理一下最基础的市场应用物料，并把它们分别归纳为基础 4 件套、线上 3 件套，以及会议活动营销物料套装。

1. 基础 4 件套

（1）基础第 1 件套：企业简介 PPT

企业简介 PPT，是 To B 企业品牌市场推广的必备物料，是对外输出较频繁、影响客户做决策的关键要素之一。由于 PPT 本身是电子文件，所以内容可保持更新。

笔者在为 To B 企业升级 PPT 的过程中发现，很多企业原有的 PPT 存在很多问题。有些是色系混乱问题，一个 PPT 中有七八种颜色；有些是逻辑和条理不清晰问题，用户看完一头雾水，企业还要和对方电话核对一遍，重新划分层级；有些是 PPT 文件过大问题，有的甚至超过 1GB。

下面结合这些实际问题，分别从内容和视觉角度给大家一些建议。

1）**常见结构**：企业简介 PPT 结构一般为企业定位＋企业业务＋专业背书＋客户背书＋国家背书等。再次拆分的话，大致可分为以下几个部分。

- ❏ **公司简介部分**：公司的简单说明、发展历程、所获荣誉及专利等。
- ❏ **合作/服务客户部分**：参考形式为客户 LOGO 墙展示。
- ❏ **产品介绍部分**：核心产品展示。
- ❏ **解决方案部分**：解决方案展示。
- ❏ **案例介绍部分**：成功案例、有影响力客户案例展示。
- ❏ **联系方式部分**：预留沟通入口。

2）**内容规划**：以下为内容规划建议，适用于大部分市场基础物料。

- ❏ **角度要明确**：企业简介的内容规划和撰写，需站在一个陌生采购方初次相见的角度，一切信息都要与对方有关，而不是站在自家的角度去夸自己。客户通常想通过这份简介得到有用的信息来增加采购欲望，这是我们在规划企业简介 PPT 内容时需要思考的。
- ❏ **条理要清晰**：一份长达几十页的资料，从阅读体验上来说是很容易产生疲劳的。因此我们在做内容规划时切记不要乱，一定要确保内容逻辑清晰。

- ❏ **长度要适中**：要把"简"做到位，我们只帮助客户大概了解企业即可。企业简介的文字说明，应该是对企业定位和业务的高度提炼与概括。

此外，企业简介 PPT 以 30~40 页为宜。即使产品和案例比较多，也要尽量控制在 60 页以内。企业简介 PPT 无须面面俱到、应讲尽讲。如果对方对某个产品和服务有需求和兴趣，是会通过入口来和企业接触，再进一步进行沟通的。

3）**视觉规划要统一**：以下是关于视觉规划统一的建议，适用于绝大部分市场基础物料。

- ❏ **色彩统一**：企业简介 PPT 的主色系一定是企业 VI 系统中的标准色，辅助色可作为衬托或点缀来搭配使用。
- ❏ **版式统一**：每页布局风格统一、页眉页脚形式统一、转折承接页的形式统一。
- ❏ **层级统一**：各层级、标题、副标题统一。
- ❏ **字体统一**：简介中的所有字体应严格遵守企业 VI 系统的规范，各级字体必须保持统一。
- ❏ **元素统一**：所有图标、图表、表格及其表达方式必须统一。
- ❏ **图片统一**：在图片调性选择和处理方式上，比如图片边缘的形状、倒角、阴影，都应统一。企业 VI 系统中有关于图像风格的规范，应以此为基准，筛选相应图片。

图 6-10 所示是共达地的 PPT 设计规范示意。

图 6-10　PPT 视觉规划统一的示例

4）**设计周期**：30~40 页的企业 PPT 设计周期为 15~20 天，50~60 页的设计周期为 25~30 天。

（2）基础第 2 件套：企业品牌画册

企业品牌画册非常重要，同样是 To B 企业品牌市场推广的必备物料之一。它和企业简介 PPT 的基础功能是相同的，不同的是企业品牌画册是以展示形象为主，展示产品为辅。另外，企业品牌画册以纸质形式呈现，受众可以直接拿到手中进行翻阅，阅读场景、体验与 PPT 也不同。图 6-11 所示为杉岩数据的企业品牌画册。

图 6-11　企业品牌画册示例

那企业品牌画册的规划和设计，该从哪些地方着手呢？需要整理一个怎样的完整框架和详细需求，来和企业内部以及设计公司或设计师沟通协调呢？

在逻辑清晰、表现形式统一等要点上，企业品牌画册的要求和企业简介 PPT 的要求是一致的。笔者仍从内容和视觉表现两个角度，结合企业品牌画册自身的特点给出一些建议。

1）**大理念要想清楚，这是企业品牌画册的核心**。企业内部一定要达成一个共识——这本品牌画册要表达的核心理念是什么？这是企业品牌画册所有规划和设计的基础。企业品牌画册和产品画册最大的不同就是最终要体现的企业理念和价值观。这可以来源于上文提到的企业品牌理念、品牌利益、品牌属性等。企业品牌画册的结构规划、文案撰写、设计、版式，甚至使用的图片，都要为这个大理念服务。

2）**做好企业和行业功课**。我们一定要充分了解企业的产品线、发展历史、文化价值观等诸多感性信息。另外，在行业领域内，我们一定要明确对标的品牌都有哪些。对标的品牌如何和受众沟通，如何规划自己的内容，如何表达自己的品牌理念，如何完成调性、方向、风格的输出，这些都很值得我们去参考和分析。

3）增强企业品牌画册的故事性。

- **企业拟人化**：企业品牌画册就是企业的自我介绍，它像一个人一样，是要有个性、有温度的。如果只有平铺直叙的内容、冷冰冰的数据，就会让受众产生距离感。客户更希望与有理想、有追求的人一起做事，更愿意和有血有肉、有性格的人打交道。换个角度来说，有个性、有温度也是构成企业品牌调性的基础。
- **关注个体，落实到个人**：有代入感，才会有感染力。再大的企业，都是由个体构建的。在表达企业价值观时，宏大叙事只是一方面，还可以讲一些真实的故事，哪怕是很小的故事。企业由千千万万的人组成，而围绕这些人会发生千千万万件正能量的小事，把这些小事汇集到一起，对于企业来说就是了不起的大事。
- **内容剧本化**：与做文章、看电影一样，画册内容也要有剧本，结构上要有起承转合。什么内容吸引人，什么内容能打动人，什么内容引人注意，前后内容如何编排，这些其实都是内容规划问题。
- **节奏有规划**：无论是内容结构还是视觉呈现，节奏上都需要有规划、有变化。把节奏拆解，具体落实到各个感官体验上。当受众在阅读了几页文字感到疲倦之后，是需要大量留白或者一大张图片页来获得视觉上的短暂停歇的。为了跟上视觉节奏的变化，还需要运用跨页大图和小图的穿插、过渡页的变化、企业 VI 系统中统一元素的贯穿等设计技巧。

4）**提升企业品牌画册的质感**。企业品牌画册是要拿到手中进行翻阅的，所以我们不但要考虑视觉上的表现，还要考虑触觉上的感受。好的印刷材质和工艺，绝对会为内容和设计加分，起到锦上添花的作用。不同的开本、尺寸、材质、工艺，会给人带来不同的感受，也会产生不同的印刷成本。所以我们要综合考虑需求、预算，有的放矢地选择合适的材质和工艺，来匹配印刷物料要表达的感受。比如想表现更自然、更朴实、更环保，适合使用哑光纸或双胶纸；想表现科技感、力量感、领先等，更适合使用铜版纸。

- **画册开本**：在比例上，有横版、竖版、方版 3 种，常见尺寸有 210mm×285mm、210mm×140mm、285mm×285mm 等。

❏ **画册印刷纸张**：常见的有铜版纸（光滑、明亮）、哑光纸（磨砂、内敛）、双胶纸（质朴，大多数书籍内页都是双胶纸）、卡纸（厚实坚挺，有较高的挺度和耐破度），如图6-12所示。以上几种纸张多用于印刷内页，也可用于印刷封面。除了常见的纸张，还有特种纸张，如棉纸、宣纸、隔油纸、毛边纸、玻璃卡纸、硫酸纸等。特种纸张质感强烈，可极大提升印刷效果，多用于印刷封面及过渡页。纸张在印刷中有一项重要指标，那就是克重，多用于印刷内页的纸张克重有 80 克、90 克、105 克、128 克、157 克，多用于印刷封面的纸张克重有 200 克、250 克、300 克、350 克等。纸张克重越大，表示纸质越厚，成本也越高。

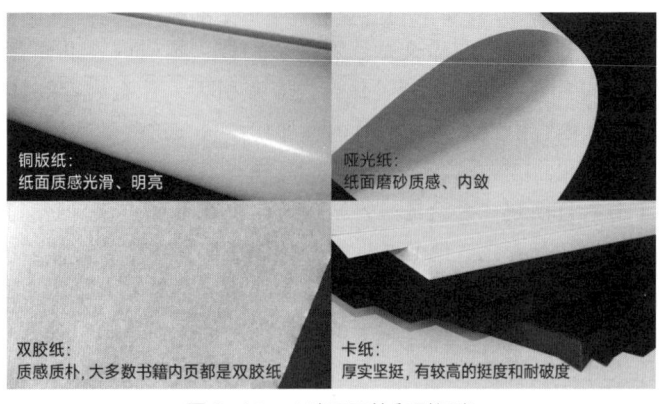

图 6-12　4 种不同的印刷纸张

❏ **画册印刷工艺**：常见印刷工艺有模切/镂空（可切异形）、覆膜（纸张外面覆哑光膜或亮光膜，封面常用）、烫金/烫银、印金/印银（标题字体、LOGO 常用）、凹凸印刷（让画面局部更具立体感）、UV、镭射（让画面局部更加明亮）、过胶等，如图 6-13 所示。印刷工艺越多，印刷成本就越高，这里就不一一说明了。

❏ **常见装订工艺**：三折页、四折页印刷好后，印厂做完压痕处理，直接折好就可以用了。但画册印刷完成后，还需要装订后方可使用。装订工艺有很多种，这里介绍最常见的几种工艺。

图 6-13 印刷工艺

- ➢ **骑马订**：用订书钉装订成品画册。采用骑马订的画册有厚度限制，不能装订页数过多、过厚的画册，常用于 20 页之内的画册。
- ➢ **锁线订**：用线将画册一页一页串连起来。锁线订可以订任何厚度的书，装订牢固、翻阅方便。
- ➢ **无线胶装订**：用胶黏剂将画册内页和封面黏合在一起，这是很常见的书籍装订工艺。缺点是，如果特别厚，偶尔会因黏接不良而出现书页脱落现象。
- ➢ **锁线胶装订**：先锁线，再胶装。与上述装订方式相比，这是最结实、最安全的一种装订方式，但装订成本要高一些。

5）**企业品牌画册的设计周期**。企业品牌画册的设计难度还是很高的，设计周期会比较长。以 40 页左右的画册为例，从对接沟通、初稿、调整到完稿，设计周期一般为 25～35 天。

关于企业品牌画册的更多内容可以参阅 John McWade 的《超越平凡的平面设计：版式设计原理与应用》。

（3）基础第 3 件套：产品画册 / 折页

产品画册以展示产品为主，包括产品的功能、特性、用途、服务等，以展示形象为辅，可不定期更新。当企业有了新产品和新方案、设备更新升级后，产品画册的相应内容需要做出及时更新。

1）**表现形式**：根据需要展示的产品数量、内容、长度，可分别设计为产品单页、产品三折页、产品四折页、产品画册。

2）常见结构：
- 企业简短介绍、合作/服务客户 LOGO 墙。
- 产品概述、产品功能/规格。
- 产品特点/亮点、产品结构 TOP 图。
- 用户成效、应用案例展示。
- 服务保障、联系方式的二维码（预留用户入口）。

3）**篇幅设定**：若是产品画册，那么建议篇幅控制在 20~30 页。

4）**企业产品画册内容及视觉规划建议**，具体如下。
- **要统一**：请参照企业简介 PPT 及企业品牌画册的相应部分。
- **有秩序**：很多人都觉得画面输出表达越简单越好。其实复杂并不可怕，可怕的是混乱，混乱会导致观看欲望减弱。如果过于追求简单，让信息展示不完整，反而会造成沟通障碍。复杂没关系，只要建立起统一的秩序，让内容和视觉表达上井井有条就可以了，如图 6-14 所示。保证沟通的流畅性和完整度才是硬道理。

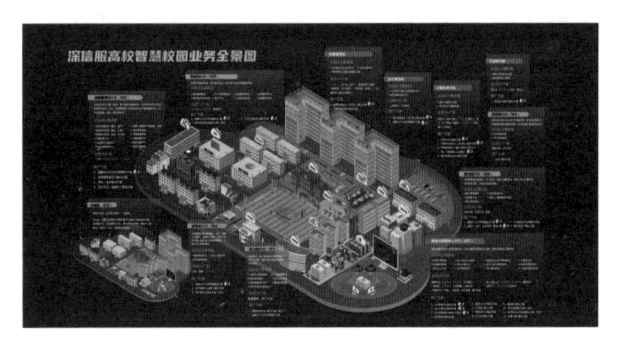

图 6-14　复杂图片的秩序处理示例

- **从抽象到具象**：如何将抽象的产品信息转化成具象、直观的图形和图表，让客户更好地理解产品，是产品画册设计的重中之重。这要求企业和设计公司做好沟通，负责项目的设计师要理解产品结构以及相关流程，做好视觉上的层次区分、逻辑区分和场景区分。

（4）基础第 4 件套：企业案例集

企业案例集是企业根据不同的产品和服务，针对不同行业制定的解决方案。相对于企业产品画册，企业案例集的内容更垂直，对行业客户的商务谈判来说更实用。

1）**内容结构**：根据企业产品和服务的特点，在不同行业领域进行内容规划，如金融、医疗、教育、政府等，然后将各行业案例集整合到一起，便是企业案例集。一般先简单介绍企业，然后简单介绍相应行业的客户，接着介绍客户使用的具体产品或解决方案，以及产品或方案的核心价值，最后介绍成效和结果。

2）**内容及视觉规划**：请参照企业简介 PPT 及企业品牌画册的相关部分。

2. 线上 3 件套

（1）线上第 1 件套：企业官网

作为企业线上的门户，企业官网是一个特别庞大又复杂的系统工程，本书中对此有专门的介绍，所以这里就不展开叙述了，只从内容和视觉规划角度浅谈几个观点。

1）**延续企业 VI 系统的识别度**。建立高品牌识别度与辨识度是官网视觉的首要任务，包括通过标准色彩、辅助色彩的应用延续企业 VI 色彩体系，通过图形、图片的统一处理形成官网的视觉调性。官网视觉体系搭建的核心还是企业 VI 系统。

2）**差异化表达**。可尝试植入动画、C4D 等多种设计语言，完成官网 BANNER、图标、交互等的设计。与同类型、同行业官网形成差异，提升企业品牌质感，形成独特的品牌印象。这里要强调一点，所有的表现形式、软件等都只是沟通的工具和手段，有效沟通才是最终目的。

（2）线上第 2 件套：企业公众号

企业公众号是 To B 企业对外展示、沟通、连接的平台，也是企业内容营销的重要渠道，To B 企业可以通过企业公众号不断发声来持续提高影响力。下面从内容和视觉规划两个角度，给出几个关于企业公众号的小建议，本书也有专门内容介绍企业公众号，所以这里不过多展开。

1）**企业公众号通过结构和内容规划需实现以下价值**。
- **实现信任价值**：解决信任问题，需要客户案例背书。
- **实现获客价值**：解决用户搜索习惯问题，需完成标题的 SEO 优化。
- **实现品牌价值**：解决企业文化输出问题，要对外输出企业价值观、愿景。

- **实现中台价值**：解决案例展示问题，要提供更便捷、更丰富的案例分发功能。

2）企业公众号视觉设计请参照企业简介 PPT 及企业品牌画册的相关部分。

（3）线上第 3 件套：企业线上海报系统

1）**线上海报的类型**：产品类海报、节日类海报、热点类海报、合作／案例类海报、获奖／专利类海报、会议／活动通知类海报、倒计时海报、签约喜报类海报。

2）**视觉注意事项**：
- 各类海报的视觉要保持相对统一，整体符合企业 VI 系统中规定的品牌调性。
- 手机屏幕可承载的信息量是极为有限的，字号、图片、图标等元素不可过小。
- 务必保证二维码有效。

3. 会议活动营销物料套装

（1）企业主办会议类物料

企业主办会议是指 To B 企业为转化商机、推广品牌及产品，自己组织的各类会议，如新品发布会、全国巡展、渠道大会等（这部分内容本书有专门介绍，详见具体章节）。下面简单介绍与会议所需物料相关的内容。

图 6-15 所示是常见的会议物料设计清单。

企业产品相应资料包括企业品牌画册、产品单页、产品折页、产品画册、企业案例集等。

主题 KV 输出建议如下。
- **主题 KV 设计是视觉表现的核心**。所有的延展物料设计，所用的色彩、元素、字体等，都要以主题 KV 设计为核心。
- **主题延展物料设计要因地制宜**。所有的线下物料，需根据现场的实际情况进行考量。如大多数展板前会有遮挡，要考虑展板最低处文字的离地高度等。
- **控制好设计周期**。主题 KV 的设计周期一般为 8～15 天，延展物料设计周期在 15 天左右。

线上主题延展物料设计明细

a. 邀请函长图设计
需要展示以下信息：
会议名称、时间、地点、简介、亮点、邀请嘉宾、议程、互动说明、二维码

b. PPT设计
主题延展PPT模板设计及各演讲PPT的设计与制作

c. BANNER设计
会议推广类BANNER设计，适合各推广渠道

d. 海报类设计
倒计时海报、嘉宾海报、个人邀请海报、会后总结海报（数据类、嘉宾金句）等

线下主题延展物料设计明细

a. 会场主背景板及LED屏幕主画面设计
b. 签到板设计
c. 会场门头主题延展设计
d. 各指引牌设计
（如路口指引、楼层指引、场地功能指引等）
e. 议程展板设计
f. 产品展板设计
g. 互动展板设计
（如扫码赠礼等）
h. 易拉宝/展架设计
（如主题类、指引类、产品类、活动类、议程类等）

i. 证件贴纸类设计
（如参会证、工作证、胸贴、臂贴、椅背贴、水瓶贴等）
j. 参会指南设计
（呈现方式有卡片、折页、画册等）
k. 卡片类设计
（如桌卡、主持人手牌、讲台面画卡等）
l. 券类设计
（如午餐券、晚餐券、产品优惠券、现场互动奖券等）
m. 服装及其他设计
（如手提袋、纸袋、T恤衫、纸杯等）

图 6-15 会议物料设计清单

（2）企业参与类会议/活动物料

企业要参与的线下会议，如展会、行业论坛、沙龙等，需准备的物料明细及相关设计要求如下。

1）**展位**。对于企业而言，展会中的展位就是企业的一张名片。展位的视觉风格、空间布局都应精心设计，其色彩、形式、调性要与企业VI系统一致。

2）**企业/产品推广资料**。大会会刊页（推广类）、企业品牌画册、产品画册、产品折页、企业案例集等。

3）**易拉宝/展架**。内容为产品介绍及优惠活动等。

4）**其他物料**。名片、企业手提袋等。

（3）企业定制类礼品

定制类礼品主要有企业新年礼品、企业端午礼品、企业中秋礼品、企业会议活动类伴手礼等。

第2节 交付执行

大家应该都有过这样的经验或体会：一个设计项目，明明一开始预算够用、时间够用，最后一天却依然需要熬夜加班才能定稿，而最终结

果可能还不理想。大量的时间和精力都被消耗掉了,最大的消耗就是不停地修改和调整。

企业要先想清楚自己的需求是什么

我们常说:为什么设计出来的东西总是感觉不对呢?反问一下:正确的东西到底该是什么样子呢?

在下达设计工作任务时,企业要先想清楚自己的需求到底是什么。如果企业自己都不知道自己想要表达什么,那设计公司也不会知道,设计师更不知道,大家在一起做项目就只能靠猜了。猜这个画面老板喜不喜欢,猜这套方案能不能通过,而每一次猜都需要耗费大量的时间和人力成本。

如果需求指令是偏离的,那无论如何执行都很难走到正确的轨道上。因此,明确自己想要什么,才是解决问题的第一步。如果企业能准确、完整地提出需求,并和设计师沟通好需求,双方达到需求信息完全同频,可以说一个设计项目就已经完成一半了。

设计需求单

以下是笔者整理出来的一份设计需求单。笔者尽量把各种需求拆解得细致一些,希望大家能在整理需求的过程中,用以往或手头的项目代入,进行针对性学习。

1. 项目基础信息

(1)目标受众群体信息

目标受众群体信息包括年龄、性别、行业、职位。举个例子:如果一个展会的目标受众普遍年龄偏大,那整体设计风格就要稳重、不张扬。同时,一些发放到用户手头的阅读资料,文字字号也要设置得大一些,比如内文用 11 号或 12 号字,以照顾受众的实际感受,方便他们阅读。

(2)项目应用场景

项目应用场景包括线上应用、线下应用、多场景应用和其他延展性应用。

笔者曾经接到这样一个项目——设计 9 张手机端海报。海报设计好后，客户突然想起来还要线下印刷，然后跟笔者说要修改成 9 张线下印刷版本的海报，而且第二天就要印刷。笔者连忙和企业沟通，周期和预算要相应增加。企业特别不理解，画面都不动，只是换个比例，为什么又要时间又要追加预算呢？这里正好和大家聊下两个话题——色彩模式和像素。

1）**色彩模式**：常见的色彩模式为 RGB 和 CMYK 两种。RGB 可以理解成屏幕用色，所有的手机端、电脑端采用的色彩模式都是 RGB，这种模式色彩更丰富，饱和度更高。CMYK 色彩模式是印刷用色，所有的海报、画册、展板、易拉宝等采用的色彩模式都是 CMYK。这两种模式的原理是完全不一样的，比如我们屏幕上看到饱和度很高的颜色，在印刷、喷绘中都呈现不出来，颜色会变灰。

2）**像素**：像素就是图像的大小，比如我们常说的 1080P，分辨率是 1920×1080。可以这样理解，我们的电脑屏幕是由一个个像素块（即小格子）构成的。格子越多越小，画面就越清晰。1080P 就是屏幕横着有 1920 个小格子，竖着有 1080 个小格子。常见的 4K 电视的分辨率是 3840×2160，就是横着有 3840 个小格子，竖着有 2160 个小格子，比 1080P 清晰很多。图 6-16 所示是高、低分辨率的对比。

图 6-16　高、低分辨率对比

如果把手机端海报延展成线下印刷版，要面对两个直接的问题：一是色彩模式不对，从 RGB 转成 CMYK，所有画面元素的色彩都要改变；二是像素不够，可以这样理解，这就相当于把 1080P 的画面放到 8K 的电视里看，整体画面会显得很模糊。所以 9 张线上海报转为线下，除了版式不变,其余的设计师要全部重做一遍,生成新的色彩和新的像素尺寸。图 6-17 所示是将 RGB 低分辨率图片直接转为 CMYK 高分辨率图片后的效果。

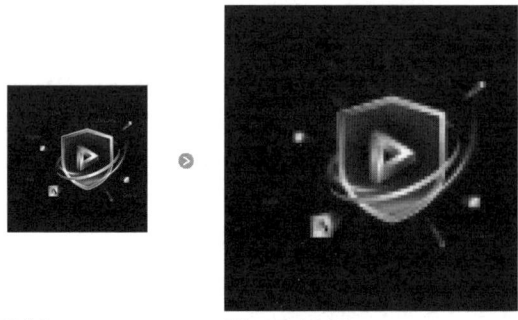

图 6-17 将 RGB 低分辨率图片直接转为 CMYK 高分辨率的效果

因此,设计项目在开展前,务必考虑好需要在哪些场景使用,需不需要考虑线上和线下的延展等。

(3)项目类别

项目类别主要关注是品牌形象类还是产品推广类,是企业 VI 类、主题 KV 类、画册折页类、PPT 类、海报类还是网页类等。

(4)尺寸规格、材质/工艺、装订形式

❑ 尺寸规格:制作尺寸、显示尺寸、横版竖版、出血线尺寸等。

❑ 材质/工艺:封面或内页印刷纸张、具体印刷工艺、喷绘写真材质(灯箱片、雪弗板)等。

❑ 装订形式:折页、骑马订、锁线订、无线胶订、锁线胶订等。

(5)项目需求简要说明

希望通过这个设计项目向目标受众传递什么信息,解决什么问题。

(6)需准备的相关资料

需要准备的相关资料包括企业 VI 手册、设计文案、已购版权字体、可商用图片素材网站、合作伙伴 LOGO、所需人物照片、奖品照片、现场照片、企业照片等。

(7)时间周期

一定要预计项目交付日期,并和对方达成共识。

2. 内容文案信息

每个项目所需的文案结构都有区别，限于篇幅不能一一介绍，这里只以海报类文案为例。

1）主标题：项目核心诉求，表达主旨。

2）副标题/各级子标题：对主标题及项目主旨的补充说明，需明确标明层级关系。

3）重点内容：需强调的关键字、关键信息，以及需图形化的信息，可用下划线、加粗、变色标明。

4）内文/随文：

❑ 项目里包含的所有需要出现的说明文字。

❑ 需出现的企业信息，如网址、公众号二维码、联系方式等。

3. 进阶需求——画面风格需求（可与设计公司配合）

1）**色彩倾向**：明确企业 VI 系统是否已明确规定标准色和辅助色，以及各色彩占比规范。如无明确规定，是否有明确的色彩倾向，包括色系、色调（深色、浅色、明亮、低调）等。

2）**画面风格倾向**：明确画面风格，常见的画面风格有科技风、写实风、手绘插画风、赛博朋克风、简约风、中国传统风格和国际化等。

3）**画面元素表现倾向**：包括拟物化、扁平化、3D 化、C4D 立体化、2.5D 化等。

4）**字体表现倾向**：检查企业 VI 系统是否已明确规定线上及印刷字体，以及各字体使用规范。如无明确规定，是否有明确的字体倾向，包括黑体、宋体、书法体或其他个性化商业字体等。

对于风格参考画面，要绘制布局示意草图，要保证最终风格与所需设计风格接近，或部分细节元素接近参考画面。另外，还要注意是否有明确需要规避的色彩、形式，如市场识别度较高的竞品画面风格就是需要避开的。

明确合作流程以及文件交付

1）**初次沟通**：了解项目，确定报价，明确排期。

2）**初稿沟通**：设计方提供线稿、布局示意，明确设计方向。

3）**终稿沟通**：根据提交的设计方案，整理并沟通修改意见。

4）**完稿提交**：
- 印刷制作类：打样文件（优先打样校对颜色文字及实际效果）、源文件、转曲文件、预览文件（单页/双页预览）、字体包、工艺标注、色彩标注。
- 屏幕预览类：源文件、转曲文件、预览文件（单页/双页预览）、字体包、工艺标注、色彩标注、多尺寸适配图、公众号裁切图。

第 3 节　验收/考核

设计项目的验收和考核，本质上是一个判断、衡量的过程。只要找到科学的衡量标准，做到有据可依，那验收和考核问题便迎刃而解了。

不主观

当我们看到一幅设计画面时，第一反应往往是个性化的主观判断：这个画面不漂亮。但画面漂不漂亮又该如何衡量呢？每个人的审美标准都是不一样的，这和自身受过的教育、所处的社会环境、所拥有的生活、工作经验密切相关。一个审美标准是无法打败另一个审美标准的，因此，个人审美的主观判断，不可作为衡量设计项目是否合格的标准。

基础标准：准确

上文提到的设计需求准备得越充分、越明确，考核工作就越容易完成。设计结果出来后，我们将其与设计需求一项一项地进行核对，再检验是否达到每项的设计标准，是否满足每项的设计需求，这样设计是否合格就会一目了然了。

进阶标准：有效

（1）所有设计的核心都是沟通

所有的画面都只是载体，设计的核心就是将精准的信息通过视觉的转化，传递给受众并与之建立有效的沟通。需要沟通的精准信息包括产品和服务的利益点，企业的理念、使命、产品特征、行业特征及价值观等。

（2）达成有效沟通的 3 个标准

1）**画面是否可以引人注意**。这是判断是否达成有效沟通的第一个标准。引人注意的方式有很多种，如画面有趣、生动、对比强烈、冲击力强等。引人注意可让画面与受众快速建立起联系。比如，一个好的手机海报创意，一旦引起受众的注意，他就会在海报画面上多停留 5 秒。这就极大地提升了该海报带来的沟通效率，节约了沟通的时间成本。但这个标准是相对的，比如有的企业简介或者产品简介，内容相对来讲更加专业、务实，没有很多创意发挥的空间。这其实对设计的要求反而更高了，要充分利用有限的空间，至少要做到画面不单调、阅读不枯燥。

2）**是否可以有效包装/转化信息**。仍以产品海报为例，引人注意只是视觉沟通的第一步。是否可以将产品的相关信息包装后有效地传递出去，是判断是否达成有效沟通的第二个标准。

3）**是否可以给受众留下印象**。是否可以在受众的脑海里留下品牌或产品印记，是判断是否达成有效沟通的最高标准，也是 To B 企业的所有视觉设计，或者是所有行业的商业设计、品牌推广的最终目的。这不是靠几个创意、几个画面就可以解决的，而是需要企业在具备完整的品牌规划的基础上，不停地向受众传递相应的信息才有可能实现的。

快速考核指南

1）**不主观**。个人审美的主观判断不可作为衡量设计项目是否合格的标准。对此，建议大家阅读原研哉的《设计中的设计》。

2）**准确**。
- **传递信息是否准确**。主标题、副标题及其他信息层级是否准确、明晰；重点内容在画面中是否突出。
- **企业品牌调性呈现是否准确**。画面色彩搭配及比重是否合理，或是否符合企业 VI 系统规定的色彩使用规范；画面配图风格是否符合企业的个性特征，或是否符合企业 VI 系统规定的画面风格规范；如配图来自第三方，是否有相关商业使用授权。
- **画面执行效果是否准确**。标题及内文的字体设计或使用，是否与目标人群及画面内容匹配，是否符合企业 VI 系统中的字体使用规范，如使用商业字体是否有相关使用授权；结合具体使用场景，判断画面构图、字体排版是否合理。

对于如何准确表达信息，可以阅读高田贵久的《精准表达：让你的方案在最短的时间内打动人心》。若大家有深入学习色彩、构图、版式等知识的需求，推荐阅读左佐的《排版的风格》和伊达千代、内藤孝彦合作的《版面设计的原理：设计前必须知道的事情》。

3）**有效**。

- **画面是否可引人注意**：基础要求是画面不单调、阅读不枯燥；进阶要求是在内容、画面允许的基础上，让画面具有视觉冲击力。
- **是否可有效包装 / 转化信息**：与产品利益点相关的各种图表（如流程图、TOP 图、图表等）是否表达准确，并可让人看得懂；重要信息的准确度和识别性是否达标，例如二维码的识别度、嘉宾信息的准确性，以及企业地址、电话、网址的准确性等；最终的视觉输出，尤其是企业品牌的视觉识别度是否足够高。

07

To B 市场部架构设计

——沈立昀

沈立昀 本科毕业于暨南大学电子商务专业，8年以上To B领域营销管理经验，服务于出海SaaS、低代码、电商SaaS等领域，担任过多家独角兽和行业头部企业的市场品牌负责人，具有从0到IPO各阶段的市场体系搭建经验。

我们先来看看常见的架构思考误区。

1）我过去公司的市场部是这样配置的，或者某优秀的竞争对手公司市场部是这样搭建的，所以我们必须参照这些成功经验。

2）线下获客是我最擅长的，所以在设计架构时一定要偏重线下，这样才能发挥我的优势；我最不擅长的就是线上模块，所以要弱化线上架构配置。

3）目前做得好的 To B 公司市场部的核心工作是线下活动、数字营销和内容营销，所以我要搭建的市场部也必须围绕这三块去招募人才和配置预算。

以上3个误区应该是不少新晋主管经历过的，就结果而言，也许有些产生了正面效果，但从思考方式上说这些都是片面的。任何公司的市场部架构设计都应该基于自己公司的当下情况进行，而不是以其他公司或者个人情况为出发点。

那如何基于公司的当下情况来设计架构呢？在解答这个问题之前，我们必须先理解架构设计的本质。什么是市场架构设计？市场架构设计的目的和意义又是什么？

第 1 节　重新理解架构设计的本质和重要性

任何 To B 公司的经营都需要一个大的目标，而核心策略是为了实现这样的目标必须去做的核心事项或者必须去克服的关键问题，它是通往目标的路径。市场部的核心策略当然就是在市场职责范围内，为了实现公司的目标而制定的市场端的策略。

有了通往目标的路径，接下来就需要制订计划，并组织相应的人力和资源去落地，这个时候我们就需要做架构设计了。所以市场部架构设计是为市场部的核心策略服务的，它是市场部工作规划的重要组成部分，体现了接下来部门工作的重点方向。我们需要依据架构去搭建团队，最终通过团队去落地策略，达成目标。

架构设计就是思考如何将制定好的市场核心策略拆解成相应的工作模块，每个大的工作模块是否需要进一步细化成更小的工作模块。

图 7-1 所示就是架构设计的基本逻辑框架。

定义目标 ⟹ 制定策略 ⟹ 设计架构

图 7-1　架构设计的逻辑框架

不合理或者毫无逻辑的架构设计，意味着团队的工作方向就是错误的，最终会离目标越来越远。而一个合理的架构设计意味着有了好的地基，我们可以依据这个架构不断地为核心策略的实现去组织相应的人力、物力，从而保证团队和公司走得更远。

到这里我们再来回顾前面提到的 3 种误区，"过去的成功经验""同行的成功实践"当然是有参考价值的，但它们只能是制定核心策略的参考，不能直接拿来套用。

第 2 节　不同阶段的市场策略及架构设计

明白了架构设计是怎么一回事后，我们再来思考用什么方法指导架构设计。

在国内，优秀的 To B 创业公司的崛起都离不开市场和资本的认可，而不同融资轮次基本对应着公司所处的阶段。大家会发现，不论生产什么产品的 To B 公司，在相应阶段所对应的定位和策略都有一些共性。笔者有幸经历过 To B 公司各个阶段市场团队的搭建，因此总结了一套依据所处阶段设计市场团队架构的方法。这套方法的原理就是总结出处于各个融资阶段的 To B 公司的核心市场和品牌策略，然后依此描绘出各阶段的市场团队的大致架构。不论是中小 To B 企业，还是大厂的 To B 创业项目，都可以用这套方法设计自己的市场部架构。

吴昊老师在《SaaS 创业路线图》中对 SaaS 公司的各个融资阶段进行了总结。下面提到的各阶段的划分与吴昊老师的结论基本一致，只不过这里重点阐述市场部在各阶段的架构设计方法与策略。

各阶段的市场部设计策略如图 7-2 所示。

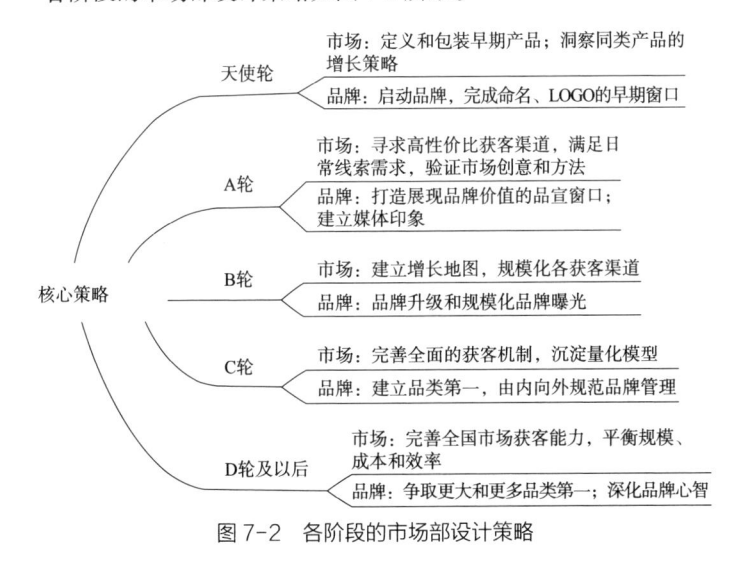

核心策略

- 天使轮
  - 市场：定义和包装早期产品；洞察同类产品的增长策略
  - 品牌：启动品牌，完成命名、LOGO 的早期窗口
- A 轮
  - 市场：寻求高性价比获客渠道，满足日常线索需求，验证市场创意和方法
  - 品牌：打造展现品牌价值的品宣窗口；建立媒体印象
- B 轮
  - 市场：建立增长地图，规模化各获客渠道
  - 品牌：品牌升级和规模化品牌曝光
- C 轮
  - 市场：完善全面的获客机制，沉淀量化模型
  - 品牌：建立品类第一，由内向外规范品牌管理
- D 轮及以后
  - 市场：完善全国市场获客能力，平衡规模、成本和效率
  - 品牌：争取更大和更多品类第一；深化品牌心智

图 7-2　各阶段的市场部设计策略

种子轮和天使轮

所有的创业都是从一个想法开始的："我能在这个领域创造什么价值？"种子轮阶段就是创始人从想法到成为现实产品的探索和思考。这个时候唯一的市场人员就是创始人自己，他需要走访身边的潜在客户，了解其痛点和需求，同时去研究市面上对自己有参考价值的产品。基于研究把想法变为具体的创业计划书，接下来就可以去融资和招募得力帮手了。

早期投资人会在天使轮阶段选择投资一些有希望的团队。创始团队会拿着这笔天使投资招募早期的团队成员，天使轮阶段的核心目标是验证产品创意是否成立，并寻找一批认可产品未来的天使客户来共创和打磨产品。

在这个阶段，大多数公司往往还没有成立市场部，而是由某个创始人牵头，招募1~2名市场营销人员来做启动阶段的市场工作，核心就是协助创始人包装和定义早期的产品，并为接下来面向市场的推广做一系列准备工作。

在从0到1的过程中，市场洞察是最为重要的，一方面需要研究行业和竞品的产品包装和策略，学习优秀同行是如何打动客户的，又是如何一步步推广的。另一方面需要参与天使客户的共创项目，和负责产品销售的同事一起上门调研，收集客户对行业端、公司业务端及产品端的看法，这些宝贵的调研会为接下来营销材料的制作提供灵感。

在与第一个潜在客户交流的时候，公司的品牌就已经诞生了。产品的名称、Slogan、LOGO、介绍材料的设计，以及早期的官网或者自媒体账号的搭建，都是最初的品牌工作。

天使轮市场部职能参考如图7-3所示。

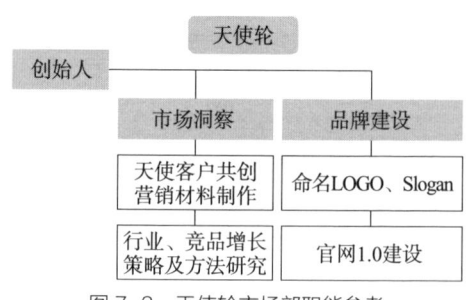

图7-3 天使轮市场部职能参考

A 轮

过了产品创意验证这一关后，To B 公司就进入 A 轮阶段，这时公司的核心工作是专注于产品与市场的匹配，通过组建本地化的销售团队进行销售，从而保证面向市场的产品能够获取足够多的付费客户。市场部真正形成于这个阶段，创始人会招募有经验的市场总监加入，来组建 5~8 人的市场团队。

除了自拓客户外，市场部门开始成为销售部门的主要线索来源，但因为预算有限，这个阶段核心市场策略往往是不断挖掘高性价比的获客渠道，以保障日常线索供给，同时探索更多渠道并不断验证市场创意和方法。比如，投放搜索引擎关键词广告和信息流广告，通过赞助参与行业大会，寻找合作伙伴共同举办对客户产生价值的沙龙活动，入驻行业客户聚集的最大的第三方平台等，都是早期获取线索的有效渠道。

在品牌方面，需要打造能在更多客户心目中"加分"的品牌窗口和媒体印象，虽然此时企业的产品和规模离市场第一还有不少距离，但通过不断的品牌传播，可以打动客户来了解企业。大多数 To B 企业仍旧需要一个展现实力的 PC+ 移动端官网，结合客户群体属性也可以考虑把微信公众号和视频号作为核心展示窗口。在媒体印象建立方面，主要是寻求更多行业媒体或者互联网商业媒体的报道，以行业痛点和价值为切入点的报道往往比单纯基于公司项目的报道更容易得到媒体的认可。

A 轮市场部职能参考如图 7-4 所示。

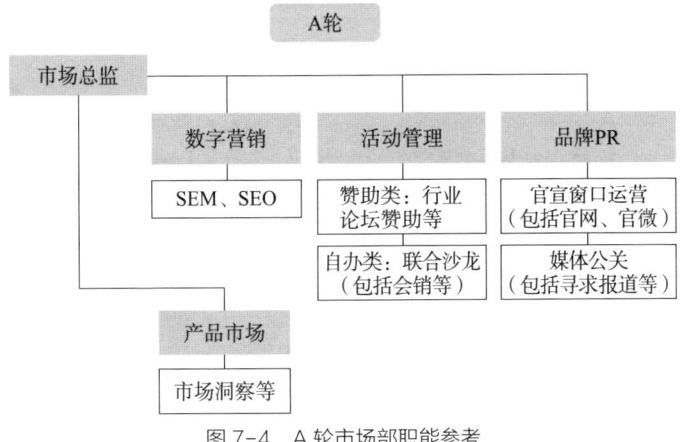

图 7-4　A 轮市场部职能参考

B 轮

到了 B 轮，公司需要建立完整的组织，开始实现核心产品业务的规模化。这个阶段市场部的核心词也是"规模化"，市场部在整个业务中扮演的角色也变得更为重要，市场部需要主导最前端的营销，源源不断地为全国的销售网络提供"弹药"。

在市场方面，需要开始建立增长地图，不仅要加大前期的核心获客渠道的投入，还要覆盖"线索－客户"路径上的各种主流获客方法。比如在参会方面，覆盖核心区域的每一场行业大会；在投放方面，尝试覆盖更多客户，采用线上组合投放、行业 KOL 合作和线下广告等方式；在转化方面，增加私域流量的运营投入，打造具备品牌效应的客户沙龙和用户大会等。

市场规模化的重要基础是营销数字化，建立统一的渠道线索的收集机制和标准，所以营销数字化能力的构建需要由市场总监来牵头，这个阶段的工作重点不是打造一个完善的系统，而是保障整体的基本运转，让市场和销售间的链路能够打通，让营销的结果能够线上化。

在品牌方面，通过品牌升级以及进行规模化的媒体和渠道曝光来增大品牌影响力。一般会通过品牌发布的方式来升级和重定义品牌；通过增加媒体报道的数量，覆盖更多行业报告和奖项，打造更多标杆客户案例，增加品牌的曝光。

图 7-5 所示为 B 轮营销职能参考。

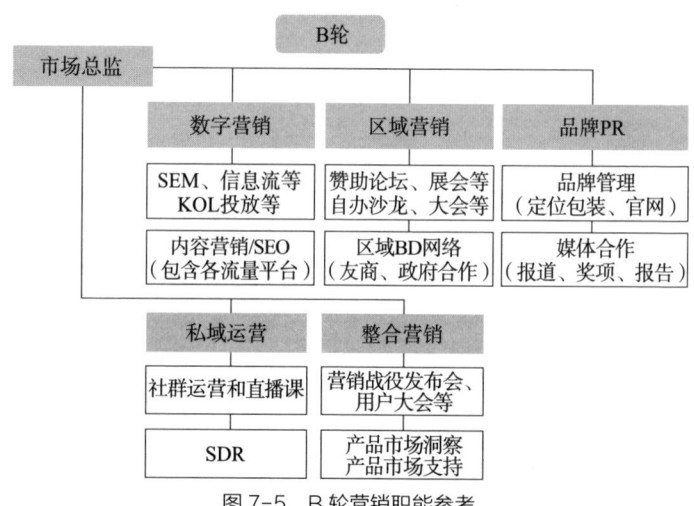

图 7-5　B 轮营销职能参考

C 轮

先有规模，再抓效率。到了 C 轮阶段公司除了继续加大市场规模化外，组织的效率和文化也被放到了核心位置。这个时候的市场部一般会由 CMO 或者 VP 来直接带领，并且扩张到 15～30 人，成为具备营销规模化和完整组织力的品牌市场中心。C 轮阶段的市场核心策略是完善全面的获客机制，沉淀量化模型。也就是在获客渠道、方法、工具、数据和组织管理上形成一套市场体系，在体系基础上不断寻求增长。品牌的策略则是力争成为品类的第一，并且会着手全员的品牌规范管理，做好由内向外的品牌宣导。效率是实现更大规模的基础，而组织则是效率的抓手。因此这个时候的市场一把手，将不仅要能看懂专业方法论，更要懂得如何建设组织，培养人才。

这个阶段的架构设计需要更深入的体系化思考，单个模块的设计要以能够独立沉淀模块核心能力作为考量，同时模块之间又能便于产生协同。例如，区域市场模块的设计，一方面需要能深入一线销售和伙伴网络，独立完成本地小型的营销沙龙和资源合作，这部分的区域市场管理能力就是这个模块独立沉淀的核心能力；另一方面需要和总部各团队做好协同，比如与品牌组一起规范各地的品牌管理，与数字营销组协同做好区域投放的优化。

图 7-6 所示为 C 轮营销职能参考。

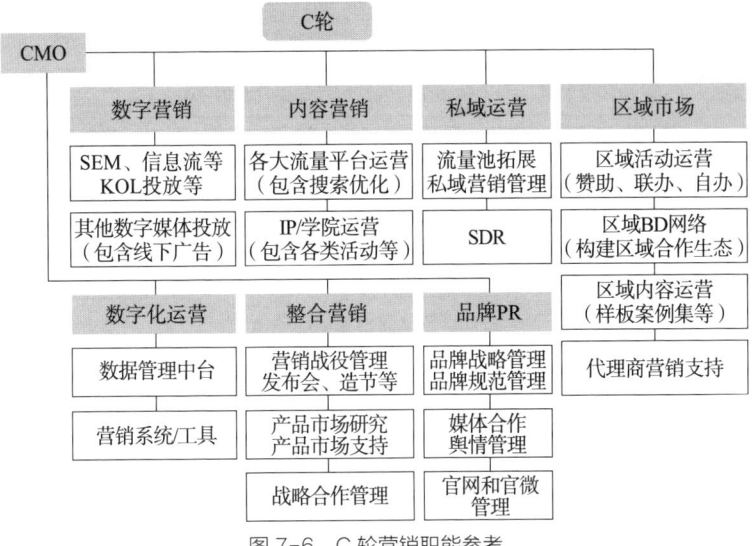

图 7-6 C 轮营销职能参考

D 轮及以上

在 IPO 前，可能还会有一个 D 轮融资，甚至 E 轮融资。SaaS 公司会为了上市做最后的财务目标上的冲刺，包括丰富产品和生态体系，不断提升市场份额等。这个时候，一些优秀的公司和产品已经开始形成网络效应。市场的核心策略是，完善全国的市场获客能力，平衡规模、成本和效率。如果在流量和效率上已经看到了未来的瓶颈，还会去挖掘市场增长的第二曲线。至于品牌，在争取更多、更大的品类第一的同时，还会做好品牌口碑和舆情的管理。在组织上，则是匹配整个公司的业务战略，比如公司产品若是以建立各区域的营销中心为主，则需要构建对应的区域市场，同时完善总部的市场中台能力。

图 7-7 所示是 D 轮营销职能参考。

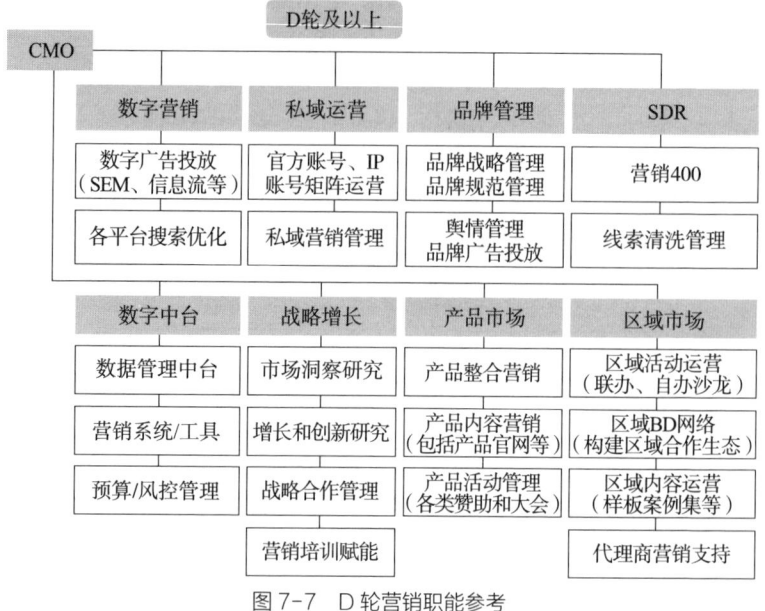

```
                            D 轮及以上
                               |
        ┌──────────┬───────────┼──────────┬──────────┐
       CMO
        │
   ┌────┼────┬──────────┬──────────┐
 数字营销   私域运营    品牌管理       SDR

 数字广告投放  官方账号、IP   品牌战略管理   营销400
 (SEM、信息流等) 账号矩阵运营  品牌规范管理

 各平台搜索优化  私域营销管理  舆情管理      线索清洗管理
                           品牌广告投放

   ┌────┬──────────┬──────────┬──────────┐
 数字中台   战略增长    产品市场      区域市场

 数据管理中台  市场洞察研究  产品整合营销   区域活动运营
                                     (联办、自办沙龙)

 营销系统/工具 增长和创新研究 产品内容营销   区域BD网络
                           (包括产品官网等) (构建区域合作生态)

 预算/风控管理 战略合作管理  产品活动管理   区域内容运营
                           (各类赞助和大会)(样板案例集等)

              营销培训赋能              代理商营销支持
```

图 7-7　D 轮营销职能参考

上述就是基于各阶段进行市场架构设计的方法，实战过程中，由于行业、政策环境、公司历史等各种因素的影响，在设计市场架构时遇到的挑战会有所不同，但是基于所处阶段去思考策略，根据策略再来思考架构的基本逻辑是不会变的。

08

搭建 SDR 团队

——刘玺

刘玺 致趣科技联合创始人，To B行业营销从业者。16年从业经验，致力于帮助To B企业通过数字化营销转型提升营销转化。服务和辅导多家知名企业，打造了To B市场营销体系，优化了线索培育流程。

随着数据分析、电子邮件、社交平台、行为跟踪和客户关系管理（CRM）的兴起，企业可以将技术、过程和人结合起来。在整个销售周期中为了让各个阶段的流程都无缝衔接，企业发现 SDR 这一职位成为必要的组成部分。本章就来介绍与 SDR 相关的内容。

第 1 节 市场营销中为什么需要 SDR

什么是 SDR

SDR（Sales Development Representative）即销售开发代表。"销售"这一角色已经存在了几十年，为什么现在很多企业开始将 SDR 纳入销售周期？主要是因为技术和需求使人们更难找到和触达高质量线索。

SDR 的角色最早可追溯到 20 世纪 80 年代，当时甲骨文和 Salesforce 等大公司开始打破传统的销售流程，在整个销售周期的开始阶段（判断线索是否合格）和结束阶段（关单）创建了一个不同的角色——SDR。

以前，市场部负责引起潜在客户的兴趣和产生线索，然后将接力棒传给销售，由销售部负责跟进客户和成单。如今，很多公司的市场部在很大程度上是以流量为目标的，使用了各种技术、创建了各类内容来获取大量的线索。但是，这种流量的增加，也使得低质量线索的数量激增。销售的注意力通常都会放到购买意愿最高的那群人上，而剩下的那些被认为成单概率不大的线索就会被忽视。这就导致了市场和销售之间的矛盾：市场部会问为什么销售人员没有跟进线索，而销售人员认为市场部不懂什么是真正高质量的线索。

所以，需要有一种职能来填补市场和销售之间的空白，解决二者之间存在的矛盾，这就是SDR。目前，SDR团队已经成为销售组织的关键部分。SDR处于整个客户旅程的前半部分，往往是企业和潜在客户建立联系的第一个触点，并且通过多种孵化手段将冷线索和温线索转化为真正的销售机会。搭建SDR流程并投资这个团队，可能会对销售的关单效果产生指数级的影响。SDR在国内主要存在于可清洗线索数量较多、客单价较高的To B企业。

随着管理和分工越来越精细化，SDR还衍生出MDR（Market Development Representative，市场开发代表）和BDR（Business Development Representative，业务开发代表）两个分支。MDR主要负责进项线索的开发和挖掘，BDR负责外部线索的开发和挖掘。

相对来说，进项线索是客户主动留资或注册产生的线索，这些客户对产品或方案已有某种层面的了解和认知，所以MDR的工作重点是吸引客户进一步了解产品，产生洽谈兴趣。而对于外部线索，BDR需要通过各种工具或互联网，去搜寻潜在目标客户，并突破障碍，先让客户对产品或方案有基本认知，再挖掘客户的需求。一般中小企业不会对SDR做如此细分，但当SDR团队超过20人时，就需要做出更详细的划分，以便让每个人都发挥自己的优势。本章介绍的SDR没有做如此细分，所以下文出现的SDR代表MDR+BDR。

SDR与传统电销的区别是什么

很多人认为SDR就是电话销售（即电销），工作内容主要就是给潜在客户打电话推销产品。其实 SDR 与普通的电话销售有很大的区别。SDR 的任务是给销售输出高质量的线索，电话销售的任务是成交，考核的是业绩指标。

而对于 To B 企业（或高客单价企业）来说，从流量到成交客户会经历漫长而复杂的几个阶段，平均成单周期在 3 个月以上，仅靠电话销售可以实现的成单微乎其微。电话销售更适合客单价低于 2 万元、能通过电话拜访完成交易的简单产品。而 SDR 适合客单价高、成交周期长的产品或服务。因为这类产品或服务无法在线上完成交易，需要销售人员进行线下售卖，所以需要有 SDR 团队来批量输出 SQL（Sales-Qualified Leads，销售合格线索）。

另外，SDR 的工作方式并不限于通过电话开发线索，越来越多的 SDR 会借助 ABM、领英、脉脉、企业微信、社群来建立与客户的联系，通过更软性的方式与客户沟通，输出专业的知识和内容，从而获得客户的好感和信赖。

注意：若是不对 SDR 和电话销售加以区分，则很可能带来公司内部的矛盾。比如公司规定超过 5 万元的订单由销售人员负责跟进，而低于 5 万元的订单由 SDR 成交，那么 SDR 很有可能给一个预算超过 5 万元的客户推荐 5 万元以内的产品，以优先完成自己的业绩。这样不仅会给公司带来损失，还会引发销售部的不满。

SDR 在市场营销环节扮演什么角色

SDR 的任务不是最终的成单，而是尽可能让线索向漏斗底端转化。在将线索转给销售之前，SDR 需要通过电话或电子邮件与各类潜在客户进行交谈，判断公司产品是否可以满足对方的需求，或挖掘对方的需求，并评估不同营销渠道的线索质量，筛选出高质量的线索，然后再转给销售。

如图 8-1 所示，在传统的 To B 市场营销漏斗中，市场部主要负责流量到线索的转化，获取原始线索后就交给销售部。销售部需要花费大量的时间去跟进原始线索，向客户传达产品或服务的价值，吸引客户的兴趣，让客户产生了解的欲望。在这个漫长的过程中，销售部的大量时间用在教育客户、传递基本常识的阶段，只有少部分用在立项的商机客户身上，效率较低。

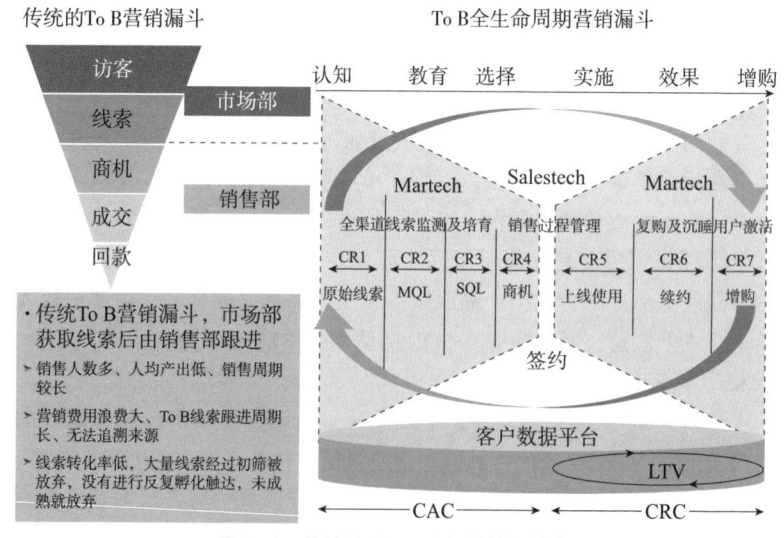

图 8-1 传统的 To B 市场营销与销售

将市场部负责的环节拆解为原始线索、MQL（Marketing-Qualified Leads，营销合格线索）、SQL，并增加 SDR 岗位。SDR 的工作就是在各种渠道的原始线索进来后，负责联系和触达，通过标准的话术和内容素材，批量完成吸引客户的过程，并筛选出适合销售跟进的线索，销售负责判定线索质量，接收并跟进质量合格的线索——SQL。图 8-2 所示就是 SDR 在 To B 营销工作中的具体位置。

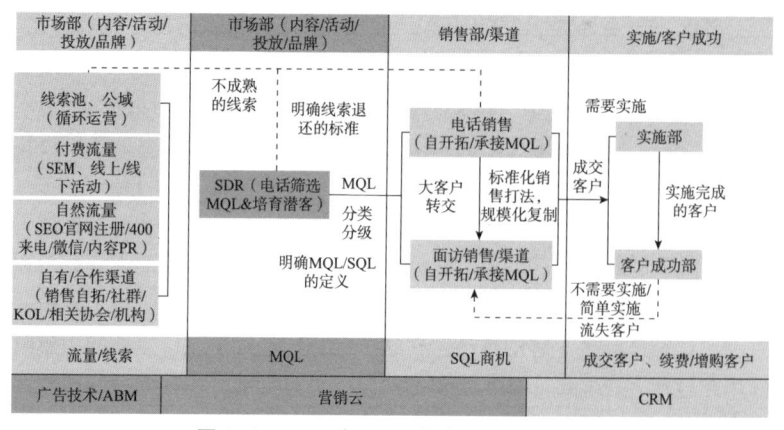

图 8-2 SDR 在 To B 营销工作中的位置

一般来说 MQL 要符合如下要求。

1）与公司的行业、规模、营收匹配。

2）与客户的职位匹配。

3）客户有意向与销售人员进行下一步的洽谈或约访。

SQL 的标准则要加上与客户的需求匹配，因为有时候 MQL 阶段客户的需求是不清晰的，需要销售人员或售前解决方案专家介入帮忙梳理。

第 2 节　如何搭建 SDR 团队

SDR 的画像

在构建 SDR 团队的时候，首先需要决定将 SDR 团队安置在哪里。SDR 团队的职能是介于销售部和市场部之间的，大多数企业会将 SDR 团队放到销售团队中，而有些企业认为 SDR 团队更适合放到市场部。SDR 是否能为组织带来成功将归结为是否找到了合适的人，是否进行了高质量的培训，而不是将 SDR 团队放到组织的什么位置。

要有效扩大 SDR 团队的规模，企业需要获得高质量的候选人。SDR 候选人最好有产品销售经验。所以企业在招聘 SDR 的时候要优先录用 To B 行业具有 1~3 年面销或者电销经验的人员（根据以往的招聘经验，做过 3 年以上面销或电销的人员都倾向于直接应聘面销）。

SDR 需要储备足够多的业务知识、产品知识和专业技能，以应对面临的挑战。

SDR 需要性格外向、待人热情、口齿清晰、学习能力及抗压能力强，善于与各种各样的人交谈，打陌生电话时有自信。所以在面试 SDR 候选人之前，可以先用 10min 对其进行性格测试。另外，建议把 SDR 的年龄控制在 25 岁以下，工作年限为 1~3 年。25 岁以下是 SDR 的黄金年龄，这个年龄段的人学习能力强，记忆力好，有足够的冲劲。

SDR 不同于专业的销售，可以将学历适当放宽，适当放宽学历能让企业快速搭建团队并保持团队的基本人员数量。这个岗位也是一个流动性较大的岗位，需要及时补充新鲜血液。

SDR 的工作职责和范围

SDR 的主要工作是判断潜在线索的质量，并进一步孵化它们，使其有机会向漏斗底部进行转化，从而缩小市场和销售之间的距离，减少企业在低质量线索上浪费的时间和资源。

SDR 需要和市场部的其他职能岗位（比如内容运营、PMM，第 9 章将重点介绍 PMM）配合。这些岗位的同事会通过多种形式或渠道（如活动、内容、官网等）获取线索，这些线索都会转交给 SDR，由 SDR 进行线索质量的判断，决定这些线索是直接转给销售人员跟进还是由 SDR 继续孵化。

另外，SDR 需要与销售团队密切合作，将 MQL 交付给销售部，安排销售部和高意向客户进行电话或当面沟通。销售人员拜访客户后判断是否值得跟进，即是否接受为 SQL。让销售人员专注于成单，可以提升销售的杠杆率。对于销售人员跟进拜访后判断为不合格的线索，SDR 需要进行分类跟进孵化，从而形成营销闭环。

线索收集、孵化、判断、转化的示意如图 8-3 所示。

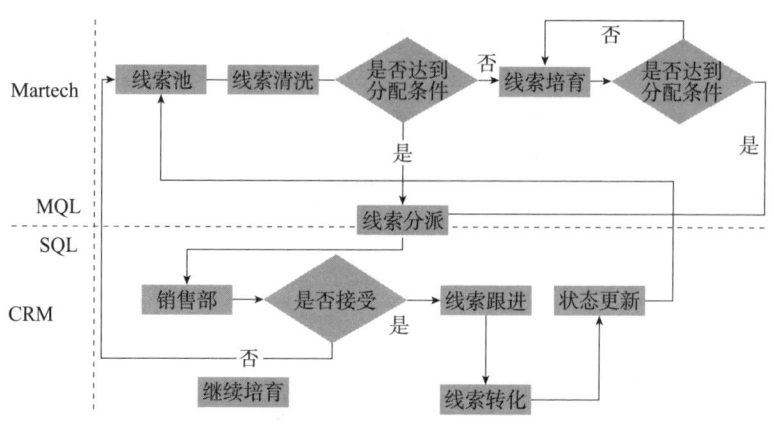

图 8-3 线索收集、孵化、判断、转化的示意

整体来看，SDR 的主要工作流程分为 3 大块。
1）筛选高质量的线索。
2）将高质量的线索分派给销售部。
3）针对低质量的线索进行持续孵化。

SDR 需要掌握什么技能

虽然 SDR 对学历的要求不高，但是有些能力是必须具备的。

1）**沟通能力**。SDR 的主要工作是与潜客交谈（通过电话、微信或电子邮件），所以沟通能力是 SDR 必须具备的。在沟通过程中，SDR 会遇到各式各样的人，在对话的过程中需要把控节奏，将自己放到主导位置上，从而由浅入深地挖掘出客户的潜在需求。SDR 和客户的第一通电话很重要，所以要在 15s 之内给客户抛出一个诱饵，用足够大的魅力来让客户愿意了解更多。比如，SDR 可以基于自己了解的客户的基本情况，给予对方一些"礼物"，建立基本的信任，然后主动抛出一些开放性的问题，引导客户更多地介绍自己目前的情况。很多 SDR 都只能做到高级客服的程度，即仅可以回答一些客户的问题，但是无法主导对话，更无法为客户提供基本方案。要想提高对业务的理解，SDR 需要从大量的工作中总结自己之前遇到的各种问题，不断进行复盘。

2）**演练和总结能力**。SDR 需要经常和销售人员一起拜访客户，所以应自己进行产品介绍的演练，通过不断演练来总结自己存在的问题。

3）**时间管理能力**。与销售职位一样，SDR 的关键业绩指标是每周或每月产生多少合格线索。所以一个优秀的 SDR 可以很好地管理自己的时间，并快速高效地达成团队的绩效目标。

4）**抗压能力**。SDR 每天会进行大量的客户沟通，在与客户沟通的过程中经常会遇到被拒绝的情况。优秀 SDR 有处理拒绝的能力。SDR 需要时刻保持乐观，每一次都尽自己的最大努力去做好沟通。

SDR 的人数比例

销售人员的主要精力应该用在打单上面，具体来说就是跟进有购买意向的目标客户。一旦销售团队把超过 20% 的时间花在任何一个次要任务上，那就说明需要有一个新的角色——SDR 加入了。例如，如果销售花费了 20% 以上的时间来筛选高质量线索，那么这时就需要考虑请一位 SDR 来专注于线索质量的筛选和邀约分派。如果销售团队很难投入足够多的时间对线索的质量进行判断，或者在漫长的销售周期中很难保持对线索的持续关注和孵化，那么这时就需要考虑搭建一个 SDR 团队。

既然 SDR 的职责是为销售输出 SQL，那么可以这样制定考核指标：假设一个销售人员的年度目标是 X 万元，平均客单价是 Y 万元，那么一年需要签约 X/Y 个订单。通常 SDR 并不能给销售人员提供 100% 的成交量，因为销售人员的签约客户不总是通过 SDR 分派过来的，还有部分是自己获得的，通常能做到 50% 的成交由 SDR 贡献就已经很不错了，所以 SDR 需要给每个销售人员贡献（X/Y）/2 个成交客户。通常 8 个 SQL 能成交一单，所以销售人员需要 SDR 全年供给 8[(X/Y)/2] 个订单。而一个 SDR 平均每月能产出 15 个 SQL，这样就能计算出一个 SDR 通常可以覆盖多少个销售人员了。

当然，不同行业、不同客单价会导致一个销售人员每年签约的数量相差较大，但通常来说，一个 SDR 全年可以产出 150~180 个 SQL，可以成交 20~25 单，覆盖 5 个销售人员，剩下的就需要销售人员自己去开拓了。当然，不同的企业差异比较大，比如有些企业销售人数很少，大部分成交完全可以依赖 SDR 转出的 SQL 完成；而有些企业销售人数很多，动辄几百人，而线索数量并不是很多，大量的线索可以直接由销售人员联系，只需要少量 SDR 对销售人员跟进后没有结果的线索进行二次引导和挖掘。

第 3 节　SDR 的工作技巧

如何筛选和寻找客户

1. 如何判断高质量线索

SDR 将线索转给销售人员之前，首先要判断线索的质量是否足够高。不同公司判断线索是否为高质量的标准不同，但也有一些共性的东西。高质量的线索（MQL 或 SQL）涉及的客户是符合公司理想客户形象的潜在客户。这些客户知道自己遇到了什么问题，也了解你的公司可以提供什么解决方案，同时有能力购买，也有权这样做。

根据 PersistIQ 的研究，符合以下几点要求的线索会被判定为高质量线索。

1）潜在客户的职位较高，是决策者。
2）潜在客户遇到了某个问题，需要产品或服务来帮助解决。
3）潜在客户希望尽快解决这一问题。
4）企业提供的产品可以帮潜在客户解决这个问题。
5）潜在客户的预算可以支撑其购买企业的产品。

有些营销自动化工具可以对线索进行打分，借助这类工具，SDR 能更好地筛选线索。

针对不同成熟度的线索，SDR 可以设置相应的分值。对于高分值线索可以直接转给销售人员，而低分值线索则在流量池中继续培育。

线索打分模型可能因企业和行业的不同而有所差异，最常使用的模型有 3 种：BANT、CHAMP 和 MEDDIC。

BANT 模型的具体示意如图 8-4 所示，图中已经表达得很清楚了，所以这里就不展开介绍了。但是要注意，BANT 模型存在一些不足，比如：在"权限"维度，客户可能需要多个人甚至一个委员会来做出购买决策；潜在客户可能同时拥有需求和预算，但是需要获得法务团队的批准才能购买。这些都无法通过 BANT 模型覆盖到。

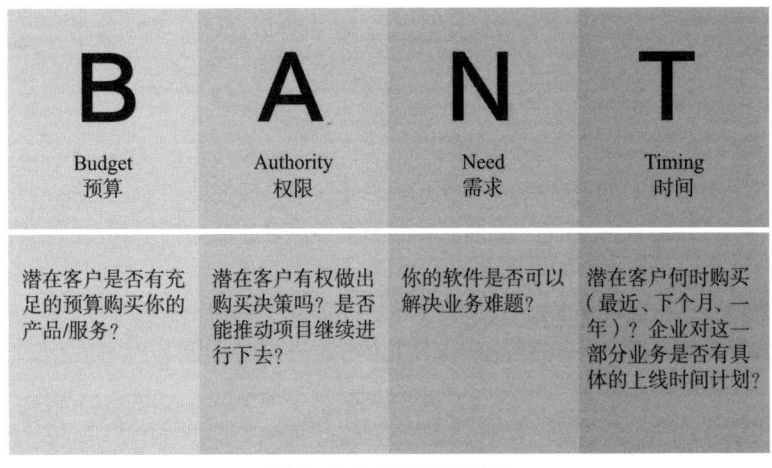

B	A	N	T
Budget 预算	Authority 权限	Need 需求	Timing 时间
潜在客户是否有充足的预算购买你的产品/服务？	潜在客户有权做出购买决策吗？是否能推动项目继续进行下去？	你的软件是否可以解决业务难题？	潜在客户何时购买（最近、下个月、一年）？企业对这一部分业务是否有具体的上线时间计划？

图 8-4　BANT 模型示意

从本质上讲，CHAMP 模型与 BANT 模型非常相似，具体如图 8-5 所示。

MEDDIC 关注了"指标"这一元素，如图 8-6 所示。在 To B 业务中，由于售卖的产品都是面向企业的，所以可能会导致企业在购买后处理自身业务的方式发生变化。例如，如果客户使用电子表格或手动记录来跟踪线上线下活动的报名情况，那么将所有的报名、签到、参会规划都迁移到一站式营销云系统中将是一个巨大的转变，需要更改一些职能角色、工作流程等。所以，SDR 需要判断潜在客户希望改进哪种指标，是参会率还是报名率、注册量，客户所在企业中谁将负责分配和确定预算。

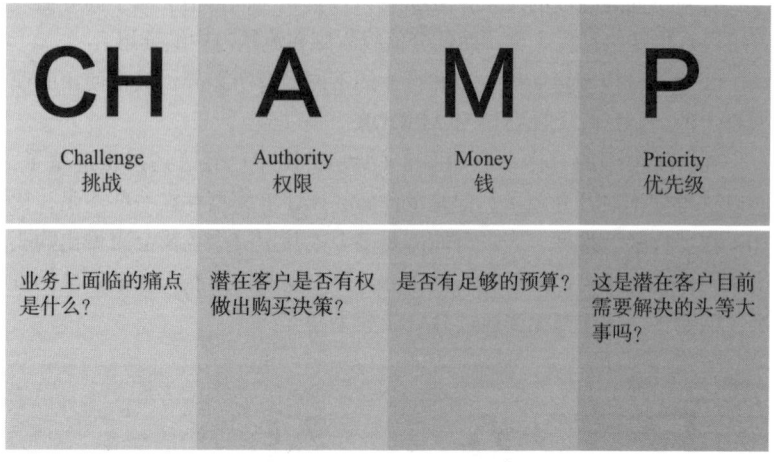

CH	A	M	P
Challenge 挑战	Authority 权限	Money 钱	Priority 优先级
业务上面临的痛点是什么？	潜在客户是否有权做出购买决策？	是否有足够的预算？	这是潜在客户目前需要解决的头等大事吗？

图 8-5　CHAMP 模型示意

MEDDIC 与其他筛选模型不同的另一个关键之处在于，它加入了"销售教练"这一元素。通常，销售教练是企业产品的拥护者，可能是潜在客户所在企业的内部人员，也可能是产品的客户，他们将在潜在客户的企业内向前推进你的产品，助你最终成单。利用销售教练的最佳方法是为他们提供所需的信息，以使其帮你推进成交进程。

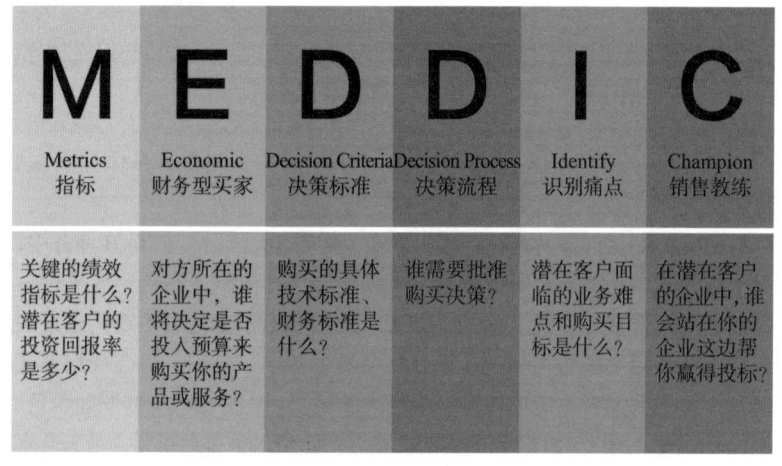

M	E	D	D	I	C
Metrics 指标	Economic 财务型买家	Decision Criteria 决策标准	Decision Process 决策流程	Identify 识别痛点	Champion 销售教练
关键的绩效指标是什么？潜在客户的投资回报率是多少？	对方所在的企业中，谁将决定是否投入预算来购买你的产品或服务？	购买的具体技术标准、财务标准是什么？	谁需要批准购买决策？	潜在客户面临的业务难点和购买目标是什么？	在潜在客户的企业中，谁会站在你的企业这边帮你赢得投标？

图 8-6　MEDDIC 模型示意

2. 如何寻找新客户

SDR 通常要面对如何开发新线索的问题。对此，SDR 要梳理出客户画像：是什么行业？企业是什么规模？对接的人是什么职位？他们希望参与什么活动？线下有无行业的展会？圈子里有没有读书分享会？有无同类人群的社群、论坛？

通常来说，SDR 要去寻找客户，第一步就是把目标画像梳理清楚，然后建立自己的人设。我们要与某类人群进行接触，获取他们的好感甚至信任，才有机会输出我们的产品和方案价值，这就需要对自己进行包装，以拉近与客户的距离。

通常来说，把自己包装成专业人士是很有必要的，比如：你要卖一台医疗器械给一个医院的医生，你不能对基本的医疗常识都不知道；又或者你是售卖体育器材的，你自己对这类体育一窍不通，就很尴尬了。我们要建立自己的社交账号——微信、领英、脉脉等，从头像的选取到社交账号的名称都要花费一番心思。朋友圈和社交状态的发布最好也与我们需要触达的客户相关，比如社交状态经常发布一些参加行业展会或论坛的信息、行业的最新动态和政策、与产品相关的行业信息等。

你需要认识一些行业的 KOL，可以去看一些 KOL 写的书，然后以读者的名义去连接作者，探讨书中的内容或进行请教，之后不时地在社交媒体上与行业 KOL 进行互动。要知道你面对的客户很可能也是行业专家，他们有很大概率认识行业里的 KOL，当他发现你对行业里的 KOL 很熟悉时，就会愿意跟你交流。当然，你还可以参加一些行业展会，听一些 KOL 演讲，事后可以在现场与行业 KOL 进行互动并互相关注社交账号。

你还需要认真阅读行业文章、书籍、新闻等，让自己"有一些"行业知识。这样，你的人设基本就建立好了。

经常参加行业热点议题讨论，经常出席大家常见的论坛和峰会，社交媒体上也认识不少 KOL，并不时地在对方的社交状态下点赞甚至偶尔得到回复，以这样的人设去寻找客户，相信就没那么容易受挫了。

接下来，你可以通过认识的 KOL 进入一些社群，或者参与一些线下沙龙、线上会议等。不断认识并接触目标客户，不要一开始就推销你的产品。记住，这个阶段不是如何挖掘客户需求，而是如何寻找客户，我们要做的就是找到客户，获取客户的联系方式。

你也可以在领英或脉脉等开放的职场社交平台上,通过你打造好人设的账号去加对方,当然你可能需要有一套好的话术,以便对方通过你的好友请求。通常比较容易成功的话术是将你的社交人脉资源与对方进行交换,比如:"我们这里有一个医疗社群,里面有心脏领域的×××、×××等专家,会定期举办一些研讨会,希望邀请您参与。"

好的电话开场需要具备什么

通常来说,SDR不适合一上来就打电话。15年前或者更早,电话是一种很高效的开发客户的方式,当时我们总是在阿里巴巴或慧聪网上去查企业的黄页,找到企业的座机(偶尔有营销人员的手机)。但电话那头接听电话的人,往往不是你要找的人,可能是前台,也可能是HR、财务等。你需要一些技巧才能找到对应的人。当年,客户可能会有15s左右的时间耐心听完你讲的话,然后再决定是否要继续下去。

现在,如果我们要做一通陌生电话的拜访,可能你的时间只有5s,而用清晰且略快的语速,5s一般不会说出超过30个字。这样你必须做出一个30个字以内的简短文案,这里面还要包含最简短的问候,以便在5s内让客户决定继续听下去。很多人打电话常犯的一个错误就是:"×××您好,我是×××公司的×××,请问您现在方便吗?"首先这句话已经20多个字了,其次客户根本不关心你是哪家公司的谁。我们应该简单、直接、有力地把自己是干什么的,接下来要干什么说清楚。千万不要问对方方不方便,有没有时间,因为你这是在提醒对方说他现在不方便。

正确的说法应该是:"×××您好,我们这里有一个很有意思的产品×××,你的很多同行都在使用,给他们带来×××回报,我给你安排一场演示吧!"不要让你的客户思考,应该帮他安排好,让他觉得这很顺理成章,很自然。

任何电话都是这样,5s是一个阶段,5~15s是另一个阶段,过了这两个阶段就可以深入沟通,了解对方的业务、需求、想法了。所以一通好的电话,准备时间一定比通话时间要长,否则你如何知道客户的主要竞争对手是谁,客户有什么重大变化,客户最近可能有什么新需求呢?

另外,建议优先在线索库里寻找客户,因为这些客户都是与你的公司有一定交集的客户了。你要清楚地认识到,即使你的话术再精妙,也有很大概率是被挂掉的,这里面原因太多了:对方真的很忙,对方心情不好,对方不喜欢你的声音……只有在完全没有线索可用的情况下才建议对完全陌生的客户进行电话拜访。

SDR 针对不同线索的孵化机制

通常进入流量池的线索有两大类:一类是通过内容营销、活动注册进来的;另一类是通过官网、400 电话主动找上门的。针对这两个类型的线索,SDR 需要使用不同的话术。

通过 400 或官网等主动找上门来的客户,通常对产品的兴趣和采购意向较高,因此 SDR 要做的就是快速回应客户的问题并且判断其需求和公司的产品是否匹配。

通过获客内容(如获客型直播、白皮书)注册进来的客户,目前还处于意识阶段,卷入程度不深,防备心较重,因此在挖掘这类客户的需求和信息的过程中,需要注重循序渐进的引导教育。

在 To B 营销过程中,90% 的线索都被浪费了,如图 8-7 所示。

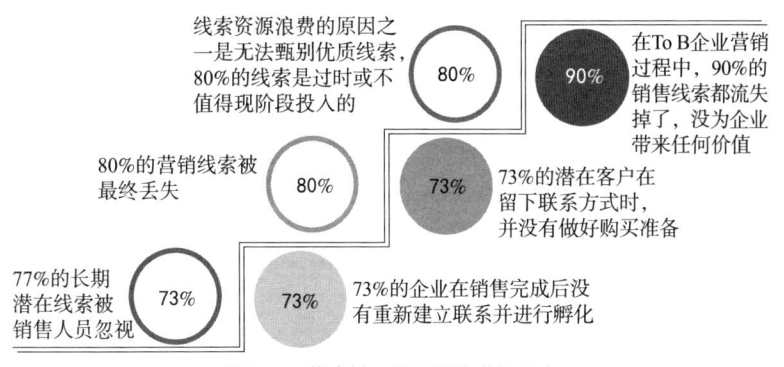

图 8-7 线索被不同原因浪费的示意

客户通常可能会因为如下原因无法立刻进行采购。这部分客户在未来完全有可能出现采购需求,因此企业一定要对这类线索进行持续孵化。如果线索没有被销售部门接收,一定要将其重新放回流量池中继续孵化。

1)客户对企业的认知不够深。

2)客户目前缺少资金。

3)客户没有足够的决策权。

4）客户目前正在用竞争对手的产品，而且短时间内无法切换。

进入流量池中的线索分为两种：一种是高意向客户，可以直接转给销售，这个我们前面已经讲过；另一种是低意向客户，可能此时由于预算限制或者公司发展等无法进行购买。很多企业会直接放弃低意向客户，其实这是一种非常浪费的方式。那些还未达到转给销售标准的低质量线索，不意味着未来不会成单，所以需要 SDR 进行孵化，与这些线索建立关系，通过优质的内容、活动、互动等让这些客户对自己的兴趣加深，进而变为愿意购买的客户。

SDR 孵化低质量线索的流程如下。

1. 对客户进行分类

可根据来源渠道、感兴趣的话题、公司规模、职位高低、想了解的产品、所属的行业、喜欢的内容形式等对客户进行分类。当然，如果有系统帮助 SDR 建立客户的标签体系和 360 度画像就更好了，那样就可以随时了解每个客户的动态，然后根据动态进行分组，针对不同的客户群体，发起不同的沟通过程。图 8-8 所示为客户分类矩阵示例。

行业	规模	职位	认知
✓ To B 科技 ✓ To B 工业品 ✓ To B 服务	✓ 超大型集团 ✓ 大型集团	✓ 老板	✓ 小白
✓ 金融 ✓ 医疗 ✓ 地产	✓ 大企业 ✓ 中型企业 ✓ 小企业	✓ 高管 ✓ 中层管理	✓ 有了解，有怀疑
✓ 新零售	✓ 小微企业	✓ 使用者	✓ 了解并支持

图 8-8 客户分类矩阵

2. 对营销物料进行全方位收集和整理

收集并整理方案、产品介绍、案例、视频课程、直播、展会信息、行业报告、白皮书等内容类物料，这样可以根据划分好的人群，针对性地做触发。建立起图 8-9 所示的内容矩阵，可以帮助 SDR 在需要的时候将合适的内容发送给合适的客户。

兴趣	认知	思考	决策
✓ 白皮书素材	✓ 产品介绍素材	✓ 直播活动	✓ 小型沙龙
✓ 大咖文章素材 ✓ 高管访谈	✓ 技术干货素材 ✓ 视频素材（讲课）	✓ 客户案例素材	✓ 走进客户
✓ 精选资讯类素材 ✓ 精选客户×腾讯云故事 ✓ 精选腾讯云故事		✓ 解决方案素材	

图 8-9　内容矩阵

3. 通过营销自动化工具建立线索孵化流

孵化一般都是针对未转给销售人员或被销售人员退回的线索，孵化流一般分为如下 3 种类型（见图 8-10）。

1）**欢迎式孵化**：在客户刚刚注册的阶段，对客户密集推送内容，告知客户与企业、产品有关的基本信息。

2）**滴灌式孵化**：根据客户与企业互动的行为，判断线索目前处于什么培育阶段，以此安排下一步行动。

3）**激活式孵化**：通过调整内容和互动行为，激活沉睡很久、没有和企业发生新互动的线索客户。

4. 将孵化成熟的线索转给销售人员

这看起来很简单，但其实包含了两个部门之间的协同，以及 SDR 最重要的 KPI——SQL 数量，因此并不是想象中那么简单，比如可能出现销售人员不配合接收线索、反馈不积极等问题。要应对这些问题，SDR 可以从如下方面入手。

1）SDR 需要有一款直观的工具，比如通过该工具直接在手机端点击分派按钮完成线索分派，销售人员会在微信端收到线索分派的模板消

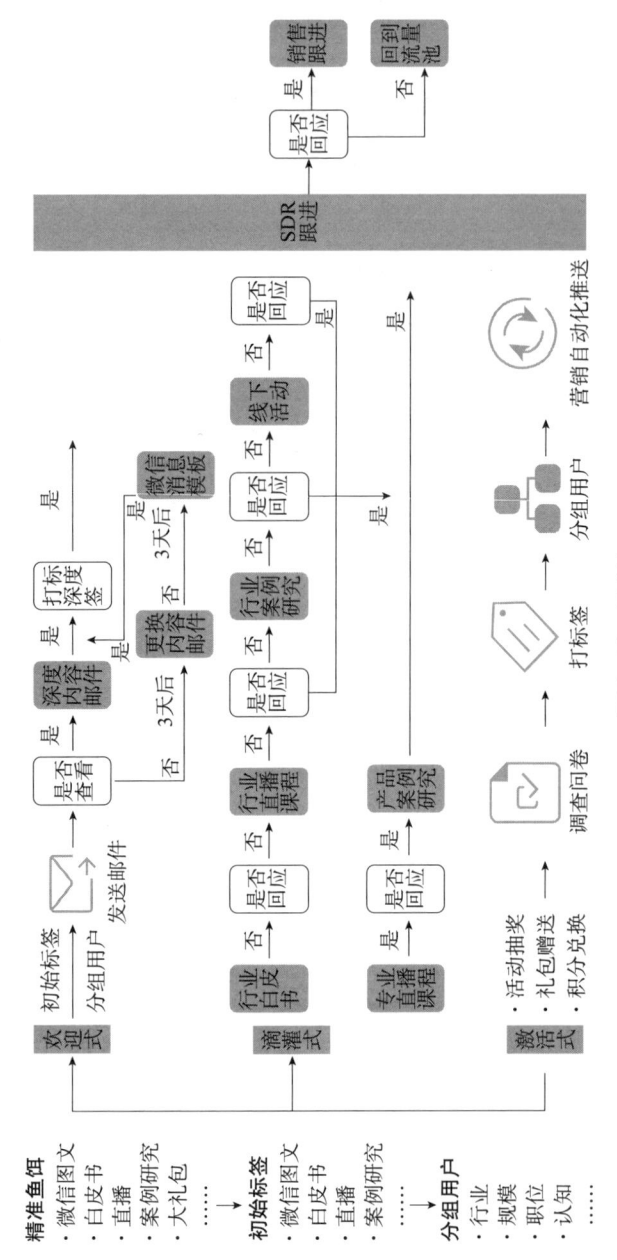

图 8-10 孵化流

息通知，点击即可查看线索的相关信息，其中不仅包括客户的姓名、公司、职位、电话等基本信息，还包括之前的一些内容下载、会议报名等行为记录，方便销售人员快速了解客户的基本情况和兴趣点，从而让之后的沟通更有针对性。对于销售人员认可的线索，可以直接在微信端拨打电话，一键跟进。对于无效或仍需继续孵化的线索，销售人员可以点击删除或释放（删除线索后，不可再恢复数据）。

2）销售部和市场部之间经常会出现矛盾，比如出现"市场部提供的线索质量不高"的声音，所以有些公司就让销售人员判断 SDR 转出线索的质量。把绩效的命运放在销售人员手里，市场部也会有担心。为了确保"商机"绩效达标，SDR 很可能抱怨销售人员跟进不力或协同销售人员作弊（"贿赂"销售人员创建商机）。为了规避这一系列问题，就需要配套一些机制来约束两个部门，并引导它们通过良性的通力协作机制来优化双方的业绩。

- ❏ **反馈时间**：SDR 转给销售部的 MQL，48 小时之内销售人员必须在 CRM 里操作，如果接受即视为 SQL。如果经过 SDR 友好跟进，任何一个销售人员连续出现两次不及时处理的情况，就会丧失一个月内接受 MQL 的资格。
- ❏ **商机标准**：销售人员在接受 SQL 之后，要在 45 天内创建商机，且不能在 2 周内无故撤销商机，这样才可以记为 SDR 的业绩。这种机制既可以激励 SDR 不会过度把商机挖掘的责任寄希望于销售人员，从而保证了线索的高质量，也能够保证不把商机挖掘的责任全部都放到 SDR 身上，从而避免了两个团队协同作弊。
- ❏ **分配原则**：可以接受的 MQL，由销售管理部（或运管部）根据销售体系的业绩达成率，每月提供给 SDR 团队，SDR 团队按照销售的部门分布来平均轮流分配线索，以避免 SDR 出于人情原因分配上有偏颇。

5. 建立线索转出和销售反馈的奖惩机制

当 SDR 将达到转出标准的线索转给所属地域的销售总监以后，销售总监应该第一时间指派销售经理跟进拜访客户，销售经理需要在一定期限内对线索做出是否接受为 SQL 的反馈。公司应该有效监控线索的流转情况,实现营与销的协同。对于线索分派不及时的销售总监,以及跟进反馈不及时的销售经理,公司要制定对应的惩戒机制。

SDR 如何结合私域运营线索

1)**与联系过的客户通过 SOP 成为微信好友**。SDR 能和客户打电话沟通的机会是有限的,日常的互动更多是在微信上。所以 SDR 的每一次沟通都需要寻求机会添加客户微信(即使客户电话未接,也可以根据客户的手机号或者 QQ 邮箱来搜寻添加客户的微信)。目前很多企业开始通过企业微信来添加客户,这里先以个人微信为例。公司可以统一为 SDR 申请微信号,再让 SDR 去添加客户微信,SDR 负责人需要每周不定时抽查每个 SDR 的微信聊天话术以及添加客户微信的数量。SDR 在与客户通话即将结束的时候,需要主动去加客户微信,加微信的动作建议在挂电话之前。成功添加微信以后,SDR 要做的第一件事是自报家门并交换名片,交换名片的目的是审核客户的注册信息是否真实。成功交换名片以后,需要及时在微信上给客户打标签,备注"行业+地域+公司+职位"等信息。除此以外,还可以利用致趣百川营销自动化系统进行自动化标签设置,在客户进入线索池之后,自动为客户打上初始标签,如行为标签、参会标签、兴趣标签等。标签的分类可以根据企业想追踪的信息进行个性化设置。通过自动化进行标签分类,可以帮助 SDR 节省人力和时间等成本,极大提升对客户的分类跟进效率。

2)**将客户拉入微信社群**。微信社群能够长久活跃的两个非常重要的因素是强归属感、高参与感。To B 社群的最终目的依然是加速线索的转化。企业要安排专门的社群运营人员维系社群关系,通过活动宣发、干货内容分享等,促进潜客加速转化。除此之外,SDR 要通过峰会、直播、沙龙、社群分享等形式为社群成员做营销实战策略培训,并收集成员的反馈信息,了解成员的需求,为成员答疑解惑。社群成员提供的认知和思考都是非常有价值的,这些信息可以倒逼企业进行产品升级和业务提升。

3)**社群要有 KOL**。任何私域要想让人们长期活跃,都必须满足客户的某种需求,社群类的私域很容易沉默,需要不停地更换 KOL 来保持社群的活跃,而 KOL 的目标要和社群的人群匹配。KOL 本身也是有需求的,如扩大影响力、输出认知等。社群的人群质量好才能吸引到高质量的 KOL 来做分享，而高质量的 KOL 才能留住高质量的客户。一开始核心客户是需要有人运营的。后期形成机制后，会形成良性循环，一群高质量的客户会创造出很多新的高质量的内容，从而吸引客户长期留存。

SDR 培训体系

为 SDR 安排一系列的培训是非常有必要的。SDR 候选人以前的经验通常无法在新的公司和产品环境下直接套用，所以需要为新入职的 SDR 提供大量的指导，让他们尽快上手工作，发挥自己的潜力。SDR 的入职培训必须做到"天天有实战，天天有考核"。培训过程中建议将销售人员、售前人员、CS 人员都作为考官对 SDR 做周期性考核。SDR 入职以后除了接受前期的目标客户特征、产品价值场景、行业解决方案、竞品差异分析、产品后台实操、电话话术的培训及考试以外，建议 SDR 在培训结束前至少陪销售人员拜访 2 个初次沟通的客户并记录拜访过程。

一些教学工具和练习如下。

1. 目标客户的判断话术

SDR 需要通过一些简单的问题来判断客户是否为目标客户，以及是否需要为客户预约产品演示或转给销售人员。这就需要为 SDR 列出一个客户画像信息收集表，SDR 在跟客户沟通的过程中，可根据表中的问题或话术挖掘客户的信息，并对线索做出判断。

2. 实战模拟演练

除了基本业务培训以外，SDR 团队还需要定期安排实战模拟演练，即让公司不同岗位的人员扮演甲方不同的角色，让 SDR 根据不同的场景准备对应的沟通策略和话术。通过角色扮演练帮助 SDR 消除电话沟通中的焦虑，并为可能被拒绝提前做好准备。企业可以结合现阶段的情况，整理出一个 SDR 实战模拟演练的流程，在这个过程中，需要重点注意当期模拟演练的行业主题。

搜集 SDR 团队在实操过程中可能会被问到的问题。由 HR 发起相关问题的收集工作，并做好回收、总结、归纳工作，然后交由销售部负责人/售前团队筛选，最终得到一批有代表性的问题。

可扮演的客户角色包括企业 CIO、业务经理、采购员等，具体角色和特征由企业客户扮演者们协商决定。

整个流程需要结合客户的实际情况和主要特点来进行调整，寻找适合公司本身的模式。

3. 产品介绍话术

SDR 负责人需要进行定期复盘，总结每日的沟通话术，对于遇到的常见问题，需要给 SDR 提供一套话术。以我们自己为例，常见的问题包括：致趣百川主要是做什么业务的？什么是营销自动化？营销自动化的标准场景是什么？SCRM 是什么？SCRM 与 CRM 有什么区别？

尽管在实际打电话的过程中 SDR 可能不会完全照搬模板话术，但有一个基本的话术模板可以保证他们记住各种关键的细节，从而保证谈话的效率足够高。

4. 营销自动化和线索管理工具

当下 SDR 的线索分派、孵化和转出都可能依赖线索管理工具和营销自动化系统，所以针对这类工具进行培训是必不可少的。SDR 负责人还需要对线索开发、孵化、转出等各个环节进行梳理，形成一套运营标准，并在实操过程中根据关键数据指标不断优化。

第 4 节　SDR 的考核、薪酬和成长

SDR 如何制定 KPI

判断 SDR 团队是否成功的标准是什么？企业不仅需要知道哪些目标重要，还需要知道哪些目标是可以实现的。合理的目标设定可以确保整个 SDR 团队的目标与企业的业务增长目标一致，可以确保每个 SDR 都能以最佳的状态完成自己的任务。为 SDR 团队制定目标较好的方式是 SMART（Specific、Measurable、Attainable、Relevant、Timely，具体的、可测量的、可实现的、相关的、有时间限制的）规则。

1）**具体的**。企业希望 SDR 团队达到什么目标？目标越具体，整个团队就越有可能达成。所以企业应该为整个 SDR 团队或每个 SDR 设置一个明确的目标。

2）**可测量的**。整个 SDR 团队的目标需要可量化的结果，当这一数

字出现下滑的时候可以及时进行策略调整。定期回顾和衡量团队实现的成果，必要时可以提供辅导。

3）**可实现的**。虽然较高的目标可以激励团队不断超越自我，但是这需要建立在可能达到的范围之内。遥不可及的目标并不能激励整个团队，反而会挫败士气。但这并不意味着需要将目标设定得过于简单。所以，企业需要为整个 SDR 团队设定一个经过努力就可以实现的目标，并定期给予一定的激励。

4）**相关的**。为 SDR 团队设定与企业总目标不相关的目标肯定是弊大于利。将个人和团队目标与总体业务目标结合起来，可以激励整个团队全力以赴。

5）**有时间限制的**。一个没有时间限制的目标难以让团队产生动力。企业可以对目标实现的时间设限，这样能激励 SDR 团队更好地确定工作的先后顺序，并制定出一个成功的战略。

除了遵循 SMART 规则，我们还需要对 SDR 的工作目标进行拆解，得到过程指标和结果指标。SDR 的核心工作是为销售部输出成熟的线索，所以结果指标是很重要的，过程指标更多是满足日常管理的要求，而结果指标将决定 SDR 的薪资。

过程指标主要包括如下两个。

1）**与潜在客户联系的次数**。特别是通过电话、电子邮件或会议与客户建立联系的次数。通过这一指标，可以了解 SDR 的活动情况。可以每天、每周、每月或每年跟踪这一数据，并通过这一指标来优化 SDR 的时间安排。

2）**答复率**。积极响应潜在客户的电话、电子邮件等的频率。这个指标可帮助 SDR 团队提高转化率。

结果指标包括转出的 MQL 数、被接受的 SQL 数、成交金额。

SDR 薪酬体系参考

SDR 薪酬主要由 3 部分组成——基本薪资、SQL 奖金、成交奖金。

1）**基本薪资**：一般为 600~8000 元，优秀的可以达到 10000 元，但要注意的是基本薪资要与业绩目标挂钩，基本薪资高的，业绩任务就高，拿到奖金的难度就高。确定基本薪资也是薪酬体系很重要的一环，涉及公平，如果基本薪资差异较大，而目标和奖金没有差别，显然薪资低的人就会觉得不公平。

2）**SQL 奖金**：每个行业会有差异，主要源于获客成本和客单价。SQL 奖金要有任务和及格线，比如，月任务是 20 个 SQL，完成 14 个以内没有奖金（14 个就是及格线），完成 14~20 个每个 SQL 奖金是 150 元，完成 21~30 个每个 SQL 奖金是 200 元，完成 31 个以上每个 SQL 奖金是 250 元。这样既可以避免某些 SDR 达不到及格线让获客成本增加，也可以让优秀的 SDR 有更大的动力。

3）**成交奖金**：可以按年度给 SDR 设置成交奖金，因为转出的 SQL 到成交本身周期较长，按月核算难度较大。全年成交奖金也可以设置一个及格线，如果没有达到则没有奖金，如果 SDR 输出的线索带来的成交金额达到一定数量，可以给予 1%~2% 不等的成交奖金。

SDR 的成长路径与未来

在国内 To B 营销中，SDR 是一个新鲜的产物。它打破了传统地推铁军式的销售增长模式。传统 To B 营销主要依赖销售人数的增加带来更多线索，也会鼓励销售人员多打电话、多跑客户去开发更多的商机。但很多企业的销售人数一直上不去，或者人数一多效率就急剧下降，核心还是销售本身成本高，销售人员能力不匹配，做的事情是他们不擅长的。而 SDR 搭配销售，可以把原本一个人的工作分解到两个工种，让大家各司其职，充分发挥个人的专业能力。这也是技术发展到一定程度的必然产物。SDR 能体系化输出 SQL，为销售增长带来更大的动力，也可避免销售成本急剧增加。

SDR 的成长路径主要有两种。

1）**转型销售**。SDR 的很多工作就是销售的前置，他们需要了解客户和产品，需要针对客户特点去挖掘客户需求。一个优秀的 SDR 只需要补充销售技巧和商务能力就可以很快转型做销售。事实上笔者认识的很多优秀销售人员都是 SDR 出身。由 SDR 转做销售的人员在开发客户的能力上比普通销售人员更有优势。

2）**转型 SDR 管理**。SDR 进入国内时间不长，很多企业没有建立过 SDR 团队，缺乏 SDR 管理经验。这个时候，拥有 SDR 团队搭建、管理、培训能力的人才是市面上急缺的。相信不久的将来，会有大量 To B 企业组建自己的 SDR 团队，到那个时候先行者是各家企业的抢手人才。

09

产品商业化及产品市场团队规划

——王曼、谭彬

王曼 10余年IT软件行业To B企业服务经验，曾服务过多家国外创业型IT公司及国内大中型企业。近5年深耕SaaS领域，辗转于多个垂直赛道。

谭彬（网名Miranda） 星环科技CMO，毕业于上海交大，拥有4个学位，在Intel亚太研发和交通银行总行工作10年后，投身国内创业公司，曾从0到1搭建团队，并深度参与了公司上市的全过程。

第1节　产品商业化的流程与实践

GTM（Go-To-Market）的字面意思是走向市场，也就是产品商业化。这个概念来自快消领域，在 To B 领域发扬光大。因为 To B 领域依赖于销售部和市场部来向目标客户传递价值，如果没有 GTM，用户很难清楚产品价值。

GTM 可大可小，大到推出一款全新产品或把产品推向全新市场，小到推广产品的新功能。对于 IT 软件公司而言，GTM 更多是新产品线或新行业商业化的验证。

产品商业化负责人通过**市场洞察**，明确产品战略定位，制定产品商业化策略，推动关键指标落地，建立用户增长数据体系，对内对外传递产品价值，推动产品售卖及增购，最终实现规模化增长，同时也会将客户场景化需求反哺于产研端，促进产品以客户为中心。

图 9-1 所示是产品全生命周期下不同阶段产品商业化的重点工作。

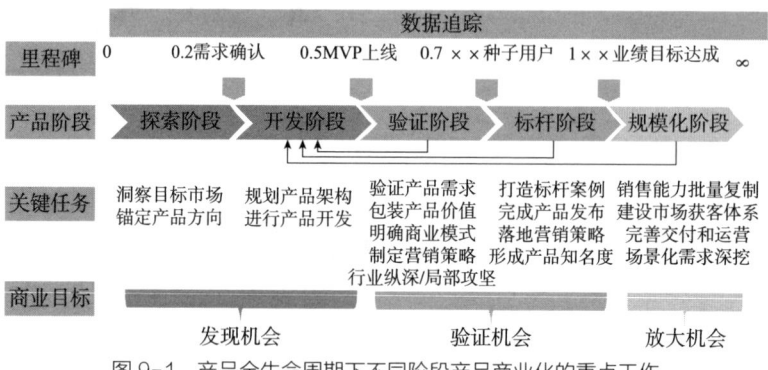

里程碑	数据追踪				
	0 　　0.2需求确认　　0.5MVP上线　　0.7××种子用户　　1××业绩目标达成　　∞				
产品阶段	探索阶段	开发阶段	验证阶段	标杆阶段	规模化阶段
关键任务	洞察目标市场 锚定产品方向	规划产品架构 进行产品开发	验证产品需求 包装产品价值 明确商业模式 制定营销策略 行业纵深/局部攻坚	打造标杆案例 完成产品发布 落地营销策略 形成产品知名度	销售能力批量复制 建设产品获客体系 完善交付和运营 场景化需求深挖
商业目标	发现机会		验证机会		放大机会

图 9-1　产品全生命周期下不同阶段产品商业化的重点工作

产品商业化的整体工作涉及**市场洞察**、目标客户画像、产品定位、产品增长策略、产品定价、产品培训、销售工具包、产品发布、业务经营分析、产品运营（用户运营、活动运营）等。

市场洞察

通过市场洞察，可明确产品的核心价值，进行市场细分、输出客户画像和营销计划。市场洞察是产品商业化的第一步，它主要回答 3 个问题：

1）这是一个怎样的行业？
2）有哪些共性的行业特点和市场痛点？
3）我们有机会拿下这个行业吗？

基于市场洞察可以明确重点行业态势，对内外数据进行分析可以确定目标市场；结合市场洞察中的行业客户需求分析，可以明确行业机会点、产品负面清单、目标行业客户清单及客户分级标准；结合市场洞察的竞争对手分析，可以输出产品、服务、销售与市场策略，并制定业绩目标。

这部分内容其他章有具体介绍，所以这里不再展开。

目标客户画像

在 To B 领域，不可能通过单一推广话术、单一推广渠道就能打动所有决策者。我们要对目标客户做精准画像，甚至进行客户分级。推荐大家采用 STP 战略，如图 9-2 所示。绘制目标客户画像的根本要义不仅是确定目标客户，更是取得竞争优势。

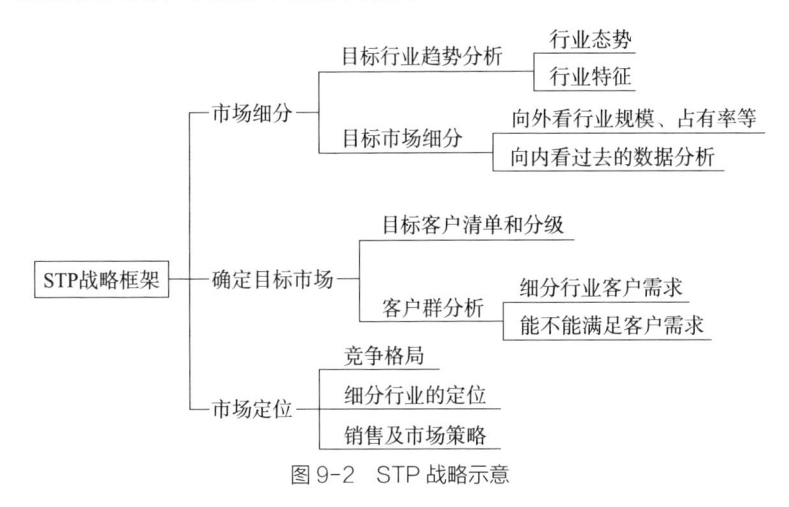

```
                          ┌─目标行业趋势分析──┬─行业态势
             ┌─市场细分────┤                  └─行业特征
             │            └─目标市场细分──────┬─向外看行业规模、占有率等
             │                                └─向内看过去的数据分析
STP战略框架──┤            ┌─目标客户清单和分级
             ├─确定目标市场┤
             │            └─客户群分析────────┬─细分行业客户需求
             │                                └─能不能满足客户需求
             │            ┌─竞争格局
             └─市场定位────┼─细分行业的定位
                          └─销售及市场策略
```

图 9-2　STP 战略示意

产品定位

产品定位就是明确产品的核心价值，这需要回答以下问题。

1）产品为谁服务？
2）产品解决客户的什么问题？
3）产品如何解决客户问题？带来的商业价值是什么？
4）产品与竞品的不同是什么？差异化卖点是什么？

这部分工作最为重要，一定要认真梳理，如跑偏后面的工作就白做了。很多人认为 PMM（产品市场经理）的核心是价值传递，其实不然，其核心是产品定位。定位不准确，何谈价值传递？

为了做好产品定位，我们需要非常熟悉产品和客户，与产研人员一起经历产品的探索阶段。这也是后面阐述组织架构时更倾向于 PMM 部门独立或与产研一起工作的原因。

产品增长策略

根据产品所处阶段和定位的不同,对应的增长目标和策略也不同。比如,处于不同阶段的产品所适配的增长策略一定是不同的。

无论是平台型、服务型还是硬件型的 To B 产品均会经历产品探索验证期、产品规模期及产品成熟期。

1)**产品探索验证期,市场驱动增长**。目的是验证产品的市场可行性。增长重点在于提高用户转化率,扩大漏斗上端数量,也就是获得更多的销售线索。同时也需要通过服务提高续约率,让企业拥有持续营收的能力。

2)**产品规模期,产品驱动增长**。一方面市场不断变化,客户需求发生迭代,需不断迭代产品来满足客户;另一方面通过客户服务环节不断发现新的客户需求,新需求驱动产生新产品/新服务模式,同时开启新的产品营销模式。

3)**产品成熟期,服务驱动持续增长**。通过服务环节,一方面形成市场口碑,为新用户的选择背书;另一方面提高老用户的续约率,实现可持续营收。

下面是不同类型产品的 3 种增长策略。

1)PLG(**产品驱动增长**)。通过引流产品、Freemium 等方式,吸引客户免费注册,之后客户自动或通过销售简单介入转化为付费客户。适用于办公协作或运维开发的、客单价低的、针对中小企业的产品以及专业服务产品。

2)MLG(**市场驱动增长**)。通过线上、线下方式获得线索(MQL),然后交给销售人员进行转化。业绩 = 市场有效线索量 × 销售转化率 × 产品客单价。适用于产品价值清晰且不过度依赖关系型销售的产品。

3)SLG(**销售驱动增长**)。新客户主要来自销售自开拓,业绩 = 成熟销售人数 × 人均客单价。企业产品服务的对象为政府、军工、超大型企业等的更适合采用这种增长策略。若是产品较为复杂,与场景和流程结合较深,需要 1 对 1 为客户答疑解惑,以帮助客户真正理解产品价值的情况,也适合采用这种增长策略。

当然大部分企业的增长策略都是混合型的,并非单一增长策略。

产品定价

产品定价是产品价值实现的形式之一，历史数据显示，SaaS 产品提价 1% 可提升收入高达 11%。产品依据增长策略及产品定位来定价。产品定价能体现出不同产品的特点。商业化的本质离不开竞争，进行产品定价时更多以竞争导向为主、成本导向为辅，而议价空间取决于产品对于客户的价值。

产品定价主要有 3 种底层逻辑，即成本导向、市场竞争导向和价值导向，对应 3 种定价方法——基于成本定价、基于市场竞争定价和基于价值定价，而产品的最终定价一般是结合底层逻辑与自身情况进行综合考虑得出的。

1）**基于成本定价**：价格 = 成本 + 目标毛利。对于 SaaS 软件企业来说，大部分费用都用在前期开发上，也就是产研和职能部门支出的，后面的运维成本反而可以忽略不计，因此不能完全依靠成本来定价，但可以通过成本来得出产品的价格范围。

2）**基于市场竞争定价**：沃伦·巴菲特曾说，定价权是判断一家公司优劣的黄金标尺。基于竞争对手制定自身价格，当自身是市场领先者时必须保持自身定价为市场最高，这是实力的体现，尤其是目标客户为大中型企业时，这些企业对价格敏感度并没有那么高，更多还是看产品是否能满足自己的实际需求，也就是产品产生的价值。

3）**基于价值定价**：大白话就是客户认为价格是多少就定多少。当你的产品能够解决企业客户的痛点问题时，即为刚需，此时客户对于价格是不敏感的，比如一些定制化开发项目或者偏咨询类项目。

对于 SaaS 类产品，3 种定价策略均会涉及。基于成本定价可帮助判断出价格底线；基于市场竞争定价可以为最终定价提供主要参考，产品定价的不同版本中，必然有一个版本是对标某竞争对手的，以便企业在价格战中有应对之策；同时为了保持持续的竞争力，企业也会不断突出产品价值，比如实施、售前、运营服务等，这就会涉及基于价值定价。企业需要运用产品组合，增进交叉销售的可能性，以提升产品的利润。

产品培训

产品培训是对销售团队进行产品价值赋能或规范化的过程，企业需要围绕销售方法制定培训课程,包括买方流程、销售流程和评估矩阵。无论产出何种形式的销售工具,主要的培训内容都是产品的FABE(Feature、Advantage、Benefit、Evidence,特征、优势、价值、案例)。我们以案例的形式对FABE进行解读。

1)**特征**:产品是什么,有什么特征?本次产品上线、更新,具体包含了哪些功能?

A产品是基于平台为连锁行业(零售、餐饮等)量身定制的门店数字化运营解决方案。它可为连锁行业客户提供门店管理、巡检SOP、线下巡检、问题工单、数据统计等功能,帮助企业提高人员效率,助力企业发展。

2)**优势**:相比自己的其他产品或其他企业的竞品,该产品有何优势?销售较关心在打单过程中,相较之前的版本或竞品,本次的产品有何优势。

B产品可实现子公司独立运营,依托于多平台集团组织架构,可以让客户的每一家子公司都独立管理和使用自己的企业平台,同时在集团需要的时候,也可以统一管理集团下的所有企业平台。

3)**价值**:以场景举例,解决什么痛点,产生什么客户价值?结合客户的具体场景,描述产品功能推出前后用户的差别,介绍产品解决了客户的什么痛点,围绕效率、效果、体验等展开。

C产品满足集团客户统一管理模式需求(强管理);基于C产品,集团管理员可对集团内所有平台的组织、员工、岗位、权限、平台运行规则进行统一的管理。

4)**案例**:是否有客户成功案例?

将B企业试用A产品的具体数据、客户反馈等形成内容。

销售工具包

企业应该依据客户所处销售旅程的不同阶段提供不同的销售工具。

1)**线索开拓阶段**。激发客户兴趣。销售工具包括不同形式(PPT、一张图等)的产品介绍、LOGO墙、客户案例等。

2)**立项拜访阶段**。明确是否可以建立商机。销售工具包括需求调研模板、产品解决方案、竞品功能对比等。

3)**方案共创阶段**。与客户共创解决方案并进行价值呈现,获得决策链支持。销售工具包括行业 Demo、竞品切换案例、采购联合工作计划表等。

4）**商务谈判阶段**。推进商机到成单。销售工具包括招投标工具、合同模板等。

上面是比较笼统的介绍，图 9-3 是更为详细的销售工具包体系图。

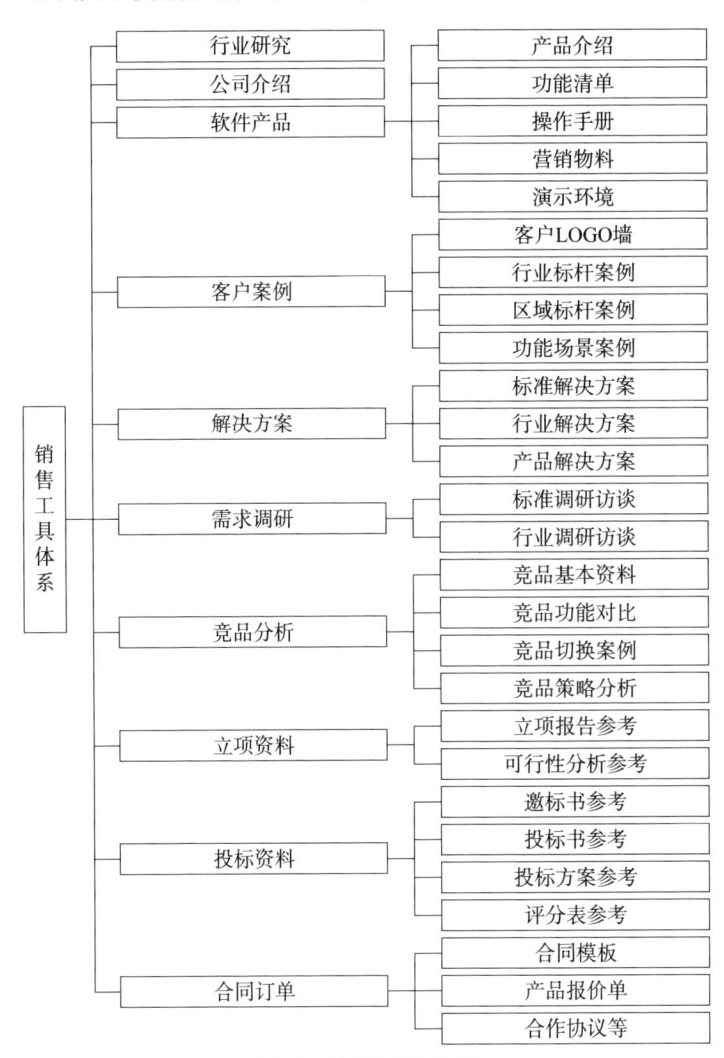

```
销售工具体系
├── 软件产品
│   ├── 行业研究
│   ├── 公司介绍
│   ├── 产品介绍
│   ├── 功能清单
│   ├── 操作手册
│   ├── 营销物料
│   └── 演示环境
├── 客户案例
│   ├── 客户LOGO墙
│   ├── 行业标杆案例
│   ├── 区域标杆案例
│   └── 功能场景案例
├── 解决方案
│   ├── 标准解决方案
│   ├── 行业解决方案
│   └── 产品解决方案
├── 需求调研
│   ├── 标准调研访谈
│   └── 行业调研访谈
├── 竞品分析
│   ├── 竞品基本资料
│   ├── 竞品功能对比
│   ├── 竞品切换案例
│   └── 竞品策略分析
├── 立项资料
│   ├── 立项报告参考
│   └── 可行性分析参考
├── 投标资料
│   ├── 邀标书参考
│   ├── 投标书参考
│   ├── 投标方案参考
│   └── 评分表参考
└── 合同订单
    ├── 合同模板
    ├── 产品报价单
    └── 合作协议等
```

图 9-3 销售工具包体系图

产品发布

负责人进行产品的对外发布，开发产品营销物料，撰写有价值的产品专业内容。其中最为核心的就是依据产品定位确定产品的关键信息。在笔者看来，内容永远是核心，至于活动形式、渠道传播等都是后话。

如果产品发布相关人员在产品探索期参与并不多，那么关键信息撰写应先从客户调研开始，只有清楚产品最为打动客户的价值是什么，才能写出好的关键信息。

有了产品发布的核心内容，接下来就是拓展产品信息屋，向客户、合作伙伴、媒体传达一致的信息。

业务经营分析

To B 客户数据并没有 To C 的那么庞大，笔者认为这里的分析更多是基于业财一体的角度展开，比如：

- 折扣每降低 5%，利润下降多少？
- 提升客单价 5%，权责收入提升多少？
- 提升提成 5%，权责收入提升多少？

……

回答类似的问题，需要的不是财务的三张表（资产负债表、现金流量表以及利润表），而是业财一体损益表，这是经营分析工作之一：会基于分析做产品组合、定价、商业化等策略。

在业务经营分析中要拆分出如下内容：

- 哪些成本随 SKU 变化？（边际成本，算在毛利里）
- 哪些成本随着用户变化？（获客成本）
- 哪些成本不随着 SKU 变化？（固定成本）
- 哪些成本属于一次性投资？（计入投资）

SaaS 业财一体损益表的逻辑框架如下。

1）主营业务收入 R：主营业务收入也就是权责收入。对主营业务收入进行分析，可以知道整体新客、老客、续约占比以及各产品线相关情况。涉及的相关项目及其计算公式如下。

$$新增客户数 \times 客单价 = 新客收入$$

$$应续金额 \times 续费率 = 老客收入$$

2）**主营业务成本 C**：主营业务成本主要为履约成本（运维定制 CSM 等人工成本、IaaS、CDN 等基础运维成本，使用第三方 API、外包等产生的成本）以及增值税中的附加税。

3）**产品毛利** $G=R-C$。

4）**获客成本 CAC**：获客成本主要包括市场部分的推广费用、人工费用，销售部分（含直销、售前、渠道、CSM）的提成、人工费用、业务费用（出差、招待、营销等），投资企业的生态及业务费用，所有人员的固定费用（房租、物业、水电等）。

5）**利润贡献** $P=G-CAC$。

6）**固定成本 FF**：固定成本包括产品研发人力及固定成本、所有部门的人工成本、行政运营成本。

7）**税前利润** $EBITDA=P-FF$。

在业务经营分析中，可基于产品毛利动态地看产品价格和市场竞争力；可基于经营利润看 CAC 中销售和市场部分的占比（注意，CAC 永远都不要超过首年 CAC 的 1.2 倍）；可基于税前利润看企业利润到底是正还是负。

产品运营

产品运营主要包括用户运营、活动运营。用户运营需要对客户分层，进行精细化运营。比如 KA 主要靠销售线下打单，SMB 可依托线上销售和运营。当然这中间还涉及成功客户社区运营、内容创建、客户维护、客户故事等，甚至活动方面还可以根据客户进行分级。

用户运营和活动运营的内容其他章有具体介绍，这里不再展开。需要重点强调的是，要回答类似如何找到业务切入点、如何做市场洞察分析、如何做竞争对手分析、如何打造最佳实践等问题，最关键的是"走进客户"。

在与客户对接的过程中，要研究并回答以下问题：
- 客户为何选择此产品？产品解决了客户的什么痛点？
- 在与客户接触中出了几版方案？更改原因是什么？客户的评估标准是什么？
- 客户的顾虑有哪些？应对措施是什么？证明材料是什么？
- 竞争对手的策略是什么？方案是什么？价格是多少？
- 客户使用产品带来的价值是什么？ROI 是什么？

多走进客户，问题自有答案，也能产出具有业务说服力的内容、具有实战价值的工具材料、具有竞争壁垒的产品功能迭代，进而更好地完成商业化工作。

第 2 节 产品市场工作中的"人"

前面从产品的视角阐述了产品市场工作。产品市场在国内还是比较新颖的岗位，如何将前面的关键点落地，如何招到合适的人选，并对他们进行考核，也是很多公司面临的新挑战。所以本节将着重从"人"的视角来对产品市场工作中常见的问题进行探讨。

PMM 正在进入 To B 企业

为什么 PMM（产品市场经理）岗位在国内比较少，对于大部分企业来说是新鲜事物？为什么国内企业常配有产品经理（PM）、解决方案架构师、售前、文案，却很少见 PMM 岗位？公司是否需要设置 PMM 岗位？

互联网时代，有这样一句热门的话：人人都是产品经理。互联网公司的主要业务是面向 C 端的，业务场景和产品逻辑比较好理解，对个人的专业背景要求并不高，所以人人都是产品经理确实可以实现。

传统的 To B 企业其实也是有产品经理岗位的，但是 To B 和 To C 公司背后的商业逻辑完全不一样。传统 To B 企业里的产品经理和互联网公司的产品经理无论在工作内容上还是在话语权上，都有很大的不同。两者之间的差异主要体现在决策链的长短和复杂程度方面。每一件事情都有决策链，包括采购决策链、软件上线决策链、软件版本变更决策链。这些决策链在 C 端可能只用 1 秒就能完成，在 B 端可能会花费数月甚至 1 年。

从厂商端来看，B 端的产品通常比 C 端的产品"重"很多，迭代的频率要低很多。除非出现致命 bug，不然在 B 端不太可能出现产品经理要求程序员第二天就要出新版本的情况，也不会出现产品发布新版本第二天就有海量用户使用的情况。

To B 软件公司通常一年会发布一次大版本，成立时间长的公司甚至两三年才发布一次大版本，这中间的两三年只发布 LTS（Long Time

Support，长期支持）版本。因为企业级用户更追求产品的稳定，而不是眼花缭乱的新功能。以知名的数据库公司 Oracle 为例，它的每个大版本之间最短间隔 3 年，最长间隔 10 年。当然，在没有大版本发布的年份，还是会有小版本的发布，目的是进行局部的更新与优化，以及技术创新。

笔者在技术社区看到用户吐槽某软件公司每年都出新的大版本，刚刚熟悉了上一个版本，就要学习新版本了。之所以用户会有这样的吐槽，是因为在 B 端对新版本的使用也有决策链。在正式上线之前不仅要对软硬件本身的适配进行测试，还要对软件和软件之间的适配进行测试，对其在不同场景下的运行进行测试，甚至还要做应急方案，以确保上线后系统能够稳定运行。完成一系列演练之后，也并不是马上就能够上线，还要根据公司的运维周期择日上线。早些时候，银行每年只有 4 次变更的时间窗口。

就是因为 B 端产品研发周期长，决策链长，落地时间也长，所以 B 端的产品在发布之后，通常还需要架构师、售前等多个角色一起配合完成产品落地售卖过程。比如 Intel 就专门配有 PMM 岗位来帮助生态伙伴一起更好地利用最新的产品技术，保持产品的竞争优势。

15 年前，笔者在 Intel 亚太研发中心做产品市场工程师，日常工作就是在产品发布前写测试程序、调优、分析结果，在产品发布后向客户宣讲最新的 CPU 性能、功能特点，并帮助客户写测试程序、调优。笔者不设计 CPU（研发），也不会去定义 CPU 的功能指标（产品经理），但是要通过测试结果反馈新款 CPU 是否达到性能预期、是否具有竞争力，同时还要帮助客户理解新款 CPU 的新功能、新特点，并整合利用到它们的竞争性材料中。正因为有了笔者这样的岗位，才让产品在客户生态端（用户和合作伙伴）实现了利用程度最大化。越是复杂、高精尖的产品，越需要有 PMM 岗位来打通产品研发端与客户端之间的最后一公里。

PMM 岗位在 Intel 非常常见，而且这类岗位的薪资比常规的研发要高一些，因为要同时兼具专业知识和市场敏感度。一般的市场人员不具备这样的专业背景，而纯研发人员又缺乏对市场的敏感度。

不仅 Intel 有这样的岗位，很多外企都有类似的岗位。但是在国内公司很少看到 PMM 的身影。我们在招聘的时候发现候选人很少，连很多猎头都没有听说过这个岗位。原因很简单，国内做标准化产品的公司太少了,绝大多数都是为客户做定制化开发的。既然没有产品,又何须设置这样的岗位呢?

不过,随着近年来国内的创业气氛越来越浓厚,做产品的公司越来越多,我们看到各家公司对这个岗位的需求越来越强烈了。因为只通过产品经理、研发、售前和销售来覆盖产品全生命周期是不够的,还需要 PMM 的配合。

PMM 与 PM 异同分析

PMM 和 PM 看似工作职责多有重叠,那么两者是否会发生岗位冲突?这两个岗位的职责差异是什么?任职能力差异是什么?如何筛选出合格的 PMM 候选人?

前面阐述了为什么做产品的 To B 公司需要设立 PMM 岗位,但是相信还是会有很多公司为了节约成本,将 PM 当作 PMM 来用。如果产品简单,也许 PM 可以暂时解决问题,但是如果产品越来越复杂,技术门槛越来越高,企业迟早是需要招聘 PMM 的。

为了帮助大家及早布局 PMM 岗位,下面我们以 AWS 招聘信息为例,分析 PMM 和 PM 之间的差异。招聘信息原文是英文,为了便于理解,这里把里面的关键信息翻译出来(并非逐字逐句翻译)。

1. PMM 招聘信息及职责分析

岗位名称: 资深产品市场经理岗(AL/ML 方向),隶属于大中华区产品市场部门

岗位介绍:

- 将客户的声音传递至公司,将产品的价值传递至市场,伴随产品生命周期进行市场与客户推广。
- 推动产品在不同类型客户群体中的使用,需要具备专业技术知识,还需要具备战略视角。可与专业人员、商务人员、开发者、运营工程师、数据科学家/工程师(这是 ML/AL 特有的沟通对象)等广泛的角色进行沟通。
- 额外要求:具有了解和快速学习相关领域的最新技术的能力。

岗位职责:

- 设计和执行市场营销计划中的 GTM 策略,加速服务落地。

- ❏ 推动并领导新的项目，强化市场对公司技术的认知。
- ❏ 研发拉新工具，帮助获取销售线索。
- ❏ 和客户、开发者社区沟通。
- ❏ 和公司各部门以开会或其他方式沟通，包括技术、商务、PR、各类市场人员，确保相关信息在展会、研讨会、在线会议等多个 GTM 活动中得到充分传递。
- ❏ 为了提升 AWS 平台的使用和认知度，制作系列相关内容。
- ❏ 和合作伙伴沟通。

基本任职要求：
- ❏ 热衷于推动中国的互联网公司、大型企业、创业公司和开发者社区的技术变革。
- ❏ 10 年以上产品市场/产品经理/咨询相关工作经验，理解中国的 IT 生态。
- ❏ 在产品 GTM 项目、新品发布上富有经验。
- ❏ 会做各种展示材料，包括但不限于 Demo、视频、白皮书、网页等。
- ❏ 具有内外部良好的沟通能力，擅长做 Demo 和演讲。
- ❏ 能在复杂环境中独立操盘。

加分项：
- ❏ 适应跨团队、高强度工作，具有相关技术领域工作经验。
- ❏ 拥有技术背景、计算机/营销相关专业知识。

下面分析一下 PMM 相关的招聘信息。
1）隶属于部门：产品市场部门。
2）职责：
- ❏ 作为客户和公司的桥梁。
- ❏ 对内、对外进行正式或花式（视频、白皮书、网页等）沟通。
- ❏ 将信息在公司内部的不同部门（从技术到商务到 PR）、外部的不同类型客户（客户、开发者社区、IT 运营等）间准确传递。

3）主要任职要求：
- ❏ 非常优秀的沟通能力。
- ❏ 会制作各种材料。

- 懂客户。
- 有技术和营销背景。

由上可以看出，PPM 基本上就是全才了。

2. PM 招聘信息及职责分析

再看看 AWS 是如何定义 PM 的。

岗位名称：产品经理岗，隶属于大中华区研发中心

岗位介绍：
- 定义产品路线图并落地。
- 与各个团队（工程师、科学家、解决方案架构师、财务、销售等）沟通制定产品策略以及销售目标。
- 和技术客户直接沟通，收集客户需求，了解各方面的新技术，设计 GTM 方案，包括创新实验室、体验日等活动。

岗位职责：
- 提升产品客户体验，基于战略设计高质量产品路线图。
- 做高质量案例。
- 在客户体验和性能中寻找平衡。
- 游说内外部相关人员，让大家认可产品。
- 积极发现并解决可能会影响战略、财务和技术目标的问题。
- 设计 GTM 方案。
- 和解决方案团队合作。
- 对产品全流程进行管理，包括定义、开发、发布和运营产品。
- 和架构师沟通，确定如何才能更好地推销产品。

基本任职要求：
- 熟练使用软件开发工具、DevOps 工具。
- 需要计算机及相关专业。
- 8 年以上相关专业经验。
- 3 年以上相关产品设计经验。
- 具有相关专业的技术背景，如大数据系统、云服务等。
- 能跨部门、跨客户类别沟通。
- 能跨产品线定义产品战略。
- 有项目管理、咨询/商务经验。

加分项：
- 有广泛且深入的相关专业知识，会画原型图。
- 有 PMP 证书。
- 拥有较强的沟通技巧和适度的冒险精神。
- 具有数据分析技能，可推动业务前进。
- 会权衡需求，决定需求是不是真的要做。
- 各种软性要求：战略思维、团队合作、出差、沟通技巧、快速学习能力、抗压能力等。

下面分析一下 PM 相关的招聘信息。
1）隶属于部门：研发中心。
2）职责：
- 定义产品功能、阶段性目标及落地执行方法。
- 对产品进行全流程管理。
- 与解决方案团队合作。
- 对内外部进行游说，让大家对产品认可。

3）主要任职要求：
- 拥有专业技术背景，最好是计算机专业毕业。
- 熟悉产品开发工具。
- 会画原型图。
- 拥有跨部门沟通与项目管理经验。

3. PMM 与 PM 的对比分析

由上文可知，PMM 和 PM 具有不少共性：
- 都需要具有与不同人群沟通的技巧。
- 都需要拥有不同程度的技术/专业背景。
- 都需要推动内外部对产品的认知和了解，推动产品 GTM 策略。

下面重点介绍 PMM 和 PM 的不同之处。
1）从任职部门来看：
- PM 隶属于研发部门。
- PMM 隶属于产品市场部门。

国内大部分公司都没有设立产品市场部门。如果你们公司有这样的岗位或者部门，那么说明你们公司是真的在做产品，而不是把解决方案当作产品来做。

2）从岗位职责来看：

- PM 更关注产品的功能定义和阶段目标，以产品为核心与上下游部门及相关方进行沟通。
- PMM 更注重与内外部各类团队的沟通，并通过各种类型的材料将信息准确地传递出去。有时还需要和技术类媒体的实验室沟通，确保技术类媒体对产品的正确解读。

3）从人员任职的要求来看：

- PM 更注重专业背景，最好是科班出身，兼顾技术的广度和深度，最好有良好的跨部门沟通能力和项目管理能力。
- PMM 需要有强大的内外部沟通能力，从技术到非技术，从外部客户到内部 PR，同时还要会做视频、白皮书、网页等各种花式材料。

简单来讲：

- PM 要知道什么样的产品是最受欢迎的，PMM 要知道什么样的产品故事是最受欢迎的。
- PM 要懂主流技术与产品的结合，PMM 要懂人心和产品的结合。

用 GTMM 指标体系来评估 PMM 的工作

如何搭建一套适用于本公司的 GTMM（Go-To-Marketing Maturity，GTM 成熟度）指标体系？答案是通过 OKR 和 KPI 结合的形式来引导 PMM 的工作。

为了规范工作目标和职责，我们需要对产品市场工作进行体系化建设，搭建一套最适合本公司的指标体系，确保不同人员可以按照同一套逻辑去工作。同时，通过这套体系来给不同职级的人员设定 OKR 和 KPI。

为了方便理解和简化描述，我们将产品市场工作抽象成一表一图。如果公司有多条产品线（含多个子产品），那么这些产品的 GTM 工作可以通过一表一图来进行评估。

1. 评估指标

在介绍一表一图之前，首先介绍评估的指标。图 9-4 所示为一套评估指标，所有的产品线涉及3个部分16项指标。

1）第一部分是基础工具，包含7项内容，比如白皮书、官网落地页等。这7项组成了产品GTM的基础套件，也是基础的销售工具。

2）第二部分是行业地位，包含6项内容，比如是否入围了重要的榜单，是否完成了行业通用测试，是否参与了行业标准制定等。

3）第三部分相对特殊，并非每款产品都适用。

要特别说明的是，每家公司的产品类型不一样，指标体系也需要进行相应适配和调整。比如基础软件类产品有信创要求，但是应用类产品没有这方面的要求，就不需要设定这个指标。所以读者可以根据实际情况来设计一套适用于本公司产品的指标体系。

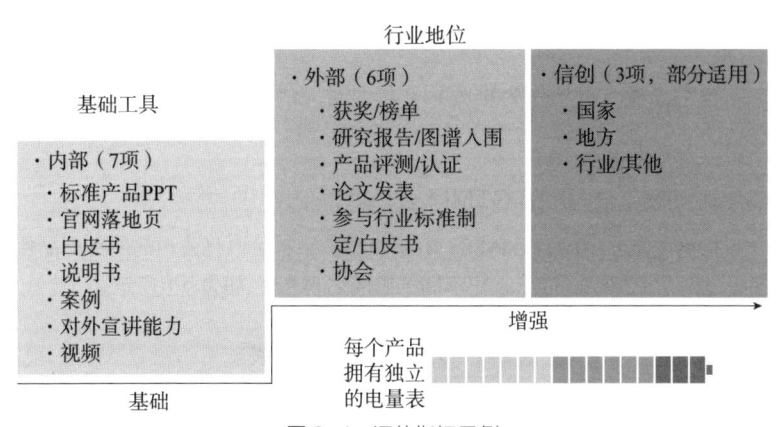

图9-4 评估指标示例

2. 产品的GTMM

有了指标体系以后，可以根据指标的完成情况，将产品GTMM分成4个等级：GTMM1到GTMM4。

不同的产品生命周期阶段对应的GTMM级别不同，具体如图9-5所示。

例如，新品起步阶段至少需要具备2项基础能力，对行业影响力不做要求。但是在产品大规模推广阶段，不仅要完成与基础能力对应的所有指标，还需要不断强化行业影响力。

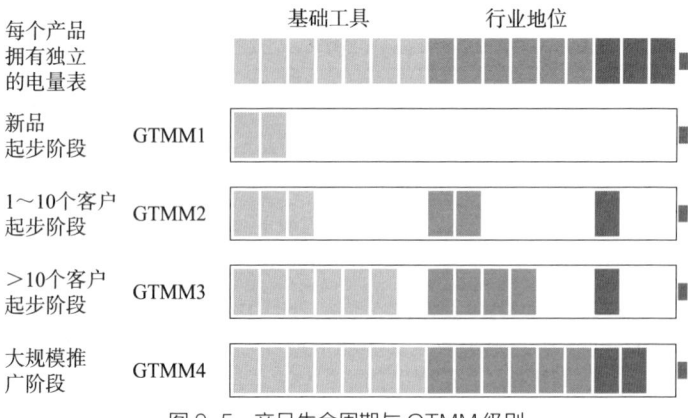

图 9-5　产品生命周期与 GTMM 级别

- 每个产品拥有独立的电量表
- 新品起步阶段　GTMM1
- 1～10 个客户起步阶段　GTMM2
- >10 个客户起步阶段　GTMM3
- 大规模推广阶段　GTMM4

通常来说，市场作为排头兵，与之对应的 GTMM 的发展阶段要比产品的早一拍。

3. 一表：公司产品 GTMM 表

根据上文介绍的 GTMM 的 16 项指标体系，可以将公司的所有产品梳理成表格并根据完成情况匹配不同等级的 GTMM，如表 9-1 所示。

表 9-1　公司产品 GTMM 表

产品GTM成熟度		基础工具							行业地位						信创		
GTMM级别	产品列表	标准产品PPT	官网落地页	白皮书	说明书	案例	对外宣讲能力	视频	获奖/榜单	研究报告/图谱入围	产品评测/认证	论文发表	参与行业标准制定	协会	国家	地方	行业/其他
GTMM4	AAA																
GTMM1	BBB																
GTMM3	CCC																
GTMM1	DDD																
GTMM4	EEE																
GTMM2	FFF																
GTMM3	GGG																

通过表 9-1 中所示的方块情况和等级情况，各个产品线 GTMM 的状态一目了然。PMM 的工作任务和目标从这张表上就能看出来：和 PM 一起推动每条产品线从 GTMM1 向 GTMM4 发展。具体工作反映到表中，表现为如下两种情况。

- ❏ 将白色方块部分转化成阴影方块（发展阶段的产品）。
- ❏ 对阴影方块部分进行迭代更新（成熟的产品）。

在季度末、年末的时候，只需要将表 9-1 拿出来，和上一个季度、年初的情况做比对，看看所有色块是否已经填满，有色块的地方是否跟随产品版本发布进行了相应的迭代，PMM 的工作质量评估就完成了。

4. 一图：公司产品成熟度全景图

如果从更高层面去评估所有产品线情况，则需要一张图——公司产品成熟度全景图，如图 9-6 所示。图中横轴是 GTMM 的级别，纵轴是产品研发的成熟度级别。每个产品都能够在图上找到自己的位置。同时，用圆形的面积大小代表产品的销售额。

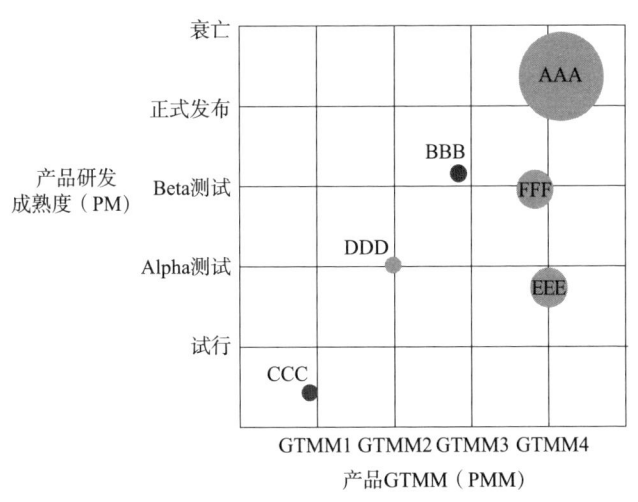

图 9-6　公司产品成熟度全景图

基于公司产品成熟度全景图，可以制定产品的销售推广策略，确定未来投入资源的多少。

通常来说，公司的主打产品或者明星产品应该位于右上角并且圆形面积最大，如图 9-6 所示的 AAA。而公司的新产品应该位于左下角并且圆形面积最小，如图 9-6 所示的 CCC。

理论上来讲，所有的产品都应该落在对角线下方，即产品的 GTMM 应该早于产品的研发成熟度，如图 9-7 所示，但实际上的情况则不一定如此。

比如图 9-7 所示的产品 BBB 的成熟度已经很高了，但是 GTMM 等级连 3 级都没有，且圆形面积很小。这说明 PM 只关注产品本身，却忽视了市场推广，产品的营收少是情理之中的，毕竟好酒也怕巷子深。根据这样的情况，需要给 BBB 的 PM 提出工作建议，并配以富有经验的 PMM 一起完成产品的 GTM 工作。

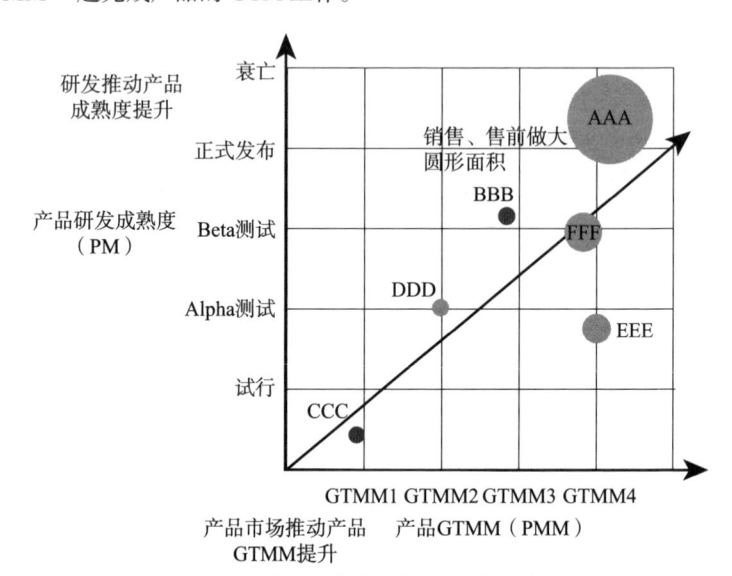

图 9-7　产品成熟度与产品的研发成熟度

再比如图 9-7 所示的产品 EEE 的成熟度还在早期阶段，但是已经达到了 GTMM4，营收还比较少，这说明这款产品的市场热度很高。此时，需要思考是否要加快产品的研发速度和销售力度。

再比如图 9-7 所示的产品 FFF 处于比较完美的状态，是冉冉上升的新星，可能成为公司下一个明星产品。

上文介绍了如何利用一表一图来系统性评估公司的产品成熟度，以及如何对多个产品线进行管理。据此我们就可以以相对量化的方式来评估 PMM 的工作情况，制定 PMM 的工作目标。

PMM 团队搭建

候选人少，岗位新，决定了 PMM 岗位招人困难。如何在短时间内快速招到合适的人选是每个 PMM 团队管理者要解决的问题。从长远发展角度来看，PMM 岗位的发展规划和职业路线是什么？

1. 社招 PMM

在明确了产品市场团队的工作目标和成果后，终于走到了构建 PMM 团队的时刻。这时候最大的挑战是缺人。团队规模终于确定并得到了高层的批复，结果候选人寥寥无几。很多候选人甚至不知道 PMM 岗位是做什么的，又或者候选人更想去投 PM 或者售前架构师这类熟悉的岗位，因为一时半会儿没有找到心仪的工作，所以才来面试 PMM。

前文介绍的 AWS 的招聘介绍里面其实已经暗示了 PMM 候选人的几个来源：

❑ 上一份工作也是 PMM。
❑ 从 PM 转型。
❑ 从咨询顾问转型。

笔者认为，售前也是很好的 PMM 候选人来源，特别是希望降低出差频率的售前和咨询顾问。他们具备优秀的软技能和技术背景，又有对市场的敏感度。

另外还有一类潜在的人选——想要转前台的技术人员，比如项目实施人员。他们常年工作在一线，经常和客户打交道，拥有丰富的用户侧产品使用体验。但是这类人偏重于技术实施，并非每个人都具备良好的业务敏感度，所以需要甄别。

业务敏感度如同业务同理心，即站在对方的角度，用最恰当的形式和对方沟通，使得对方能够理解自己想要传递的信息，即"我知道你想听什么"；同时能够从双方的沟通中准确地抓取关键信息，并作为之后交流或者分析的基础，即"我知道你在说什么"。这背后是经验的积累、对人的认知和对沟通技巧的把握。

在国内，同时具备技术背景和良好的业务敏感度的优秀 PMM 是很难招到的。一是因为这类候选人本身就很稀缺。二是国内对市场部的固有印象是做活动、发新闻，很少和产品结合起来。这和一些国内公司长期不重视产品研发，以卖定制化解决方案为主有关。所以 PMM 候选人才通常会做售前/架构师，不愿意到市场部工作。但是在国外的公司里，产品市场部有大量的技术+商业背景的复合型人才。

2. 自己培养 PMM

除了社招之外，还可以考虑对现有人才进行专项培养。这也是高效解决人才匮乏的办法。

我们不仅要培养具备合格技能的 PMM，还要将这个岗位纳入公司人才发展体系，为 PMM 规划完整的职业发展路径，这样才有利于整个 PMM 团队的发展。

3. PMM 的职业发展路线

PMM 的职业发展路线分为两种：一种是沿着产品市场路线纵向发展，另一种是进行职业路线的横向发展。前者是经验积累带来的对产品和商业的自然反射。后者是进退自如的发展方式："进"可以转向一线岗位，如销售；"退"可以转向后台，如研发线的 PM，甚至还可以转换职业赛道，从 IT 行业转到证券基金业做行业研究员。

下面以我们公司为例。我们做的产品属于基础软件，是整个 IT 软件体系里的基石，也是软件行业的上游。基础软件的特性决定了我们的产品需要覆盖每个行业，所以我们的 PMM 接触了各行业案例后，如果对某个行业特别感兴趣，可以沉浸到行业里进行深入研究。作为基础软件公司，PMM 的研究需要从上游出发，穿透整个 IT 软件生态链，了解得越多，就会越懂这个行业，并最终成为这个垂直行业的专家。

如果 PMM 没有特别感兴趣的行业，可以从广度出发，比如通过各行业的新技术采纳速度了解技术变革在各行业发展的差异，预测各行业在该技术领域发展的态势和趋势。这一信息差可以让 PMM 比每个垂直行业的人看得更广、更全面，所以 PMM 未来转型分析师也是不错的发展方向。

笔者一直认为 PMM 是一个非常有发展前途的岗位，只是国内现在对这方面的认知还不够。所幸 To B 市场正在兴起，投资界已经将目光从 To C 的商业模式转向 To B 的专业服务。同时随着 PLG 概念逐渐深入人心，以及国内越来越重视技术创新和研发，产品 GTM 将成为所有做产品的公司的普遍痛点，而 PMM 是解决这个痛点的良药，企业对 PMM 人才的渴求将会变得更加旺盛。

互联网时代，PM 是热门岗位。To B 时代，PMM 岗位将爆发。

10

市场调研与分析

——肖九长

肖九长 超6年To B行业市场营销、品牌运营及团队管理经验,拥有从0到1打造市场品牌的经验,熟悉市场运营和品牌营销的各个模块的工作,在市场洞察、品牌公关、产品营销、活动营销、内容营销、数字营销等方面,均具备专业的知识体系和实操经验。熟悉中小公司、大型集团公司的市场和品牌运作体系,在医疗、信息科技等领域拥有丰富的行业实操经验。

如果有人问笔者作为市场人,最基础又核心的能力是什么,笔者会毫不犹豫地回答:市场洞察能力。

如果你是一名内容营销经理,则需要洞察目标对象的阅读习惯、内容偏好、媒介通路等,这些可以帮助你更好地规划内容营销,同时提升效果;如果你是一名品牌经理,则需要洞察行业、竞争对手、客户以及公司自身的业务现状和规划,以帮助你明确品牌定位,提炼品牌信息屋,通过顶层设计去支撑接下来的品牌运作;如果你是一名市场管理者,则需要洞察更广泛的信息,以支撑市场部承接公司战略,以及完成营销策略部署。

市场洞察是做好战略的前提。战略规划要求越高越全面,市场洞察就要做得越深入越广泛。在其他条件正常的情况下，市场洞察也是营销效益提升的核心手段。

本章将围绕 To B 市场分析与洞察，从框架、方式、执行程序与应用等几个方面具体阐述 B 端市场洞察应该如何下手。

谈起市场洞察，大家可能会觉得它的范围很广，凡是公司业务涉及的信息都可能成为你洞察、分析的对象。其实不然，不同的行业、业务、决策所需要洞察的信息范围不尽相同，比如公司层面和部门层面所需洞察的信息就有很大不同，不同部门所需要洞察的信息也不同。本章所谈的市场洞察，范围限定为 To B 行业市场部层面。

第 1 节　市场调研框架

市场信息纷繁复杂，如何收集、整理、分析，得出关键性结论？这需要框架性的思维帮助我们拨云见日。市场调研的框架如图 10-1 所示。

市场洞察

市场洞察分成 5 个模块——看行业、看对手、看客户、看生态、看自己，这就是"五看"框架。基于这个框架，再配合各类市场调研手段进行信息收集，并通过全面、深入的分析，即可得出核心洞察结论，从而为市场营销决策提供支撑和指导。

1. 看行业

看行业，即进行行业分析。看行业的首要目标是明确公司业务所处行业，以及行业目前的发展现状、所处发展阶段、增长情况以及未来发展趋势。这是明晰公司业务所处赛道状况的基础。看行业大致包含宏观环境分析、行业增长现状以及增长前景、行业所处阶段以及发展驱动力、行业发展趋势、行业发展制约因素等几个方面。

2. 看对手

在这个经济增长由增量转向存量的时代，对行业竞争格局和竞争对手进行调研分析尤其重要。但是，竞争对手的重要信息一般较难获取，通过咨询公司的付费咨询来获取相关信息是一个不错的选择。以这种方

10 市场调研与分析

- 市场营销洞察
  - 市场洞察
    - 看行业
      - 宏观环境分析
      - 行业增长现状以及增长前景
      - 行业所处阶段以及发展驱动力
      - 行业发展趋势
      - 行业发展制约因素
    - 看对手
      - 竞争格局分析、参与方及其分类
      - 行业竞争的共性、差异以及核心关键因素
      - 单个友商分析
        - 业务发展现状
        - 组织架构
        - 产品、方案构成,主推产品
        - 目标市场
        - 获客方式
        - 生态、渠道合作模式
        - 盈利模式
        - 竞争优势
        - 未来发展战略
      - 行业竞争的趋势走向判断
    - 看客户
      - 客户细分以及需求场景
      - 细分客群的市场规模、指标特征
      - 细分客群的业务现状以及痛点
      - 客户端的普遍决策链的构成
      - 客户端的关键目标对象,以及这一群体的信息获取方式偏好
    - 看生态
      - 整个行业的产业链上下游构成
      - 经销渠道以及生态合作对象的现状和分布
      - 需要投入争取的合作对象
    - 看自己
      - 业务经营现状
        - 营收状况以及业务所处阶段
        - 业务模式以及盈利方式
        - 组织架构
        - 目前的重点投入方向
        - 主打产品和方案
        - 获客方式
      - 业务现状差距分析
      - 未来的规划和方向
  - 传播洞察
    - 竞争对手营销举措洞察
    - 行业营销媒介通路洞察
    - 行业营销主流议题洞察
    - 自身营销基础、现状以及差距分析

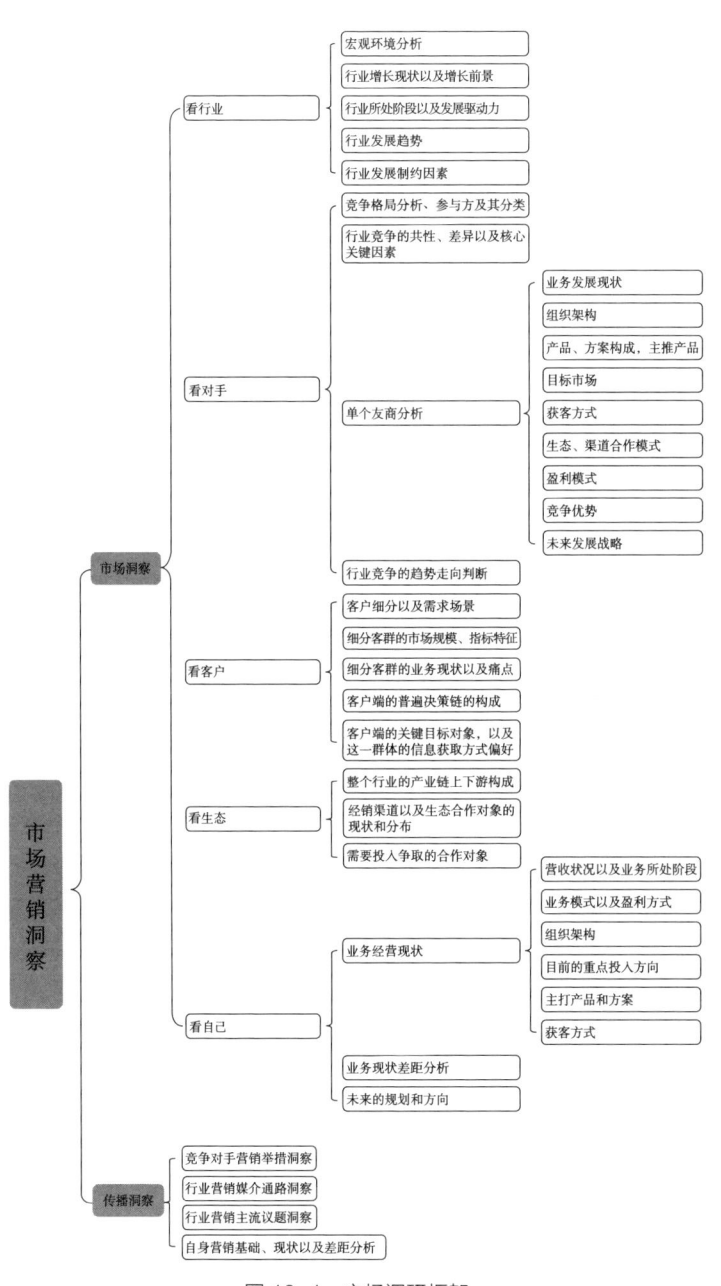

图 10-1 市场调研框架

式获得的信息相对丰富且系统。

看对手,主要看如下几个方面。

1)都有哪些企业参与竞争?它们分成哪几类?

2)行业竞争的共性、差异以及核心关键因素是什么?

3)对单个竞争对手进行分析,主要涉及业务发展现状,组织架构,产品、方案构成、主推产品、目标市场、获客方式、生态、渠道合作模式、盈利模式、竞争优势、未来发展战略。

4)行业竞争的趋势是什么?

3. 看客户

客户洞察是我们经常提及的,也是最需要持续做的一件事情。在一项业务的创造和发展过程中,不仅是市场部,产品、研发、客服等部门都要做客户洞察,只是关注点不同。市场部要做的客户洞察,主要涉及如下几个方面。

1)客户细分以及需求场景。

2)细分客群的市场规模、指标特征。

3)细分客群的业务现状以及痛点。

4)客户端的普遍决策链的构成。

5)客户端的关键目标对象,以及这一群体的信息获取方式偏好。

4. 看生态

因为实际市场部职能的差异,市场部的工作职责可能不涉及渠道生态,但在营销传播方面是可以建立合作的,所以进行生态层面的洞察也是必要的。这主要涉及如下几个方面。

1)整个行业的产业链上下游构成。

2)经销渠道以及生态合作对象的现状及分布。

3)需要投入争取的合作对象。

5. 看自己

"知己知彼,百战不殆"。"知己"就是看自己,公司的业务信息较容易获取,关键在于信息的整理与提炼。这里推荐一些分析工具——波士顿矩阵、SWTO、波特五力模型等,这些工具很多书或网络文章都有介绍,所以这里就不展开了。看自己主要涉及如下几个方面。

1）业务经营现状，包括营收状况以及业务所处阶段、业务模式以及盈利方式、组织架构、目前的重点投入方向、主打产品和方案、获客方式。

2）业务现状差距分析。

3）未来的规划和方向。

传播洞察

目前 To B 领域的市场部大多在做"传播"，也就是营销 4P 理论中的"促销"（promotion），所以传播洞察对于 To B 市场工作尤其重要。举个例子，目前 To B 公司为了尽可能拓展市场，保持增长，大多选择了"深耕行业"的战略，面向金融、医疗、能源、农业等行业推广产品。如何有效触达并影响这些行业的目标客户？需要针对每个行业做单独的传播洞察，以支持传播策略的规划与执行。

1. 竞争对手营销举措洞察

说得直白一点，就是看你的同行是怎么做营销、做传播的。最简单直接的方式是详细查看同行的官网、公众号及其他自媒体的相关信息，相信在你了解了 5 家以上的同行都做什么后，你会有惊喜。竞争对手营销举措洞察框架如图 10-2 所示。

企业名称	传播渠道	活动营销	内容营销	广告营销	其他
×××					
×××					
×××					

图 10-2　竞争对手营销举措洞察框架

2. 行业营销媒介通路洞察

每个行业都有其特定的媒介通路，对这些媒介通路进行洞察时，首先应该搞清楚这个行业涉及哪些主要的监管单位、研究机构、咨询机构、协会、期刊、垂直媒体等。然后尝试与这些媒介通路建立联系，从多方面判断其对企业的传播价值。

什么叫行业营销经验？在媒介方面就是你清楚地知道行业的主要传播通路，且熟悉它们各自的差异化特点。对于一个特定的传播项目，你知道与哪个媒介合作更能实现你的目的。

3. 行业营销主流议题洞察

行业目前的主流议题是什么？也就是，大家目前都在讨论什么？关键词是什么？再结合公司自身的业务范围、优势特点，提出一个具有差异化和行业势能的议题，将此作为某一阶段的传播核心并引领业务推广。

高阶传播能力是指企业自己能够设置议题，并引领议题，从论点、论据到论述去支撑这个议题，然后通过各类营销手段去传播它，进一步夯实企业在该领域的地位。

4. 自身营销基础、现状以及差距分析

不知道大家有没有经历过这样的场景："某一天，你老板丢给你一个某厂的营销内容链接，让你学学，然后你不知所措。"笔者想说的是，做任何规划、策略之前，都要清楚自己处于什么"位置"，这是前提，不然学习和借鉴就成了"邯郸学步"。在自身传播分析上，可以从传播基础、传播渠道、传播体系、传播管理这 4 个方面入手，如图 10-3 所示。

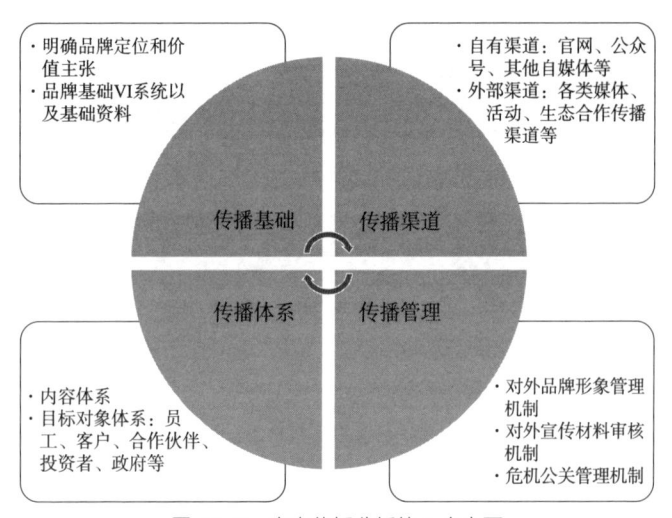

图 10-3　自身传播分析的 4 个方面

第 2 节　市场调研方式

上一节介绍了很多需要洞察的信息，在市场部层面可以通过哪些手段来获取这么多信息？信息获取的方式多种多样，下面介绍笔者认为较为普遍且具有实操性的 5 种方式。具体选择哪种方式，与你需要调研信息的范围和颗粒度有关，同时还涉及人员投入、资金成本、时间周期的平衡等。

1）**媒体信息**。目标调研对象的官网、公众号，以及其他自媒体的相关报道，都可以成为我们获取信息的渠道。这种方式的难点是信息的收集与整理。

2）**财报、行业报告、券商研报**。读懂财报是市场人员的基础技能，财报里能提供丰富且较为准确的企业信息。行业报告和券商研报可以帮助我们快速了解行业的基本信息。

3）**行业交流**。行业交流的对象有很多，比如协会、媒体、客户、供应商、经销商、友商、行业专家等，这些对象也是大家在日常工作中经常接触的。要通过这种方式获取信息，笔者认为重点在于有意识地经营自己的行业交流网，让它成为你获取信息的一个有效通道，这也是一种职场竞争力。

4）**内部调研**。这里的内部调研有两层含义，一个是对内部员工的调研，公司各部门都不乏具有丰富行业经验的员工，可以通过焦点访谈、问卷调研等方式获取有效信息；二是内部发起对外的调研，比如借助一线销售的力量，开展针对用户侧的调研。

5）**外部调研**。这里提到的外部调研，指的是借助外部力量开展相关信息收集工作，比如付费咨询、向咨询公司定制调研报告，或者联合行业相关方共同开展市场调研工作。

第 3 节　市场调研的一般程序

为了获取完整且有效的信息，我们需要按照一定的程序开展市场调研，下面就来简要介绍市场调研的一般程序以及一些注意事项。

1. 明确调研需求

调研需求就是开展调研的目的，也就是你想通过调研获取的核心信息,比如"某个细分客群的市场规模""目标客群的品牌认知现状""金融机构信创进展"等。这里需要注意的是,一定要明确主要的调研需求,事前可以大胆假设,执行过程中要小心求证。

2. 设计调研方案

调研方案中最重要的部分应该是调研方法的设计,常见的调研方法有问卷调研、访谈调研、焦点访谈、实地观察、专家访谈等,根据调研需求选取合适的调研方法,比如定量问题适合问卷调研,定性问题适合访谈调研。一个调研项目中可能需要使用多种调研方法,以获取多维度的丰富信息。图10-4是市场调研方案设计框图。

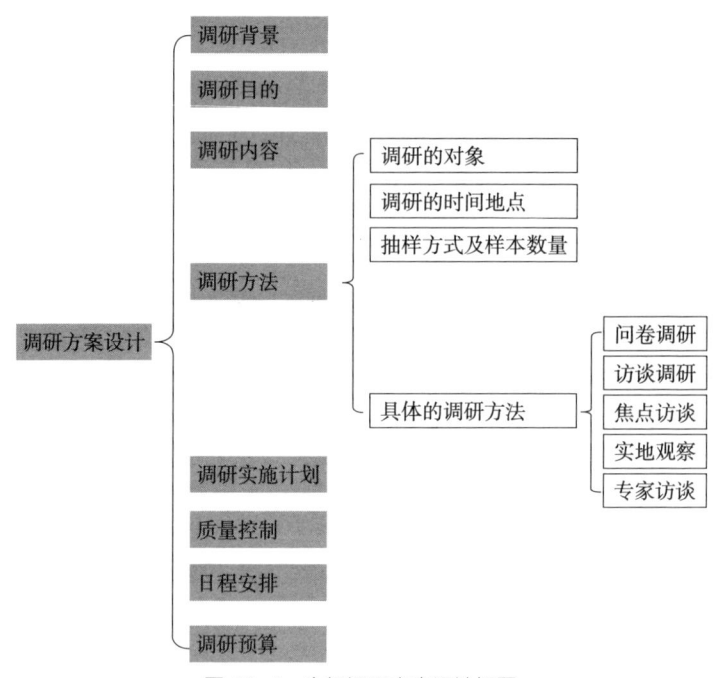

图10-4 市场调研方案设计框图

3. 信息、数据的获取与加工整理

在执行阶段,为了让整个调研项目在规定的时间内完成,并且获取高质量的原始信息,一定要有"标准化"意识。通过前期测试发现问题,并及时进行调整,先规范调研执行动作,再扩大规模,复制之前的执行过程。

比如在一项以专家访谈为主的调研项目中,涉及访谈行业内的上百位专家。如何在一定周期内完成访谈任务,并且获取有效信息,同时还能够在海量的访谈纪要中提取关键信息,得出一般性结论?你需要带着访谈提纲,先对几位专家进行访谈测试,来发现原本设计的提纲、信息记录方式、访谈话术的问题,并予以纠正,之后再培训访谈执行人员,统一标准化动作。

4. 信息分析

如果在第三步遵守了严谨的执行规范,那么这一步会减少很多麻烦。当然,笔者认为在数据、信息分析时,还是要本着实事求是的原则,去伪存真。在信息样本不是非常理想时,也没有必要为了一个准确的数字而反复计算,相反,模糊的正确比精准的错误更具说服力。

5. 得出结论,撰写调研报告

一份完整的洞察报告应该包括"项目背景""方法论""执行摘要""洞察发现"和"精要和建议"五部分,并且洞察报告需要一个好的"故事结构"来展现你的洞察。另外,调研报告往往是需要向上级决策者汇报,供决策层参考的,所以在陈述洞察报告前,要对决策者可能提出的问题进行预测演练。你可以使用比喻,让决策者以一种更直观的方式来理解问题。

第 4 节 市场调研的应用

谈到市场调研的实际应用,笔者想以市场品牌的年度规划为例来介绍,这也是笔者近期的一些思考。

1)在市场营销规划中,市场洞察是第一步,即通过"五看"模型来明晰外部市场环境,以及自身业务发展现状。根据洞察结论进一步明确目标市场选择。

2)根据传播洞察框架,分析竞争对手的营销策略、行业营销的格局(媒体协会机构、行业会议平台)、目标受众、自身传播现状和与竞争对手的差距等,传播洞察结论将成为营销传播策略制定的决策支撑。

3)基于详细的市场洞察和传播洞察,进一步检视公司的品牌定位是否反映了自身的核心差异化价值,同时重新梳理品牌屋,为整个市场传播构建顶层策略。

4)依据洞察明确市场策略,在策略的指导下,进一步规划各类营销手段和工具的使用,再结合市场预算进行资源的配置和规划,形成整个市场规划的骨干结构。

在这个信息爆炸的时代,每个人都位于各自的"信息茧房"里,作为一个市场人,应该将市场调研的意识贯穿于日常工作中,让调研成为改善市场工作成效的指引。

To B 公关传播规划与管理

——徐晨

徐晨（网名"徐朝鲁"） 毕业于上海大学计算机专业。10年To B 数字化营销管理经验，曾服务于多家"专精特新"垂直赛道独角兽、准独角兽企业，现任上海某建筑科技软件公司CMO。擅长从0到1建设战略品牌，以及将品牌赋能于营销，打通市场营销、销售管理、客户成功三者间的路径关系，促进品牌资产与营销结果的双向增长。

第1节 明确公关的方向和目标

企业定位与特质

俗话说："知己知彼，百战不殆。"企业只有充分了解自己的特点和优势，才能找到最适合自己的公关之路。企业如人，每家企业都有自己的特质，特质有好有坏，市场人需要做的便是：提炼好的特质，通过公关行为让企业在行业内积累良好的口碑；尽量过滤不好的特质，让其传播度降到最低。

虽然说企业各有千秋，但逃不过如下几种。每一类企业都有一定的共性，我们可以将这些共性作为公关的起点。

1. 商务资源型

商务资源型 To B 企业的业务多以服务和解决方案为主，客户关系是企业发展的命脉，尤其是对大客户的定向公关。

因此，在公关方向上，这类企业应该建立"商务专家"的行业角色，通过宣传自己与各类资源之间的互动和合作，输出不同维度的行业解决方案。除此之外，时刻关心关键客户（Key Account，KA）的需求，保持定期的公关互动，让客户充分认可企业的"软实力"。在公关对象上，要聚焦客户的决策层，从上至下高举高打，品牌公关为主，营销公关为辅。

2. 技术研发型

随着近 10 年互联网创业的兴起，技术研发型企业深受资本的宠爱，工业制造、医疗健康、智慧城市等领域出现了许多优秀的智能软硬件厂商。而如今，虽然 C 端互联网已经进入下半场，但 To B 科技企业还是呈现平稳发展的趋势，毕竟企业数字化转型是整个商业社会的重要命题。

对于此类企业来说，研发能力和技术水平是核心驱动力，公关的核心工作是建立企业"技术专家"的对外形象，输出企业的研发进展及产品能力，不讲假大空的话，深入底层，见微知著。公关要让客户不仅对产品能力逐渐认可，还对企业的价值观和行事风格产生信赖。此类企业要聚焦客户的执行层，从下至上层层推进，营销公关为主，品牌公关为辅。

3. 综合平台型

这类企业的特点是大而全，有完整的产品和解决方案生态，既有商务资源，也有产品技术能力，往往在行业内处于头部位置。显然，品牌美誉度比知名度更重要，因此公关的方向是如何减少负面评价，提升美誉度。

所以要做好公关工作，首先格局要大，更多地站在行业视角而不是企业自身视角发声，要有发展行业就是发展企业的觉悟，要有带头赋能行业的决心，建立企业是"行业领袖"的市场认知。此外，要通过跨行业的联合横向布局以及产学研联动的纵向深入，加宽品牌发展的护城河。

企业规模和所处发展阶段

企业对于公关有两种误区：把大量的预算投到公关中，对公关抱有不切实际的幻想；认为公关就是"耍花招，假把式"，不愿投入钱和资源。

之所以有这样的误区，究其原因，是企业对当前的发展状况和公关投入之间的关系理解得不够清晰。明确公关在每个阶段能为企业带来的价值，有时可以达到"花小钱办大事"的效果。我们可以根据企业的规模和产值将企业的发展分为 4 个阶段，每个阶段企业公关的特点和方向都有所不同。

1. 初创期

这里的初创期指的是团队规模在 50 人以内，处于 A 轮融资前的企业，即微型企业。这类企业需要通过品牌公关建立自己在市场上的形象，良好的形象能给企业带来政府的扶持、资本的关注以及种子客户的欣赏。

对于 To B 企业来说，信任是驱动交易决策的关键，而品牌是产生信任的基础。初创期品牌公关的关键工作是"立设定，轻传播"。立设定就是做品牌定位，可以根据上文描述的企业特质定粗线条，然后再根据行业、产品等其他属性定细线条；轻传播指的是在这一阶段不要盲目宣传，追求内容的丰富性和形式的多样化，而应该集中精力做重点，把资源投到重点内容、重点活动中，这样才能凸显市场部的价值，做好业务的"辅助器"，持续影响企业全局，为后期的发展做铺垫。

2. 成长期

成长期企业规模为 50～300 人，融资阶段多处于 A 轮、B 轮，这类企业在市场上占大多数，我们姑且将其定义为小型企业。公关对于成长期的 To B 企业是非常重要的一件事情。这一阶段企业需要在行业内建立一定的知名度，向客户传递清晰的价值，逐步成长为行业的独角兽或准独角兽。

成长期 To B 企业公关的关键工作是"控节奏，讲效率"。所谓"控节奏"，指的是公关节奏要与企业成长步调一致，避免公关不足，谨防过度公关。所谓"讲效率"，指的是需要平衡营销和品牌之间的关系，重视公关转化，不能盲目追求声量而忽略了质量，简而言之也就是"品效合一"。这个词说起来容易做起来难，但太多企业要么在这一阶段倒下，要么一直半死不活。究其原因，除了产品、销售、人力资源这种显性的因素外，市场部往往没有发挥"节拍器"的隐性作用。

3. 成熟期

成熟期企业规模为 300～1000 人，融资阶段处于 C 轮及后续的 D、E、F、IPO 阶段。这个阶段企业已经初具规模，主营业务具有稳定的客户和收益，完成了从点到线的连接，接下来面临从线到面的扩张，国内市场覆盖及国外市场拓展都十分重要。除此之外，随着前期靠差异化实现的增长边际效益递减，与竞争对手之间的正面较量愈发明显，因此需要不同的公关策略来提升品牌知名度和美誉度。

这一阶段市场部发挥着"加速器"的作用，可以用"养口碑，全覆盖"两个关键词来形容。关注老客户的持续满意度，关注行业生态资源的联动价值，这样才能在业内牢牢占据一席之地，形成品牌护城河。

4. 稳定或衰退期

根据创投市场的统计，能走到稳定期的企业凤毛麟角。稳定期的企业面临的短期生存压力较小，企业需要通过公关在社会上树立良好的形象，全面开展行业生态的建设，开展与政府、高校间的战略合作。俗话说"树大招风"，随着企业的发展，负面舆论会逐渐增多，因此危机公关和舆情处理也同样重要。

当企业从成熟走向衰退的时候，"品牌孵化"往往是一个不错的选择，企业可以基于行业内的新兴业务打造子品牌，并围绕子品牌进行公关传播。与此同时，内外部公关通过一定力度的"品牌重塑"，不仅能维持企业的正面形象，还能为企业的二次业绩反弹提供舆论空间。

以上策略同样可以用"控风险，巧转型"两个关键词形容。公关在这一阶段起"稳定器"的作用，可以延长企业品牌的高光期，缩短低谷期，引导新一轮的增长期。

企业现有资源情况

企业可利用的公关资源分为内部资源和外部资源，内部资源包括人员和预算，外部资源包括政府类资源和企业类资源。通常来说，企业现有资源情况与前面所说的公司定位和发展阶段具有一致性。

1. 人员

人员资源经常会在公关计划中被忽略，但实际上这部分资源很重要。人员资源包括市场团队内人员的能力和分工，前端、后端横向部门的协同，来自CEO/CTO等高层的支持。所以在制订公关传播计划前，一定要对内部人员供给做出客观判断，避免计划不能落地或落地变形。

2. 预算

除了要人之外，要钱是每个市场负责人必须具备的技能。据笔者了解，许多市场部做预算的时候都会分成品牌公关和营销推广两大板块，这其实已经不能满足数字营销时代 To B 市场部的定位需要了。这样的预算方式也是导致领导削减品牌公关预算的直接原因。

市场部要逐渐从成本中心转型成利润中心。首先要具有利润中心的思维，把市场预算当成客户报价，让领导砍预算无从下手。这其实不是什么旁门左道，笔者一直坚持认为 To B 市场部工作的本质就是用品牌效应产生线索，再用线索成交反哺品牌。品牌是 To B 企业开展业务的基础，公关传播自然是一件必需品，而不是可有可无的。

当然，市场部在做这样的定位和决定（将品牌和营销归口在一起）之后，也要承担全年的结果输出，换句话说，公关效应要用业务指标去衡量。但这并不是说每一次公关行为都一定要产生足够数量的线索，而是全年、综合、整体地去看待 ROI，具体评估建议会在后面给出。

3. 政府类资源

政府类资源大致包括行业监管机构、协会、学会、高校等。一方面，政府类机构是稳定可靠的采购方，另一方面，政府类机构可以带来很好的品牌背书，所以此类资源是 To B 企业壮大路上必须触达的对象。与此类资源互动要明确目标，不可操之过急，抓对时机很重要，太早接触容易陷入"只开花不结果"的困局，太晚接触容易被竞争对手抢先，因此建议在成长期开始进行一些地域直属机构的简单公关拓展，成熟期再进行全面的战略合作布局。

每一类细分的政府资源都有自己的特点：企业前期很难触达行业监管机构，需要有一定的积累后才能与之建立信任关系，之后才能参与国标、地标、行标等一些顶层标准的制定，这些标准是非常好的对外公关素材；协会、学会是政府和企业间沟通的桥梁，企业要能够分辨协会和学会的级别、直属部门、会员组成、活跃度等，与协会、学会的合作方式以线下座谈会和线上沙龙为主；高校资源具有多维度的合作价值，无论是组织相关竞赛建立品牌影响力，还是通过与研究院进行合作研发、共创实验室以加大技术深度，都值得长期投入。

4. 企业类资源

企业类资源大致包含创投机构、头部企业、咨询机构、同业上下游企业等。俗话说"多个朋友多条路",企业也一样,与其自己"王婆卖瓜",不如借力发声,企业类资源往往能起到这样的作用。

随着越来越多的资本注入 To B 市场,创投机构的价值也越来越大。尤其对于初创期企业来说,要充分利用孵化器、加速器、创业营等资源,积极通过其媒体促进对自己的公关报道,从而获得早期客户和后续资本的关注。

另外,无论是微软、亚马逊、腾讯等科技巨头,还是垂直行业内的头部企业,都会建立自己的生态链条。中小企业可以通过入驻在线商城、参与技术比赛等方式加入其生态合作计划,从而加强客户的品牌信任。

成长期和成熟期的企业需要通过高质量的咨询机构证明自己的价值。例如,Gartner、IDC 等的专业报告,KPMG、PWC 等机构的榜单,都可以作为长期公关素材。

与同业上下游企业的公关联动具有很高的性价比,比如互补产品劣势,整合统一的解决方案。这样既能满足甲方完整的业务场景需求,又能降低公关成本,还能形成小型联盟,推进与政府的合作,可谓"一石三鸟"。

更为重要的是,在公关资源的拓展维系过程中,市场部需要逐渐建立一个"以自我为中心的多级资源圈层"。"以自我为中心"指的是在公关行为上要依托企业品牌的核心策略,避免出现"资源在哪我去哪"的情况。"多级资源圈层"是指根据资源影响力、匹配度、密切度等多个维度对资源进行定级评分。对于多数企业来说,将资源分为 3 个等级即可,然后针对不同等级采取不同的公关策略,例如:针对 1 级资源,可以采用官微转载、活动赞助等公关手段;对于 3 级资源,则可进行生态共建、战略合作等重要公关动作。

案例分析

《孙子兵法》有云:"先胜而后求战。"完整合理的公关计划背后是对企业品牌营销的思考和洞察。当然,实际工作中面临的因素远比以上复杂,如竞争对手的公关行为、目标客户的特点、企业 CEO 的性格、横向部门的意见等。但掌握了以上 4 个维度的分析,至少能保证计划的大方向不跑偏。下面举例说明。

案例 1　某成长期 B 轮技术型企业，内部资源较充足，外部资源较少，应该如何确定公关方向及目标？

1）积极调动内部产研资源，输出技术内容，通过深度内容建立行业内的技术影响力，打造"技术专家"形象，从而建立客户对品牌的信任。

2）在品牌信任的基础上，通过线上研讨会等形式进一步传递产品或服务价值，孵化销售线索，促进销售团队的业务目标达成。

案例 2　某初创期商务资源型企业，内部资源较少，外部资源充足，应该如何确定公关方向及目标？

1）与外部资源进行低频高质量的公关互动，定期开展针对客户决策层的高端沙龙。

2）在触达关键客户后，开发解决方案以满足客户的潜在需求，与外部资源联动推进业务落地。

公关工作可以总结为 8 个字：**始于品牌，终于营销**。通过品牌公关建立信任，通过营销公关产生合作，如此反复，万事可成。

第 2 节　制订全面的公关计划

第 1 节将公关和企业战略联系在一起，原因是"公关无小事"，公关负责人需要有为业务负责、为企业发展负责的战略意识，因此需要全面客观地明确公关方向和目标。

有了目标和方向后，还需要基于对当下公司内外部公关环境的判断，收集与分析信息，这是公关工作的第一步。

计划前信息收集

没有这一步动作行不行？答案是不行。不进行具体的信息分析，盲目进行公关工作，很可能导致无效甚至大量资源的浪费。影响公关工作开展进程及效果的因素可以分为两类：外部行业趋势和内部发展计划。

收集外部行业趋势是为了借势，收集内部发展计划是为了造势，因势利导，事半功倍。

1. 外部行业趋势

因为已经落到了计划层面，所以不需要根据 PEST 模型做宏观分析，只需要抓住大、中、小3个维度的趋势关键点。"大"是行业监管、主管部门的政策标准及投融资机构的动态风向；"中"是行业内头部企业及竞品的动作；"小"是目标客户的采购趋势、资金状况。除此之外，还要保持对重要社会性因素的敏感度。

（1）大趋势紧跟

大趋势是决定公关传播计划核心口径的关键，放在C端称为"追热点"，但与C端的热点高频不同，To B的核心热点需要按年度甚至多年度计算。如5G、云计算、大数据这类长周期热点，以及元宇宙、云原生、双碳这类热门赛道。在保持企业价值体系不变的情况下，公关口径随着市场热点适度调整是非常必要的，否则就容易被弯道超车。

以VR/AR赛道为例。2016年沉浸式需求刚刚兴起，To B企业大多以VR/AR解决方案为卖点直接传播；到了2020年，工业数字孪生概念兴起，部分企业着重强调数字孪生的价值；2021—2022年，元宇宙概念兴起后，少数企业开始将此概念融入公关传播的核心口径中，"工业元宇宙""企业元宇宙"等概念层出不穷。

笔者不建议企业盲目地根据行业热点更换公关口径，但当热点持续不断，并持续一年以上时就可以称之为趋势了，趋势是一定要紧跟的。

（2）中趋势关注

中趋势是决定公关效果的重要因素，但容易被忽略。试想一下，当企业明确了方向，继而确定了核心公关口径后，却发现与行业头部或竞品产生了直接冲突，那么最终取得的效果显然不会是最佳的。我们不一定要寻找差异化，只需要在计划前关注与分析行业头部及竞争对手的宣传动向，尽量将"新品发布""年度峰会"等核心公关时间设置在竞品之前，抢占市场先机。如果是非重大公关事件，那么做到"人无我有，人有我优"即可。

（3）小趋势渗透

小趋势抓得好往往能提高公关的投入产出比，因此值得重视。每个行业都有自己的淡季和旺季，每个行业的客户都有自己的采购周期，要给客户留足从公关到采购的时间。假设某To B行业客户的采购时间多为第三季度，那么将重点公关事件全部排在第四季度就不合适了，而应该在第二季度布局品牌公关，到了第三季度以营销公关为主。当然真实的客户情况往往比较复杂，包括关键客户的差异化公关时间，这就要求公关负责人渗透到业务层，在制订公关传播计划前与销售进行深度沟通。

2. 内部发展计划

内部发展计划指的是企业总体 OKR 年度目标中与公关传播相关的事项，可以分成重点事项和次重点事项两级。通常来说，品牌级别的计划可以列为重点事项，如开展新的业务线、设置新的分公司、进行新一轮融资、进行企业级战略合作等。产研和营销级别的事项可以列为次重点事项，如新品发布、研发突破、关键客户签约等。

内部发展计划是年度第一版公关计划的重要组成部分，通过内部发展计划可以提前了解企业的年度动向，提前匹配合适的公关场景（如第三方行业活动），更好地保持公关内容和公关场景的一致性。

计划中表格制作

经过了漫长的洞察、沟通、调研、思考，终于来到正式的计划制表环节。整体计划由公关计划表（Excel）+ 公关规范及方案（Word 及 PPT）组成，两者相辅相成，既能从整体出发管理公关进度，又能从节点切入指导公关落地。

1. 公关计划表

（1）年度计划表

年度计划表的主体框架是时间轴和事件轴。时间轴按季度和月度展开，每月至少标记一项外部行业趋势；事件轴可以分为计划内、计划外，也可以细分为品牌级事件、产品级事件、正面事件、负面事件，并将已经对齐的内部发展计划中的事件按优先级进行排列。

年度计划表的内容可以用甘特图形式填充，根据当前情况将公关事件标记为未启动、进行中、已完成、延期/取消 4 个状态。

年度计划表的最后一列附有对应方案及规范名称（见图 11-1），可以添加文件链接以方便直接调用。一般来说，日常公关需要建立公关规范文档，重点公关事件需要提前准备传播策划方案。

从内容填充角度来说，年度计划表需要保证以下 3 点。

1）内部公关事件和外部热点尽量对应，如"战略/生态合作公关"事件与"行业热点"对应，"产品/解决方案/案例"公关节点与"行业采购旺季"关联。

2）单一公关事件尽量以月度为单位，除年度峰会等大型公关事件

2023年度公关计划

属性	类别	热点事件（内部/外部）	Q1-1	Q1-2	Q1-3	Q2-4	Q2-5	Q2-6	Q3-7	Q3-8	Q3-9	Q4-10	Q4-11	Q4-12	对应方案及规范
	月度		元旦	春节	政策热点1	行业热点1	社会热点1	爆品热点1		行业采购旺季		政策热点2	行业热点2	社会热点2	
计划内	品牌规划事件	投融资获取							融资PR						投融资PR规范
		重点荣誉获取					荣誉PR							荣誉PR	荣誉PR规范
		战略合作/生态合作				合作PR							合作PR		战略合作PR方案
		白皮书/行业报告			报告PR							报告PR			白皮书PR方案
		社会公益					社会公益							社会公益PR	社会公益PR规范
	产品规划事件	新产品发布	年初发布PR						年中发布PR						新品发布PR方案
		解决方案发布				解决方案PR		解决方案PR			解决方案PR				解决方案PR方案
		KA签约类									案例PR				KA签约PR方案
		研发/专利						研发/专利					研发/专利		研发/专利PR方案
计划外	正面事件	事件一	事件一												媒急公关规范
		事件二				事件二									
		事件三							事件三						
	负面事件	事件一		事件一											
		事件二				事件二									
		事件三							事件三						

| 未启动 | 进行中 | 已完成 | 延期/取消 |

图11-1 年度计划表格式参考

外，尽量避免跨月管理，保证计划的清晰性及落地的高效性。

3）不要把公关计划排得过于紧张，因为计划外事件是不可控的，在时间资源方面需要留有余量。一般来说，保证每月有一个重点/次重点公关事件即可，最多不超过两个。

所以，表格只是计划的表面，优秀的公关负责人需要准确把控企业内部事件与外部热点之间的关系，并具备高效的执行能力，保证每一项公关的落地。

年度计划表主要用来管理公关事件的排期及规范，无法管理具体工作分工和协作。而且，表格中体现更多的是年度重点/次重点公关事件，日常公关行为动作需要颗粒度更细的表格——季度计划表进行管理。

（2）季度计划表

季度计划表的主体框架同样是时间轴和事件轴，不同的是将每个公关事件进行了任务拆分并分配给对应的执行人。在时间维度，细化到周，让每一项公关事件的前、中、后期都能完整直观地体现。

如图 11-2 所示，年度计划样表中第一季度的公关工作根据重要等级进行了排列，包括重点事件、次重点事件、日常事件和突发事件。以重点事件"行业白皮书发布"为例，包括白皮书制作、线上发布会、自媒体宣传、第三方媒体传播、微信群运营 5 个环节，对应产品市场、活动经理、内容经理、私域运营 4 个岗位。整个组织需要完成白皮书制作、物料设计、预热、嘉宾邀约、直播、群运营、新闻稿、直播回放、资料发送、复盘等多项工作。

同样，季度计划表中也加入了甘特图对进度进行管理，加入了与 PR 策划方案对应的链接。除此之外，季度计划表中还新增了日常事件部分，这些工作都可以根据实际情况分配到每周的工作当中，其中包括：运营官网、官微、知乎、领英等自媒体；管理第三方媒体资源；参与展会、论坛、研讨会等第三方市场活动；制作网站落地页、统计流量、站外发稿、关键词上新等 SEM/SEO 工作；对 EDM、微信群私域、SDR、平面设计等环节的支持。

总结下来，季度公关计划表需要注意以下两点。

1）公关事项需要与年度计划保持对齐，同增同减。

2）需要平衡重点、次重点公关事件和日常公关事件之间的关系，尤其是人员的分配。

第一季度公关计划

等级	事件	工作	执行人	Jan. 1	Jan. 2	Jan. 3	Jan. 4&5	Feb. 1	Feb. 2	Feb. 3	Feb. 4&5	Mar. 1&2	Mar. 3	Mar. 4	Mar. 5	月	周
重点事件1	行业白皮书发布	白皮书制作	产品市场				白皮书制作（联合外部专家）									白皮书PR方案	
		线上发布会	活动经理														
		自媒体宣传	内容经理														
		第三方媒体传播	内容经理														
		微信群运营	私域运营														
次重点事件1	新产品发布	产品宣传资料包	产品市场	产品手册制作								物料设计	媒体邀约	直播	复盘	新品发布PR方案	
		线下发布会	活动经理		议程&场地	媒体邀约	名录装备					预热	媒计时	新闻稿	直播回放		
		自媒体宣传	内容经理			预热宣传	新闻稿					预热	预热	新闻稿	资料发送		
日常事件	内容营销	内容制作&传播	内容经理										群运营			内容营销表	
	市场活动	线上&线下活动	活动经理		第三方展会1					行业论坛1			联办研讨会1			市场活动表	
	搜索引擎	SEM&SEO	数字营销					官网/微信/知乎/微博等自媒体运营、第三方媒体资源管理								搜索引擎数据表	
	其他	……	……					公关支持（黑热页面制作、流量统计、落外发稿、关键词上新）								……	
正面事件		扩大宣传	市场负责人							公关支持（EDM/SDR/私域/平面设计……）						紧急公关规范	
突发事件1		危机处理	市场负责人														
未启动	进行中	已完成	逾期/未完成															

图11-2 第一季度计划表格式参考

年度计划表与季度计划表配合使用，能分层次地解决 To B 企业公关管理问题。年度计划向上对齐，季度计划向下管理，时刻保持市场部门与公司动作的一致性。

2. 公关规范和方案

在公关计划表可管可控的基础上，还需要进行公关规范的设定和方案开发。

公关规范可以分成通用规范和事件规范两部分。通用规范包含品牌视觉使用规范、品牌与产品名称露出规范、新媒体传播规范（评论、转载等）、活动邀约规范、平面设计规范、定向公关规范等。公关负责人可以根据实际情况自行设置，但要尽量与企业的发展阶段保持同步，如早期企业规范不宜过于复杂，只针对重点事项提出要求即可。

除了常规公关规范外，大型公关事件需要定制化的公关方案。方案中除了包含公关事件前、中、后期的工作外，还需具有创意性、可行性，明确投入产出比，方便沟通和汇报。

当有了公关计划表以及公关规范与方案后，制表的工作也就基本完成了，但计划没有变化快。我们在做计划的过程中也不难发现，距离当前时间越近的事件和热点越容易确定，相应的计划也就越准确；相反，距离当前时间较远的公关事件和热点以预测为主，会存在很多不确定性。因此，为了让计划更加可靠，我们需要定期更新表格和方案，这是公关管理非常重要的部分。笔者建议以月度为单位进行表格更新，也就是每月进行一次版本迭代，增加市场热点，调整事件的先后顺序，让热点与事件保持动态平衡。

计划后部门协同

很多时候来自内部的协同是 To B 公关成功的关键。与 To C 通过广告或者发布会就可以打动消费者不同，To B 的客户可能因为市场的公关宣传被吸引，但最终成交是靠产品及销售人员的个人素养。因此，To B 企业上至 CEO，下至每一个基础岗位人员都是公关的最小单元，每一个个体都代表着整体的品牌形象。

当然，实际落地过程中我们很难要求每一个岗位都完整参与公关过程，但基础的内部资源支持、协同能力是需要养成的，这就要靠市场、品牌部门整体统筹。总结成一句话：**与 CEO 达成战略一致，与后端产研达成内容一致，与前端销售达成传播一致。**

1. CEO 协同

有经验的 To B 市场人都知道，对于公关这件事，CEO 认可了就意味着成功 80% 了。而让 CEO 认可的方法就是在计划阶段与 CEO 达成战略一致，而不是等到公关执行后再去征求 CEO 的反馈，要知道有因才有果。

向 CEO 汇报要"讲洞察，说重点"，要讲计划表上没有的部分，也就是第 1 节介绍的公关方向和目标，讲出自己的判断，让 CEO 了解你是站在公司而不是部门层面思考问题的。另外，要针对重点公关事件进行汇报，说明投入的资源和预期达成的效果，大事达成一致了，其他小事也就不存在问题了。

当然，协同是双向的，协同的目的也是希望从 CEO 处得到新的反馈和支持。把经过讨论的意见整理到计划当中，到此为止，可以说公关计划已经基本敲定。

2. 后端产研协同

To B 公关是专业发声而不是虚假包装，而产研是专业的原点。品牌故事、产品描述、技术优势、客户价值这些 To B 公关最基础的内容应该来源于产研与市场的双向共创。即使有些市场部门配备了 PMM 这样的岗位，也不能替代这样的内部沟通机制。这种反复的沟通迭代便是市场部修炼内功的过程。很多时候我们把品牌公关工作做得不好归结于表达问题，实际并非如此，归根到底还是底子不扎实。

所以跟产研部门沟通的逻辑是"讲配合，提需求"，列出公关计划中需要支持的具体事项，梳理出需求清单。当然，产研部门并没有配合市场部门的义务，所以清单的尺度要拿捏得当，态度也要摆端正，这样才能实现强强联手。

3. 前端销售协同

To B 公关传播有两个出口——市场出口和销售出口。市场出口是全面覆盖，销售出口是精准打击，而后者往往容易在公关环节被忽略。无论台面上说得多好，一旦销售环节出现价值传递不一致的情况，就会让客户产生"挂羊头卖狗肉"的感觉,直接影响业务和口碑。

因此,与销售部协同的关键词是"讲价值,量线索"。为什么要这样包装内容?为什么要做这次公关活动?为什么要和这家企业达成战略合作?……让销售对公关的目标有基础认知,进而共同评估从公关到线索转化的逻辑,量化线索。

也可以从销售处收集更真实的来自一线客户的反馈,进而对公关方案进行优化。

To B 公关传播需要有较为严谨的计划,完整的计划分为计划前信息收集、计划中表格制作、计划后部门协同 3 个阶段。

1)信息收集的目标是获取相对准确的外部市场趋势及内部发展计划,并尽量在两者之间找到相关性,既造势又借势。

2)表格制作以年度、季度公关计划表为主,两者配合使用既可向上对齐,又可向下管理。计划制作以公关规范与方案为辅,保障计划落地的质量和 ROI。

3)部门协同的目的是达成企业内年度公关行为的一致性,保证后端产研配合充分、前端销售传递统一及 CEO 认可计划。

与其他工作计划一样,以上动作建议在每个自然年的 12 月初启动,到下一年的元旦前收尾,接下来便是年度计划落地与执行了。

第 3 节 推动公关计划的落地

公关事件

公关事件是计划中最基础的单元。To B 公关负责人不仅需要战略思维,更需要对细节进行掌控,让公关传播有声量更有质量。

根据公关事件的目标和特性不同,公关可以粗略分为营销型公关、品牌型公关两种。这两种公关类型还可以再次细分,如品牌型公关还可以分为社交型公关、公益型公关、宣传型公关等,这些概念就不在这里展开了。虽然从整体来看品牌和营销是一件事,但拆分到每一个公关事件上,落地的措施是不同的。

1. 营销型公关

营销型公关以获取销售线索为核心导向,面向的对象主要是目标客户，通过多种形式的公关传播，引导客户留资。其中公关事件包括产品、解决方案、案例、技术干货、白皮书和行业报告。

（1）产品公关

产品公关包括新产品发布和老产品更新，不同重要程度会有不同的公关力度。产品公关的目标主要分为两部分——潜在客户的关注及已成交客户的复购，市场端的公关动作主要针对前者。

无论是工业类产品、软件产品还是服务型产品，打造良好的产品口碑都不是一件容易的事。公关能做的是在产品核心功能的基础上通过文字、设计、视频等形式提升可见性、独特性，以求对客户更友好。

在确定产品包装过关的基础上，可以着手产品 GTM 的推进。新产品发布可以放在客户采购期前，可以召开产品发布会，邀请高质量的老客户到场分享，邀请专业机构站台背书，与行业垂直媒体付费合作进行公关分发。老产品更新可以提炼更新要点，以海报、短视频等形式通过自媒体和社群进行传播。

产品体验的留资入口需要灵活设置，可根据产品特性和客户特点提供免费试用、预约交流、资料下载、限时购买、业务诊断等不同的切入点。在线上线下场景曝光，尤其是第三方媒体的报道中，一定要有留资入口，避免雷声大雨点小。

（2）解决方案公关

几乎每个 To B 企业的公关内容中都会提到"解决方案"这四个字。但据笔者观察，大多数企业的解决方案写得并不好，甚至很多企业是为了有解决方案而硬凑的。

其实，解决方案是对产品的强力补充，其本质是解决单一产品无法解决的问题。这与国内 To B 市场产业驱动的采购方式有关，大型客户的招标采购通常按照集成的方式整体发包，标准化产品很多时候无法应标，因此需要集合多款产品，甚至联合上下游共同落地。

因此解决方案一定是行业化和场景化的，包含产品并高于产品（比产品更为深入），所以解决方案的公关传播要有高垂直度。

另外，解决方案的公关传播面向的群体以关键客户为主，因此公关动作不在于广而在于精，线下的研讨会、座谈会等公关形式比较适合，因为这样既能产生实质的业务推进，又能收集客户反馈，对解决方案进行迭代优化。

（3）案例公关

如果说 To B 企业只能选择保留一个公关事件，那一定会选案例宣传。公关的目标是提高品牌的影响力，是获取销售线索，而成功案例是最好的素材。

案例有多种公关方法，如 LOGO 墙、签约海报、案例拆解、线下样板间、案例合集、案例分享会等。公关方法虽然不同，但导向相同，那就是让同类型客户产生共鸣，加强品牌信任度，增强内部和外部所有关注者的业务信心。

相比产品和解决方案，案例公关需要更加谨慎，必须了解商务合同中是否存在保密条款，若有则需要仔细研究保密条款的约束条件。如有必要，须征得客户同意，切勿先斩后奏，给企业带来不必要的麻烦。在案例公关的整体内容中，不要出现损害客户利益的言辞，如有照片和视频素材，需注意版权归属问题。

案例的重要等级应该从两个维度考量，一是客户品牌的知名度，二是产品及服务的深度。两者皆占则是标杆案例，两者占一是重点案例，值得进行公关传播。

案例公关的最优解是让客户发声，让客户变成企业和其他客户之间的互动桥梁。客户为企业做证言，企业也为客户做宣传。如客户购买某软件系统实现业务数字化升级，对企业来说是重要案例，对采购人来说是工作业绩。也就是说，案例公关的本质是客户成功，在案例公关这一点上，市场部要和销售、客户成功形成密切的合作机制，尽最大可能打通成交—服务—共创—复购的闭环。

（4）技术干货公关

技术干货公关是高科技 To B 企业的必备撒手锏，是证明企业技术优势的最佳方法，也是未来 To B 公关的趋势所在。专业客户的关注重点一直在此，所以我们大可不必担心写得太干货客户看不懂，而应该关心如何保证持续高质量的干货产出。技术干货的难点从来不是传播，而是内容制作。

通常来说，技术干货的生产需要产研支持。如果是行业洞察级别的技术干货，需要 CTO 或产品线负责人供稿；如果是研发技术型的碎片内容，可以设置内部激励机制邀请内部工程师进行输出。前一种内容对于品牌的专业背书影响更大，可以做成线上研讨会的形式，邀请业内大咖共同探讨；后一种内容胜在高频稳定，适合根据技术体系整理成在线公开课进行传播。

未来企业间的竞争是高新技术的竞争，企业不仅要建立技术优势，还要建立公关优势，打造内部技术专家 IP，这对获取客户和吸引人才有巨大帮助。

（5）白皮书和行业报告公关

可以把白皮书和行业报告理解为最高级别的技术干货。白皮书和行业报告稍有不同：白皮书的内容体系更加全面，有问题有解决方案；行业报告以数据收集、分析为主，客观展示行业趋势和痛点，不一定有解决方案。二者的共同点是需要严谨，且制作周期较长，是很好的客户触达和留资工具。

企业发布的白皮书有 3 种类型：第一类是产品级别的，企业根据产品或服务定位自行编制发布，可用于日常公关；第二类是品牌级别的，企业联合上下游企业、机构共同编写，联合发布，深度解决行业内的某一类痛点问题，可用于次重点公关；第三类是行业级别的，多由政府或科研机构（如信通院）牵头，邀请核心企业参编，可用于重点公关。

相对白皮书来说，行业报告的优点是可读性更强，受众更广。大多数行业的头部媒体每年都会进行行业报告的开发，艾媒、前瞻等专业机构也会定期更新行业报告。To B 企业不用把大量精力投入到深度的行业报告开发中，"简易版"的行业研究是值得重点关注的。简易版报告即对国际行业趋势进行收录与整理，阐述企业对趋势的理解，最后辅以产品、解决方案及相关案例。我们可以将其理解为年营销软文＋行业动态的升级版，可以根据企业内部资源情况以月度或季度为单位发布，以扩大营销公关的顶层漏斗，获取潜在客户资源。

2. 品牌型公关

品牌型公关以品牌影响力为核心导向，品牌影响力包含品牌知名度、关注度、美誉度等指标，面向的群体除客户外，还有政府、行业内上下游企业、投资机构及员工。

品牌型公关不是不能产生线索，而是我们不用从获取线索的角度去考虑问题，避免营销短视。随着 To B 企业规模的增大，公关的方向也会从营销型向品牌型不断靠拢，因为客户对品牌、产品的了解和信任足以打消其采购疑虑,且公域流量带来的增长边际效应明显下降,业务流程中的线索环节也就没有那么重要了。

常见的品牌型公关事件包括投融资、荣誉、创始人访谈、节假日、战略合作、社会责任等。

(1) 投融资公关

融资是针对中小企业来说的,对于大型集团来说是投资或并购,无论投资还是融资,都标志着企业或业务发展进入一个新的阶段。

投融资公关传播要正式、客观,公关稿件的格式基本固定,以融资事件简介 + 企业介绍(产品特性、市场空间、投后目标等) + 投资人观点的格式呈现。首发平台以 36 氪为主,后续在企业自媒体、投资机构媒体及各新闻渠道宣发。

(2) 荣誉公关

荣誉是公关事件里的重头戏。荣誉的来源主要有 5 种——比赛获奖、榜单入围、活动评选、机构评定和客户认可。

1) 比赛获奖是指企业在创业比赛、项目比赛中拿到名次,这能相对客观地体现企业的真实水平。是否进行公关传播要根据比赛级别来定,国际级、国家级比赛只要获奖就可以宣传,省市级二、三等奖就需要斟酌了。

2) 榜单入围是企业通过报名、筛选后,入选专业咨询机构或行业垂直媒体颁布的年度、赛道企业榜单。榜单的特点是会与同业及竞品同框出镜,免不了被企业内外部拿来比较,如果别人有自己没有就会很尴尬。所以榜单这件事能报则报,重点榜单报名后及时跟进,避免因为沟通问题影响收录和排名。至于是否宣发,也要根据榜单重量级和名次进行判断。

3) 活动评选是企业参加第三方展会、论坛获取的奖项,如最佳成果奖、最佳方案奖。这类荣誉的含金量较低,除行业头部峰会外,拿来单独宣传的价值不大,可以连同活动新闻稿一并传播。

4) 机构评定是指协会联盟、大企业生态、研究院、实验室等第三方颁发的荣誉,这种荣誉的含金量高低不一,可将奖项作为线索来进行宣传,让颁奖机构为企业背书。

5) 客户认可是因为某个项目的成功或获得年度供应商认可而取得的荣誉,可能是奖杯、证书,也可能是表扬信或公开发文。从业务角度来说，标杆客户的推荐和认可可以影响同类型客户的决策，因此可以将这类荣誉作为线索进行项目复盘，打造标杆案例。

不是每个荣誉都需要在获取后第一时间进行公关传播，对于权重不高的荣誉可以每半年或全年制作荣誉合集，集中输出。

（3）创始人访谈公关

创始人（CEO/CTO 等）访谈大多由第三方媒体或者机构发起，市场部门配合完成，内容由第三方首发，企业授权后转载。

创始人访谈是个人 IP 打造的一部分，对于在 To B 领域打造个人 IP 这件事，笔者并不推荐，因为这件事不仅费时费力，而且对增长和品牌的贡献非常有限，所以把专访当成企业价值观的公关输出即可，不必大动干戈。

（4）节假日公关

节假日是少有的可以活跃氛围的节点。节假日公关最常见的方式就是朋友圈海报，每当节假日都会迎来"海报设计大赛"。

为了保证设计输出的质量，不建议用网站上的模板做设计，因为这样做出来的海报不但同质化严重还有侵权风险；也不建议跟风所有节假日，每年精挑细选 3~5 个节日即可，比如传统节日或行业内特有的节日（如程序员节、建筑日等）。海报文案要积极向上，有 IP 的企业可以将 IP 作为核心元素进行海报设计，做到这些也就足够了。

当然，为重要客户和合伙伙伴定制节日礼物这件事是一定要做的，To B 生意的本质是人与人之间的关系，关系要靠情感维系。

（5）战略合作公关

战略合作的目的是强强联手，既是业务的联手也是公关的联动，这是品牌型公关的重头戏。

战略合作公关包括签约仪式和后续报道。签约仪式可以借某行业峰会的环节或分论坛进行，优点是流量大，缺点是不聚焦；也可由合作方自行组织，进行嘉宾、KOL、媒体邀约，优点是主题明确，缺点是成本较高。后续报道需着重强调双方合作的原因及合作价值，展望合作后的进一步动作。

（6）社会责任公关

社会责任是大型企业品牌型公关的一部分，当企业成长到一定阶段时，需要从关注行业转向关注社会，为社会公益贡献力量。

社会责任公关应该更多从人文视角表达，不要有为了提升企业品牌的美誉度而承担社会责任的想法。"适度宣传，客观描述，把社会责任当成一种习惯"是社会责任公关的原则。

公关形式

本小节介绍常用的 To B 公关形式——内容和活动，其他诸如搜索引擎投放、电子邮件等辅助手段这里就不展开说明了。在每个重要的公关事件中，都需要配合使用多种公关手段。

1. 内容公关

内容是一切公关形式的基础，其种类包括新闻稿、海报、长图、漫画、视频等。内容是有生命的，内容的生命是由品牌性格赋予的；内容如人，字里行间可以流露出企业的气质。内容本身没有高低贵贱之分，精致或粗糙只能代表不同的风格，但内容气质如果与品牌特质不符，那就说明出问题了。

（1）新闻稿

新闻稿的特征是简明和时效性强。如果是官微推送的简讯，字数应控制在 300 以内；如果考虑到搜索引擎抓取习惯，字数在 800 左右即可。事件发生当日和次日是最优推送窗口，最多不超过 3 天。

标题是新闻稿的灵魂，需要突出主题和重点，语句通顺。对于案例、干货等后续要整理成合集的内容，可在标题中设置前缀标签，方便后续分类。

除了标题外，内容主体也需要有所侧重，而不是千篇一律采用平铺直叙的方式。如参展新闻稿，看似区别不大，实际暗藏玄机。在撰稿前应先分析展会的特点和优势，如果是知名度很高的国际展会，内容主体要重点交代展会背景；如果展台质量高，则应以展位高清大图为主；如果是联合参展，则可突出与组织方的伙伴关系及自身的解决方案优势；如有演讲环节，可重点阐述演讲干货并附下载资料。

文章配图对于内容质量影响很大，因此图片信息要与新闻稿内容吻合，避免为了分割而强行配图。实拍图要保证像素质量，最好具有企业品牌标记（如 LOGO 或品牌色嵌入），画面要干净，风格要统一；网图尽量不用或少用，若是用就一定要注意版权问题。

关于新闻稿的更多内容请参阅第 16 章。

（2）长图、海报、漫画

为了更好地实现可视化效果，让公关传播更加便利，就需要丰富内容的样式了，于是设计类内容被更广泛采用。设计类内容包括海报、长图、漫画等。

海报的使用频率最高，如节假日、产品更新、活动预热等。可以通过辅助图形和品牌色的使用体现品牌的独特性，保证留资入口清晰明确。

长图的功能性最佳，可以用于政策解读（一图看懂×××）、产品及解决方案介绍、年度大事记等。

动漫的趣味性最强，是一种可以出圈的内容类型，比较适合做技术内容的趣味化科普。当然动漫对设计师的要求更高，需要设计师具有手绘基础和一定的场景化创意能力。

（3）视频

相比于图文内容，视频的表现能力更强，在 To B 公关中有时候视频比图文的效果更好。视频要尽量高清拍摄，封面格式统一，配音一致。

长视频适合公开课录制、直播回放等较大的内容，单集时长控制在 10min 左右；短视频适合案例、活动等高频内容，时长控制在 1.5min 左右。

视频有两个缺点，一是不方便客户留资，二是相对图文来说不够正式。因此不要把全部的精力放到视频内容上，应将视频定义成图文内容的补充，更新周期应是图文内容更新周期的 2~3 倍长。

2. 活动公关

To B 市场部每年举办或参与的市场活动少则十几场，多则几十场。To B 企业既可以通过大型活动提高影响力，又可以通过小型活动促进交易。活动的种类包括展会、峰会和论坛、沙龙、研讨会等，每一类活动的公关目标和重点都不同。

（1）展会

在数字化技术还没有如此流行的时候，展会可以说是 To B 企业最重要的公关及获客渠道，每家企业都会精心设计展台，动辄几十万元的投入。随着近几年线上营销渠道的发展，展会变成一件很鸡肋的事，很多时候一个省级展会的主展区只有几家上市龙头企业在支撑，中小企业要么干脆放弃，要么选择标展做做样子。那么，展会公关做还是不做？应该怎么做？这要通过如下几个方面来综合考虑。

1）**行业**：数字化程度高的行业可以优先选择其他公关形式，数字化程度低且相对传统的 To B 行业还是要予以关注。

2）**类型**：进口博览会等国际型展会毫无疑问应该参加；行业垂直型展会是否参加需要看投入产出比，以名单获取量、客户关注数为核心要素进行评估；综合型展会往往有名无实，优先放弃。

3）**目的**：如果是以营销型公关为主的中小企业，可以放弃参展，大型展会派市场或销售人员参观交流即可；如果是以品牌型公关为主的大中型企业，面子工程还是要做的，该花的钱还是要花的。

确定参展后，参展团队以市场人员为主，以销售人员为辅，以品牌型公关为主，以营销型公关为辅。

（2）峰会和论坛

比起展会的颓势，峰会（300 人以上）和论坛虽然近几年也受了些影响，如规模限制、嘉宾无法到场等，但整体来说热度不减。峰会和论坛对于企业来说可选择的玩法有很多，如自办、联办、协办、参与演讲、品牌赞助等。

1）自办峰会和论坛对品牌型公关的价值最高但难度较大，涉及资金、嘉宾资源、政府支持等因素，适合成熟期企业选择。自办峰会和论坛的核心是命名和主题，命名可以往大了取，主题往细了定，这样既有名又有实。

2）处于成长期的企业可通过资源共享形成小型联盟，联盟内联合举办峰会和论坛，也可以与政府合作举办峰会和论坛。通常 2~4 家企业比较合适，且实力最强的企业要有良好的组织协同能力，通过各市场部门形成的项目组推动峰会和论坛的落地。

3）如果公关内容较多且不想与同级别公司合作，可作为协办单位承办某知名论坛的分论坛。这种方式的优点是不用花精力找场地、做推广，可以借用大会的东风和流量；缺点是非主办和联办，品牌效应低一些。但总体来说是利大于弊的，很适合产品、解决方案发布等公关活动。

4）参与演讲或品牌赞助是参与活动的最普遍的方式。这种方式前期耗费精力最小，又能实现现场稳定的品牌曝光。赞助的关键是峰会和论坛的选择。市场上有许多滥竽充数的"会贩子"，所以要擦亮眼睛，尽量选择熟悉的会议赞助，第一次赞助可以浅尝辄止，通过小预算试水。

综合来看，还是要为峰会和论坛划出固定预算，能自办就自办，不能自办就联办、协办，最后是赞助。与展会目标一样，依然是品牌型公关为主，营销型公关为辅。

（3）沙龙

沙龙是小型公关活动的泛称，包括交流会、答谢会等。小型公关活动的特点是私密性高，价值传递更深入，场地要求低，更易于组织和开展。

在所有的活动中，沙龙是唯一能够促进公关转化的形式，无论是大企业还是小企业，都应该将其视为数字化营销策略中的关键环节。

首先，需要给沙龙取一个贯穿始终的名称，可以参考行业特性、企业品牌等为其命名；其次，需要设定沙龙的主题、议程、规模、地点等关键要素；最后，需要进行嘉宾名单的拟定和邀约。

沙龙的邀约对象应该是精心挑选的，沙龙人数在30左右最佳，设置3个左右的分享人，可以是企业内部专家、行业KOL和客户，从产品角度、行业角度、客户角度进行干货分享。活动后赠送伴手礼，重点嘉宾安排公关晚宴。

标准公关沙龙每年可在全国组织8~12场，以一线、二线城市为主，中小型企业由市场部门组织，成熟企业可以由分公司或事业部负责人安排落地。显然，沙龙以营销型公关为主，以品牌型公关为辅。

（4）研讨会

研讨会相对于沙龙来说范围更小，形式更灵活，以线上为主，线下以8~12人为佳。可以针对热点、趋势、技术进行讨论，参会嘉宾分享自己的观点，可以准备相关资料进行展示，最终形成结论。

研讨会可以和公关事件中的技术干货、行业报告、白皮书等内容结合，内容参编方和感兴趣的专业人员可以提前报名，届时分享，引导客户进行关键资料下载。

不得不说，以上所有活动都呈线上化的趋势，如云展览、云展会、元宇宙论坛、线上发布会、线上沙龙、在线研讨会等，技术为公关传播带来了便利，也在不知不觉中降低了传播的深度，希望公关活动可以更多回归线下，走近客户。

公关渠道

如果把公关比喻成画圆形，那么公关事件是圆心，公关形式是周长，公关渠道就是半径。圆心是固定的，半径越大，周长越大。To B 公关渠道主要有两类：一类是以官网为核心的搜索渠道，是被动的；一类是以微信公众号为核心的媒体渠道，包括自媒体和第三方媒体，是主动的。所以对于 To B 企业来说，打造好超级官网 + 超级官微，公关传播就成功一大半了。

1. 超级官网

"超级"这个词其实有些故弄玄虚，但 80% 的 To B 企业的官网的确有升级空间，无论是文案、设计，还是功能逻辑。企业官网最大的问题就是同质化严重。

当下高端网站似乎有一个统一的风格，首页用高清视频作为 Banner，然后设计各种滑动交互，每页都有 CTA 引导下载。视觉上很炫，但不一定符合自己品牌的特质并且很难让观众静下心来看内容。

在这方面，笔者觉得应该以文字 + 图标的设计为主，VI 规范贯穿全局，重点页面配高清图，但图片不抢文字的风头。整个官网在循序渐进地给客户讲有关产品和企业的故事，在内容量上做减法，非重点的内容可以通过进一步下载资料的方式传递给客户。超级官网可用如下公式表示。

超级官网 = 顶级域名 + 高品牌识别度 + 高内容传递效率 + 低维护成本

关于官网的更多内容请参阅第 22 章。

2. 超级官微

超级官微 = 微信公众号（订阅号或服务号）+ 视频号 + 企业微信个人号，这是 To B 私域的经典组合。

超级官微是企业的媒体中心，要把控内容的层次和质感。层次指的是内容的丰富程度，深浅结合，井然有序；质感是单一内容的质量，包括封面、标题、头图、文字排版、底部导航、视频质量等。

超级官微是一套组合拳，典型的客户路径是：看到朋友圈内容→关注公众号→持续关注内容→参与视频号直播→添加企业微信个人号→持续关注内容→有需求主动沟通。除了客户之外，行业伙伴也会通过官微推送的不同内容了解企业品牌、产品和解决方案。

所以官微应该尽量保持三不发：一不发转载的行业新闻，二不发企业团建等内部活动，三不发重复的营销软文。超级官微要么是品牌导向的，要么是营销导向的，尽量不要留有中间环节。

3. 其他自媒体

其他自媒体包括知乎、百家、头条、抖音、B站等，这些对于大多数To B企业来说都不是重点公关渠道。如果资源充足，可精细化运营；如果资源有限，同步官网和官微的内容即可。如果企业要开展国际化业务，领英是一个不错的媒体渠道。

4. 第三方媒体

第三方媒体是公关传播的放大器，它包括官媒、行业垂直媒体、创投类媒体、专业科技媒体等。

官媒的报道难度较大，通常只有参与政府机构组织的活动，或在关键客户的重点项目中作为支持方露出才有可能被报道。官媒的报道记录可以留存，作为日后的公关素材。

行业垂直媒体对业务的促进效果最好。行业垂直媒体可以分为行业门户、社区论坛、新媒体、资源社群等。除了定期与行业媒体合作发稿外，还可以与其联办市场活动，增加活动的曝光量。

创投类媒体包括创业邦、投中网、投资界等。参加媒体发布的榜单评选和其他曝光合作，可以帮助企业品牌出圈，跨行业传播，并且提升品牌的创新属性。

专业科技媒体有36氪、甲子光年等。企业可与专业科技媒体的分析师在报告方面进行深度合作，以扩大产品、价值观在赛道内的影响力，占据舆论的制高点。

To B公关计划落地有3个要素——公关事件、公关形式和公关渠道。可以看到，无论计划做得多么宏大，落地时面对的都是细枝末节，这就是To B公关的特点。确定了大的目标和方向，然后就一直走在细枝末节的路上，不像C端投广告或做流量那么随性。

为了方便理解，笔者将本节提到的事件、形式和渠道的对应关系整理成了表，如表11-1所示。此表中给出的组合只是粗略建议，具体可以结合行业和企业特点进行调整。

表 11-1　事件、形式、渠道对照表参考

公关形式		公关事件											
		营销型公关							品牌型公关				
		产品	解决方案	案例	技术干货	白皮书	行业报告	投融资	荣誉	创始人访谈	节假日	战略合作	社会责任
内容	新闻稿	√	√	√	√	√	√	√	√	√		√	√
	长图、海报、漫画	√	√		√	√	√	√			√	√	
	视频	√											√
活动（线上/线下）	展会	√				√			√	√			√
	峰会和论坛	√	√	√	√	√						√	
	沙龙	√	√	√	√				√			√	
	研讨会		√		√	√	√						
公关渠道		官网、全媒体	官网、全媒体	官网、全媒体	官网、自媒体、行业垂直、专业媒体	官网、自媒体、行业垂直媒体、专业科技媒体	官网、自媒体、行业垂直媒体、专业科技媒体	官网、自媒体、行业垂直、创投类媒体、专业科技媒体	官网、自媒体、行业垂直媒体、专业科技媒体	官网、自媒体、行业垂直媒体、专业科技媒体	自媒体	官网、自媒体、行业垂直媒体、专业科技媒体	官网、自媒体、行业垂直媒体

第 4 节　评估公关的价值

如果说做洞察费脑、做计划费神、做执行费心，那评估公关价值可谓费脑、费神又费心。在传统 To B 企业公关评估体系中，往往会产生两种极端：第一种是不评估，划出固定公关预算，把全年该参加的活动都参加了，该发的内容发完，不出差错即可；第二种是要绩效，做一次公关要一次数据，不仅要求虚荣指标，还要求转化指标。

第一种评估方式会导致公关人员丢失业务思维，在市场上升阶段尚可，遇到市场下行，公关的预算被压缩后就无法开展工作了。第二种评估方式会导致公关人员丢失品牌意识，陷入营销短视，在市场上行期抓不住公关风口。很明显，这两种评估方式下的公关都是不可持续的。

随着近十年市场营销数字化理论和技术的完善，公关和推广之间的边界早已没有那么清晰了，所以对于大多数 To B 企业的市场部门来说，大可不用咬文嚼字区分"公关""推广""营销"等的关系。所以我们需要建立一个"To B 公关转换漏斗"来从整体上评估公关的价值，"To B 公关转换漏斗"总共有 7 层，从上至下每一层如下。

1）内部认可度（CEO 认可度，内部评价）。

2）品牌曝光度（内容在各媒体的阅读量，活动覆盖的观众数量，官网 UV）。

3）品牌关注度（新增粉丝数，官网咨询量，外部媒体主动曝光量）。

4）品牌信任度（内容下载量，持续点赞转发量，投资人和客户正反馈，资源合作情况）。

5）线索增长量（留资，400 咨询，POC）。

6）业绩增长量（市场线索成交占总营收的比例）。

7）品牌美誉度（客户复购转介绍，新一轮投资，政府合作）。

以上 7 层漏斗从品牌出发，评估指标逐级深入，先落实到业务，再到客户成功反哺品牌。从声量到质量再到声量，正所谓"品牌是营销的起点，也是营销的终点"。

在实际应用过程中，可以将此漏斗缩减为 5 层或者 4 层，只要大方向是对的，将公关行为与公司业务增长紧密结合，并且得到领导的认同，评估指标等细节完全可以酌情设定。

在团队内部管理上，OKR 指标要与漏斗中的指标对齐，整个团队一起朝着驱动增长的方向努力。

如果让笔者用一个字道出 To B 公关的核心，那就是"度"，比如企业发展的进度、市场趋势的热度、投入产出的尺度和客户对公关的敏感度。少则公关不足，品牌影响力上不去；多则公关过度，线索成本下不来。公关负责人的工作核心就是掌握这个"度"，随时做好调整公关程度的准备，进可攻退可守，维护品牌和营销之间的动态平衡。

12

市场舆情监测和管理

——唐艳

唐艳 识微科技副总经理，拥有9年舆情行业从业经验，为蒙牛、拼多多、三只松鼠等1000余家企业提供过舆情监测方案。致力于为企业提供专业的舆情建议及解决方案，熟悉互联网、食品、电商、医疗等行业的舆情危机痛点。

第1节 企业负面舆情频发的原因

企业品牌的建立可能需要几年甚至几十年的持续打磨，但是它的倒塌也许就在一瞬间，比如因为一次小的舆情危机。所以，企业非常有必要了解负面舆情频发的原因并"对症下药"。

外部原因

外部原因主要包括如下几个方面。

1）**政策法规变动**。政策关乎企业的发展方向，而法规决定了企业合法规范经营的边界，任何一项政策法规的变动都会对涉及的整个产业链产生巨大的影响。随着行业的发展，对应的政策法规也会不断完善，尤其是一些新兴产业，前期的野蛮生长会带来许多问题，后期自然会被重点整治，以促进产业规范有序发展。企业只有走上正确的价值轨道，在法律的框架之下、在道德的底线之上才能长久运行。

2）**舆论环境的变化**。互联网与移动互联网时代的来临，舆情传播也变得无远弗届，信息传播更快速、影响更大、影响范围更广。人人都可以成为自媒体，人人都可以评价，信息真伪难辨，全媒体的发展对政府与企业的运作造成的影响颇为严重。

3）**产业竞争加剧**。有市场就有竞争，尤其是商场上向来奉行胜者为王。为了击败对手，可能出现一些恶性竞争、恶意炒作的现象。尤其是在互联网时代，部分互联网企业有了充分的资本积累、用户积累、数据积累后，会通过并购、投资或直接开设新业务等方式进入新赛道，这为其他产业带来不少冲击甚至是破坏。

4）**灾难和突发事件**。灾难通常会造成人员伤亡、财产损失等严重后果，是公众关注的焦点。灾难信息在传播中，某些细节可能会被公众放大。若研判不准、处置不力，将使灾难与负面舆论相互叠加，甚至被一些别有用心的群体利用，引发舆情危机，扩大灾难事件的影响。这非常考验政府和企业应对重大的不可抗力事件的能力。

内部原因

内部原因主要包括如下几个方面。

1）**企业是否合规**。为规范企业的运营管理，近年来国家对企业主体的监管愈发密集，约谈、入驻调查、处罚、下架、通报等行政指导动作不断，深度也在不断加大，为企业划底线，设红灯。

2）**产品和服务是否达标**。产品与服务问题是企业的主要危机来源，比如安全故障问题、无法正常使用、造假、抄袭等。因此，企业产品和服务安全是危机管理的关键底线。

3）**内部管理是否得当**。企业的价值观本质上就是企业如何看待自身和利益相关者之间的关系的问题。虽然大多数企业的价值观表述是利他的，但在实际行动中更多是利己的。一旦过度利己或在重大问题上与公众利益相悖，就会引发危机。企业在员工管理、产品设计、生产与营销的过程中，若对当地的文化风俗、价值观、圈层文化等缺乏了解，很容易出现可能引发品牌价值坍塌的危机。

对企业的影响

企业负面舆情对企业的影响主要体现在如下两个方面。

1）**损害品牌声誉**。负面舆情不管大小，都有可能危及企业的声誉和品牌形象。一旦失去了用户信任，企业就很难获得更好的发展。良好的品牌形象和公众的赞誉需要长期积累，特别是在销售产品和服务过程中，品牌"滤镜"对消费决策有很大的影响。

2）**影响销售业绩**。企业一旦发生负面舆情，借助互联网等媒介，相关的负面舆情信息会被传递给广大消费者。受此影响，一些消费者很可能长时间不购买其产品和服务，这必然会对企业的业绩产生影响，损害企业的经济利益。

第 2 节　舆情传播的底层逻辑

负面危机传播的规律主要遵从舆情传播的规律，危机的传播和扩散遵循传播学的理论特征。

1. 传播要素

传播要素是任何一次完整的传播活动都必须包含的因素，这些因素相互作用、不断变化，构成了传播过程。传播过程通常被认为是由 6 个基本要素组成的，如图 12-1 所示。

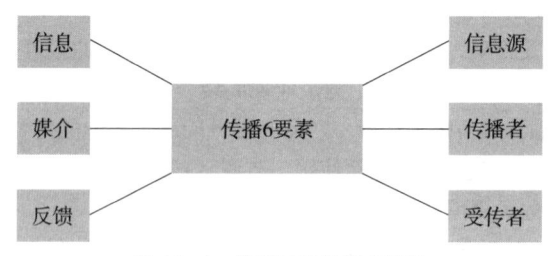

图 12-1　传播过程的组成要素

2. 传播渠道

舆情传播主要集中在社交网络、新闻网站及新闻客户端，包括视频及短视频平台、微博、微信、小红书、脉脉、论坛、数字报、博客、自媒体平台等。不同的传播渠道会涉及不同的信息源、传受双方（即传播者和受传者）与发展节点。

在各种网络传播渠道中，信息传播的"发展节点"主要表现为"事件聚集和舆论领袖"，再结合"对象、主题与发帖类型"等内容因素，可以得到这样的结论：舆论信息主要通过类型化的事件进行聚集，并有可能通过舆论领袖放大与再度聚集。

网络事件的传播路径主要受制于议题本身的属性，如果一个议题足够引爆整个网络，那么无论其在什么信息节点传出都会最终影响整个网络。传播路径不是网络事件是否能被引爆的决定因素，议题本身的属性才是。

不同传播渠道的特点如表 12-1 所示。

表 12-1　不同传播渠道的特点

传播渠道	传受双方	信息源	发展节点
网站新闻跟帖（公开、单向）	不平等，互动性弱，事件聚集的临时关系	主要在受方，信息源单一、较权威	事件聚集
论坛（公开、双向）	平等，互动性强，事件聚集的临时关系、论坛的品牌聚集关系	多元、多样、信息驳杂	事件聚集
兴趣小组（封闭、双向）	平等，互动性强，兴趣聚集关系	多元、多样	事件聚集
社交化群组（封闭、双向）	平等，互动性强，强社会关系（朋友、亲属、同事等）	多元、多样	事件聚集 意见领袖
微博（公开、多向）	平等，互动性强，强社会关系与弱社交关系相结合	多元、多样	事件聚集 舆论领袖
知乎（公开、双向）	平等，互动性一般，事件聚集的临时关系	多元、多样	舆论领袖 事件的思考与讨论
视频（公开、单向）	不平等，互动性弱，事件聚集的临时关系，视频的品牌聚集关系	多元、多样	事件聚集

3. 舆情在不同时期的主要特征

1）**潜伏期**——**风险潜伏、舆情发端**。当事件刚刚发生时，因网络信息分布零散,浏览量非常有限,没有引起公众的关注和讨论。

2)**形成期**——舆情发酵、放大、沸腾,谣言四起。事件发生后,在某些影响因素的作用下,网民与该事件产生共鸣和反应,并通过点赞、评论、转载、跟帖等行为表达自己的态度、情绪和观点。

3)**波动期**——舆论狂欢、舆论兼并、舆论合围、舆论突围、舆论反转、舆论对峙、舆论对决、舆论高潮、舆论定调、舆论反弹、舆情转移。在这一阶段,网民的心理开始发生重大变化,很多人开始跟风,滋生大量网络谣言。网民的参与数量也开始呈指数级增长,发言的欲望也更加强烈。

4)**消退期**——舆论退潮、舆情回潮、舆论定格、舆论固化、舆论得失。在该阶段事件已经得到解决或真相已公开,公众对该事件的关注逐渐减少,不再发表意见。如果没有新的话题刺激,舆论会就此消退,影响的范围不会再扩大,强度也不会再增强。

4. 舆情传播的 5 个趋势

1)**几何裂变**。在信息化时代,舆情传播渠道更为丰富,便捷性、互动性、即时性、自发性强。舆情传播呈几何式裂变,影响范围广且影响大。

2)**聚合分化**。在舆情传播过程中,呈现出网格化、动态化、全方位、综合性、立体式等现象,个体的聚合、群体的分化特征凸显。

3)**泛娱乐化**。由于互联网的匿名性、隐蔽性,再加上媒体为了提升点击率和阅读量,常常会迎合网民喜好,使得舆情传播指向明确,泛娱乐化传播特性明显。

4)**利益相关**。在舆情传播过程中,网民利益选择性明显,对于非自身相关、非兴趣点、价值观不在同一频率的舆情信息会选择性忽视。

5)**渠道差异**。不同的传播渠道体现出不同的信息源、传受双方与发展节点,这决定了舆论传播的总体情况。

第 3 节　4 类常见的负面舆情

很多负面舆情的发生、发酵与舆情意识欠缺和做法不当密切相关。了解企业常见的负面舆情危机类型,做好事先的排雷工作,可帮助企业提高感知危机的能力，从而提前做出应对。

1. 意识形态风险

不同国家和地区在政治体制、市场环境、经济环境、法律环境、风俗习惯、自然环境等方面存在差异，企业要进行跨国或跨地区市场拓展时，面临高级别舆情风险的概率会更大。若对进入国家和地区的主要风险识别、分析得不全面和不透彻，舆情风险应对措施不得力，将给企业的市场开拓造成阻碍。

2. 经营战略风险

转型求生存是企业的发展常态，故步自封就要落后挨打。只有在经营战略上高瞻远瞩，才有可能在激烈的市场竞争中站稳脚跟。但企业若随大流追风口，盲目借鉴他人的经验，忽视夯实核心业务的根基，跨领域进行大规模扩张，可能"落地成盒"，造成难以弥补的损失。

3. 生产服务风险

企业在生产、销售和使用环节，出现的负面舆情与社会民生议题直接相关时，易引发公众的恐慌和焦虑，成为企业舆情风险的引爆点。媒体、消费者、员工、利益相关方、网络大V等都可能成为点燃企业负面舆情的"火星子"。

国内微信、抖音、快手等平台突破了传统媒体时代的"专业主义壁垒"，成为曝光企业舆情风险的重点渠道，全民监督的氛围愈发浓郁。

对于大型企业而言，做好常态化的舆情监测工作以及公关风险预案至关重要。而从行业本身来说，加强企业自律、强化产品质量控制，牢牢守住企业安全红线，才是企业长久发展的立足之本。

4. 黑公关风险

黑公关本着"得人钱财，与人消灾"的理念，在网站和当事企业、个人之间充当"掮客"角色。而隐藏其后的则是一条由推手、枪手、水军组成的邪恶链路，且已走向规模化、专业化、产业化。该群体专门为一些利益集团或个人争夺话语权，利用网络，通过发帖评论等方式歪曲事实，捏造假新闻来诋毁竞争对手，推动舆情持续发酵，损害企业或个体的名誉，以此来谋取不法利益。

网络"黑公关"具有隐蔽性强、深度取证难、控制难度大、维权成本高、传播速度快、影响范围大、实施主体分散、损失难以估算等特点。企业必须加强舆情监测，及时获取最新的舆情动态，建立应对黑公关的完整流程，为各项工作的开展提供科学依据。

另外，如果企业面临不实谣言，是很难通过自证清白来获得外界认可的。这时，借助辟谣信息传播源的力量是很好的选择，因为传播源具有较高的权威性和专业性，受众也会给予更高信任。企业可邀请专业的第三方机构、专业 KOL、权威媒体甚至官方主管部门等进行辟谣。但这种方法主要对低信息介入度的人群起作用，对高信息介入度的人群影响不大。通常，高信息介入度人群具有处理相关专业信息的能力，所以他们更依赖信息内容，而非信息源。因此，企业不能过度"迷信"信息源的力量，产生一劳永逸的错误想法。

其实，在不少地方都有网信办设立的辟谣平台，企业可以在上面进行在线举报、发布辟谣等操作，这些平台具有较高的权威性，对大众的说服力更强。表 12-2 所示是部分辟谣平台及其相关信息，大家可以根据地域、行业、谣言性质等自主选择。

表 12-2 辟谣平台

辟谣平台	说明
网络辟谣曝光台	主办：中央网信办 承办：新华网 地址：https://www.piyao.org.cn/
中国食品辟谣网	承办：新华网・中国食品辟谣联盟 地址：http://wwwl.xinhuanet.com/food/sppy/
科学辟谣	主办：中国科协、中国科普网 地址：https://piyao.kepuchina.cn/
北京地区网站联合辟谣平台	主要承办媒体：千龙网 地址：http://py.qianlong.com/
上海网络辟谣平台	主要承办媒体：解放日报・上观新闻 地址：https://piyao.jfdaily.com/
浙江媒体网站联合辟谣平台	主要承办媒体：浙江在线 地址：https://py.zjol.com.cn/
甘肃地区联合辟谣平台	主要承办媒体：中国甘肃网 地址：http://www.gspiyao.com.cn/

(续)

辟谣平台	说明
四川辟谣频道	主要承办媒体：四川在线 地址：https://piyao.scol.com.cn/
山西互联网联合辟谣平台	主要承办媒体：黄河新闻网 地址：https://www.sxgov.cn/node_304505.htm
安徽网络辟谣平台	主要承办媒体：中安在线 地址：http://ah.anhuinews.com/py/
河北网络辟谣平台	主要承办媒体：河北新闻 地址：https://piyao.hebnews.cn/
福建互联网辟谣平台	主要承办媒体：东南网 地址：http://py.fjsen.com/
湖北省举报辟谣打谣平台	主要承办媒体：荆楚网 地址：http://py.cnhubei.com/
山东互联网联合辟谣平台	主办：山东省互联网违法和不良信息举报中心 地址：http://www.sdjubao.cn/portal/py/index.html
河南省网络辟谣平台	主要承办媒体：大河网 地址：https://piyao.henanjubao.com/
江西省新媒体联合辟谣平台	主办：江西省新媒体协会 主要承办媒体：大江网 地址：https://www.jxcn.cn/jbzx/pypd/

第4节 企业如何做好舆情管理

企业在社会中发展，形成社会关系，不可避免会出现一些舆情危机，所以建立危机管理机制是必要的。

如何有效防范负面舆情

公关危机随时都有可能发生，快速发现相关舆情尤为重要。根据《数字化2021：中国》，中国在2021年就已经有了9.31亿社交媒体用户。而社交媒体允许每个人发表意见或评论，这就意味着，危机将会在企业没有拥有和掌控的渠道上发生。公关团队可能还未注意到危机的发生，危机就已经开始发酵、升级并影响到企业声誉了。

1. 源头防控为主，建立危机防范意识

来自大环境的负面舆情是企业无法掌控的，而来自内部的负面舆情

是企业可以尽量规避的。所以企业先要练好"内功",合法、合规经营,始终保持过硬的产品品质,建立全面的服务体系,铲除负面及有害信息滋生的土壤,防患于未然。

要培养企业员工的舆情忧患意识,尤其是管理者首先就要具备强烈的危机意识,把舆情危机管理工作落到实处,并为应对舆情危机做好组织、人员、措施、经费上的准备。

2. 建立舆情预警与监测机制

舆情信息的防控工作重在先知先觉、提前预警,企业需要及时了解大众对公司或产品的评价。品牌公关或者舆情工作人员应该对一些敏感的舆情信息保持高警惕性和高敏锐性,发现后第一时间上报,防止负面舆情发酵、升级。

当下新媒体发展迅速,负面舆情可能来自任何平台,可能是微博、小红书、短视频等。如何快速获取舆情信息,尤其是敏感信息,是舆情工作的一个难题。简单、直接的解决方案是使用识微商情之类专业的互联网舆情监测与分析工具,获取与企业品牌相关的全网公开信息,对重点舆情信息进行预警。

3. 建立舆情研判与分析机制

面对纷杂、真假难辨的信息,企业需要借助大数据进行定位抓取,对相关舆情信息进行甄别,研判舆情风险,再决定如何开展后续舆情应对工作。

研判舆情风险是甄选、辨别舆情信息的必要步骤,也是舆情应对的关键环节。研判舆情需要根据多重因素和各项数据,初步判定舆情发展趋势,为舆情应对提供参考方向和具体建议,具体步骤如图12-2所示。

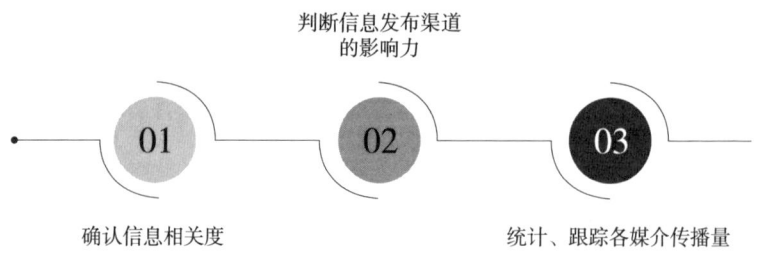

01 确认信息相关度　　02 判断信息发布渠道的影响力　　03 统计、跟踪各媒介传播量

图 12-2　研判舆情的步骤

4. 建立舆情管理与应对机制

1）定期或不定期开展网络舆情风险排查工作，进行舆情危机演练。

2）落实负责部门和责任人，完善舆情风险报告和风险处置流程，做到当舆情事件即将爆发时，及时、主动、快速发现并应对，力争把舆情风险控制在萌芽状态。

3）建立系统的舆情风险化解机制，尤其要学会抓住舆情风险源头，消除误会，化解矛盾，尽量降低影响和损失。

4）建立舆情风险整改机制，总结经验教训，为以后的潜在和未知的危机事件处理提供借鉴和参考。

舆情监测团队的搭建和工作职责

1. 舆情监测团队的架构

一支完整的企业舆情监测团队，通常由总体负责的主管及负责舆情报送、舆情分析的两个小组构成。在上市公司中，一般由董事长及董事长秘书分任舆情监测团队的主管、副主管，由品牌部承担舆情报送工作，公关部承担舆情分析工作，如图 12-3 所示。舆情监测团队的规模根据企业规模和具体工作量而定，一般为 2~7 人。

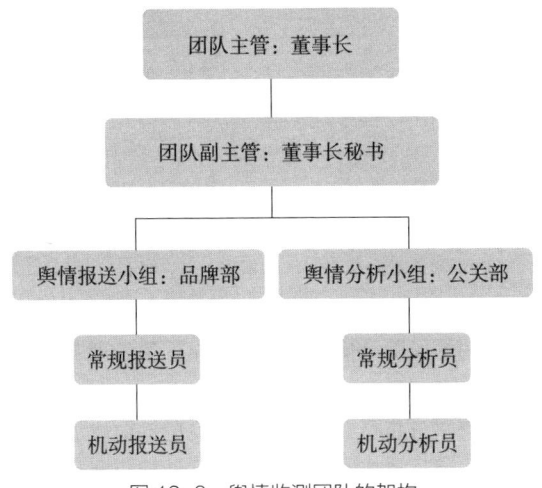

图 12-3 舆情监测团队的架构

舆情报送小组和分析小组的工作职责,均可划分为常规、机动两大部分。

常规报送员需每日进行企业舆情巡检,并负责负面舆情预警、舆情态势报告等工作;同时,在舆情危机爆发时,保持对舆情的动态追踪与汇报。机动报送员则需配合企业动向,灵活地为新近活动、项目、需求提供针对性的舆情监测,并整理、记录相关数据和内容。

常规分析员需依据企业需求,定期对企业舆情态势进行分析,并形成日报、周报或月报等;在突发负面舆情危机时,配合舆情报送员,针对当前舆情形成分析报告与处置意见。机动分析员则需配合企业动向,在重要活动、项目推出前,对方案进行舆情风险评估和提醒;在重要事项开展后,配合活动反馈进行舆情分析,并整理成报告交给相关团队复盘。

2. 舆情监测团队的工作内容

舆情监测团队的工作内容如图 12-4 所示。

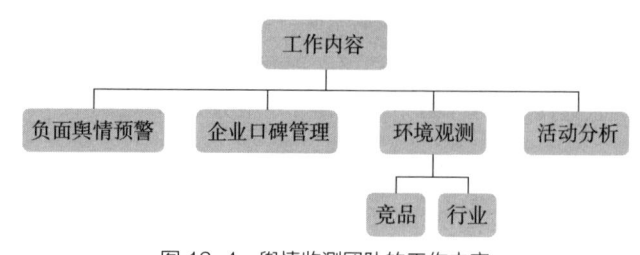

图 12-4　舆情监测团队的工作内容

(1) 负面舆情预警

舆情监测团队需巡查互联网上与企业相关的所有信息,巡查范围包括社交媒体、新闻客户端、网站、视频平台、微信公众号、论坛等,及时捕捉其中的负面信息,并对照企业舆情风险等级研判标准进行分类,一旦发现需处置的强风险舆情,快速传递至上级经理、公关部、涉事部门等,帮助占据决策时间和行动的先机。

在预警后,舆情分析员针对强风险信息的动向形成报告。报告需包括舆情传播情况、演化态势、舆情影响力、敏感程度、方向预测、重点表达分析、情绪倾向、应对建议等,为处置方案的形成提供决策支撑。

（2）企业口碑管理

舆情监测团队需对互联网上与企业相关的信息进行量化，依据网络热度、情绪占比等要素，综合评定企业口碑的变化情况，并通过风险提示及优化建议，帮助企业保持或提升美誉度。

在具体工作中，团队可定期绘制企业口碑画像，解构每个影响因子在塑造和定义企业形象时所扮演的角色，以及造成的结果。同时，依此整理出导致口碑威胁的风险事项、业务，对相关团队、部门进行提示；提示的同时需附上反馈报告，就具体的舆情分析结果，圈出重点表达项，并提出优化建议。

（3）环境观测

舆情监测团队需围绕企业，借助舆情表达对外部环境进行观测，帮助企业规避风险、把握机会，这可从竞品、行业两大方向落实。

1）**竞品**。首先，团队需持续关注竞品的最新动向及舆情态势，当出现显著波动或变化时，及时探寻波动原因，并对相关项目组进行预警，可跟进、学习正面项，或规避、排查负面项。其次，团队需依公司需求，定期对竞品与自身进行对比分析。从品牌声量、口碑情况、平台布局、消费者具体表达等方面，衡量出企业在产品评价、宣传布局、市场占有率、品类更新等要素上的优劣势，并寻找出具体的可增长点、优化点，为公司的发展决策提供参考。

2）**行业**。对于行业观测，团队一方面应跟进最新的行业及上下游的政策、动态；另一方面，可从大众舆论入手，进行消费者意向调查、潮流趋势捕捉等工作，帮助企业把握市场先机，提高行业竞争力。

（4）活动分析

舆情监测部门应机动性地配合企业重要活动的开展，比如新品上市、营销活动、公关宣传等，预先评估方案风险，对舆情风险进行提醒，并修改或优化相关策略。活动上线后，配合项目组对市场反响、评价等进行整理与分析，形成舆情报告以供复盘使用。

在发生高层变动、经营变动、融资、投资、行政处罚公布、IPO等重大事件时，舆情监测团队应重点关注新闻媒体的报道、解读，警惕不良舆论的出现。此外，要协助公关部对舆情进行正向引导，稳定投资者情绪与投资风向。

3. 舆情监测团队的工作流程

图 12-5 所示是舆情监测团队的工作流程。

下面对图 12-5 所示的内容进行简单说明。

1）在日常工作中，先由舆情报送员对企业相关的网络信息进行收集与分类，其中包括各大社媒客户端、网站等外部公开渠道和企业自媒体发声渠道收到的反馈，并对消息进行过滤与分类，重点关注其中的负面风险信息。

2）在收到负面信息的初筛结果后，舆情报送员需根据企业的舆情风险等级研判标准进行研判，核查信息威胁性。若无强风险舆情信息，便依据日巡表将相关情况记录在册，交给审核团队的经理进行审核、汇报、复盘。

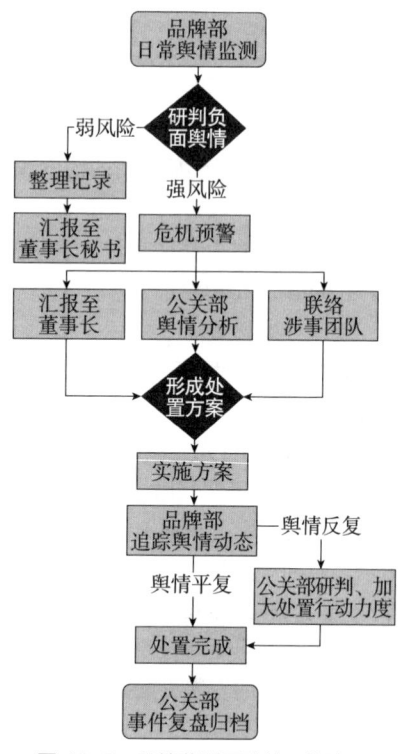

图 12-5　舆情监测团队的工作流程

若发现需处置的强风险舆情，则快速传递至上级经理、公关部及其他涉事部门，通知其事件调查与应对事项的准备。同时，联系舆情分析员对事件舆情态势做出分析报告，研判处置建议与禁忌，提交至公关部帮助形成处置方案。

3）对于舆情分析报告，除要梳理传播链外，还要梳理当前的舆情热度情况，分析传播趋势，分析情感，分析话题，明确媒体类型和分布属地，确定热门网站，确定热门文章，分析热词，确定信息类型。这些工作可以为公关部回应重点、禁忌、回应节奏、渠道、形式、确定合作媒体、投放资源等提供参考。

在处置方案确定并实施时，舆情报送员需保持对相关动态的实时监测，警惕次生舆情的产生。若处置生效，舆情良好平复，则完成当前阶段的舆情应对工作。若发现舆情有复燃之势，则需要马上跟进研判，与分析员共同协助公关部加大行动力度，直至事件平息。

4. 舆情监测表格模板

具有不同业务和结构的企业对舆情监测的需求不同，因此在日常的巡检工作中，企业可依据自身的实际情况制定专属的表格模板。图12-6~图12-8是根据不同的侧重点提供的3种导向型日巡表模板。

企业舆情监测日巡表				
时间	平台	信源身份	负面类别（附原文链接）	风险等级
报送人：		报送时间：		审查人：

图12-6　负面预警导向型模板

企业舆情监测日巡表				
平台类别	新增信息总量	负面信息量	企业口碑总体水平	待优化要点提示及通传部门
社交平台				
新闻平台				
视频平台				
微信公众号				
论坛				
问答平台				
监管网站				
招聘平台				
……				
报送人：		报送时间：		审查人：

图12-7　口碑评估导向型模板

企业舆情监测日巡表				
监测对象	负面信息内容（附原文链接）	风险等级	对接部门	处置建议
企业				
品牌一				
品牌二				
品牌三				
高管				
项目一				
项目二				
……				
报送人：	报送时间：		审查人：	

图 12-8　舆情处置导向型模板

如何准确识别有害舆情

并不是所有的负面评论都会造成公关危机，让品牌声誉受损。专业的公关人员会根据舆情对企业或品牌的影响程度来评估、分类危机的严重程度。提前评估危机等级，可以帮助企业更好地进行危机管理，以免造成资源浪费。

1. 低敏舆情

低敏舆情指不需要公关人员立即采取任何行动的舆情，如某个竞争对手遭遇公关危机，但不一定会影响到我们企业的正常经营。但是，同处一个行业，竞品的舆情也有可能会以某种方式影响到我们的业务。

2. 一般舆情

一般舆情指可能出现破坏消费者对企业或品牌的信任，影响企业销售等情况的舆情，比如在几百条正面评论中夹杂着几条负面评论。对于此类情况，公关人员应该给予一定的重视，但不必召集公关危机团队进行集中处理。

3. 重大舆情

重大舆情指该危机将对企业的声誉和收入产生重大影响，公关响应团队必须马上有所行动。

重大危机类型包括产品质量问题、被监管部门处罚、财务危机等。若想快速解决此类公关危机，最好是在公众和媒体发现并且大范围传播之前就开始采取行动。

如何分析舆情数据

互联网时代，信息数据复杂、数量庞大且传播形式和渠道多样，如何快速收集海量数据并进行归纳分析，成为舆情工作的难题。

1. 如何收集舆情数据

收集舆情数据的方式一般有两种：一种是人工收集，即手动去一些搜索引擎和社交平台上，输入企业相关的关键词，看到相关的信息便复制下来用 Excel 表格记录并整理；另一种是借助专业的舆情监测系统来做这件事。

因为人工采集数据比较费时费力，所以大部分企业都会选择使用舆情监测系统去做网络信息收集工作。舆情监测系统基本能收集到所有主流新闻媒体、社交媒体、视频网站或 App、博客、论坛等的公开信息。舆情监测系统一般会对收集到的数据做基本的分类和梳理，不同的项目对应不同的分析方向。

通过关键词来设定监测主题时，一般从品牌声誉、营销活动、竞争对手、行业动态、具体事件等方面进行监测。

关键词设置建议如下。

- ❏ 品牌声誉：公司、品牌、产品的名称、产品的简称。
- ❏ 营销活动：活动主题。
- ❏ 竞争对手：竞争对手的公司、品牌、产品的名称、产品的简称。
- ❏ 行业动态：业务相关的术语，如做口红的公司可以监测"化妆""唇彩"。
- ❏ 具体事件：事件主体、发生了什么。

设置好监测主题之后，即可获得互联网上所有符合设定的公开信息。

2. 如何有效地分析舆情数据

打开舆情监测系统的主题分析面板，可以看到系统提供的分析项目，每个项目已经归纳并整理了对应的数据结果。主题下显示分析时段的内容,通过该功能可以按监测时间跨度、平台、信息类型对数据进行筛选。

下面详细介绍舆情监测系统所涉及的各个分析项目是做什么的,以及数据结果如何解读(部分图表为系统图,以识微商情舆情监测系统数据为例)。

(1)重点统计

重点统计提供了监测主题下一些重要数据的概览,比如相关信息总量、负面信息量、热门传播内容等,这样可以让企业对当前的情况有一个基本的了解。

(2)时间趋势

时间趋势指某个监测主题在某一段时间内的发展趋势,在有些工具中可能叫发展趋势、舆情态势。网络信息瞬息万变,趋势也是实时变化的。

舆情监测系统通过设定的关键词得到趋势数据后,可以帮助企业直观地了解监测主题的整体舆情发展情况,总结舆情传播的路径和特征,评估舆情发展阶段,预测未来趋势。

出现峰值意味着舆情发展到了关键节点,这是企业进行趋势分析时需要着重注意的点。分析导致传播高峰出现的事件或节点,分阶段了解舆情传播过程。

图 12-9 所示是某事件的真实热度趋势分析。

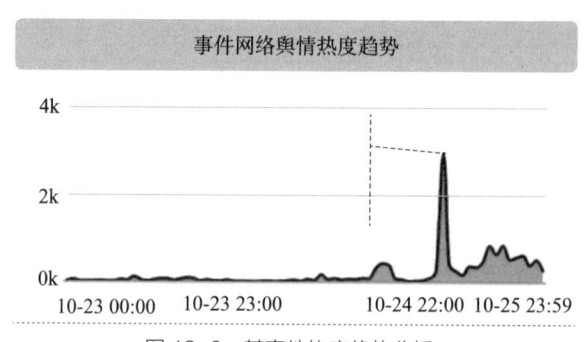

图 12-9 某事件热度趋势分析

(3)情感分析

情感分析又称意见挖掘或情感 AI,指分析在线文章以确定它们所承载的情感基调。情感分析基于自然语言处理和机器学习算法,将文章分为正面、中性、负面。情感分析有助于找出发帖者对某个话题的态度。

情感分析会展现舆情的整体情绪倾向，对网络上新闻媒体、网民的整体态度进行正面、负面、中立（或非敏感、敏感）划分。如果监测的品牌、产品或服务的负面评价突然激增，则表明舆情危机可能正在酝酿中。

结合时间和信息量维度，还可展示不同情绪的变化过程。如研究某个事件或者活动发生前后情绪的变化，可以衡量该事件的影响力。

在情感分析板块，除了对舆论的整体情绪进行展示外，分析不同情绪的推动因素也是重要的一环。通过对不同情绪的舆情信息的整理分析，可以获得对应情绪的主要观点、传播情况等，从而全面了解相关舆情在情绪倾向这一维度的情况。

通过情感分析，可以更好地了解客户对品牌、事件、活动的感受，获得有助于改进产品和服务的见解，对负面情绪迅速做出反应并扭转局面，实时监测品牌声誉情况。

图 12-10 所示是某事件发生前后网络情绪变化。

事件发生前后网络情绪变化

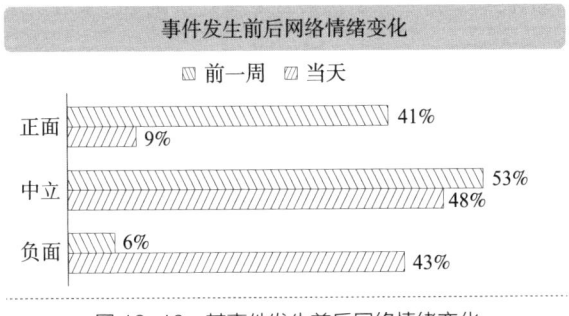

前一周　当天

正面　41%　9%

中立　53%　48%

负面　6%　43%

图 12-10　某事件发生前后网络情绪变化

（4）话题分析

话题分析指监测某个主题下被多数表达的话题内容，可能是某个事件的关键事实，也可能是主流的观点。通过话题分析，可以把握事件声量倾向、关键词、主要观点，以及话题在媒体渠道的传播情况。

话题分析一般从媒体报道和网民言论两方面入手，概括总结不同身份下的不同舆论声音，全面呈现舆情的聚焦方向。若媒体报道和网民言论趋同，也可进行合并。

在划分话题时，要注意统一划分标准，保证不同话题间的平行关系，避免话题间存在从属、重叠问题，为后续的分析打好基础。

图 12-11 所示是某事件的话题分析。

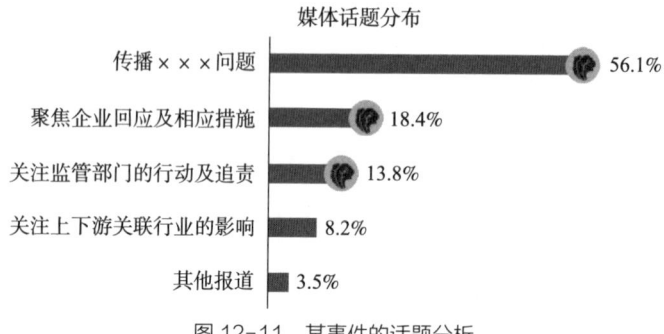

媒体话题分布

- 传播×××问题 56.1%
- 聚焦企业回应及相应措施 18.4%
- 关注监管部门的行动及追责 13.8%
- 关注上下游关联行业的影响 8.2%
- 其他报道 3.5%

图 12-11 某事件的话题分析

（5）媒体类型

媒体类型指信息传播的媒介类型。通过媒体类型分析，可以了解监测主题下的关注者、参与者、传播者主要分布在哪些渠道及每个渠道的传播趋势。

通过对媒体类型的筛选，还可以了解各个渠道上的情绪倾向、话题倾向等多个维度的数据。以此为依据，可以选择适合的渠道开展公关或者营销活动。

图 12-12 所示是某事件媒体类型分析。

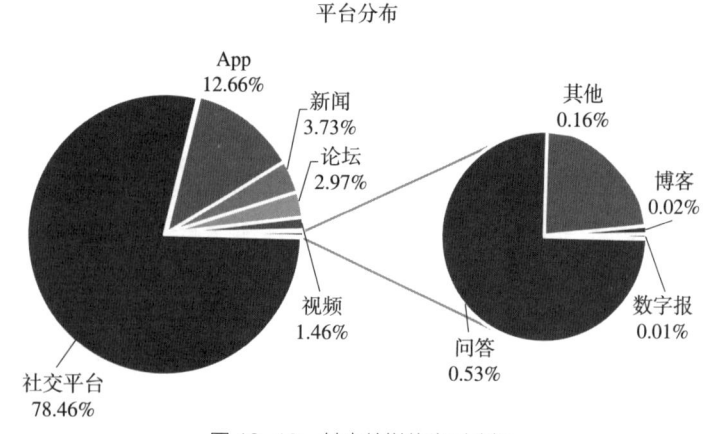

平台分布

- App 12.66%
- 新闻 3.73%
- 论坛 2.97%
- 视频 1.46%
- 社交平台 78.46%
- 其他 0.16%
- 博客 0.02%
- 数字报 0.01%
- 问答 0.53%

图 12-12 某事件媒体类型分析

（6）属地分析

属地分析即针对 IP 归属地进行分析。属地分析将呈现信息的地域分布情况，进一步帮助企业了解不同地域间网民对监测主题的关注度，分析关注人群的地域特征。

（7）热门网站

热门网站即监测主题下产生信息较多的网站。通过对信息分布渠道的分析，企业可以了解舆情分布的平台情况，以及不同平台都在传播什么样的内容。企业可以结合媒体类型，为之后制订活动传播渠道计划提供参考。

图 12-13 所示为近一天讨论某个话题的热门网站。

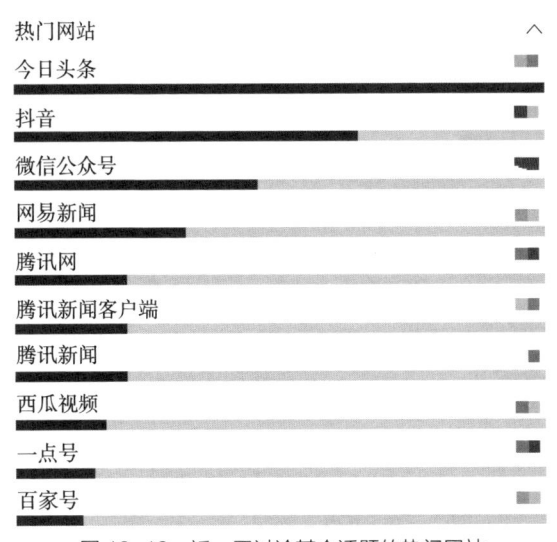

图 12-13　近一天讨论某个话题的热门网站

（8）热门文章

热门文章即监测主题下获得较多传播的内容。一般从文章标题、信息来源、内容概要这几个层面进行聚合分析，并考虑加入传播时间及转发量等维度，展现舆情传播中的热门内容。通过热门文章，企业可以快速了解监测期内舆情的重点事件或媒体的发文侧重点。

（9）热词分析

热词分析，即分析监测主题下被频繁使用的词组。通过热词分析，企业可以了解大众对事件的主流态度、观点等。

（10）信息类型

信息类型，即人群发布内容的类型，一般分为原帖、转发和评论。通过分析发文类型的占比情况、各类信息随时间变化的趋势，企业可以了解网民对事件的参与度及其在舆情传播中的作用。一般评论较多的代表此事有更大的争议性，原帖、转帖占比更大的代表人们更希望此事得到传播。

图 12-14 所示是对某事件信息类型的分析。

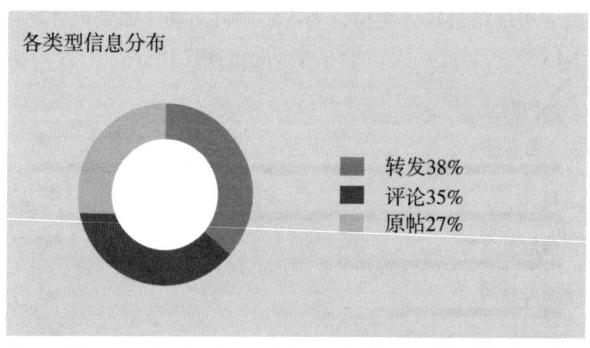

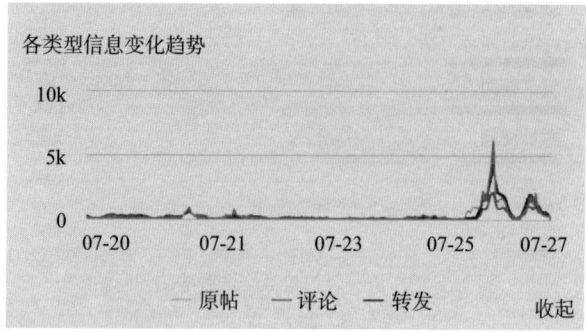

图 12-14　对某事件信息类型的分析

如何有效应对负面舆情

危机公关预案更多是战略层面的指导，当危机实际发生时具体如何做也很重要。本小节就来解决如何做的问题。

1）处理舆情的基本原则如下。

❑ **快速**：24h 内快速反应。

- **责任**：积极承担责任。
- **真诚**：主动与新闻媒介、大众真诚沟通。
- **系统**：时刻关注，统一口径，不顾此失彼。
- **权威**：选择与第三方合作，权威真实，必要时可以寻求公司法务及其他部门协助。

2）处理舆情的 3 个重点如下。

- 不要愤怒和指责，也不要遮掩、避讳问题，得过且过会致使负面影响扩大。在已经犯错的情况下，只有勇于承担责任才能维护企业的形象。
- 不要试图对抗媒体和大众，这样只会激发更大的情绪。要得到大众的谅解，需要在公共价值上与大众保持一致。
- 不要用强硬和傲慢等方式表态，因为这样做容易引发网民的反感。诚恳且负责任的态度是得到大众谅解的关键。

3）处理舆情的 8 个步骤是：**对危机进行分类（注意不要"草木皆兵"）→快速反应→确定第一责任人→评估危机情况→危机公关执行→与有影响力的人合作→公关工作复盘→危机后声誉修复（长期）**。

如何写好舆情报告

企业舆情报告是由专业的舆情分析师利用舆情监测软件，对企业舆情从事件脉络、传播渠道、传播规律以及应对措施等多维度进行分析和汇总，根据得到的重要数据形成的报告。企业舆情报告是体现企业舆情工作成果、客观清晰地反映公众态度对企业主体产生的影响的集合。

1. 舆情报告的价值

企业舆情报告的价值主要从两个角度来理解：一是对企业舆情处理过程的有效总结；二是企业舆情管理能力和企业运营管理能力的重要体现。具体表现为以下 4 个方面。

1）**舆情监测与预警**。舆情具有变化速度快、内容多元且复杂的特点，而根据舆情系统和信息库进行分析制作的舆情报告能够呈现全面的舆论情况。具体来看，舆情报告是将"把握舆情走势"的数据分析与"系统收集并呈现舆情反馈"的内容分析相结合，帮助企业掌握舆情发展动态，及时发现并预警企业舆情风险。

2）**为舆情报告使用者提供第三方中立参考**。为舆情决策者提供公正客观的参考是舆情报告最主要的价值之一。正确的舆情决策需要对宏观舆论生态和个案舆情走向有精准把控，而舆情报告则需要系统收集网络舆论，全面梳理事件发展过程，客观分析不同阶段舆论的主要观点及其产生的影响，为舆情研判与决策提供数据支持。

3）**评估公关和营销活动结果**。企业公关是为了传播企业的核心理念、塑造企业的对外形象，企业营销活动的主要目标是推广产品和服务、提高品牌知名度。因此在公关或营销活动开展后，了解对目标受众产生了怎样的效果十分重要。企业可以通过舆情报告系统收集呈现公关或营销活动的信息覆盖面和情绪反馈等相关数据，从而了解哪些活动进展顺利、哪些方面需要改进。

4）**拓宽品牌传播渠道**。舆情报告在帮助品牌做好日常舆情监测工作的同时，也可以帮助企业了解品牌发展现状，以及产品在不同平台上的口碑，从而为企业改进工作流程、拓宽工作思路、改变企业宣传阵地、加强企业文化建设、增强传统的辐射力与感染力等提供支持与新思路。

2. 舆情报告的类型和结构

（1）常规性舆情报告

常规性舆情报告一般指周期性报告，是对特定周期内某一企业的舆情的客观发展、公众观点分布或企业品牌在某一时段内的信息露出、品牌口碑等情况进行分析的报告。根据监测时长与分析深度的不同，一般分为**日报、周报、月报、季报和年报**（见图 12-15），其中以月报最为常见。此外，也可根据企业要求对特定时段进行监测。

日报	周报	月报	季报	年报
监测时间小于1天	监测时间1周	监测时间1个月	监测时间3个月	监测时间1年

图 12-15　常规性舆情报告

1）日报包含的常规内容如下。
- **传播态势**。对企业在 1 天内的信息传播趋势、信息平台分布进行图表展示及文字概括阐述。
- **敏感信息提示**。对企业需要关注的负面信息进行汇总，以对企业声誉造成负面影响和对企业经营产生危机的信息为主。
- **行业及政策动态**：对当日企业所属行业内有一定热度的友商、竞争对手的动态，或最新政策发布及解读信息进行汇总。

舆情日报以企业的各类信息为核心监测对象，不能漏掉任何与之相关的信息，特别是企业敏感信息。但要注意的是，日报呈现的信息要遵守"适度"原则，要与企业管理的尺度一致，如对于大型集团来说，一些级别较低、影响较小的敏感信息在保留必要数据存储的情况下，在日报中可以不予呈现。

2）周报包含的常规内容如下。
- **传播态势**。对企业在 1 周内的信息传播趋势、信息平台分布进行图表展示及文字概括阐述。
- **话题分析**。统计监测周期内与企业相关的舆情信息，对企业信息进行话题聚类分析，并以图表形式呈现。
- **敏感舆情分析**。对企业敏感舆情信息进行汇总及话题分类。
- **重要信息汇总**。汇总需要引起企业注意的重点信息，包括与企业直接相关的具有一定热度的信息、企业的主动宣传信息、领导人动态信息及其他重要媒体报道等。
- **舆情点评**。根据监测周期内的舆情发展态势，结合企业的当前舆论环境、行业政策动态等，对企业舆情进行综合点评或发展研判，并提出合理建议。

舆情周报不仅要做好信息的收集、整理、筛选、分析和归纳工作，还要在数据的基础上，对企业品牌声誉、舆情管理效果等进行分析和评估，定期反馈，以帮助企业及时发现问题。因此相较日报而言，周报对于制作者的信息敏感性、总结归纳能力的要求更高。

3）月报/季报包含的常规内容如下。
- **舆情概述**。对报告要点进行提炼，包括数据基本情况、重点关注及建议等。
- **传播态势**。对企业在 1 个月或 3 个月内的信息传播趋势、信息平台分布、媒体渠道分布等数据进行图表展示及文字概括阐述。
- **正面及负面舆情分析**。对企业正面及负面信息进行筛选和分析，通常包括信息渠道分布、话题分析等。
- **热点舆情分析**。采用案例分析法，对企业在监测期间舆论热度较高的舆情事件进行具体分析，包括传播路径、传播节点、舆论观点、舆情点评等内容。
- **行业舆情分析**。总结行业舆情发展态势、行业热点舆情及重要事件。月报与季报中的行业舆情需要从企业受益角度出发，以"内行人"的身份与企业进行"对话"，以增强报告的科学性和专业度。
- **舆情研判及建议**。根据舆情现状，对后期舆情发展态势进行预判，并给予合理化、可操作的舆情管理建议。

舆情月报是企业舆情管理中最为常见的周期性报告，由于监测周期较长，需要对企业舆情数据进行多维度展示，并以此对企业当前存在或潜在的管理风险进行总结和评估。在写作过程中，月报需要完成数据统计、数据分析和舆情研判 3 个环节，在分析中要着重体现舆情传播规律和企业舆情生态情况，并对企业舆情工作进行客观、准确的评估，对下一阶段的舆情管理工作提出合理性的建议。

舆情季报在结构和写作要领上与月报基本一致，但相较月报，季报需要对细节进行更深入的挖掘，对企业舆情生态变化进行全面观察并对后续发展趋势进行研判。

4）舆情年报的结构与月报、季报相似，都包括舆情概述、传播态势、正面舆情分析、负面舆情分析、舆情研判及建议等内容。但由于监测时间段较长，需要注意把握分析的力度和深度，有的放矢地展开研究，对企业需要注意和应当注意的现象、问题、特点等进行呈现，体现年报的参考价值。

（2）专题性报告

企业舆情专题性报告是指针对具体事件或现象，根据使用者不同的使用目的，以舆情报告特有的分析方法，进行专门、深入的专项综合分析的报告。这种报告具有模板多样、形式灵活等特点。根据企业的不同需求，专题性报告可分为舆情应对和危机公关建议型报告、舆论宣传效果评估报告、特定行业舆情研究报告等，其中常用的是事件舆情报告和竞品分析报告。

1）事件舆情报告包含的常规内容如下。

- **舆情综述**。提炼报告要点、重点，需要企业关注的信息一目了然。
- **传播态势**。推演舆论传播路径，分析事件中的主要传播源及相关的关键传播节点。通常包括信息量趋势变化、信息平台分布图表，以及总体描述文字。
- **媒体分析**。梳理主流媒体和涉事自媒体的信息，进行媒体信息话题分类，提炼媒体观点。通常包括媒体话题和重点新闻。
- **网民分析**。广泛收集、整理公众意见，对网民言论进行分类，寻找舆论观点，反映社情民意。
- **关注人群**。对事件的关注人群进行特征分析，包括发文偏好、地域分布、人群类型等。
- **舆情研判**。总结舆情发展态势，对网络舆情的后续发展进行风险评估，提出舆情建议。

事件舆情报告的写作要点如下。

- **明确报告对象**。这是进行事件舆情报告撰写的第一步，"某一个事件或主题"是必须要关注的，那么它便是事件舆情报告的核心主题，报告的整个框架都要围绕这个主题来进行设计。这就要求报告制作者在撰写报告之前便要对所要分析的事件的起源、发展、结果进行深入且细致的了解。
- **取舍有度，抓住重点**。"取舍有度"是制作事件舆情报告的关键要求，尤其是在对牵涉主体较多、事件发展较为曲折的舆情事件进行分析时，在广泛浏览舆情数据之后，要准确筛选出有用的部分，并结合数据进行精准分析，提炼舆论观点。
- **以客观的第三方角度进行舆情总结**。舆情事件报告需要站在事外，以客观的第三方角度对舆情的应对和处理进行总结，并为涉事主体制定舆情应对策略提供指导。从客观角度出发得到的舆论环境画像，能够为企业决策者提供准确、有效的参考信息，将企业从风险或危机中带出来。

2）竞品分析报告包含的常规内容如下。

- **品牌及竞品声量**。从信息量角度，对品牌及竞品的基本传播情况进行展示，并找出当月的核心传播点。通常包括信息传播趋势、平台或网站分布情况。
- **品牌及竞品口碑**。对品牌及竞品的网络评价内容进行整合、筛选、分类，以了解品牌及竞品的优缺点，帮助企业进行产品优化。
- **竞品宣传策略及效果**。对竞品的正面宣传信息的传播情况进行统计分析，结合舆情监测系统，对竞品的宣传内容、宣传策略和宣传效果进行评估。

竞品分析报告的写作要点如下。
- **竞品分析的对象的标准要统一**。报告中的竞品分析对象的标准要统一，不能出现类似上文为"品牌类别"、下文为"产品类别"的情况。这就要求在框架设计之初，做好同一个模块内分析对象类型的统一，避免报告内容出现混乱。
- **呈现形式以图表为主**。与事件分析报告不同，竞品分析报告在呈现形式上应以直观的表格和图片为主，依据数据特点和结果需要，可以适当对图片和表格形式进行创新，如采用散点图、坐标系图、热力图等形式。
- **结论要客观、简练**。在对数据进行呈现后，报告制作者需要给出分析结论，为客户提供决策参考。报告的结论要客观，不能因为个人的好恶而做出主观论断，同时，撰写结论要层次分明有逻辑，文字要尽量精练，否则会降低报告的整体质量。

13

To B 企业下一个主阵地——生态圈

——洪鸿

洪鸿 杭州沃趣科技市场总监。拥有近10年云计算、AI等领域市场营销经验，曾在国内大数据上市公司、独角兽企业负责市场与生态运营部门，在To B领域品牌公关与生态矩阵建设方面拥有丰富的实战经验。

伴随着国内 To B 企业加速进化，部分赛道上的竞争已由**"商业模式的竞争"**上升到了**"生态圈的竞争"**。因此，构建完善的企业生态系统，促使生态系统中的各成员高效协作，是很多企业做大做强的进阶方式。

第 1 节 构建市场生态圈的必要性

为什么构建市场生态圈越来越重要？这个问题可以从如下几个方面考虑。

1）**时代的召唤**。20 世纪 60 年代至 21 世纪的前 10 年，形成了稳定的传播理论，这个时期的传播路径相对简单直接（企业发声—媒介代理—消费者触达），更多比拼的是创意策划，也诞生了很多伟大的 4A 公司与经典案例。而世界唯一不变的就是变化。以发展的眼光来看，旧模式不足以支撑当下日新月异的营销需求。尤其在 2010 年后，互联网爆发,中心化的媒体平台被迅速分化,数字营销对投入的 ROI 计算愈加精细,企业更看重投放后的快速反馈,因此传统营销重广告投入的粗放模式越来越难以"大力出奇迹",更多公司选择精准营销,这更考验公关能力,也变相要求原有市场合作圈重构升级。

2)**品牌的需求**。近些年 To B 行业兴起,又恰巧赶上传统企业数字化转型的风口。品牌营销端开始逐渐下沉,企业对市场投放在渠道、商机、业务方面的贡献度要求也相应提升。以往头部企业一家通吃、卡住行业脖子的情况在逐步瓦解。此时,必须与上下游生态合作方、供应商、经销商等合作,聚沙成海,形成更大的合力,才有机会在激烈的竞争中脱颖而出。而借力生态发声,是增强品牌影响力的有效手段。

根据官方发布的数据,截至 2022 年 12 月 29 日,麒麟软件生态软硬件兼容适配数总计 150 万,其中软件兼容适配数为 108 万,硬件兼容适配数为 42 万,生态合作厂商超过 6000 家,麒麟软件生态适配官网累计注册企业和用户数超 38000。由此可见生态圈的重要性,以及多年生态圈培育所带来的显著成果。

3)**行业属性的要求**。To B 企业天生具备高安全要求、重体验、研发周期长、采购链广、销售与部署成本高的行业特殊性,这就决定了 To B 领域生态圈的重要性高于其他行业。

4)**发展阶段的要求**。从整体来看,相对于传统行业,To B 企业仍比较"新",还处于探索期,各企业之间的竞争非常激烈,当前整体业态只能算是勉强维持平衡。若是企业拥有更稳健的生态圈,无论在品牌声量、影响力上还是在客户对品牌的感知度与采购决策上,都将占据不小的优势。

5)**形成竞争优势**。To B 高科技企业大多都在对新技术、新场景进行开发和探索,并以此抢占品牌高地。相比于成立多年的传统厂商来说,品牌资产和沉淀较为薄弱。在优势较小的背景下,To B 企业市场部需要更积极、更主动地把握行业脉搏,提前预判发展走势,挖掘行业的共性痛点与需求。感性一点来说,To B 企业市场部要从埋头"做事"走向敢于造势、做势和起势,心中有更清晰的作战地图,围绕营销目标,发动不同规模、线上线下、不同维度的品牌战役。而更丰富、更立体的生态合作矩阵,也意味着拥有更充实的战备库与作战工具,可以支持企业开展大规模集团式协同作战,也可以进行单兵突破,打造爆款单品。

某国内一线数据云厂商,在传统节日期间以"佳节陪伴"为主题,联合 100 余个 IT 生态合作伙伴搭建线上展区，通过对未来 3 年不同领域数字化进程的研判，成功发起"数字化转型"白皮书发布活动。活动通过回顾时代红利下的发展历程，再次坚定企业进行数字化转型的决心。这次活动旨在帮助 To B 企业寻找穿越周期持续进化的方法论，并共同探讨当下数字化转型的政策环境、技术趋势、市场风向，提供更多思考与实践的视角，帮助更多产业主体在发展路径和层级上再前进"一公里"。

该云厂商提供云基座，结合生态伙伴在各行业的业务模式、业务流程、业务痛点和各种应用场景，补充了自身在行业应用方面的不足，与生态伙伴优势互补。100 余个合作伙伴当日协同传播，短时间内汇聚了巨大的传播声量，一举形成品牌声势，无论是曝光量、公信力，还是潜在的商机获取，都获得了超出预期的效果。

第 2 节　合作生态矩阵全景

从合作种类与属性角度，笔者将企业市场生态分为 5 个板块——媒介渠道生态、公信力生态、技术生态、业务与渠道生态、投融资生态。

媒介渠道生态

媒介渠道生态是以媒介组织为有机主体，媒介系统与信息传递方、接收方等多个要素之间相互制约、相互影响的调控机制。笔者认为，To B 细分领域的媒介渠道架构基本都一样，比如都包含常规合作媒体、深度合作媒体、KOL、媒介代理等，如图 13-1 所示。作为企业传播的核心通路与载体，媒介一直是市场部门的建设重点，多年来沉淀了丰富的方法论和实践经验。

笔者还观察到，近年来媒介渠道生态也处于动态变化的过程中，这个趋势可以尝试用两个词语**"媒介下沉"**与**"从 C 到 B"**概括。

整体来看，伴随着 2012 年移动互联网等新兴平台的发展，媒体平台去中心化发展迅速，在信息爆炸的时代，传统权重较高的门户类大媒体平台势能在逐步下降，而细分媒体、个人 KOL 的价值在逐步放大。也就是说，媒介正在从"大而全"逐步转向"小而精"。目前来看，传播权力下沉的走向仍没有反转的踪迹，还会持续。

另外，对比 To C，To B 传播具有一定的滞后性。而目前 To C 的流

```
媒介渠道
├─ 常规合作媒体
│   ├─ 行业属性
│   │   ├─ 泛科技/TMT媒体
│   │   └─ 细分行业媒体
│   ├─ 区域属性
│   │   ├─ 全国性媒体
│   │   └─ 区/市/省级媒体
│   └─ 性质属性
│       ├─ 传统平媒、纸媒
│       └─ 知识社区、视频类媒体等
├─ 深度合作媒体
│   ├─ 专访记者—— 专栏/采访
│   └─ 行业媒体
│       ├─ 安排企业出镜、访谈等
│       └─ 联合设计话题与探讨方向
├─ KOL
│   ├─ 行业KOL
│   │   ├─ 日常维护,产品体验/站台等
│   │   └─ 内容协同输出,业务合作
│   └─ 客户代表
│       ├─ 案例采访,内容撰写
│       └─ 活动邀请出席等
└─ 媒介代理
    ├─ 传统PR发稿类代理
    └─ 数字营销工具与产品服务商
```

图 13-1　媒介渠道生态架构

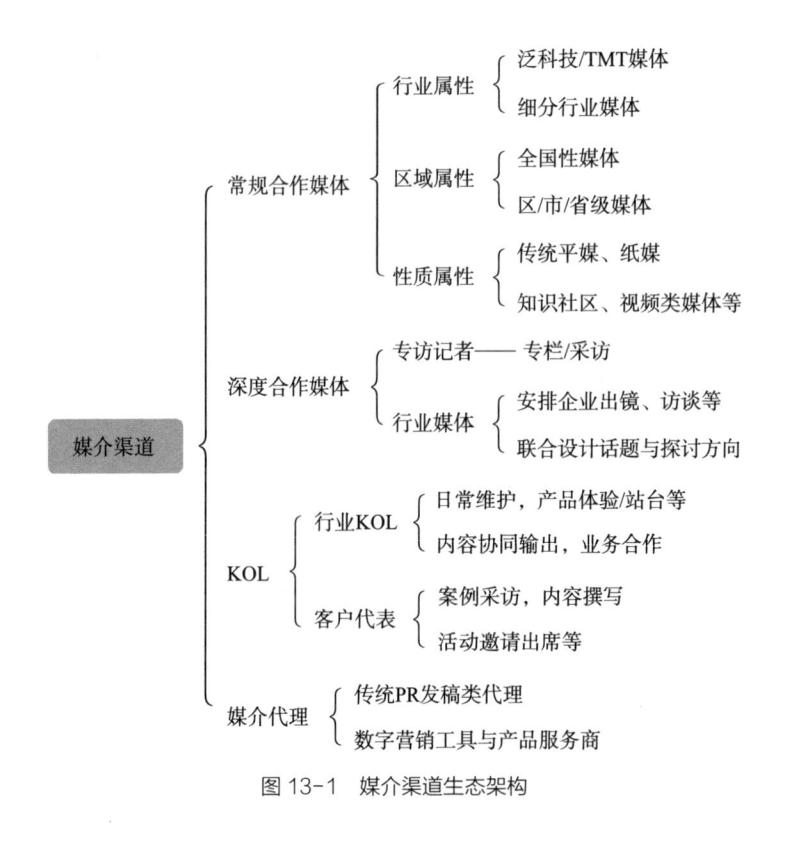

量打法已被市场认可,并逐渐成为 To B 主流的获客方式,尤其在轻量化 SaaS 产品领域,甚至引入主播带货、流量置换等方式,而且在部分场景中成效凸显。近年来诞生了多家优秀的营销云企业,也形成了一些成熟的方法论,这些都将引领 To B 品牌营销思路的变迁。

公信力生态

　　To C 与 To B 的最大不同,笔者认为是 To B 的公信力生态。之前看过专家分享说"**To B 品牌是可信赖行为的管理实践**",笔者对此非常赞同。不同于 To C 在品牌辨识方面的巨大需求,To B 的生意比较集中和聚焦,可选项有限,因此公信力生态与品牌美誉度、信任度、忠诚度上的培育的关联性更强。公信力生态架构如图 13-2 所示。

　　对 To B 客户采购的核心诉求进行提炼,若最终只剩下一个诉求,

那么一定是"安全"。安全包含公司安全、项目安全、采买方安全。

1）**公司安全**。你的公司是否拥有足够高的市场影响力和研发能力，是否具备权威机构的资质认证，产品是否具有领先性且得到了市场验证，是否有知名客户背书，是否有相关部门/协会的推荐，这些都是公司安全层面的内容。

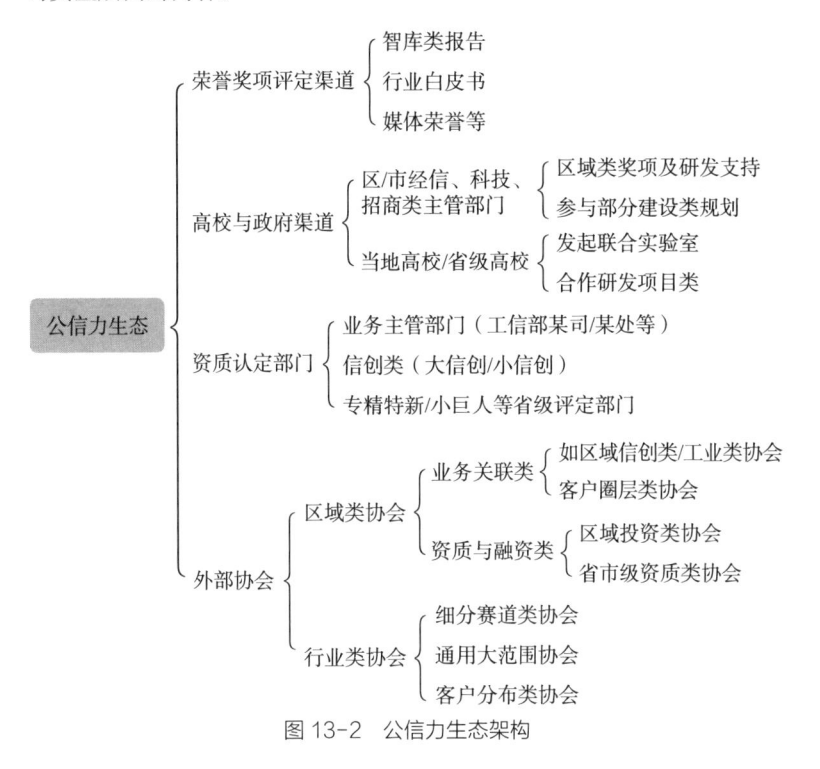

```
                         ┌ 智库类报告
         ┌ 荣誉奖项评定渠道 ┤ 行业白皮书
         │                └ 媒体荣誉等
         │
         │                ┌ 区/市经信、科技、  ┌ 区域类奖项及研发支持
         │ 高校与政府渠道 ┤ 招商类主管部门    └ 参与部分建设类规划
         │                │
         │                └ 当地高校/省级高校 ┌ 发起联合实验室
公信力生态┤                                   └ 合作研发项目类
         │
         │                ┌ 业务主管部门（工信部某司/某处等）
         │ 资质认定部门   ┤ 信创类（大信创/小信创）
         │                └ 专精特新/小巨人等省级评定部门
         │
         │                ┌ 区域类协会 ┌ 业务关联类 ┌ 如区域信创类/工业类协会
         │                │            │            └ 客户圈层类协会
         │                │            │
         └ 外部协会       ┤            └ 资质与融资类 ┌ 区域投资类协会
                          │                           └ 省市级资质类协会
                          │
                          └ 行业类协会 ┌ 细分赛道类协会
                                       │ 通用大范围协会
                                       └ 客户分布类协会
```

图 13-2　公信力生态架构

2）**项目安全**。是否具有丰富的客户案例，是否有类似行业、项目的服务经验，是否有专业产品与售后运维团队，项目进度计划是否清晰可控，是否可以实现优秀成果交付，是否可以对最低预期进行托底，这些都是项目安全层面的内容。

3）**采买方安全**。对于采买方来说，该公司的产品即使并非100%领先，但只要满足了最核心的需求，符合采购的硬性标准，竞标流程合规，服务态度良好，反馈及时高效，资金链稳健且可支撑项目完结，就可以认定满足采买方的安全要求。

总之，买方做出采买决策时，不一定求有功，但一定求无过。

公信力建设无疑是提升 To B 客户"安全感"的重要手段之一。获得政府、行业协会、智库等多家外部机构的认可，可以帮助客户加速采购决策流程。

一个健全完备的企业公信力生态，不仅可为业务拓展、销售扩张提供品牌和荣誉支撑，还可为部分创新类业务提供必备资质，甚至影响政策倾向，尤其在自主可控、国产化替代、信创产业扶持的大背景下。能获得区域经信、科技相关部门的充分认可，既可为企业在当地的发展壮大带来更多保障，也可在区域产业规划中获得优先参与的机会。而与高校、科研院所合作，贴合当地的产业政策，落地联合研发类项目，可能会在科研人员、实验设备、成果转化、部分费用上获得支持。同时，专精特新、小巨人等资质类的认定，无论是初期的材料申报（区县级）还是最终的评核（省级），均要求企业与当地主管部门保持充分沟通，增进相互了解。因此，市场部门需充分拉动公司管理层的协同，在公信力生态方面持续发力。通过公信力生态，在部分细分领域有机会争取到行业主管部门的产业政策支持，甚至有机会满足部分大型项目入围的硬性要求。

技术生态

从品牌市场的视角来看，作为大部分以 IT 技术产品为主导的 To B 企业，对外展示技术或用户规模的扩大，都可加速打磨与优化产品的过程，并构建技术生态。成功的技术生态可以形成技术的领先性，这将明显提振用户做出采买决策时的信心，甚至形成竞标护城河（加分项甚至晋升为控标项）。部分初创的 To B 企业更是将技术生态作为初期销售渠道的重要支撑。可以看出，技术生态将伴随 To B 企业的完整生命周期，为企业提供源源不断的生命力。技术生态架构如图 13-3 所示。

技术一直在持续更迭，每一次关键技术的突破，最后都会形成杀手级产品。所以对于 To B 企业来说，围绕技术形成的生态至关重要。比如最近大火的云厂商，都把开放、领先、驱动、赋能作为目标来构建并维护自己的技术生态，阿里云的云栖大会、百度的 Create AI 开发者大会、科大讯飞的全球 1024 开发者节等都是这方面的代表。围绕这些大会形成的技术生态，可保持企业在自研技术方向的引领优势。

除了自身技术生态的投入外，很多 To B 企业也在外部社区中频繁亮

```
技术生态 ┬ 自身技术社区 ┬ 线上社区运营 ┬ 技术话题讨论
         │              │              ├ 直播分享
         │              │              └ 线上活动
         │              └ 线下运营 ┬ 技术类沙龙
         │                          ├ 年度技术峰会
         │                          └ 编程赛事活动
         ├ 外部技术社区 ┬ 国内外技术社区 ┬ InfoQ
         │              │                  ├ Stack Overflow
         │              │                  ├ Bytes
         │              │                  ├ Reddit
         │              │                  └ ……
         │              └ 开源基金会认证 ┬ Apache软件基金会
         │                                ├ Linux基金会
         │                                ├ CNCF
         │                                └ ……
         └ 技术专家IP ┬ 持续内容输出
                      └ 正向包装推广
```

图 13-3　技术生态架构

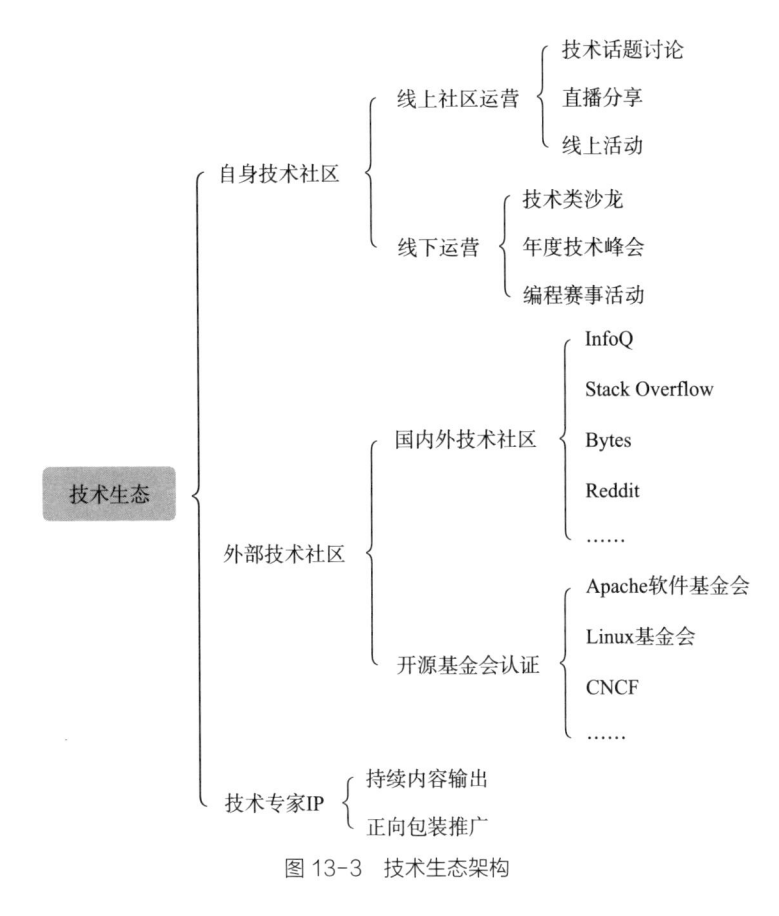

相，目的是保持对某技术领域的关注，并对外展示自己的成果。外部的知名社区包括 Linux 基金会、CNCF、Apache 基金会、中国开源软件推进联盟等。

当然了，To B 企业要想做好营销，对外发声时就必须依靠技术专家。企业可以自己打造技术专家 IP，也可以借助外部技术专家。通过技术专家 IP 进行持续内容输出、推广，可以进一步加强技术生态。

业务与渠道生态

如前文所述，面对技术方向、经济增长的不确定性，很多 To B 企业意识到，有目的地选择优秀的生态伙伴，并与之建立战略合作，可能是在不确定环境中保持业务增长的行之有效的策略。越来越多的厂商选择自主研发＋生态伙伴模式，以方案、服务及行业为导向提供全栈式服务。

企业在帮助合作伙伴扩充业务与渠道的同时，自己也会获得相应的机会，并放大双方优势，让自己的产品触角可以延伸得更远、更深，从而触达更多的用户与市场，有效获得更多的潜在客户。

而很多头部 To B 企业在几年前就未雨绸缪，在业务与渠道生态方面发力。如马化腾在 2018 年腾讯全球合作伙伴大会开幕前夕，发布了《给合作伙伴的一封信》，宣布全面拥抱产业互联网，随后组织架构也随之调整，成立了云与智慧产业事业群（CSIG）。GSIG 成为腾讯 To B 业务的对外出口。同年，阿里云升级为阿里智能，京东宣布成立京东数科，百度宣布把智能云事业部升级为智能云事业群组，这些部门都是为了承载 AI To B 和云业务。这样的思路深刻影响着近几年的 To B 企业，它们纷纷加强生态伙伴团队建设。

不同的 To B 企业对于业务与渠道生态的定义不同，但是从落地场景来看，业务与渠道生态都可以分为业务上下游合作生态和渠道合作方生态，**前者是针对行业影响力共建的宏观生态，后者是与自身销售通路、商机、业务回款等相关的微观生态，二者呈螺旋共生关系。**

业务与渠道生态架构如图 13-4 所示。

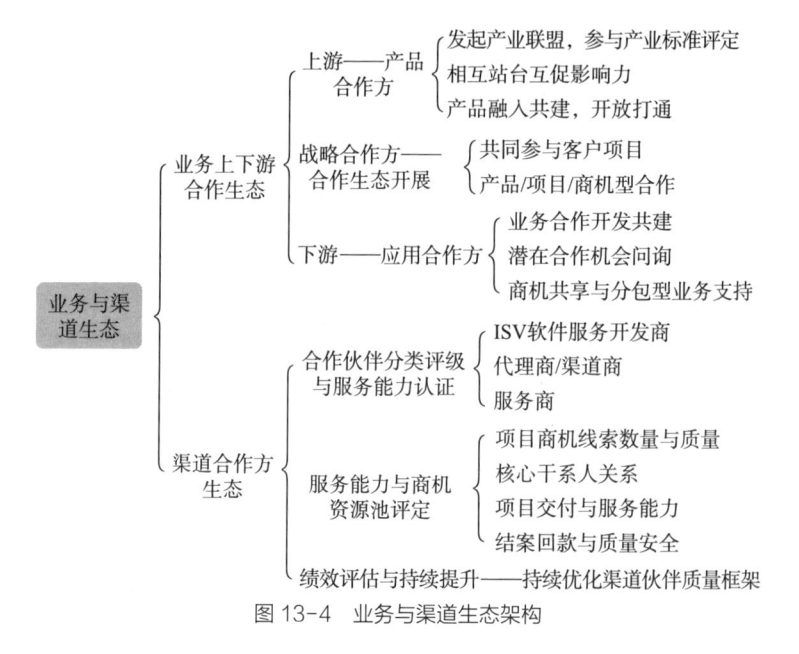

图 13-4　业务与渠道生态架构

投融资生态

大部分 To B 企业的投融资板块都由财务/投顾部门负责，不过随着公司的发展，对于投前投后关系、IPO 上市等复杂且需要长时间的流程，市场部也会参与。但是在投融资板块，因为不能在短期内新增商机、项目等，也不在市场部的年度 OKR 考核范围内，所以若是将此作为任务分发给市场部，会受到排斥。市场部在这方面更多只是配合的角色，参与程度不高。然而市场部作为公司对外交流的窗口，应酬、交流、活动都较多，会有更多机会接触到投资领域的朋友。所以可以把市场部作为公司的名片，快速、精准且有效地呈现公司与产品优势，从而获得投资人的青睐与关注。这个矛盾要怎么解决呢？用市场生态建设的思路来做投融资伙伴关系，用适当的精力来尝试培育和运营投融资伙伴，可能会有预期之外的惊喜与收获。

投融资生态架构如图 13-5 所示。

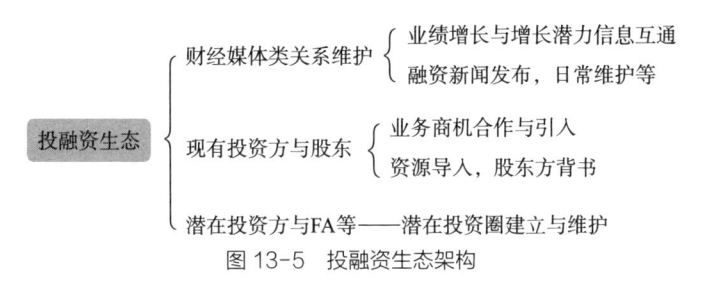

投融资生态
- 财经媒体类关系维护
  - 业绩增长与增长潜力信息互通
  - 融资新闻发布，日常维护等
- 现有投资方与股东
  - 业务商机合作与引入
  - 资源导入，股东方背书
- 潜在投资方与FA等——潜在投资圈建立与维护

图 13-5　投融资生态架构

投融资生态虽然带来的直接商机非常有限，但可以关联一些不太容易触碰到的战略性资源，如大股东、领投/跟投人等。尤其作为战投方，市场部通过参与投融资生态建设，在产品形态、业务能力与渠道资源上能获得更多支持，比如能更容易找到双方产品匹配的落脚点。同时，在国标、行标以及一系列重要资质的申请上，也会获得更多便利。以笔者了解的一家安全类创业公司为例。由于安全类产品对资质、合规等要求较高，所以这个领域的企业天然具有较高的行业门槛。该公司在发展初期尽管已有成型的产品线，但由于资质一般，在业务拓展上始终不被客户认可，营收增长缓慢。后来引入知名国有资本作为战投方，该公司显著加强了企业资质背书，并成功融入信创类产品体系，在多家国企、央企的项目中屡获佳绩，业绩实现了爆发式增长。

除了技术影响力、市场占有率之外，资本市场的影响力也是 To B 企业的重要组成部分。To B 企业成功获得融资的资讯是传播速率最快、信心提振最明显的传播素材，**一篇融资新闻能抵上百篇日常传播文章**。融资类新闻发布后主动寻求商务类合作的生态伙伴往往会有明显增加。相关投资者的关注与转发，不仅为企业在传播渠道上做了很好的补充，在传播影响力上也有了更多的加持。这样的例子很多，无论是早期的共享单车系列、O2O，还是近期的区块链、元宇宙，很多都是企业与投资机构共同推动的全新赛道。

第 3 节　商业生态的落地路径：在技术与商业价值侧共振

单打独斗的企业理念已不符合当下竞争趋势，企业正在走向生态化。建设商业生态系统，与生态内的伙伴形成共生、互生与再生的关系，是企业获得战略竞争优势的必然选择，繁荣的生态最终将最大化生态利益。而生态建设的过程并非朝夕之间就可完成，这不仅考验生态蓝图勾勒的想象力，更考验蓝图的落地能力。整体来看，初步生态建设分为 5 个步骤。

步骤 1　界定生态

生态界定分为内部界定与外部界定。

1. 内部界定

在明确生态框架前，企业需要对自身的战略目标与需求做内部梳理与分析。《连接力》一书有这样一个经典观点：人际交往的价值呈现，是努力做一个给予者，而不是索取者。同理，企业战略部门做内部界定需明确 3 个问题。

1）"我是谁（我有什么）"——企业的核心优势、资源、价值、行业地位等。

2）"我能提供什么"——可为生态伙伴在哪些板块持续赋能，这涉及产品能力、商机、品牌能力等。

3）"我需要做什么（目标）"——希望生态伙伴与你共建业务，还是延伸产品能力，或构建生态联盟形成产业矩阵。

通过对上述 3 个问题的考量，企业可以明确自身优势与能力范围边界，进而知道自己以什么身份进入生态，只有先融入（给予别人）才能收获。同时，也需考虑生态建设的长期目标与短期目标，规划好未来愿景与当下事务性工作的有效衔接和落地，推动有共同价值观和可持续发展目标的合作伙伴共同发展。

以云计算行业为例。各云厂商不仅可以为用户提供云基座，还可以提供数据库、存储、大数据等数百个云上服务。广泛丰富的产品体系可以提高用户黏性，进而影响用户的采买决策。云基座及各种服务就是云厂商能提供的东西，而针对不同合作伙伴提供对应的服务，就是云厂商需要做的。比如杭州沃趣科技打造了一个覆盖全球近 20 种主流数据库的私有云平台，可以提供一站式数据库管理服务。因此，它成为多家云厂商集成方面的生态伙伴，能帮助各云厂商补足数据库管理层的能力。

2. 外部界定

外部界定一般从整体目标与板块目标两个维度展开。

1）**整体目标**。基于企业、部门的整体战略运营目标明确生态伙伴，这主要涉及如下两个方面。

- **增强**：如企业进入强势期，将更倾向于强化现有的优势板块，通过寻找强强联合的生态伙伴，更好地对现有资源进行整合与优化配置，减轻运营压力，巩固技术优势和市场占有率，进一步构建护城河。
- **补短**：如企业在某领域较弱，产品与销售能力不足，则应优先寻找能力互补型的生态伙伴，通过双方共建，补充在该领域所需的经验与技能。

2）**板块目标**。对于大中型企业来说，内部的各个部门在工作方式、工作节奏甚至发展阶段等方面都存在巨大差异，这就导致各个部门对生态的需求不一样。所以进行外部界定时，有时需要分板块进行，下面重点介绍不同板块的需求。

- **产品板块**：与技术类生态伙伴共享技术与知识类资源，希望合作伙伴提供新的创意与技术资源，帮助企业加强产品创新能力。
- **业务板块**：与 ISV 等销售渠道类伙伴合作，拓宽市场渠道和客户资源，帮助企业扩大市场覆盖范围，增加销售机会，进一步扩大市场份额。
- ❑ **品牌板块**：与更具品牌力的伙伴合作，借助伙伴的品牌声誉和影响力让企业获得更多的曝光和认可，提升企业的品牌价值和形象，快速提高品牌知名度和美誉度。
- ❑ **供应链板块**：希望合作伙伴共享物流、生产或上游供给端资源，降低企业采购成本与复杂度，提升企业运营效率。

步骤2　寻找生态

生态目标与合作伙伴的范围界定后，就需要寻找生态了。生态落地一般可以采取内部挖掘和外部合作的方式。

1）**内部挖掘**。可以从公司上下游的合作伙伴端入手。市场部可以与销售、运营等部门沟通，让它们帮助构建与业务渠道伙伴或具有影响力的企业客户的联系。除了销售业务之外，市场部还需要评估与生态伙伴之间是否有品牌联动及产品生态联动的可能性。双方较为熟悉，在流程配合、业务结合、高层信任度方面都有一定基础，所以落地难度更低。

2）**外部合作**。这更偏向于寻找商务BD。寻找的方法很多，如：参与行业展会，与潜在的合作伙伴进行面对面交流；通过行业协会和商会进行对接；通过咨询公司、中介机构等获取对方的信息，并建立联系；委托专业机构找到合适的合作伙伴；如条件合适，还可以利用职场类社交媒体平台，通过搜索并加入相关行业的社群、论坛和群组，获得与目标企业沟通的机会。

无论选择哪种渠道，都需要进行充分的调研和筛选，确保合作伙伴与自身企业的业务和价值观相符，以实现长期稳定的合作关系。

步骤3　确立生态

找到并与生态合作伙伴接触后，需要通过如下方法确定是否进入生态。

1）**充分沟通**。了解双方的业务与产品的匹配度和互补性等，包括合作伙伴与企业的战略匹配度，业务与发展目标的匹配度，双方在产品和技术角度可以提供的补充性能力等。

2）**评估对方的技术能力**。合作伙伴应具备与企业相匹配的技术能力和专业知识，只有这样才能为客户提供高质量的服务和支持，尤其在售后、维保等方面。

3）**评估对方的市场影响力和用户基础**。相近或对等的市场地位更易于双方企业扩大用户覆盖面与市场份额，当然对等不应局限于营收等方面，细分市场的影响力更为重要。

4）**评估可靠性和合规性**。合作伙伴应具备良好的信誉和可靠性，符合法律法规和合规要求。

5）**评估沟通机制**。只有企业与生态伙伴能够建立良好的沟通机制，才能推动后期合作项目的顺利进行。

如果评估全部通过，那就会进入落地环节，通常会就合作目标、合作框架、合作方式、责任分工、资源投入等拟定框架协议，协议内容经双方法务、商务环节审核无误后可由双方高层在线下签订战略合作协议，以明确生态合作的顺利达成。市场部需要在此环节辅助内外部媒体进行官宣，持续放大本次签约的价值与成果。

步骤 4　服务生态

签署合作协议后，企业与生态方开始正式合作，并定期跟踪合作进展，对合作进行评估和调整。为了充分加强彼此间的默契度与信任度，挖掘生态伙伴的业务潜力，在与生态伙伴合作的过程中，企业方需积极做好沟通与服务类工作。

一般来说，服务生态可以从品牌共建与业务端配合两个层面展开。

1）**品牌共建**。双方产品可以率先打通兼容性认证，联合发表认证证书，明确产品能力联合构建方面的事务。双方共同参与营销类活动，如共同参与展览会、研讨会等，并通过联合演讲的方式为彼此站台，加强市场推广，提升品牌曝光度和市场影响力。

2）**业务端配合**。彼此在技术与产品资源方面提供支持，与合作伙伴共享资源、技术和知识，帮助合作伙伴提升产品能力，共同应对市场的挑战和机遇。同时，双方在产品端应做充分的培训与辅导，可以联合开展产品与技术支持的培训、进行销售激励政策的敲定等。业务端配合偏向于企业 ISV、代理商、集成商的合作，因为这是大部分 To B 企业最稳固的业务增长点。

在服务生态方面，要定期评估合作效果，与生态合作伙伴讨论改进措施，确保合作关系的持续发展和优化。

步骤 5　升级生态

双方合作过程中，需要对合作伙伴进行持续跟踪和评级，相应的评价指标如下。

1）**业务规模**。主要指合作伙伴与相关对接部门的任务目标。

2）**销售能力**。包括横向、纵向两种评估形式。横向为数量，如在一定时间范围内共有多少意向范围内的企业、部门达成了初步/深度合作意向。纵向为营收或产品能力，如新增生态伙伴后企业在商机线索、销售收入等方面提升了多少。

3）**合作配合度**。指双方沟通机制落地情况，对彼此关注问题的交流情况等。

4）**潜在发展机会**。在产品能力上补充了企业哪方面的短板，通过引入生态伙伴后将为企业新增多少营收。

除了上述评价指标，还有很多其他指标，比如部分头部云厂商还会评价生态伙伴提供了多少支持，包括个性化的服务支持、技术支持、共享市场资源等。

企业与生态伙伴通过持续的磨合与改进，会帮助彼此提升核心竞争力，并实现更紧密的协同。在此良性合作的基础上，可以进一步开展产品与商业模式创新。未来，可以将更多的合作伙伴引入生态系统中，形成更加广泛的合作伙伴网络。

第 4 节　不同生态板块价值点分析

不同生态板块具有很多不同的属性特征，比如在客户群体、关注角度等方面都有区别，不同生态对应的群体所希望实现和关注的价值点也有明显区分。通常来说，媒介渠道更偏向于具有新闻亮点的事件，比如具有颠覆力的产品的发布、创始团队故事等，而技术生态对产品定位与技术路线有明显倾向，投融资生态则更关注赛道定义与市场前景。因此，不同类型的生态在沟通方式、展现角度与价值点沟通等方面都有比较明显的区别和侧重点。将自己的价值观、技术、产品输出给合适的合作伙伴，才能让生态发挥最大的商业价值。

媒介渠道生态分析

很多 To B 企业都是技术创业类企业，这类企业容易陷入技术思维，认为技术好、产品好就会有天然的传播力和影响力，因此它们很注重内容的深度和原创性，却忽视了传播渠道的建设。于是，我们经常看到这样的场景：企业花很大精力写了一篇非常精彩的文章，最终却无人问津，造成资源浪费。好的内容要想顺利触达目标受众，媒介渠道生态建设是关键。媒介渠道生态是内容传播路径通达的保障。如果媒介渠道生态运营得当，可以在内容规划和生产阶段就提供指导和支撑。

某数据厂商的 PR 负责人曾为知名财经媒体编辑，不仅可撰写优质内容，在财经媒体圈的人脉也很广。在他的努力下，该厂商与产品很快便被编辑所熟悉。加上创始人、创业经历均有故事性，他安排了多场专访约稿，高频输出企业价值与客户价值。这让该厂商短期内在品牌方面快速破圈，并且通过多家媒体杠杆的放大，带来了更多与融资机构接触的机会，很多金融、财经客户关注到该厂商，主动问询的线索来源和数量有明显提升。

当然，上文提到的情况有一些特殊性，媒体行业的人转入企业 PR 部门，在媒体资源方面肯定会有一定的先天优势。优势固然重要，但媒介生态的建设和运营更重要。

与媒体合作的方式很多。笔者认为，可以根据企业的产品形态、预算规模、发展阶段等情况，对不同媒体进行动态调整与组合。比如，产品理念较新颖的企业，可以制作技术解读类的条漫、视频等，在 B 站、技术社区等进行投放；客户关系做得扎实的企业，可以邀请客户以活动演讲、案例采访等形式为企业站台和背书；如果企业的媒体资源积淀较深，除了日常的专访安排外，还可以邀请媒体作为中立的第三方，联合其他友商，共同发起探讨行业发展方向的论坛。

公信力生态分析

在国内 IT 环境下，公信力对于推动企业的发展的作用更为明显。公信力是指公众、社会对企业的信任度。拆开来看，"公"泛指公众，包括客户、干系人、合作方等企业影响力可以辐射到的领域内的所有人；"信"指企业的口碑、品牌信用值，也指用户对企业的信心与信赖；"力"

为具体的力度,这是一个范围值,是衡量企业信任度的标准。在高公信力的作用下,公众、媒体等愿意通过自己让更多人加深对企业的信任。

市场领域的从业者更多接触的是产品营销类事务,但在公信力生态中,无论是客户方(第三方机构)"试用"(接触,合作发起)还是"付费"(纳入其行业版图,给予认定),更多偏向对企业本身资质的评判。因此,需要将所在企业定义为一个有机整体,也就是将企业看作一件产品,通过持续宣讲、推广,获得行业机构的充分认知与认可。市场部在此过程中作为桥梁与纽带,是连通第三方与企业的核心渠道之一。

在公信力生态建设方面,虽然不同企业所属赛道、发展阶段、业务模式等可能都不同,但核心思路是类似的,即"通过持续不断地获得具有权威力的第三方平台的认定,长时间提升企业在不同维度受众中的影响力,不断夯实建立已久的品牌印象锚点,以达到可信赖、好口碑的采购决策支撑"。

荣誉与奖项的评定是市场部绕不过去的坚实阵地,也是企业提升品牌力与辐射面的通用方式。不过企业品牌建设的需求不同,所采用的路径和方法也会有所区别。以智库类报告为例,如果预算较为充足,也有比较迫切的品牌破圈升维需求,那么可以考虑参与 Gartner、IDC、Forrester 三大国际机构的调研分析报告,甲方在选型和预算时可能会参考此类报告。不过这种方式整体投入略高,周期较长。若是想降低一些开支,可以考虑参与国内的第三方智库。近年来在研究深度与影响力上国内智库不断提升,尤其是在部分细分科技赛道。比较有代表性的国内智库有艾瑞、亿欧、易观智库、爱分析等。

除智库外,近年来国内 To B 垂类媒体也纷纷开启了榜单等排名,如甲子光年的"光年 20:2022 中国数字经济产品创新榜"、36 氪的"WISE2022 新经济之王年度企业榜单"等。

技术生态分析

技术生态贯穿很多 To B 企业的研发生命周期。部分国内外大厂商为保持技术的领先性,采取开放包容的方式,吸引更多技术人员参与企业项目,率先打造了基于自身定位的技术社区,包括谷歌开发者社区的 Google Developers(谷歌开发者部门发起的全球项目)、阿里云开发者社区(覆盖云计算、物联网、大数据、云原生、数据库、人工智能、微服务、安全、开发、运维等技术领域)、华为开发者社区(华为公司面向全球开发者推出的综合性平台,包含终端能力开放与 ICT 能力开放两大类)等。

知名大厂的技术社区已运转多年,为技术的进步与纠偏做了很多贡献,整体框架比较成熟完备,并由专人/部门负责运营,兼顾线上、线下双模式。线上运营涉及技术论坛、直播、话题设计与引导等,线下运营涉及分社区管理、沙龙活动、赛事与峰会活动等。中小厂的技术生态部门可以参考大厂的运营方式,搭建自身的技术社区平台。

除了自身社区外,也可以通过与国内外知名技术社区联动来放大自身的影响力。企业可以寻求内部具有内容创作能力和影响力的技术专家,打造技术 IP,持续进行内容输出,扩大技术生态的影响力,从侧面佐证企业技术领域的综合实力。

业务与渠道生态分析

70% 左右的商业领袖认为,在当前商业环境下,让生态发挥最大的商业价值是取得成功的唯一途径。需要进行"生态化布局"已成为国内厂商的基本共识。

很多大企业拥有成千上万生态合作方的情况并不少见,这从侧面说明,国内企业已经进入需求定制化、行业深度化的"深水区",跨行业、跨领域的复合型合作模式变得越来越重要。整合不同类型生态伙伴的技术成果,形成一套更全面的行业解决方案,不仅可以帮助生态伙伴触达更多客户、满足个性化需求,还可以嵌入自己的相关产品。这种生态+业务的同步扩张,是当前大多数厂商采取的策略。

投融资生态分析

如前文所述,市场部在企业投融资板块也可以承载一定的功能属性,并放大市场价值。比如,日常维护财经类媒体时,可以更早地获得行业内的友商融资动向,还可以通过展示与分享企业和细分领域信息,帮助媒体获得真实的一手行业信息。这样不仅可以借助媒体渠道向投资人阐明行业发展与未来前景,还可以准确定义并传播企业的成长空间,从而为企业融资与 IPO 提供支持,甚至存在帮助引荐、对接投资人资源的可能性。

对投融资生态的维护,很多时候是由财务部门与市场部门共同完成的。市场部门可以与股东的品牌部门充分沟通,尝试争取到更多母公司品牌与业务资源的倾斜，包括**对外资源**（外部统一传播，业务渠道共建，联合推广）和**对内资源**（股东方内部传播，产品体系融入，销售部门的培训等）。

第 5 节　To B 企业生态圈的战略意义与愿景

将生态价值做到平方级增长

"梅特卡夫定律"在业务层面对互联网时代的发展规律进行了高度概括，尤其是 20 世纪 90 年代互联网在美国强势崛起时，该定律指引了互联网的发展方向，至今仍是行业应用依据。

"梅特卡夫定律"的表述非常简单——一个网络的价值和这个网络节点数的平方成正比。我们对该理念进行延伸可以得到这样一个公式：

$$系统价值 \approx 网络节点数^2$$

其中网络节点数就是参与用户数。上述公式意味着**核心节点、关键用户、合作生态越多，企业影响力就越强**。

优秀的企业都拥有强健的生态体系，这需要技术实力及专业生态系统建设规划的支持。内部的各部门为内循环体系，外部合作伙伴、生态伙伴以及用户为外循环体系。企业需要让循环系统的各组件有效连接，做到企业内部、企业与企业之间有效运转，发挥整体势能。

"开放、健康"是优秀商业生态的必备条件

与生态伙伴基于行业和场景共同进行深入探索，可以更好地为 To B 主线产品提供真实反馈，更好地帮助企业研发明确方向，为应用创新提供更多可能。

从产品竞争到标准竞争再到商业生态圈竞争，其实就是**从单兵作战到集团军阵地战的竞争升级过程**，这会促使更大规模的合作。生态系统的构建、价值的创造与分享、生态系统的治理已成为 To B 企业战略不可或缺的环节。企业生态圈的参与方也是利益共同体，大家都要对最终结果负责，风险共担，利益共享。因此，构建开放、竞争、合作的良好商业生态环境，对生态循环的良性发展来说尤为可贵。以开放的心态与在某方面更优秀的企业合作，才能保持强竞争力。

14

To B 渠道管理实战

——冯洋

冯洋　童心制物（makeblock）国际业务部副总裁，曾任职于中兴、华为等知名企业，专注To B营销20余年。

第 1 节　To B 渠道概述

销售是什么

销售是一种通过产品和服务来满足客户需求和创造价值的活动，它具有多种形式，比如线上销售、线下销售、团队销售、个人推销等。图14-1是销售全景图。

由图14-1可知，产品或服务是通过推销和坐商两种方式进行推广、拓展的。推销，顾名思义，是由销售人员主动推动销售。坐商，即坐等（或者吸引）客户到来。在坐商中，不管是线下实体的店面销售还是线上平台（包括独立站）销售，本质都需要引流，都需要投入。虽然它们一个在现实世界，一个在虚拟世界，但是销售逻辑是一样的。不同的人对销售的理解是不一样的，笔者理解的销售是"找到人，搞定人"。**不管是什么类型的销售，本质上都是锁定客户，搞定客户。**

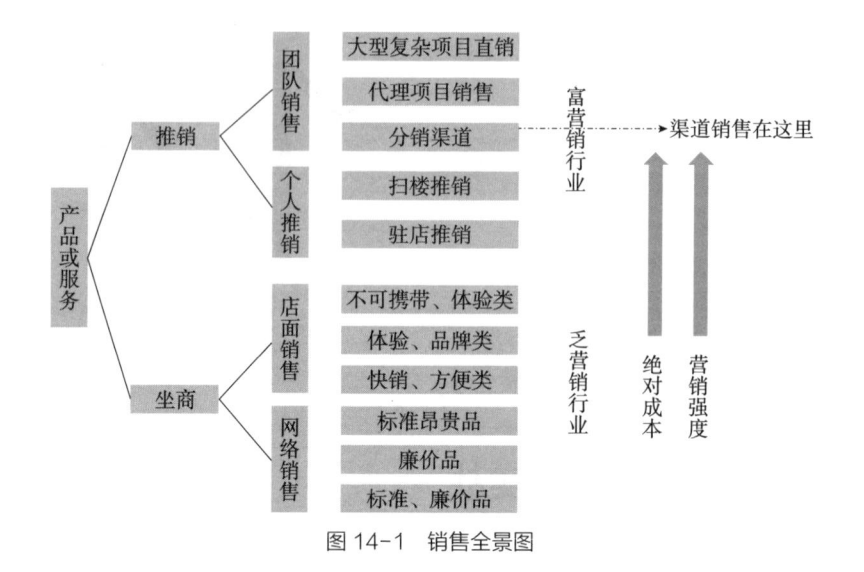

```
                                  ┌─ 大型复杂项目直销
                      ┌─ 团队销售 ─┼─ 代理项目销售      ····→ 渠道销售在这里
                      │            └─ 分销渠道
              ┌─ 推销 ─┤
              │        │            ┌─ 扫楼推销
              │        └─ 个人推销 ─┤
产品或服务 ─┤                      └─ 驻店推销
              │
              │        ┌─ 店面销售 ─┬─ 不可携带、体验类
              │        │            ├─ 体验、品牌类
              │        │            └─ 快销、方便类
              └─ 坐商 ─┤
                       │            ┌─ 标准昂贵品
                       └─ 网络销售 ─┼─ 廉价品
                                    └─ 标准、廉价品
```

图 14-1　销售全景图

To B 渠道及其思维框架

To B 渠道是指厂商通过经销商来触达最终用户的一种销售通路。经销商的类型有很多，比如一级/二级经销商、批发商、零售商等，我们可以简单地将其分为三级，即厂商、经销商、最终用户。

要分析 To B 渠道，我们需要有一个清晰的思维框架来帮助理解和优化 To B 渠道的各个环节。图 14-2 所示是一个常用的 To B 渠道的思维框架，它是一个由上到下逐渐收缩的 4 层漏斗。

图 14-2 所示的流量、转化率、复购频率、复购单价就是 To B 渠道的 4 个要素，它们决定了 To B 渠道的销售额。To B 渠道框架与 To C 渠道框架（销售额 = 流量 × 转化率 × 客单价）相似，不同的是 To B 渠道要考虑经销商的复购行为，因此多了复购频率和复购单价两个要素。

从流量池开始，我们可以把 To B 渠道分为四级漏斗，每向下发展一级都有一定的损耗。理论上，所有能够接触目标用户的经销商都是一个流量池，这是开放的范围。假设所有潜在的目标经销商数量为第一层漏斗，其中愿意合作的经销商数量为第二层漏斗，每个经销商卖出去的产品数量为第三层漏斗，所有经销商卖出去的产品数量之和就是 To B

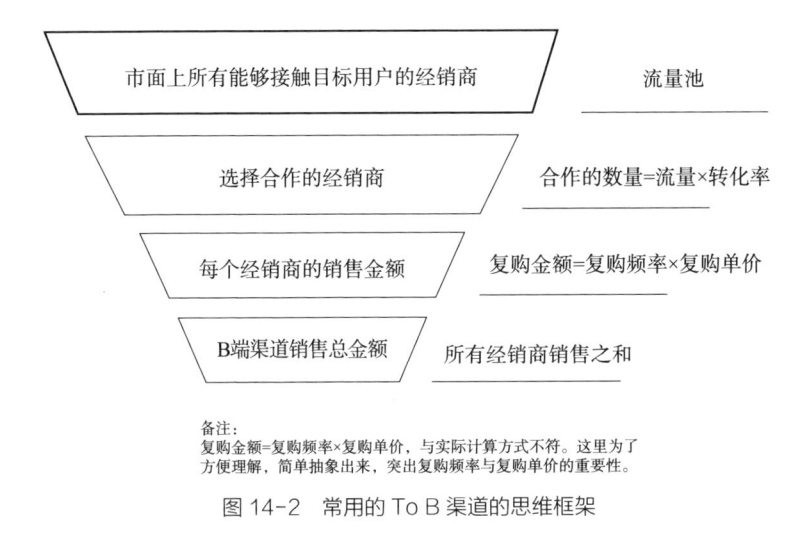

```
┌─────────────────────────────────────┐
│  市面上所有能够接触目标用户的经销商  │        流量池
└─────────────────────────────────────┘
     ┌───────────────────────┐
     │   选择合作的经销商    │     合作的数量=流量×转化率
     └───────────────────────┘
         ┌───────────────────┐
         │ 每个经销商的销售金额 │   复购金额=复购频率×复购单价
         └───────────────────┘
            ┌────────────────┐
            │ B端渠道销售总金额 │   所有经销商销售之和
            └────────────────┘
```

备注：
复购金额=复购频率×复购单价，与实际计算方式不符。这里为了方便理解，简单抽象出来，突出复购频率与复购单价的重要性。

图 14-2　常用的 To B 渠道的思维框架

销售总量，为第四层漏斗。

笔者认为，B 端的营销活动可以围绕上述 4 个要素来设计和执行，并不断进行循环、复盘、优化、迭代。

1）**流量**：指市场上所有能够接触目标用户的经销商的数量。要提升流量，需要挖掘越来越多的潜在合作伙伴，可以通过各种渠道和方式来寻找和接触它们。

2）**转化率**：指经销商中愿意跟我们合作的经销商的数量。要提升转化率，需要说服潜在经销商跟我们合作，可以通过展示优势和价值、提供合适的条件和支持、建立信任和关系等方法来达成合作。

3）**复购频率**：指经销商在考核周期内的复购次数，考核周期可以是月、季度、半年或者 1 年。要提升复购率，需要协助经销商提升销售数据，从而加快动销速度，提升购买次数。可以通过培训、促销、服务、奖励等方式来激励和帮助经销商。

4）**复购单价**：指经销商每次复购的金额。要提升复购单价，需要让经销商每次复购更多好的产品，可以通过产品组合、新卖点、新场景等方式来增加经销商的订单金额。

四层递进的思考工具

为了帮助大家更好地理解和分析 To B 渠道销售，笔者提供一个四层递进的思考工具，让大家能够从不同的角度来评估自己对产品、市场、对手、场景的认识。

第一层思考：销售的本质是什么？To B 渠道销售是什么？To B 渠道销售的 4 个要素是什么？

第二层思考：你对自己所处的行业有多少了解？你知道自己公司的主营产品是什么吗？你对主营产品有多少了解？你清楚自己的产品是在什么场景下销售的吗？你掌握了销售的关键流程和节点吗？你熟悉最终用户是如何使用自己的产品的吗？

第三层思考：你对竞争对手的产品有多少了解？你清楚竞争对手的产品是在什么场景下销售的吗？你熟悉最终用户是如何使用竞争对手的产品的吗？

第四层思考：你知道如何做竞品对比吗？做竞品对比需要站在什么角度？

这里对第四层思考进行简单介绍。从最终用户的角度展开，对比的关键点有如下两个。

1）**使用频率**：产品如果没有被使用，就没有未来。使用频率越高，说明产品价值越高，优势越大。我们要比较自己的产品和竞品，哪个使用频率更高，哪个更受用户欢迎。

2）**复购**：对于这一点，重点是对比复购周期。复购周期越短，说明产品越有吸引力，用户黏性越大。我们要比较自己的产品和竞品，哪个复购周期更短，哪个更能留住用户。

通过这个四层递进工具，我们就能客观地评价自己在 To B 渠道销售中的优势和不足。

第 2 节　To B 渠道全生命周期管理

渠道全生命周期管理可以简单地分为 1 个内核和 4 个阶段，如图 14-3 所示。其中一个内核指 PDCA，4 个阶段指规划、选择、维护、优化。

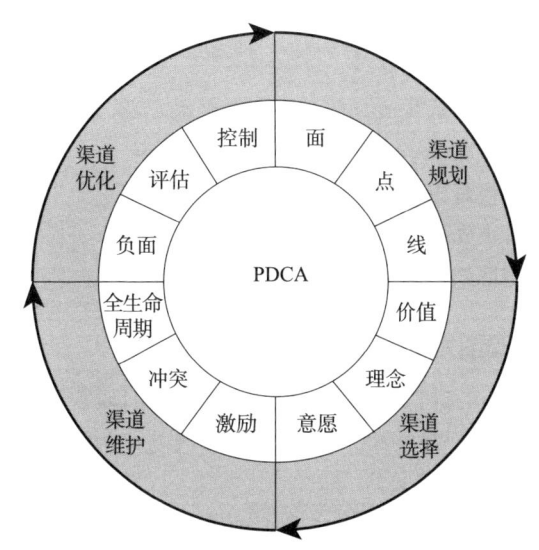

图 14-3 渠道全生命周期管理示意

PDCA

PDCA 指计划（Plan）、执行（Do）、检查（Check）和行动（Act），这是一个循环过程，是渠道全生命周期管理的核心。PDCA 包含 3 个步骤：确定目标，找到全局最优路径，细化每个环节并持续迭代。这 3 个步骤看似简单，但实际上非常难以做到，每个步骤都需要做大量的分析和决策。针对这 3 个步骤，市场部需要思考下面的问题（开放问题，没有固定答案）。

- ❑ 目标是什么？
- ❑ 目标是如何制定的？
- ❑ 目标有什么依据和标准？
- ❑ 这些依据和标准是主观的还是客观的？
- ❑ 主观逻辑是什么？
- ❑ 客观数据是什么？
- ❑ 什么是全局最优路径？
- ❑ 如何寻找全局最优路径？
- ❑ 如何考虑全局的影响因素和变量？
- ❑ 如何比较不同路径的优劣？

- ❏ 如何尝试更多的路径？
- ❏ 如何细化和迭代？
- ❏ 如何把路径细化成具体的任务和指标？
- ❏ 用什么思路和工具来细化？
- ❏ 工具是否可以做到标准化、流程化、可视化？
- ❏ 是否有更先进的工具？
- ❏ 迭代周期如何确定（每天，每周，每月）？

第一阶段：渠道规划

渠道规划是渠道管理的第一步，那么什么时候需要进行渠道规划呢？一般来说，有两种情况需要进行渠道规划：新市场或新产品的开拓，旧市场或旧产品的变革。

如图 14-4 所示，当我们要把新产品推向新客户或新市场时（第一象限），或者要把老产品推向新客户或新市场时（第二象限），需要进行渠道规划。当我们发现最终用户的采购决策或使用场景发生了变化时（第三象限），或者要把新产品推向老客户或老市场时（第四象限），也需要进行渠道规划。

	新客户	
老产品进入新客户		新产品进入新客户
老产品 2		1 新产品
	3	4
	老客户	

图 14-4　渠道规划判定图

那么，如何进行渠道规划呢？可以从两个大方向来思考：直面竞争和另辟蹊径（规避竞争）。无论采取哪个方向，渠道规划的核心都是更贴近商业本质，即用更低的成本、更高效的方式，把更有价值的产品或服务交付给最终用户。销售部门可以通过以下 3 个步骤来进行渠道规划。

步骤 1　确定销售目标。销售目标通常由高层决定（决策过程不在本章讨论范围内，一般与过往的业绩、逐年的增长要求、竞争对手的规模和发展状况、未来市场的预测等因素相关），目标确定后，销售部门的工作就是执行。执行的第一步就是分解目标，分解目标有市场、产品和时间节点 3 个维度。

步骤 2　确定最终用户。确定最终用户的关键是深入了解最终用户的使用场景。首先要确定产品的大目标群体，是 B 端使用、G 端使用，还是 C 端使用。然后要深入了解产品的使用场景，包括为什么使用，什么时间使用，什么地点使用，什么人使用，每次使用多久，每天/每周使用频次是多少等。确定使用场景之后，还要进一步分析复购场景，即最终用户在什么情况下会再次购买产品或服务，为什么会采购，什么促使复购发生，复购频次和周期是什么。

步骤 3　确定触及最终用户的路径。了解了最终用户的使用和复购场景后，就可以规划销售场景了。从销售场景反推销售路径，再从销售路径寻找覆盖的渠道，完成渠道规划。简单地说，销售场景就是在什么时间、什么地点、以什么方式让用户接触到我们的产品或服务，并且让他们购买，然后由我们交付和提供服务。

这里要特殊说明一点：渠道是有生命周期的，企业是有生存周期的。渠道生命周期通常分为 4 个阶段——投入期、成长期、成熟期和衰退期。

1）**投入期**：这是经销商市场开拓的阶段，没有完善的营销渠道，对产品/厂商还在逐步熟悉的过程中。此时市场投入大，拓展费用高，经销商利润低，甚至亏损。

2）**成长期**：这是销售业绩开始快速增长的阶段，营销渠道逐步完善，对产品熟悉，与厂商建立了信任关系。此时市场持续投入，拓展费用降低，经销商开始盈利。

3）**成熟期**：这是销售业绩增速开始放缓的阶段，触及营销渠道的能力边界，竞争加剧。此时市场投入持平，拓展费用降低，经销商盈利持续增加，但增速放缓。

4）**衰退期**：这是销售额缓慢下降的阶段，营销渠道效率降低，出现萎缩趋势。此时竞争激烈，市场投入降低，拓展费用降低，经销商盈利下滑。

渠道的全生命周期规划示意如图 14-5 所示，图中的 A、B、C 节点需要销售部门深入评估，及时介入，并进行控制和布局。

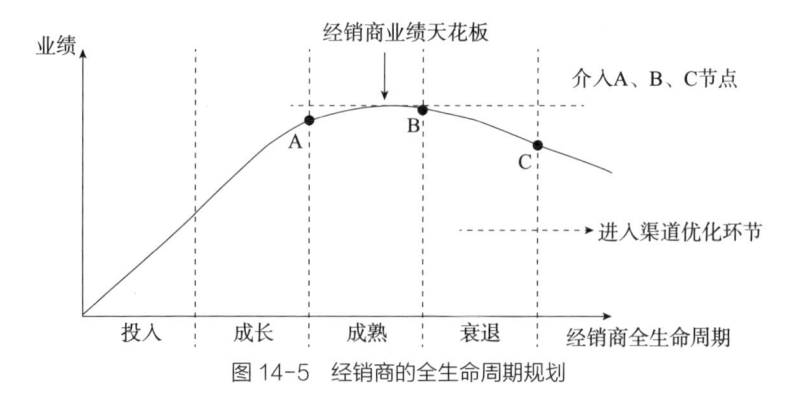

图 14-5　经销商的全生命周期规划

第二阶段：渠道选择

渠道规划完毕后，销售部会根据规划内容开始寻找合适的渠道，通常会选择 3 个以上的渠道（具体数量根据实际情况而定）。面对潜在的渠道，我们如何进行选择呢？通常从双方合作的价值、理念、意愿 3 个方面进行评估。

1. 价值

具有价值基础是双方合作的前提条件。通常情况下，由厂商从资金实力、客户资源和覆盖渠道等方面评估潜在经销商（经销商特别强大的除外）的价值。

2. 理念

具有匹配的理念是双方合作的重要基础，通常情况下这方面经销商和厂商是相互评估的。因为无论从哪个角度评估，逻辑都是一样的，所以下面从经销商角度展开介绍。

评估理念涉及如下 4 个方面。

1）**产品认可**。产品认可的本质就是看这个产品能不能赚钱。经销商要评估在自己的认知范围和能力范围内，是否能够接受这个产品的价格、质量、功能等，是否有能力推广这个产品，是否能够获得足够的利润。

2）**事业（使命、愿景等）认可**。经销商都有自己的理想、情怀，它们将理想和情怀注入产品，变成了使命和愿景。经销商在与厂商沟通的过程中，会希望厂商充分展示自己的使命和愿景，尤其是发展前景和方向。

3）**管理团队认可**。厂商与经销商的关系本质上是利益关系，核心是相互信任。经销商如何相信一个远在天边的厂商？如何相信厂商的承诺？对于合同上的约定到底能够执行多少，不止厂商心中有数，经销商心中也有数。经销商如果有机会（可以向销售部门大胆地提要求）最好能够亲自去厂商处，拜访相关管理者，比如 CEO（创始人）、研发总监、财务总监、销售总监、交付负责人等（注意，这里不包括销售主管或销售总监），与其深入交流。通过这样的接触，可以增进彼此的了解和信任。

4）**合作关系认可**。合作关系认可其实重点是认可商务条款，比如是否认可给我的区域（省 / 市 / 县 / 区），是否认可合作方式（总代 / 一级 / 二级 / 项目代理），是否认可财务条款（折扣 / 账期 / 压款 / 压货等）。双方在这个阶段会进行多轮协商。

如果上述 4 个方面都认可了，就可以进入实质的合作阶段了。

3. 意愿

意愿基础是双方合作的动力来源。通常情况下都是经销商向厂商表达意愿。评估意愿一般从资金和时间两个维度展开。

1）**资金的投入**。直接体现在销售数据上，比如返单、年底囤货、厂商清库等。资金的投入可以分为短期投入和长期投入。经销商通常比较关注短期回报，非常善于计算短期 ROI。当一个经销商认可厂商，愿意牺牲一些短期利益，延长回报周期时，双方的互信就会提升到一个新水平。这也是经销商与厂商达到高互信状态的必经之路。

2）**时间的投入**。这主要体现在市场活动上，比如是否协调各方资源参与厂商的市场活动，是否组织当地的二级经销商年会，是否赞助当地的 KOL 提升品牌曝光度等。对这些市场活动进行评估、迭代、优化，也是市场人员的价值所在。

合适的才是最好的。渠道选择是销售人员需要用一生去精进的事情，不能完全机械地按照硬性标准（资金、客户规模、销量、市场覆盖度等指标）和流程来执行。

第三阶段：渠道维护

选定最合适的渠道后，就要进入第三阶段——渠道维护了。如何维护渠道？如何激励渠道、管理渠道？

1. 渠道激励

渠道激励的核心就是利益。利益如何驱动？靠厂商的销售政策。所以，做好渠道激励就是要做好销售政策。销售政策一般包括以下几个方面：合作的产品、合作的区域、价格、折扣、返点、账期支持、市场支持、经销商培训、全流程服务支持、物流仓储支撑等。如何做好销售政策？这非常考验销售人员的能力，总体的原则就是"实事求是，知己知彼，合作共赢"。

2. 渠道冲突管理

渠道冲突可以避免吗？能不能靠完美的渠道规划来避免渠道冲突？笔者的看法是"不能"。再完美的渠道规划都无法避免渠道冲突，厂商和渠道是两个独立的个体，都有自己的发展节奏，都有自己的利益诉求。

那么，渠道冲突最强的破坏点是利益吗？笔者的看法是"不是"，是破坏了彼此的信任。信任一旦破坏，需要花费更多的精力去弥补。弥补和重建信任，是销售部门需要持续进行的工作。屡次破坏信任却不弥补和重建，合作最终一定会走向破裂。

厂商与渠道的3种主要冲突形式为线上线下冲突、销售区域冲突、项目冲突。笔者遇到比较多的是线上线下冲突，建议解决方案如下。

1）确定主次（要么线上为主，要么线下为主），然后进行区别处理。

2）进行产品区隔，线上线下的产品采用不同的型号、不同的颜色、不同的版本（功能差别不大）或不同的包装。

3）进行利润划分区隔，线上销售产品，然后通过指定的线下服务商提供后期服务，线下服务商赚取各种服务利润（仓储、发货、物流、技术服务、售后等）。

4）进行品牌区隔，即采用多品牌战略，比如两个品牌，一个专门做线上，一个专门做线下。

第四阶段：渠道优化

当厂商和经销商的发展节奏不匹配的时候就会进入渠道优化阶段，

这时候需要积极主动地面对以下问题：如何识别渠道异样？如何进行客观评估？如何控制风险？下面进行具体介绍。

1. 识别负面信号

负面信号的直接体现就是渠道业绩下滑，当出现这个信号的时候，销售人员就需要深度介入了。可以从如下 3 个方面观察负面信号。

1）**观察老板**。重大事情的成功都是用人的成功，重大事情的失败都是用人的失败，销售部门在调研时需要优先考虑人的因素。看看经销商老板的状态，看看他的事业投入度，看看他是否积极拜访客户，是否积极主动拓展市场，是否认真负责地解决问题。如果都是，那就说明这个老板斗志还在，大家就一起想办法解决业绩下滑的问题。如果老板晚来早走，自己的客户见得少了，问题解决得不积极了，工作中抱怨多了，甚至干起了其他副业，那就说明老板的心思不在这里了，此时就需要考虑是否更换经销商了。

2）**关注事情**。观察这个公司在市场活动上的投入是不是明显减少了，跟厂商销售人员的联系频率是不是减少了，是不是出现政策执行敷衍、拖延的问题了。

3）**关注骨干员工状态**。经销商的骨干员工稳定性如何？骨干销售人员是否已经离职？销售部门的收入是否降低？大家工作中的士气是否低迷？这些都需要销售人员现场拜访甚至走访最终用户来了解。主动跟经销商一个圈子里的其他熟人沟通，可以了解各个方面、各个维度的信息。

识别到渠道的负面信号后，就要进行渠道调整了。

2. 对渠道进行绩效评估

渠道绩效评估是贯穿渠道合作始终的事情，评估周期可以灵活设置，通常来说可按季度、半年或年度进行评估。评估的维度主要包括经销商业绩、增长率、市场占有率/覆盖率、竞争对手压制比、市场活动次数等。不同的公司、不同的发展阶段，考核的模式也不同。处于渠道优化期的考核更为关键，所以这个评估更全面，评估维度也更多。评估维度可以分为 3 类。

1）**数据维度**。所有能量化的数据都纳入评估范围，包括销售数据、经营数据、市场活动数据、服务支撑数据等。

2）**行为维度**。主要评估日常是否遵守常见的管理政策（价格政策、销售区域政策、项目报备政策等），是否遵守合同条款，是否按时回款，是否经营竞争对手产品，是否建立了市场团队，是否建立了服务团队等。

3）**意愿维度**。意愿维度的评估，可参考前文介绍渠道选择时关于意愿的相关介绍和介绍识别负面信号时关于观察老板的介绍。

3. 对渠道进行控制与调整

当我们收到负面信号，完成了渠道评估，认为这个渠道不合适的时候，就要进入渠道调整阶段了。无论什么时候，调整经销商都要非常慎重，要尽力做到好聚好散，给彼此留有余地。

渠道调整要做到下面 3 个"必须"。

1）**必须有客观数据支撑，理由真实充分**。不能凭借主观感受或者片面信息来决定调整渠道，要有充分的数据证据和合理的分析过程，让经销商能够理解和接受。

2）**必须有跟经销商当面沟通和核实的行动，并形成书面报告存档**。不能通过电话或者邮件等方式来通知经销商调整的决定，要亲自去拜访经销商，面对面沟通和核实，听取经销商的意见和反馈，并形成书面报告存档，以备后续跟进和处理。

3）**必须有安抚经销商情绪的具体措施，留有缓冲期，平稳过渡**。不能直接断绝与经销商的合作关系，要考虑其情绪和利益，给予一定的缓冲期和补偿方案，让经销商能够平稳地退出市场或者转型其他业务。

以上 3 个"必须"基本都是销售部门的事情，市场部在渠道调整阶段也有非常重要的作用，下面我们就来介绍这部分内容。

第 3 节 渠道管理中的市场人员

本节将围绕市场部在渠道管理中的价值展开介绍。

市场人员为什么要介入渠道管理

渠道管理非常复杂，是销售人员、销售主管、销售总监的主要工作，这让很多市场人员认为，渠道管理仅是销售人员的事情。如果有这样的想法，那么就进入了渠道管理的误区。误区通常体现在下面 3 个方面。

1）渠道管理是销售人员的事情，是他们的本职工作，我能不参与就不参与。

2）渠道是否发展壮大甚至生死存亡主要跟销售政策有关，影响的是销售业绩，我能做的不多。

3）渠道为什么发展得好，为什么遇到瓶颈，是销售部门需要分析和解决的问题，我们能影响的因素比较少。

上述想法是要不得的，市场人员要打破部门思维，打破职能思维，对最终的关键市场行为负责。

1. 市场部的定位——销售的"参谋部"

我们先来看看市场人员的工作：收集分析公司产品/竞品信息，制定市场策略，安排具体的拓展方式，时刻关注重点市场的拓展结果，根据市场竞争形势随时调整方案。To B 渠道销售就是找到合适的渠道，搞定渠道。而市场部就是"参谋部"。

有些市场人员可能有疑问：公司部门分得很清楚，主动介入和参与销售部门的工作是否合适？这里大家要纠正一个想法，我们不是主动介入，而是主动协助和帮忙。我们帮助销售人员更加全面地了解渠道、了解行业、了解竞争的态势。我们和销售人员的最终目的是一致的——提升销售额。认真奋斗的销售人员是不会拒绝市场人员的真心协助的。如果你们公司的销售人员非常保守，抗拒甚至拒绝市场人员参与渠道相关工作，那说明这个销售人员是不合格的，应该被淘汰。

市场人员需要对核心渠道和典型渠道非常了解。简单来说，核心渠道就是销售额大的渠道。每个销售部门都会按照销售额对渠道进行排名。典型渠道就是在不同市场客观环境的约束下，做得比较好的渠道。这类约束条件主要包括人口、消费水平、品牌认可度、复购频率等。在类似的约束条件下，做得比较好的市场就是典型市场，而典型市场中的主要渠道就是典型渠道。

2. 工具——核心渠道管理表

核心渠道评估表通常由销售人员完成。这里给出一个专门针对市场人员的简化版核心渠道管理表（见图 14-6），以方便市场人员将核心渠道纳入自己的管理库。如果销售部门对相关信息高度保密，市场人员的评估表的颗粒度可以更大一些。注意：表格只是一个思路，可以用各种IT工具和软件代替。

经销商名称			建立日期		
			法人代表		
公司地址			TEL		
			微信		
			E-mail		
公司概况	公司性质		注册资本		
	员工人数		公司规模		
	人员结构	管理	支撑		
		销售	其他		
经销商高层联系方式	Top 1 董事长/CEO/创始人				
	Top 2 销售负责人				
	Top 3 市场负责人				
姓名	职位		沟通方式		重点沟通记录
核心人员1					
核心人员2					
核心人员3					
核心人员4					

图 14-6　核心渠道管理表——市场人员

市场人员介入的 3 个关键节点

在后续经销商的管理中，若是出现 3 个关键节点，就说明市场人员需要深度参与和谋划了。市场人员参与的颗粒度可以大一些，比如分 3 个阶段参与：规划阶段，合作阶段，调整阶段。

1. 规划阶段

在规划阶段，市场部最重要的工作就是信息收集、信息分析，特别是竞争对手的信息（主要指公开渠道的信息）。这是一个系统化的工作。

信息按照内外部和公开与否可以分为 4 类，对应 4 个象限，如图 14-7 所示。其中，市场人员的主要工作集中在第一象限，销售人员的主要工作集中在第二象限。

1）**外部公开的信息**：查阅专业的行业分析报告（付费），参与竞争对手参加的所有公开活动（展会、沙龙、论坛，甚至圆桌会议），在公

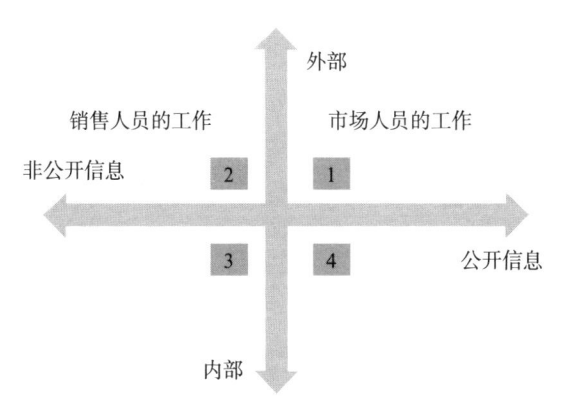

```
                    ↑ 外部
        销售人员的工作    市场人员的工作
  非公开信息
              [2]    [1]
        ←————————————————→
              [3]    [4]      公开信息

                    ↓ 内部
```

图 14-7　销售人员和市场人员在信息收集方面的不同

开渠道购买竞争对手的产品，查看竞争对手年报（若是上市公司），关注竞争对手的相关新闻，关注竞争对手招聘的岗位（主要关注岗位的变动、核心岗位的招聘人数）等。

2）**外部非公开的信息**：接触竞争对手的上下游供应商，接触竞争对手的乙方或者外协方（比如乙方市场团队、乙方招聘团队），接触竞争对手的离职员工，拜访竞争对手的客户，寻找机会参观竞争对手公司，直接接触竞争对手的一线人员（比如一线销售人员、促销人员，甚至志愿者等）。

竞争对手的信息收集完毕后，需要输出洞察报告，以体现市场人员的独特价值。由于这份报告主要是由销售人员在渠道规划阶段使用，所以建议报告不要贪大求全，把品牌宣传、渠道建设、销售人员团队激励及管理、经销商激励及管理等说清楚即可。

有些公司是由一个团队在做竞争对手的信息收集及分析工作，有些大公司甚至是由一个部门在做这方面的工作。作为市场人员，如果你的公司或者团队没有专门的人来做这方面的工作，那么笔者建议你主动做起来。做着做着你就会变为信息的枢纽，会有越来越多的同事找你询问信息，听取你的建议，你也会越来越有价值。

2. 合作阶段

在渠道合作阶段，市场人员应该做什么呢？大家可以思考这个问题：如果销售部门一年只干一件事情，是什么事情？答案是"经销商大会"。那么，经销商大会需要重点解决什么问题？按照重要性，排名前三的是颁奖、抽奖、调动情绪。

在渠道合作阶段，市场人员的工作分为日常和战役两种模式。经销商大会要采用战役模式。特别是 B 端市场人员，要协助销售部门把经销商大会做好。经销商大会的邀请、接待、日常安排、议程通常都是销售部门负责，市场人员展现价值的地方主要是颁奖和抽奖环节。

颁奖策划有 3 个需要关注的地方，我们称之为大会策划"三必须"，具体如表 14-1 所示。

表 14-1　大会策划"三必须"

"三必须"项	说明
必须现场彩排	必须按照真实流程彩排，颁奖时的主持人致辞、大屏幕背景、背景音乐、礼仪、颁奖产品、台上合影、经销商即兴发言、经销商坐的位置、上台领奖的线路、回去的线路、奖品放置的位置等都需要提前演练
必须用心准备	颁奖的日期、时间、地点、交通、环境 日程安排、歌舞表演、各个角色的发言内容 会前的欢迎、会后的欢送、所在地景区旅游安排、迎来送往的具体安排、经销商行程统计、交通工具和入住安排、VIP服务等
必须调动情绪	情绪必须调动起来——回忆和酒。回忆一起经历的日子，共同面对的苦难，举杯相庆的胜利，人生中的感动时刻。喝喝庆功的酒，品品苦难的味道

抽奖的重点是礼物和氛围，中间可以穿插一些合作伙伴的祝福视频、厂商安排的歌舞表演等。建议设置一些能够走下台的互动节目，比如高层集体敬酒、互动魔术、互动游戏等。建议厂商的管理层积极参与，多跟经销商互动。

经销商大会一年只有一次，那么平时市场人员应该做些什么呢？我们在日常工作中如何体现自己的价值呢？市场人员的日常价值主要体现在两个方面：赋能与避坑。赋能就是把自己的经验和知识分享给销售人员，帮助他们提升能力和效率；避坑就是把自己的教训和警示传达给销售人员，帮助他们规避风险和损失。

市场人员可以从外部的视角，以更加宏观、客观的方式帮助销售人员，持续地为销售人员输入新的信息，确保销售部门处于耗散结构。再简陋的耗散结构，都是鲜活的。

这里不再详细介绍市场人员的年度规划，但有一个小建议：每周保持两次与核心渠道或典型渠道的沟通，无论是信息同步、想法交流还是闲聊家常，都可以增进彼此的了解和信任。

3. 调整阶段

有时候，出于各种原因，厂商和经销商无法继续合作下去，就需要进入渠道管理中经销商的调整阶段。这个阶段的工作往往是比较敏感和棘手的，需要销售部门做出决策，一线销售人员执行决策。那么，市场人员在这个阶段有什么价值呢？

销售部门进行渠道调整的时候，需要主动把消息同步给市场部。市场人员得到销售部要调整经销商的信息后，可以按照如下3个步骤开展工作。

步骤1　判断此次调整是否存在异常。在以下两种情况下，销售部门不应该调整经销商。

1）**双方利益深度绑定**。利益深度绑定主要体现为经销商的压款多，很多钱在厂商手中。厂商的压货多，很多货在经销商手中。另外，若存在股权绑定等更深度的绑定，那就更要慎重了。

2）**销售机会窗持续存在**。当销售的机会窗持续存在时，比如在重大项目的竞争还未结束，传统的销售旺季即将来临（或仍未结束），或厂商的重要新品即将上市时，不建议调整经销商。

通常存在以上两种情况时销售部门不会做出调整经销商的决定，如果做出了，市场团队需要知道这属于异常操作，需要客观地评估理由是否足够充分。

步骤2　评估对市场的影响。如果不属于步骤1的异常情况，那就进入市场影响的评估环节。重点评估调整带来的负面影响，这主要涉及下面3个方面。

❏ 库存如何处理，是否可能带来低价冲货（甚至窜货）？
❏ 售后支持与服务如何保障？
❏ 市场占有率和品牌形象是否受损？

当市场人员发现经销商调整有重大风险时，需要对销售人员进行风险预警，提醒销售人员和销售主管在推进的过程中需要更加谨慎。如果风险已经预警，结果已经可以预判，但销售部门出于一些原因仍在强力推进，希望市场人员保持独立，此时市场人员要敢于升级问题，把具体情况汇报给更高层。

步骤 3　同步信息并且存档。市场人员要输出经销商调整评估表，将相关信息同步给销售部门、市场团队及其他受影响的团队，并同时存档。

有些市场人员可能认为存档没什么价值。其实不然，存档是基础，是前进的关键。存档是为了复盘，复盘是为了迭代和优化，优化就是突破，突破就是进步。

对于复盘的方法，这里分享华为的"三个还原"思维框架，如图14-8所示。经销商调整时的"三个还原"即还原当时双方的背景、还原决策的过程、还原执行的过程，如图14-9所示。

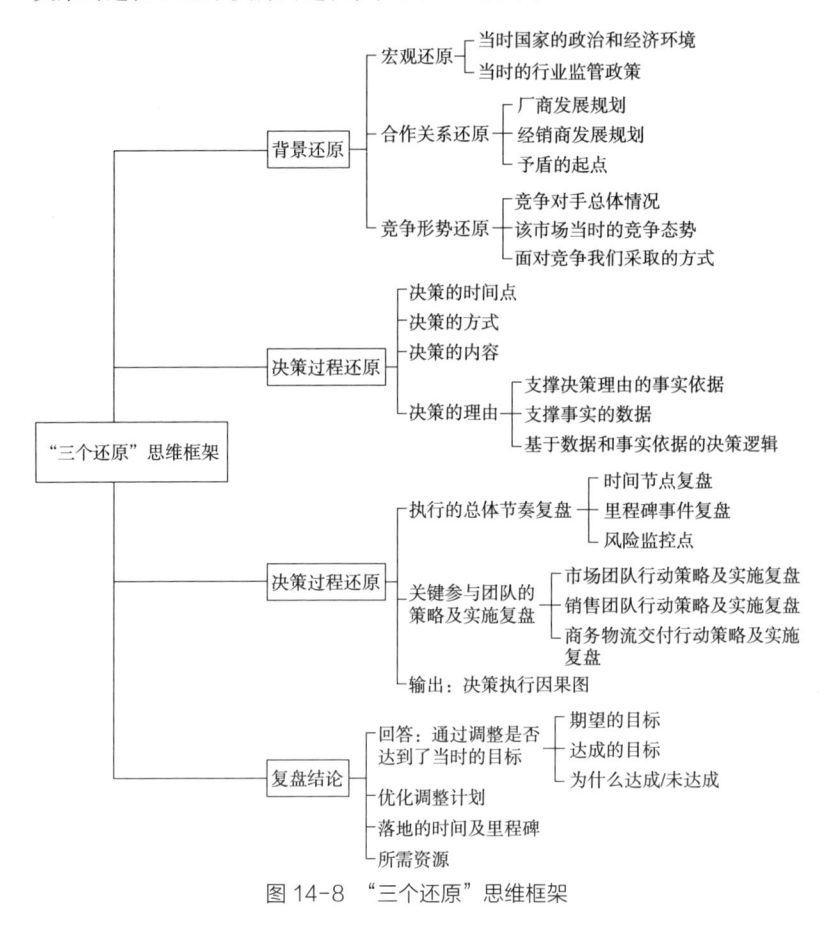

```
                    ┌─ 宏观还原 ─┬─ 当时国家的政治和经济环境
                    │            └─ 当时的行业监管政策
                    │            ┌─ 厂商发展规划
          ┌─ 背景还原 ─┼─ 合作关系还原 ─┼─ 经销商发展规划
          │         │            └─ 矛盾的起点
          │         │            ┌─ 竞争对手总体情况
          │         └─ 竞争形势还原 ─┼─ 该市场当时的竞争态势
          │                      └─ 面对竞争我们采取的方式
          │            ┌─ 决策的时间点
          │            ├─ 决策的方式
          │            ├─ 决策的内容
          ├─ 决策过程还原 ─┤                  ┌─ 支撑决策理由的事实依据
"三个还原"  │            └─ 决策的理由 ─┼─ 支撑事实的数据
 思维框架 ─┤                             └─ 基于数据和事实依据的决策逻辑
          │                       ┌─ 时间节点复盘
          │            ┌─ 执行的总体节奏复盘 ─┼─ 里程碑事件复盘
          │            │                  └─ 风险监控点
          │            │                          ┌─ 市场团队行动策略及实施复盘
          ├─ 决策过程还原 ─┼─ 关键参与团队的策略及实施复盘 ─┼─ 销售团队行动策略及实施复盘
          │            │                          └─ 商务物流交付行动策略及实施复盘
          │            └─ 输出：决策执行因果图
          │            ┌─ 回答：通过调整是否 ─┬─ 期望的目标
          │            │   达到了当时的目标    ├─ 达成的目标
          └─ 复盘结论 ─┤                      └─ 为什么达成/未达成
                       ├─ 优化调整计划
                       ├─ 落地的时间及里程碑
                       └─ 所需资源
```

图 14-8　"三个还原"思维框架

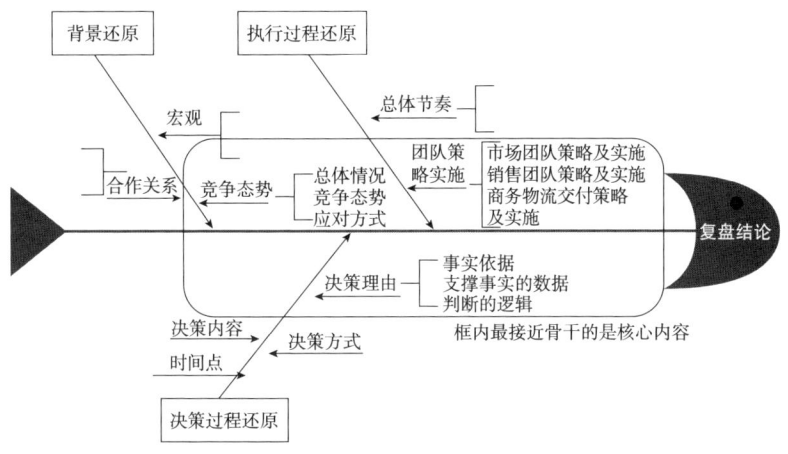

图 14-9　经销商调整时的"三个还原"鱼骨图

第 4 节　市场人员目标的制定与落地

通过前面的内容我们知道了市场人员的独特价值，但是市场人员的独特价值如何落地呢？本节将给出答案。

如何展示市场人员的内外部价值

商业的三要素是投入、产出、盈亏，所以市场人员的思考框架就是投入、产出、收益。市场人员的工作特性决定了花了多少钱很清楚，但是取得的结果却无法通过直接收益来计算，甚至无法准确评估。所以市场部门是一个投入明确、产出不明确的部门，通常会被认为是一个成本部门。一旦经营不稳定，公司开始控制成本，市场人员往往就首先面临调整和挑战，所以市场人员要证明自己有价值。

要证明有价值，就要知道怎么定义价值。价值不能仅是市场人员自己认可的价值，还要是团队认可的价值、公司认可的价值。由此可知，市场人员要变换思考的优先级方向，首先是公司认可的价值，其次是团队认可的价值，最后是创造的价值，把这个价值变为具体的工作目标、具体的执行计划，即与 OKR 目标对齐。

1. 对外价值展示

如何展示对外价值？首先得有客观的标准，最好是跟竞争对手直接对比。如果所处的行业没有明显的竞争对手，那么就跨行业找一个类似的对比对象。有了对比对象后，就可以按照如下维度进行价值展示了。

1）**同样的投入，更高的产出**。若是我们使用同样的资源比竞争对手做得更好，那就需要重点展示。展示的内容包括：在同样投入的情况下我们优化了什么流程，是否减少了不必要的支出，做得好的地方在哪里，用了什么新方法，克服了什么困难，推广效率取得什么成果，获得持续成果的路径是什么，协调资源的方法是什么。若是可能，可以把本次成功做成案例在全公司甚至外部渠道推广。

2）**同样的产出，更少的投入**。若是我们在取得同样产出的情况下，比对手少用了相关资源，此时就需要用数据化的方式进行展示。展示的内容包括：竞争对手使用的是什么方法，我们使用的是什么新方法，两个方法有什么不同，是什么原因造成了这样的不同，我们的人效是什么样的（数字化展示），获得这样的成果的路径是什么，协调资源的方法是什么。若是可能，可以把本次成功做成案例在全公司甚至外部渠道推广。

2. 对内价值展示

由于本章的主题是渠道管理中的市场人员的工作，所以对内价值的展示主要体现在如何配合或者协助销售部门取得更好的业绩方面。这方面只介绍两个重点。

1）**重数据，重结果**。市场人员在跟销售人员沟通时多用数据化的沟通方式。比如这个活动效果很不错，总共来了多少新客户，转化了多少新线索，预计产出多少，总共花了多少钱，同样的活动竞争对手公司是什么情况，它们花了多少钱，它们是什么效果，我们预计产出多少额外的销售额。销售人员长期处于激烈竞争的状态，他们时时刻刻都在关注竞争对手，所以市场人员一定要清晰明白地把数据展示给销售人员。

2）**销售人员具有天然的趋利性**。趋利避害是所有人的天性，销售人员在销售过程中体现得更明显。销售人员的趋利性体现在选择上，选择有消费意愿、消费能力的客户，选择优质的经销商。市场人员在跟销售人员沟通时，讲完了团队合作，讲完了团队利益，要重点讲能给销售部门带来什么样的价值，销售部门有市场人员配合和没有市场人员配合有多大区别。

在跟熟悉的销售人员单独聚餐的过程中，可以在氛围比较轻松的情况下真诚地交流，并重点咨询对方的期许，没有谁会拒绝一个能够更好地帮助自己的人。

OKR 考核及管理办法

对内的价值如何落地？如何与团队达成共识？如何让相关部门看到？答案是引进 OKR 管理方法。

OKR 是一套明确并跟踪目标及其完成情况的管理工具和方法。OKR 制定过程涉及如下几个关键点。

1）市场人员必须参与销售部门 OKR 的制定并提出自己的建议和想法。

- 哪些是公司优先级最高的事情？销售部门如何承接公司优先级最高的事情？如何对这些事情进行分解？
- 哪些是销售部门优先级最高的事情？销售部门如何对这些事情进行分解？
- 销售部门要达到预定的目标，需要什么资源和协助？哪些是市场部可以参与的？

在沟通过程中一定要坦诚交流，大胆讨论，充分碰撞。

2）市场人员必须围绕销售部门优先级最高的事情制定自己的 OKR。

3）再次同步，达成一致。 不能在了解到公司要做什么，销售部门要做什么后，就回来默默地制定自己的 OKR。市场部制定好自己的 OKR 之后要回过头与销售部沟通，与销售部达成一致。制定 OKR 的核心是同频和共识。

就 OKR 达成共识是市场部展现价值非常重要的一环，这件事情做好了，内外部价值的展示就有体系支撑，有工具支撑了。有些市场人员可能觉得销售主管、销售总监跟自己不属于同一部门，可能也没时间跟自己对齐 OKR。其实，你直接过去找他们，主动说明要和他们对齐 OKR，通常他们都不会拒绝。

市场团队 OKR 制定案例

简单来说，销售人员制定销售目标只涉及 3 个方面——在什么市场，以什么方式，销售多少产品。不管销售的过程或者营销的过程是什么，最终交付的都是产品，所以产品工作就是市场人员的核心工作。每个公司每年通常都会有一些新产品的推出计划，市场人员要根据新产品的推出计划，结合销售人员的销售计划来制定自己的OKR。

下面通过一个案例说明市场人员如何制定OKR。

市场人员和销售人员已经达成了共识，现在销售人员一年内要在广东省销售1000万元的新产品和2000万元的老产品。

新产品既要卖给新客户又要卖给老客户。

1）O：大力支撑公司的新产品在广东市场的销售额达到1000万元。

2）KR1：梳理新产品的定位、亮点、销售话术（卖点）、竞品对比，输出1份营销PPT、若干份营销视频。

3）KR2：初期打造新产品种子用户××个，后期打造成功案例××个。

4）KR3：在重点城市（广州、深圳、东莞、佛山）举办××场新品推介会，引入××条销售线索。

老产品既要卖给老客户又要卖给新客户。

1）O：大力支撑公司的老产品在广东市场的销售额达到2000万元。

2）KR1：维护老客户，策划线下聚会××场，经销商满意度达到95%，协助销售完成销售业绩1500万元。

3）KR2：老产品拉新，举办××场活动，参与××次本地论坛，赞助××次当地行业峰会，引入××条销售线索。

4）KR3：市场活动紧跟销售节奏（季度、半年），关键销售时间点100%覆盖，100%支撑。

赋能当地经销商的市场工作。

1）O：大力赋能经销商，提供××个视频营销素材，探索当地更高效的传播形式。

2）KR1：发布××个产品典型应用案例，使用抖音+视频号（即社群营销）的方式进行推广。

3）KR2：协助经销商在当地建立视频传播矩阵，投入××帮助经销商推广。

4）KR3：协助经销商成功举办××次线上直播，精准触及××人，为经销商引入××条销售线索。

第 5 节 经销商资质评估表

本节直接给出经销商资质评估表，方便市场人员从厂商角度评估经销商，如图 14-10～图 14-12 所示。

经销商名称		建立日期			
		法人代表			
公司地址		Tel			
		Fax			
		E-mail			
公司概况	公司性质		私营	注册资本	
	员工人数			公司规模	
	人员结构	管理		支撑	
		销售		其他	
经销商高层联系方式	Top 1 董事长/CEO/创始人				
	Top 2 销售负责人				
	Top 3 市场负责人				
	Top 4 商务负责人				
	Top 5 采购负责人				
	Top 6 接口人				
核心人员能力评估	姓名		职位	与代理关系	
核心人员1					
核心人员2					
核心人员3					
核心人员4					
核心人员5					
核心人员6					
高层+核心人员综合评估					

图 14-10 基础情况调查

序号	成功项目评估 了解经销商成功操作过的项目/代理过的产品的详细情况	评语	得分	备注
1	成功经验1（项目/产品）			
2	成功经验2（项目/产品）			
3	是否已经与其他知名公司签署长期代理合作协议（主要指提供与厂商类似产品的企业）			
4	代理了哪些知名公司？从厂商那里得到的评价如何 ● 评价较好 ● 评价一般 ● 评价较差			每项10分，满分100分，根据实际情况打分。得分在80分以上为战略目标，70～80分为重点目标，60～70分为普通目标，低于60分不选择
5	如果合同条款是FOB，经销商能否有效帮助厂商进行清关、关税申报、内陆运输、仓储等工作			
6	如果遇见产品问题，经销商能否有效帮助厂商进行问题说明和澄清，将对市场的影响控制在合理范围			
7	经销商对客户的重大抱怨和投诉是否能够处理，对客户反馈的重大问题是否能够及时、主动反馈给厂商			
8	在产品的推广、销售、交付、服务等端到端流程中，经销商是否有充分的人力资源来满足厂商和客户的要求			
9	经销商在业界的口碑评估 该经销商在业界的地位和知名度 ● 主流 ● 非主流 （需要从厂商直接客户那里分高、中、低三层进行了解）			
10	与其他潜在合作伙伴相比，该经销商是否具有明显的优势，优势在哪里 ● 不可替代 ● 可替代			
综合得分：	总体评价			

图 14-11 业绩及能力评估

序号	合作诚意评估 了解与厂商的合作诚意（理念+意愿基础）	评语	得分	备注
1	忠诚度： 之前是否跟其他相关厂商接触过 对厂商（产品、价格、服务）哪些满意，哪些不满意			每项20分，满分100分，根据实际情况打分。得分在80分以上为优秀经销商，70~80分为合格经销商，低于70分不选择
2	对厂商政策执行的配合度： （市场价格、销售区域、代理点数）是否严格按协议执行			
3	对厂商销售人员的工作配合度： 配合度高，高在哪里 配合度低，不配合的地方在哪里			
4	对市场推广的投入力度： 经销商投入多少人员 经销商投入多少资金 经销商动用了哪些其他资源			
5	在平时的工作中，是否主动、积极地对厂商进行拓展，针对产品、交付等是否积极献计献策			
综合得分：	总体评价			

图14-12 合作诚意评估

15

To B 企业公众号规划与运营

——荣华

荣华 数字营销及数字化运营SaaS领域资深从业者和领航者，现任爱点击集团市场品牌副总裁。拥有超15年市场营销及品牌管理经验，对于市场战略、品牌管理有非常丰富的从业经验及自己的理解和洞见。曾先后就职于麦肯锡、KPCB、美丽说、品友互动等知名企业，于2020年加入爱点击集团，全面负责集团的市场战略及品牌建设工作。曾多次作为主持人、分享嘉宾或终审评委受邀参加Morketing灵眸大赏、金投赏、To B CGO行业峰会、虎啸盛典、金鼠标、TopDigital、艾菲效果营销奖等行业赛事或峰会。

纵观整个 To B 营销过程，企业公众号运营往往是营销人最容易忽视的部分。大家喜欢把大部分精力放在如何设计线上线下活动、如何做广告投放等阶段性的"战役"中，因为大家喜欢花精力去做短期且相对容易衡量效果的事情。但营销的问题肯定不是一场战役能解决的，有人说一场不行，我就十场，其实不管是一场还是十场，都是短期行为。如果把这些事情比喻成一颗颗的珍珠，那么公众号运营就是把这些珍珠串起来的线，把每一场活动、每一次投放的内容再次通过公众号输出和传播，可以让每一场战役的效果不断叠加，不断积累营销势能。

本章先从宏观层面讲用什么样的思维和方法来做企业公众号运营，这是"道"的层面，然后从平台机制、体系搭建以及实操运营等"术"的层面介绍做公众号规划及运营的一些手段和方法，以及哪些坑大家不要踩，哪些方法可以让你少走弯路。

第1节　用做产品的思维来运营公众号

公众号运营既是艺术又是科学

1. To B 企业公众号都是在"自嗨"吗

最近总是听到一些人说，做公众号就是在"自嗨"。因为大家看到各种直播、短视频平台攻城略地般地抢占人们的注意力，公众号图文流量下降，所以质疑现在是否还有人看公众号，做公众号还有什么意义，大部分 To B 企业公众号是不是都是在"自嗨"。

笔者认为要从两个层面来回答上述问题。一个层面是微信和其他社交媒体的区别：为什么是公众号而不是微博、抖音、快手、小红书？因为相比这几个国内头部社交平台，微信是大家工作和生活离不开的交流平台，它满足的是刚需，而其他几个平台是人们分享及娱乐互动的平台，是非刚需性的存在。所以即使大家的注意力及时间被其他社交媒体分流了一部分，微信也始终是人们沟通交流及获取信息的首选，公众号的地位也无法在短期内被替代。

另一个层面取决于你用什么样的态度和方法来运营企业公众号。首先，笔者认为需要用利他的思维和态度来规划内容，你要考虑的是你的内容是不是对你的目标客户有帮助，他们看了你的内容能不能得到一些收获和启发。其次，你需要时不时地忘记"做广告"这件事，没人喜欢看通篇是广告的内容，否则就真的成"自嗨"了。

总而言之，运营好就不是"自嗨"，运营不好一切都可以归为"自嗨"！

笔者认为，如今的公众号运营想做好，需要把艺术和科学结合起来。科学指的是要用数据思维做数据化运营，用最小的成本去调动最大的增长。举一个例子，传统的广告投放怎么做呢？是用花钱的思路做投放，比如我有 1 亿元的预算，算一下要投几个渠道，每个渠道投入多少。而新一代的营销人，要用做股票交易员的思路去做投放，首先要洞察平台和客户，根据平台特点和客户标签属性来制定各平台的投放预算，而且要有投放计划、完成度等维度的数据看板，知道上一次投放哪里好、哪里不好，而不断迭代之后才能达到更高的效率。这些其实都是科学的部分。

艺术指的是我们要不断地去做符合企业价值观、符合品牌调性的内容，而且在审美上要有取舍。好的内容需要占领客户心智，要把它当成一个产品来打磨，需要具备好的"审美"。这里的"审美"是广义的审美。比如一个产品的功能设计是不是符合客户使用习惯，界面设计是否简洁美观，产品的表达是否符合品牌调性等，所有这些都要求我们在审美上要有取舍。

只有艺术没有科学，吃不饱；只有科学没有艺术，吃不好。

2. 公众号俨然成为 To B 企业的移动端"官网"

官方数据显示，截至 2021 年 1 月，微信及 WeChat 月活达 13.09 亿，微信公众号数量达 3.6 亿，公众号作为微信生态的重要一环，与微信聊天、朋友圈、视频号功能相辅相成，构成完整的信息传播闭环。将微信公众号作为主要营销渠道，打造自己的传播矩阵，挖掘沉淀在公众号市场中的机会，成为超 90% 的 To B 企业的选择，公众号俨然成为 To B 企业的移动端"官网"，成为品牌宣传矩阵中最重要的"标配"。公众号承接的部分功能如图 15-1 所示。

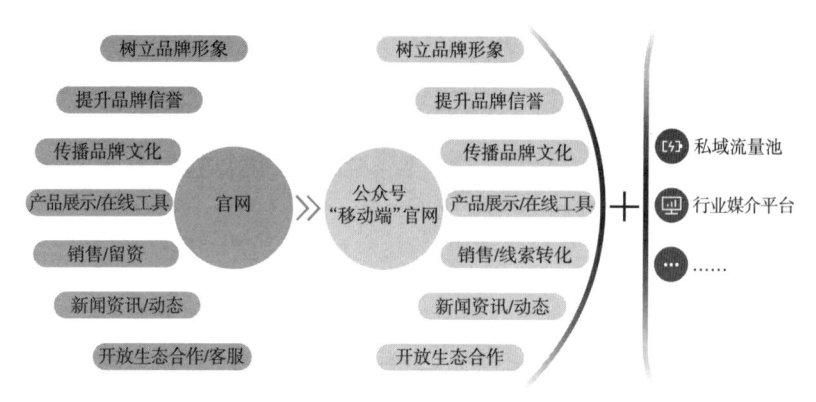

图 15-1　公众号作为移动端"官网"所承接的部分功能

从国内互联网兴起至今，流量红利已消失殆尽，To B 企业想做好创意营销、留存长期资产越发难了。但不管市场环境如何变化，最终落点都是品牌和效果的双引擎驱动。打造不被大环境影响的自有 IP，占领传播主阵地，讲好品牌故事，仍然是 To B 企业营销的关键一环。

公众号在私域流量方面的价值被空前放大，在众多创作者的努力下公众号已经成为质感内容的代名词。公众号具有优质的内容、巨大的流量池、强大的社交裂变能力、完善的商业化路径，为 To B 企业提供了稳健成熟的营销阵地。

3. 公众号成为沉淀用户的绝佳平台

企业想要占领用户心智、让用户"记住"是一项长期工程，必须以多次触达为核心。公众号的订阅模式也使得企业可以充分抓住用户的碎片时间进行内容渗透，再通过微信稳定的社交关系链不断裂变增长，这是其他平台无法比拟的优势。同时，公众号可以定向分发，后台可以实时查看点开率、点赞数、转发数、分享数等数据，可以轻松地利用实时数据评估宣传效果。搭建自己的公众号体系，还能够让 To B 企业在微信生态中拥有更多的"主场感"，企业可以根据自身品牌、产品的调性，在公众号上输出多元化的内容，收获即时反馈，再通过即时反馈持续反哺内容的输出，如图 15-2 所示。

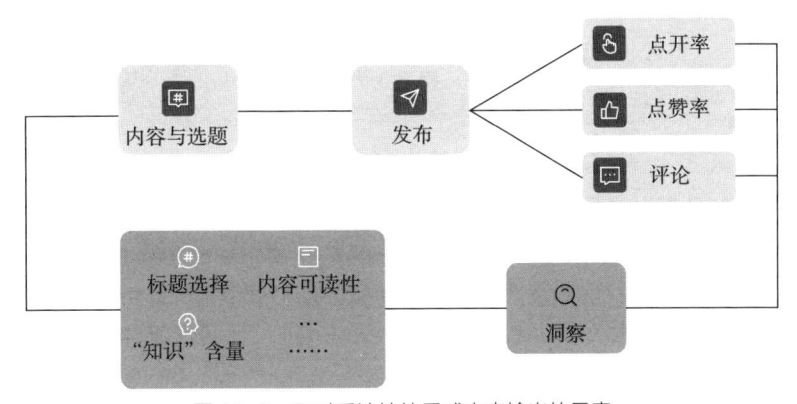

图 15-2　即时反馈持续反哺内容输出的示意

尽管当下直播与短视频风靡，但公众号的阅读量反而逆势上涨。在过去的野蛮生长阶段，内容创作者可以靠单篇爆款文章"毫不费力"地享受到流量红利，而现阶段，随着竞争的日趋激烈，平台和用户对优质内容的评判阈值越来越高，到了真正比拼内容能力和运营效率的时候了。另外，在微信生态中，可以从企业公众号顺畅地将用户导流到产品公众号、小程序或视频号，客户全生命周期都可以在微信内容生态闭环中完成，减少了平台之间的壁垒，显著提升了 To B 营销效果。

对企业来说，图文自媒体领域虽然有很多可以发布内容的平台，但只有微信才是粉丝留存和成交的终点，微信用户本身就拥有更加立体鲜活的形象，而公众号用户作为其中的高价值群体，拥有更清晰的画像和更高的营销价值。企业公众号在微信生态中的作用与地位示意如图 15-3 所示。

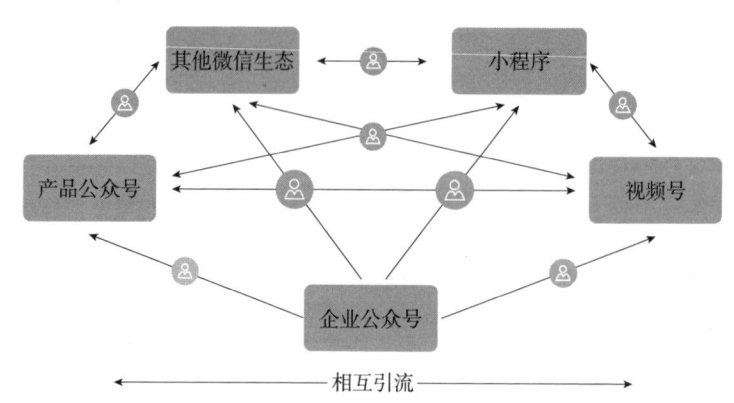

图 15-3　企业公众号在微信生态中的作用与地位示意

4. 头部公众号遇冷，为 To B 垂类公众号带来更多机遇

公众号经历过数次迭代升级后，内容生态也随之发生重大变化。2019 年 3 月，微信上线"看一看"功能，用户点击后可以看到更多文章，微信为这些文章设置了"热点资讯已关注""朋友圈在读"等标注，为海量信息增加了层次感，也为 To B 垂类公众号带来了更多流量，进一步释放了微信内容生态的商业化能力。很多 To B 企业通过掌握平台的推荐机制，轻松获取了更多推荐流量，也为品牌早期的冷启动注入活水。不过，To B 企业的公众号运营是长期战，比起获取推荐

流量，更难的是持续输出对粉丝有价值的内容，养成粉丝习惯，打造信任感，从而促成交易，形成正向循环。对于 To B 企业来说，运营公众号不是靠一篇爆文的力量，靠的是长久的深耕，不断摸索值得效仿与无法被超越的方法论，在确定的增益之外给品牌带来更多不确定的红利。

从平台逻辑来考虑，当下的内容环境逐渐趋严，头部大号能够传达的内容变得更为有限，同时，平台也更希望采用"去中心化"的推荐机制，而非过往"金字塔式"的 KOL 种草模式，这为品牌建立自己的传播阵地、打造自己的 IP 提供了更多机遇。对企业而言，在自己的公众号平台打造专属 IP，不仅能够紧抓用户兴趣，更能够提高用户参与度，疏通内容活水，并能够通过内容打通增长新路径。传统推荐机制与"去中心化"的推荐机制的对比如图 15-4 所示。

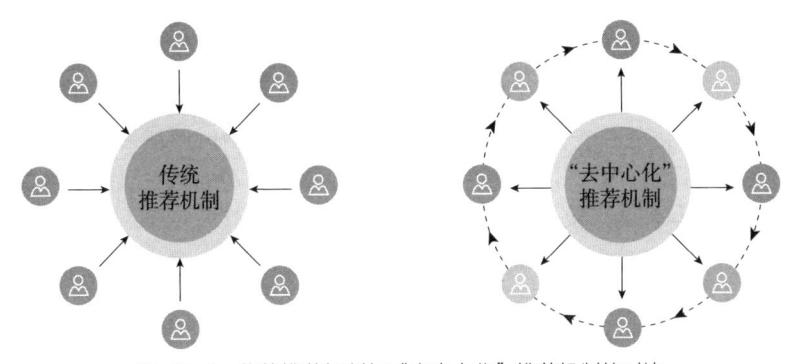

图 15-4　传统推荐机制与"去中心化"推荐机制的对比

基于这样的背景，很多 To B 企业铆足了劲运营公众号。然而，在落地实战中，企业仍然面临着公众号粉丝少、流失率高、难转化、用户不愿分享等难题。于是，很多企业开始尝试各种方法寻找突破点，如果没有掌握科学的方法，再多的努力也会成为"无用功"。

盘点 To B 市场人为涨粉做的无用功

1）**形式的突破难掩立意的陈旧**。很多 To B 市场人为了公众号的涨粉绞尽脑汁，在公众号推文形式上做了很多创新，但是转化量仍然寥寥无几，这也是 To B 企业公众号内容创新的一个巨大痛点。在现有粉丝量的基础上，一篇推文的传播量很难因为形式有意思、文案有创意就有大幅提升。特别是某些用户群体非常小的 To B 产品，如果不能在立意上有飞跃，形式上做得再好，也很难有突破圈层的传播效果。

2）**定位模糊，这也要，那也要**。在形式创新上遭遇滑铁卢后，很多 To B 企业开始反思是不是应该从公众号本身的定位找问题。于是它们对自己的用户群体展开各种维度的分析、调研，以确定自己的公众号调性，然而大费周章之后，产出的内容还是不能精准定位特定目标客群。很多市场人总是希望文章影响更多用户，既想要"精确打击"，又想要"覆盖全面"，最终导致文章"四不像"，甚至连黏性最高的一批"铁粉"也丢失了。

3）**限于表面的 To B 内容 To C 化，让"有趣"束缚住手脚**。很多 B 端企业看着 C 端公众号动不动就有 10W+ 的阅读量，而自家公众号单篇阅读量不过百，担心在激烈的市场竞争中会败下阵来，开始追寻 To C 营销的脚步，尝试用更新的玩法去做 To B 宣传。殊不知，To B 公众号运营 To C 化是一个非常有技术难度的操作，大多数时候都只是限于表面的 To B 内容 To C 化，结果就是内行人看笑话，外行人看热闹。营造专业、可信任的形象，是 To B 企业公众号内容运营的底线，在此基础上，再去思考如何"有趣"才能事半功倍，一味追求"有趣"，反而会导致在营销策略上迈不开步子。

好的内容永远是王道

1. To B 的决策链路天然决定了其拥有不同的目标受众

不同于 To C 可以收获即时反馈的个人决策链路，To B 有着截然不同的决策路径，这也决定了 To B 和 To C 公众号的受众和目标截然不同。很显然，C 端逻辑不一定能走进 B 端的世界。从感受层来说，To C 内容感受丰富，不同行业风格迥异，而 To B 公众号由于行业受限，风格固定，很容易显得枯燥乏味，未经洞察的"大胆"碰撞与改变，很容易导致"不伦不类"。总体来看，To C 营销引领市场营销理论的发展，To B 营销也在追随 To C 营销的脚步，不断尝试一些 To C 营销的新理论和方法，但 To B 的商业性质决定了其客户数量很难像 To C 一样爆发式增长，在借鉴 To C 增长经验的同时应理性看待这个问题。

那么，这是不是就意味着 To B 与 To C 营销之间就是泾渭分明的呢？To B 的公众号没有办法取得突破了吗？当然不是！两者的对比如图 15-5 所示。

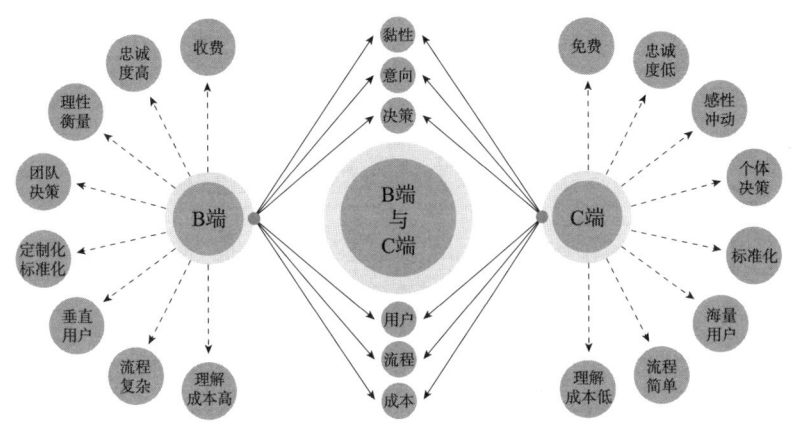

图 15-5　To B 与 To C 营销对比

2. 好的内容，天生具有"无边界"的吸引力

好的内容就像是尖锐的刀锋，总是能冲破藩篱，收获更多的鲜花与掌声。成功的 To B 企业公众号没有统一的标准，但是运营得好的公众号要么是内容的选题、立意新颖，要么是非常会讲故事，能够引起强烈的共鸣。例如，GE 官微发布的《腹泻也能有疫苗，机器人比狗还灵巧——证明世界在变好的 5 件事》，以及 IT 巨头——IBM 中国官微发布的《这份工作让他在关键时刻救了自己的命》等文章，都是在选题、立意上非常新颖的典范。

3. To B 企业公众号也可以讲好故事

人们对故事的胃口不知餍足，正如评论家肯尼斯·伯克所言，故事是人生必需的设备。在碎片化信息时代，数以亿计的信息铺天盖地涌向大众，抢占人们每一刻清醒的时间。剥开不同的外衣，好故事的内核都是真实存在的普遍冲突，如果能够深挖故事内核，将品牌价值渗透进故事，将故事转化成价值，便能使企业想要传递的内容拥有跨越时代、飞跃不同文化的生命力，从而帮助用户不断加强对品牌的信任感、忠诚度。

To B 公众号要讲好故事的前提是尊重读者，既不能糊弄了之，更不能居高临下教育对方，在表达企业愿景的同时要密切关注观众的需求，这样才能实现价值的最大化。此外，也不能一味跟风、追热点，正如罗伯特·麦基在《故事》中所阐述的一样，切忌将猎奇误以为独创，为不同而不同，因屈从商业法则而让内容流于空洞。To B 企业要根据行业特性衡量营销方式的适用性，并将营销理论和方法回归到客户需求、产品特点和企业阶段目标上。用真诚讲好品牌故事，才能拥有打动人心的力量。

此外，树立 IP 形象对于讲好故事来说也是利器。IP 具有极高的延展性，好的 IP 能够凝聚社会共识的最大公约数，体现社会情绪的共同切面。IP 价值越大，影响半径就越广，通过公众号，协同视频号、朋友圈、企业微信等多维触点，用 IP 的 "针线" 将故事网串起来，可以重塑内容的生命周期价值。当创新的形式、内容、方法与 IP 强绑定以后，用户留存于平台的理由就不仅仅是产品本身了，更是以内容为核心的情感互联。在用户留存后，品牌的曝光自然变得更容易。落到 To B 企业身上，链路则更为明晰，即以用户黏性极高的公众号为核心，以长期的、能够穿越时间的爆款 IP 为纽带，持续不断地讲好品牌故事，传递品牌价值。

公众号发展至今，已经兼具了品牌形象展示、宣传推广、产品销售、客户服务、客户管理等功能。很多人常听说直播的造富神话，也时不时地见证短视频顶流的诞生，唯独对公众号不断唱衰。殊不知，公众号可以与用户深度绑定，可以提供客户咨询、客户服务、客户管理等一整套系统服务，用户也早已习惯了通过公众号去寻求企业服务，短期内这个习惯不会发生大的变化。对于 To B 企业而言，掌握了公众号平台的机制，科学搭建 To B 企业公众号体系，无疑会赢在起跑线上。

第 2 节　掌握平台机制，让公众号体系搭建赢在起跑线

根据提醒方式、承载功能的不同，公众号可以分为服务号和订阅号两种。对于 To B 企业而言，应充分考虑两种公众号性能的区别、自

身内容团队的产出力，有策略地进行公众号矩阵搭建。服务号与订阅号两手抓，相互引流，利用品牌传播矩阵的影响力，可以达到 1+1＞2 的效果。

从功能属性出发，公众号分为订阅号与服务号

1. 服务号：To B 企业服务平台

服务号更强调工具属性，是品牌的线上服务平台，一个月 4 次的发布限制也决定了服务号更适合发布低频次、高质量的干货。此外，服务号具备更强的提醒功能，适用于互动性较强的裂变活动、活动提醒等内容传播，同时具备产品培训、售后服务、干货引导等多重功能。背靠庞大的微信用户群，服务号俨然成为移动端的 To B 企业服务平台。

2. 订阅号：To B 企业宣传的"弹药库"

订阅号每天有一次群发内容的机会，账号可以按照一定周期进行系统输出，包括业务产品、解决方案、公司动态等企业信息。订阅号适合通过高频发布内容来不断教育、引导用户，达到传播内容的效果。

尽管当前的订阅号还顶着"订阅"的名头，但订阅功能不断弱化已是不争的事实。微信也在持续探索"中心化"和"去中心化"之间的平衡，这对于 To B 企业运营而言，既是机遇，也是挑战。很显然，订阅号与服务号各自的优势清晰且互补，在 To B 企业公众号运营上，基础配置是订阅号＋服务号，二者相辅相成，合力搭建公众号矩阵，共同服务企业的宣传。

服务号通过互动活动吸纳粉丝，再将用户引导至以干货、行业趋势为主的订阅号上，沉淀为企业的高质量潜客。公众号通过订阅号与服务号的功能区分，在一定程度上优化了私域流量转化的路径，帮助品牌更好地筛选用户，同时更丰富的推荐机制为优质内容带来了更多展示空间，有效推动了行业的良性发展。

服务号和订阅号的对比如图 15-6 所示。

账号类型	功能介绍	功能权限	普通订阅号	微信认证订阅号	普通服务号	微信认证服务号
订阅号	偏向于为用户传达资讯（类似于报纸、杂志），认证前后都是每天只可以群发一条消息（适用于个人和组织）	消息直接显示在好友对话列表中			✓	✓
服务号	偏向于服务交互（类似于银行、114，提供服务查询），认证前后都是每个月可以群发4条消息（不适用于个人）	消息显示在"订阅号"文件夹中	✓	✓		
		每天可以群发1条消息	✓	✓		
		每个月可以群发4条消息			✓	✓
企业微信	企业微信是一个面向企业及市场的产品，是一个独立App好用的基础办公沟通工具，拥有最高基础和最实用的功能服务，是专门供企业使用的IM产品（适用于企业、政府、事业单位或其他组织）	无限制群发				
		保密消息禁止群发				
		关注时验证身份				
		基本的消息接收/运营接口	✓	✓	✓	✓
		聊天界面底部，自定义菜单		✓	✓	✓
小程序	是一种新的开放能力，开发者可以快速地开发一个小程序，小程序可以在微信内被便捷地获取和传播，同时具有出色的使用体验	定制应用				
		高级接口能力		部分支持		✓
		微信支付—商户功能		部分支持		✓

图15-6　服务号和订阅号的对比

从定位出发，公众号分为引流型与品牌型

从定位出发，To B企业公众号主要有两大类——引流型和品牌型。在公众号搭建初期，企业就需要界定好账号的定位，从自身的实际需求出发，才能避免做"无用功"。

1. 引流型公众号：高频互动，持续引导用户关注

引流型公众号通常以高质量的裂变活动和干货内容为"诱饵"，吸引大量目标用户进入企业的私域流量池，再以高频次、专业化的内容对用户进行持续培育，最终达到获客增长的效果。对于引流型公众号而言，可以多发一些高质量职业干货、行业趋势类文章，包括解决方案、专业干货、公司动态、客户案例、产品介绍、签约喜报、品牌资讯等内容，时不时地在粉丝面前"刷刷存在感"。与用户高频互动，不断引导、教育用户，才能有效地沉淀私域流量。

2. 品牌型公众号：稳扎稳打，长期主义赢得用户信任

品牌型公众号更像是企业移动端的官网，是企业营销的主阵地，以维护品牌声量、提升品牌美誉度为目的，需要运营人员稳扎稳打，通过

持续的品牌形象塑造赢得用户信任；同时，品牌型公众号常需要兼具售后服务、产品培训等实用性服务功能，所以通常都是由服务号来承载。此外，企业还可以通过对服务号菜单栏的功能开发和用户标签分群，定制面向内部员工的版本，用于企业内宣、企业文化宣传等。企业的内宣页也常是品牌搭建的重要组成部分，通过内外的联动，不断向用户输出"故事"，塑造品牌形象。

引流型公众号与品牌型公众号的对比如图 15-7 所示。

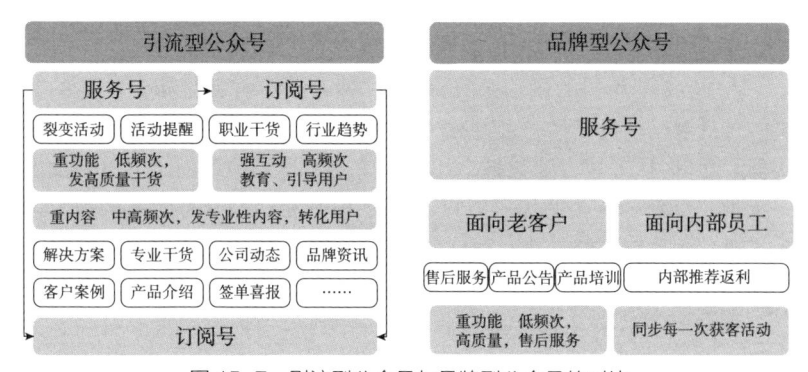

图 15-7　引流型公众号与品牌型公众号的对比

摸清平台机制，收割公众号长尾流量

1. 微信"乱序"信息流带来长尾流量

不管是引流型公众号还是品牌型公众号，对于企业而言，流量都是最值钱的。在传统的公众号订阅式分发机制下，粉丝数量意味着一切，公众号阅读量的峰值也基本止步于推文发布后的 3h 内，这就导致很多企业为了抢占用户的注意力，发布很多"标题党"的"口水文"，多次通过扎眼的标题"诱骗"用户打开文章，却没有优质的内容留住用户。这类公众号终有一天会失去用户信任。而随着公众号"乱序"信息流推行开来，一定程度上打破了这样的僵局，为优质的 To B 公众号带来了更多的长尾流量。在乱序信息流之下，公众号发布数天后阅读量仍然会有量级不小的增长，会带来相应的长尾流量，对于时效性不强的 To B 干货类文章而言，可以持续在微信流量池内发酵优质内容，孵化忠诚用户。

对于用户而言，常读账号在订阅号信息流中的位置往往更靠前。对于企业而言，最重要的是提高账号常读用户数，常读用户代表一段时间内哪些用户喜欢看你，这个用户数约等于一个账号真正的粉丝数。那么，如何提高常读用户数呢？持续生产优质内容自不必赘述，还需要持续"开源"，导入新粉丝。在关注公众号的第一个月，新粉丝与企业公众号之间存在"蜜月期"，用优质内容做"钩子"，留住他们；与核心用户进行常态互动，抓住"铁粉"；持续培养用户的阅读习惯也非常重要，比如文末福利、打卡等周期性的活动会带来意想不到的收获。

2. 微信生态连接器下，关键词搜索带来长尾流量

在 2022 年年初的微信公开课上，"搜一搜"官方公布了产品的数据，月活数已超过 7 亿。官方对"搜一搜"的定位是：微信生态内的连接器。尤其是 To B 专业领域，用户搜索感兴趣的关键词，可以牵扯出一大批"沉默"许久的优质内容，只要 To B 企业公众号发布的内容进入了对应的关键词结果页，而且排名相对靠前，就会带来源源不断的长尾流量。

和搜索引擎的长尾流量类似，通过用户主动检索获得流量的必杀技是关键词与排名。原则是，关键词越多，检索越精准。微信"搜一搜"的关键词排名原理和搜索引擎的排名原理有很多相似之处，如标题带关键词且足够精练，系统判定该内容有高价值的概率更高；同时，标题的原创度越高，在整个微信系统内的重复度越低，搜索排名会越高；此外，正文中反复提及关键词，提高词云的密度也有助于优化排名。对于企业而言，搜索流量非常重要，几乎是一种零成本涨粉、获客的新渠道，用好这项功能，将有助于 To B 企业更加高效、精准地获客。

3. 通过"看一看"与相关推荐带来长尾流量

除去被动推送、主动检索（"搜一搜"）外，从兴趣出发的"看一看"与相关推荐更是极大地丰富了微信公众号生态。"看一看"的分发中，包含了订阅分发、兴趣分发和社交分发三大模块，即已关注账号的内容、朋友阅读过或者点赞过的内容、同行业人阅读过或者互动过的内容、热点类内容、基于用户阅读习惯推荐的内容等。对于 To B 公众号而言，内容越垂直，越容易进入微信官方"看一看"的兴趣分发池中，越会优先获得流量推荐。

此外,"看一看"的已关注账号内容与订阅号的信息流机制一样,都会与发布时间存在一定的时间差,朋友互动过的内容往往也需要一段时间的数据积累才能获得分发,基于用户阅读习惯,系统匹配的内容不依照时间线分发,这些平台机制都为优质的 To B 公众号带来了更多曝光机会。

"搜一搜"和"看一看"功能对比如图 15-8 所示。

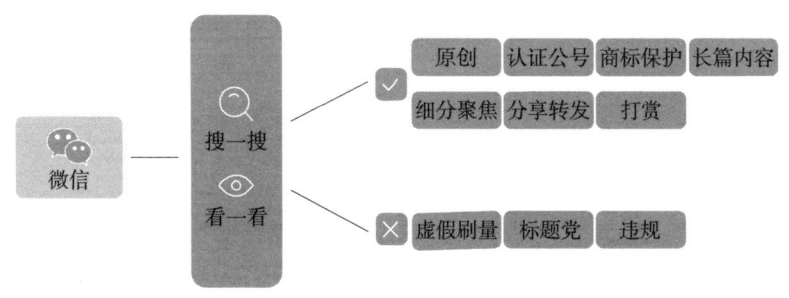

图 15-8 "搜一搜"和"看一看"功能对比

4."微信键盘"增强关键词智能推荐功能

2022 年 12 月 19 日,微信键盘正式版在各大平台上架,功能包括识别多种语言、自定义易混淆的拼音,以及直接在聊天页面分享内容(包括音乐、影视、书籍、小程序、视频号、公众号等),操作简单方便,极大地提高了用户的体验感。

最值得一提的是"智能推荐"功能(见图 15-9),基于微信的强社交属性,用户在阅读一篇内容的时候,只要进行了点赞、分享、在看、收藏中的任意一种行为,系统都会在文章底部推荐几篇相关内容,一篇公众号文章的互动数越多,交叉推荐带来的展现量就越大。通过企业集团号与产品号的相互引流、互动,通过各类活动引导用户互动,触发推荐机制推送流量,已经是很多 To B 企业运营公众号的公开秘密了。

公众号还可以直接引用"智能推荐"内容(见图 15-10),这其实相当于增加了另一个搜索功能,并且根据内容相关度、内容质量产生推荐数值,这对于企业来说是更大的利好项。"微信键盘"功能无疑是社交下极高频的使用项,公众号的运营需要牢牢抓住关键词标签,如推文内容及标题、企业品牌名、公众号简介等,这也会带来较强的流量引入。

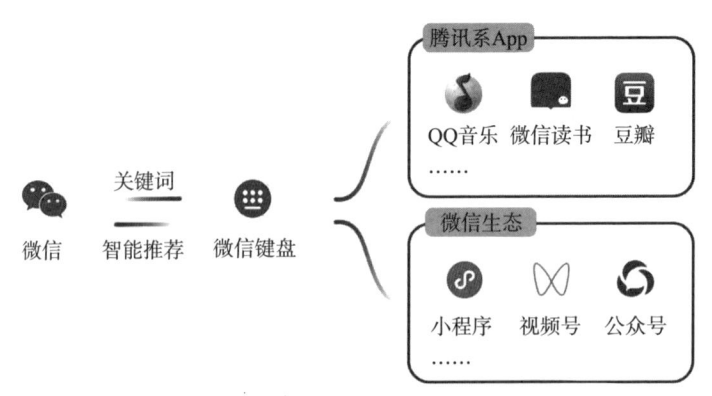

图 15-9 微信键盘的智能推荐功能

图 15-10 公众号中的"智能推荐"

第 3 节 To B 企业公众号运营"铁三角"

"增长"是企业永恒的主题,当人口红利和流量红利逐渐消退、存量竞争时代来临时,依靠营销数字化带来的增长韧性和优势更加凸显。在美国营销学者罗伯特·劳特朋提出的 4P 经典营销组合之上,逐渐衍生出了以人、货、场三大要素为代表的新"营销三要素"。

企业公众号运营作为 To B 私域运营中的关键环节,本质上是一个从内容传播到实现转化的完整闭环,离不开"人、货、场"这三大要素,即触点、内容、工具与渠道,这三者相辅相成,缺一不可,被称为 To B 公众号运营的"铁三角",如图 15-11 所示。内容需要通过触点

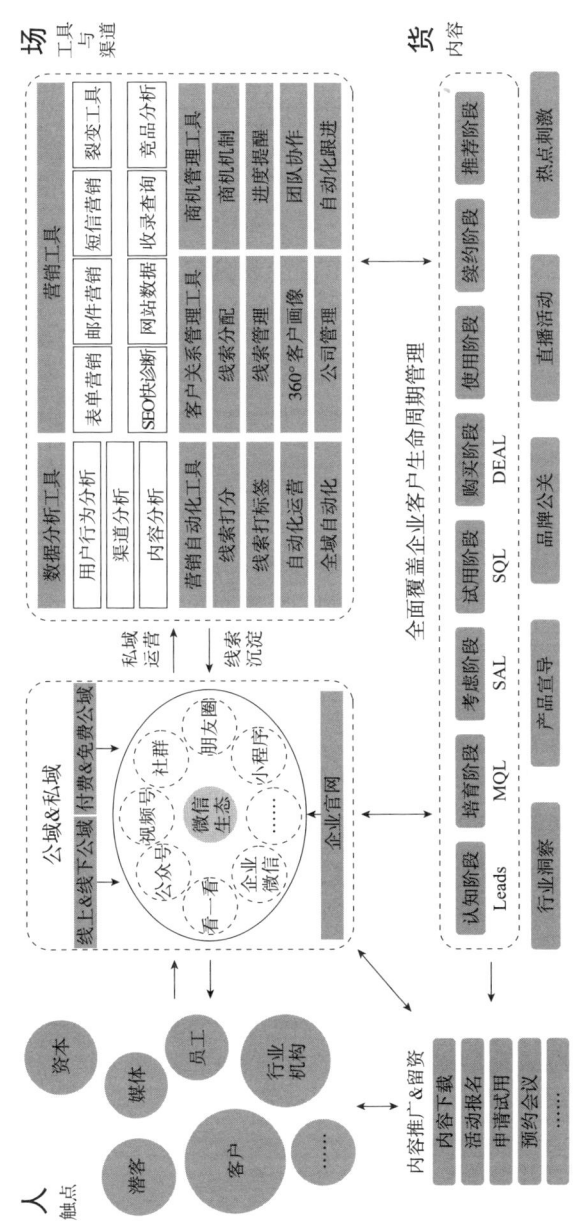

图 15-11　To B 公众号运营的"铁三角"

精准触达目标客户群，客户是否愿意长久沉淀在私域很大程度上取决于内容本身，运用私域运营工具深度挖掘用户需求，有效建立用户连接渠道，提高营销触达效率，则是锦上添花的事。对于 To B 市场人而言，这三者的高效联动是值得深入探索的重要命题。

接下来我们就从公众号运营的全链路出发，一起来拆解"铁三角"的各个部分。

锚定用户需求，精准定位 To B 企业公众号触点

从产品思维出发，在做产品功能设计时，我们习惯列出大而全的产品解决方案，听上去非常完美，可以解决用户的好多问题。然而，实际情况是，如果想要完成每一个功能点的开发上线，最终结果总是会受限于有限的预算、有限的人员。

剥开纷繁复杂的用户需求，我们发现其中存在三大核心，即痛点、痒点和兴奋点，亟待解决的是痛点，需要精准挠一挠的是痒点，偶尔刺激一下即可的就是兴奋点。这时候就要把需求按照重要程度和紧急程度区分优先级，借鉴产品思维中的 MVP（Minimum Viable Product，最小可行产品）模型，在有限的资源下专攻最大化价值的功能点，示意如图 15-12 所示。

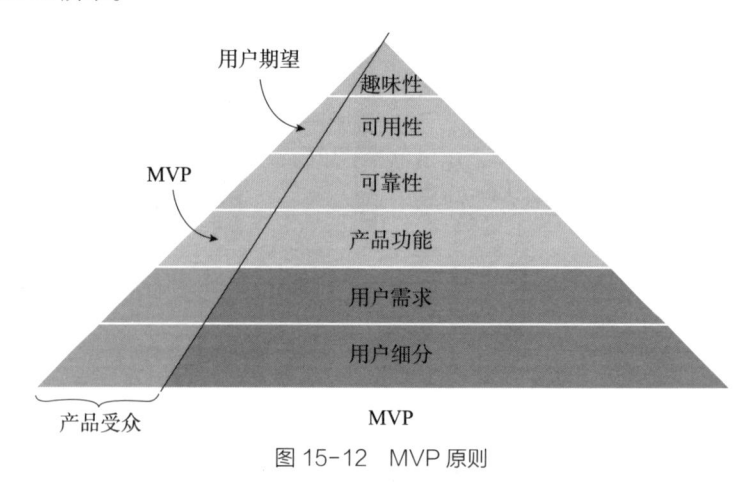

图 15-12 MVP 原则

对于运营 To B 企业公众号而言也是一样，用户需求千千万，核心

是要学会做减法。对于用户而言，在面对琳琅满目的产品、层出不穷的新功能时，该如何将自己的需求与产品功能相匹配？如何快速上手使用新功能？这些都是痛点，是需要重点关注的。市场上同类产品太多、挑花了眼，想要了解某类产品在市场上的地位、了解行业趋势之类的诉求的就是痒点，精准挠一挠即可。对于兴奋点，则需要找准时机，精准刺激，比如热点内容就是很明显的兴奋点，不仅自带流量，而且用户转发意愿也更高，可以说，兴奋点是锦上添花的行为，运用得当能够为 To B 企业公众号的内容运营带来更多活力。

像打磨一款产品一样来运营 To B 企业公众号，就需要具备完整的产品思维，从产品的底层逻辑出发，通过理解需求、表达需求、实现需求的路径来运营 To B 企业公众号。归根结底要搞清楚 4 个问题：我是谁？我的目标人群是谁？我能为他们提供什么内容？这些内容对他们有什么独特价值？

To B 企业公众号的受众中有很大一部分是购买决策链条上的人，可能是核心决策者，也可能是专业技术人士。在过去，技术产品的决策相对专业，也相对更"封闭"，对某项技术具备话语权的人基本就可以决定采购。而现在，决策对象正在逐渐走向细分化、圈层化，同样也在走向科普化、全员认知化，决策者需要考虑的因素也越来越多。对于 To B 企业公众号运营者而言，仅靠干货文章很难吸引足够多的关键决策者关注，更多是靠各种因素叠加的品牌知名度来影响决策者的选择倾向。根据不同角色的不同生命周期阶段来规划相对应的公众号内容地图，可以起到事半功倍的作用。

掌握内容艺术，打造具有产品思维的内容规划地图

在这个营销"动荡不安"、颠覆和创新并举的时代，优质内容自带传播势能和转化驱动力，内容营销的价值被史无前例地放大，多种形态的内容成为流转在各营销场景之间的纽带，连接人与货，推动用户在各种场景下的转化。

从产品思维出发，To B 企业公众号运营的内容就是产品，在产品极大丰富、商家层出不穷的今天，要想抢占用户心智，在企业客户生命旅程的各个阶段都需要优质内容来支撑。在此基础上，在用户的认知、培育、考虑、试用、购买、使用、续约、推荐等不同阶段，需要发布不同类型的内容，精准影响目标用户，让内容在场景分发、社交裂变、销售转化等环节发挥更大效力。

图 15-13 所示是公众号内容规划泡图。

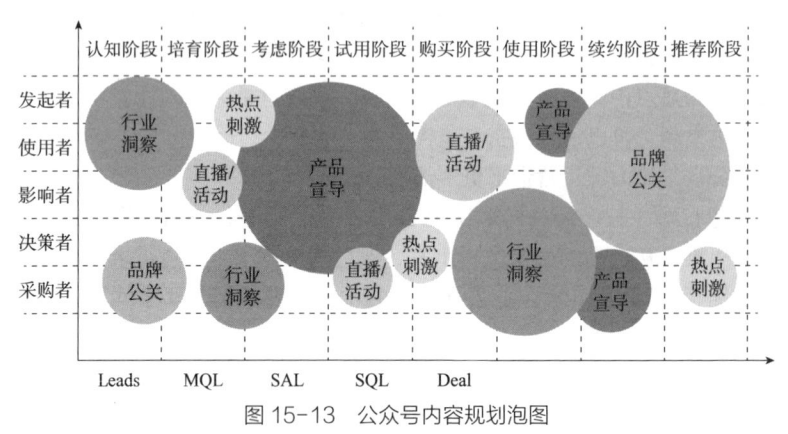

```
              认知阶段  培育阶段  考虑阶段  试用阶段  购买阶段  使用阶段  续约阶段  推荐阶段
发起者
使用者                         热点
                              刺激
影响者          行业                        产品              直播/             产品
               洞察                         宣导              活动              宣导
                             直播/
                             活动                                                     品牌
决策者                                      产品                                       公关
                                            宣导
                                                      热点
                                                      刺激             行业
采购者          品牌          行业           直播/                       洞察           产品        热点
               公关          洞察           活动                                       宣导        刺激

              Leads        MQL         SAL          SQL         Deal
```

图 15-13 公众号内容规划泡图

1. 基于用户全生命周期旅程规划的公众号内容类型

（1）品牌公关类

品牌公关类内容比较中规中矩，但非常重要。不管是行业重磅的奖项、技术上的重大突破、重要的市场活动，还是集团战略上的重大调整，都属于品牌公关的范畴。此时的文章定位更像一个新闻发言人，用行业背书的权威声音告诉用户——我们值得信赖。示例如图 15-14 所示。

图 15-14 品牌公关类内容

（2）产品宣导类

产品宣导类内容主打新产品或者新功能更新。新品发布官宣时，最好能够及时发布实用操作指南，让用户清晰地了解新功能并尽快上手。此时，长图的效果会比文章好很多，能够更清晰直观地展示功能的更新，让用户第一时间体验到迭代的新功能。这和产品的逻辑一样，尽快获得第一批种子用户的使用反馈，有助于缩短产品迭代周期，不断优化功能。示例如图 15-15 所示。

图 15-15　产品宣导类内容

（3）行业洞察类

一个好的 To B 企业公众号，不能缺少对行业的洞察类内容，这类内容包括白皮书、行业趋势报告、行业洞察文章等多种形式，这类文章有助于树立行业权威形象。对于 To B 企业公众号而言，专业、可信赖的形象是促成转化的重要因素，通过高质量的内容输出沉淀忠诚的用户，其中，可能有一大部分是行业伙伴、高潜客户，也可能是有关键决策能力的核心用户，通过给他们带来获得感、价值感来促成转化。这和产品的运营逻辑是一样的。在产品上市初期，通过免费试用，培养用户习惯，为用户提供多样化的价值，在拥有了庞大的用户群体之后，逐步实现转化。所以，按照产品的生命周期，规划好传播节奏非常重要。示例如图 15-16 所示。

（4）热点刺激类

热点刺激类文章需要关注时效性，这也是快速吸粉的妙招。如《羊了个羊》最火的时候、世界杯全民狂欢的时候，很多品牌快速抓住热点，分析与之相关的产品功能，在公众号私域内快速吸引了大量关注，

图 15-16　行业洞察类内容

获得了热点的红利，不仅为产品功能带来了全新的记忆点，也为常规的企业公众号内容营销带来了活力。示例如图 15-17 所示。

图 15-17　热点刺激类内容

（5）直播/活动类

直播/活动类内容是 To B 企业公众号内容运营的关键一环，从直播/活动的前期预热、活动现场到后续的持续曝光，能够在一个时间段内为品牌带来持续流量曝光，最大限度扩大用户的覆盖面，在增大试错空间的同时，还增加了爆款概率，提高了品牌整体曝光度，促进了转化率的提升。示例如图 15-18 所示。

此外，在撰写内容时，一定要注意在文章标题里植入关键词（品牌词、行业词、产品词等），促使"智能推荐"收录，方便用户在微信"搜一搜"时找到我们的内容。

图 15-18　直播 / 活动类内容

2. 从"价值与需求"出发，让你的公众号更吸引人

（1）如何吸引用户点开

公众号只要没被点开，就不能实现有效触达，而吸引读者点开的最简单方法是写一个好的标题，好标题的重要标准之一就是能够激起用户好奇心、引发点击兴趣。本小节提供 8 种吸引用户"驻足"的标题样式。

1）**直言式**。大部分标题都是这一类，直接把事情核心讲清楚、讲明白，不玩文字游戏，不使用复杂的隐喻、双关等修辞，这种方式尤其适合引流型的 To B 公众号，比如把福利、优惠、干货内容直接放进标题内。示例如图 15-19 所示。

图 15-19　直言式标题

2）**悬念式**。这类标题通常通过设置悬念的方式，引起用户强烈的好奇心，驱使用户点开文章寻找答案。示例如图 15-20 所示。

图 15-20　悬念式标题

3）**消息式**。消息式的标题通常很简练，关键信息都在标题中呈现出来，目的是为用户提供新信息。这类标题能够给用户带来获得感，且清晰直接，新闻标题都属于这一类。示例如图 15-21 所示。

图 15-21　消息式标题

4）**如何式**。如何式是使用范围最广的标题类型，也是最好用的类型。此类标题通常会抛出一个问题，且通常都是很难回答的问题，并且在标题中就给出答案，在文章中再进一步展开具体操作，引起用户点开文章一探究竟的兴趣。示例如图 15-22 所示。

5）**提问式**。提问式标题通常都会指向一个与用户有强烈共鸣的点，要么是新奇有趣，要么是出人意料，要么是实用有效，总之，提问一定要考虑到用户的需求，而不是想着自己要什么，不能犯了以自我为中心的错误。示例如图 15-23 所示。

图 15-22 如何式标题

图 15-23 提问式标题

6）**命令式**。此类标题通常是祈使句，直接告诉用户要怎么做。这类标题通常有动词，并且语气坚定，能够引起用户的情绪共鸣。示例如图 15-24 所示。

图 15-24 命令式标题

7）**理由式**。在标题中直接告诉读者看这篇文章的理由，其中理由充分、指向性明确且直击用户心灵是重点。示例如图 15-25 所示。

图 15-25　理由式标题

8）**数字式**。在标题中嵌入数字，是让你的标题在一堆文字中迅速脱颖而出的讨巧方法。数字要清晰醒目，这样可以直白地告诉读者，点开这篇文章，你将收获多少个实用小技巧，学会多少种方法。同时，数字式的标题对于文章的条理性也有一定的帮助，能够增强文章的可读性。示例如图 15-26 所示。

图 15-26　数字式标题

（2）提供价值，让用户心甘情愿转发

大部分 To B 企业公众号文章发布之后会转发给全员，而后一小部分人会继续转发，整个传播链路差不多就结束了。过往，好的文章能够通过朋友圈裂变，从 1000 的基础阅读量，短时间内就可以裂变到 10 万 +

阅读量。而现在，只有现象级的刷屏事件才有希望达到 10 万 + 阅读量。对于微信这样的私域流量池，分享率很大程度影响了阅读量。

现如今，任何占用注意力的事物都需要有价值，用户才会心甘情愿主动转发内容。不管是让用户学到知识、获得信息，还是掌握技能、收获快乐，其实都是让用户有"这个时间花得值"的感觉。这里将为你提供 4 种提高用户转发意愿的"价值"品类。

1）**高媒介价值**。同样一篇文章，如果是行业内的头部账号发出的，用户对于内容的信任度就会显著提升，这就是媒体长期以来积攒的媒介价值。这主要体现在受众广和权威性两个方面。很多垂类公众号在内容规划中定期策划行业速报、洞察文章等，如每周通过固定栏目发布行业内的最新资讯，这类公众号就可以慢慢积累较高的媒介价值，吸引更多人的关注，进而收获更多的主动转发。同时，固定栏目也便于培养用户的阅读习惯，带来更多记忆点。示例如图 15-27 所示。

图 15-27　高媒介价值类内容

2）**高行业价值**。如果是行业干货类的文章，需要强化专业属性，强化观点输出。通俗点说就是，文章里一定要有金句，能够为用户带来极高的行业价值，这也会吸引更多业内人士关注，带来更高的转化率。示例如图 15-28 所示。

3）**高相关度**。人往往会对与自己高度相关的内容格外感兴趣，为了让更多内容与更多目标用户高度相关，就需要从文章呈现形式上下功夫。企业可以借助更多 To C 的运营思路，关注用户多维度的细分需求，也可以制造更多的互动，在公众号内容中嵌入更多的活动。示例如图 15-29 所示。

图 15-28　高行业价值类内容

图 15-29　高相关度内容

4）**高级别精神满足**。通过形式上的新颖、文字上的精巧，或者创意上的出彩、观点上的犀利，可以为受众打造与众不同的标签属性，塑造高品位的特质。这种方法高度适用于品牌型公众号，可以为公众号打造一个专属 IP，通过高质量的内容输出持续强化人设。也可以通过对有代表性的人物进行专访，用大咖的深入观点为用户带来高级别的精神满足的内容。用户在认可内容调性的基础上，也会更愿意将内容转发到朋友圈。示例如图 15-30 所示。

图 15-30　高级别精神满足内容

3. 从"系统思维"出发，提高 To B 企业公众号影响力

在锚定了 To B 企业公众号内容受众、规划了清晰的 To B 企业公众号内容地图、掌握了让公众号内容更吸引人的技巧之后，如果能用"系统思维"的视角去思考 To B 企业公众号运营还有什么可进阶之处，在提高 To B 企业公众号影响力方面，常常会产生 1+1＞2 的效果。正如《系统之美》的作者德内拉·梅多斯所说：系统思考不是割裂地、局部地、静态地看待问题，而是关联地、整体地、动态地审视问题。To B 企业公众号运营需要有这样的系统思维，不管是用户群体，还是内容规划地图、运营技巧等，都没有定法，都需要不断摸索适合自己的方法，并持续通过内容与渠道的合力来打造私域闭环，以持续扩大影响力。

（1）聚合资源，多种内容形式多次触达用户

通用的内容形式有 4 种——文字、图片、音频、视频，如表 15-1 所示。对于 To B 企业来说，要综合考虑每一种形式的优劣势及成本，寻找最适合自己的传播形式。

表 15-1　4 种内容形式

类型	优势	劣势
文字	成本最低，效率最高，适用范围最广	竞争激烈，同质化严重，容易造成新鲜感差和审美疲劳
图片	体验更好、接收信息最舒适，可嵌入SVG互动效果，在一定程度上形成竞争壁垒	成本稍高，操作难度大，表达信息密度不足，适用范围有限
音频	节省用户时间，体验更轻松，容易制造陪伴感，便于塑造人格化IP	制作成本稍高，不方便操作进度条，不方便搜索、查阅、收录等
视频	体验最好，表现力最强，竞争壁垒高，符合用户主流习惯，能够带来更大的曝光	成本最高，制作周期长，需要多人团队配合

不管是以哪种形式呈现内容，都需要对现有素材进行二次整合、传播，这样才会有更好的传播效果。同时，通过不同形式的结合，也可以实时检验什么样的内容适合什么样的曝光形式，从而不断优化公众号的内容规划和发布形式。此外，还可以将公众号当成系列栏目来策划，对零散的内容进行整合、归类，让内容的聚合力更强，从而显著提升用户的阅读效率。

不管采用什么形式的内容，重点都是要让企业想传递的核心信息一

遍又一遍地触达用户，从而让内容深植用户心智，让品牌在注意力稀缺的时代拥有更多的话语权。

（2）各渠道相互导流，提升发布效果

随着微信生态的日臻成熟，To B 企业的公众号可以与视频号、官网、社群、传统媒体渠道等相互引流，通过公域和私域的生态联动有效提高公众号阅读量。运营者需要熟悉线上线下资源导流的方式，与媒体进行常态化互动，进行资源互推，借助行业垂类网站的巨大增粉势能，将高媒介价值与高行业价值的内容进行"转移"和结合，并充分利用自有多媒体矩阵进行多维度的内容推广。同时，还要巧妙激励内部员工，他们是最了解公司的一批人，通过他们的扩散转发，也能够对更多潜在客户、长期合作客户进行深度触达。此外，在活跃度较高的行业社群内进行传播、导流也是很好的选择。

除了公域、私域的联动外，微信还为 To B 公众号的内容曝光提供了一个"彩蛋"——微信的"搜一搜"集成了搜索功能，给了高质量内容多次曝光的机会。抓住主动检索的机遇，进行微信的 SEO 优化，也有助于收割公众号的长尾流量。

微信功能与可输出形式示意如图 15-31 所示。

○ 聚合资源，多种内容形式多次触达特定用户

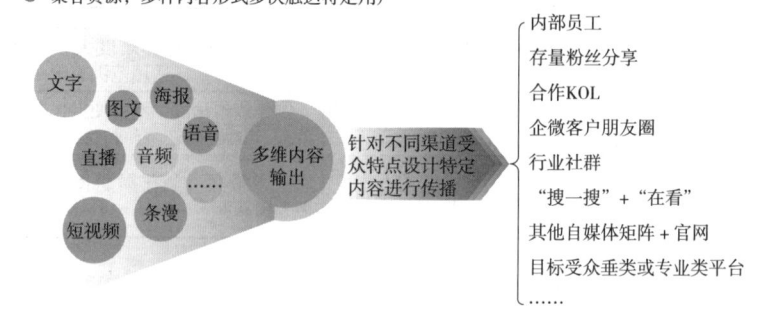

图 15-31　微信功能与可输出形式示意

完善科学度量，善用私域运营工具构建增长新场域

To B 企业公众号的运营目的归根结底还是"增长"。用户处于不同阶段和状态存在不同的"需求场"，传播流程中也存在不同的"媒介场"，转化环节存在线上线下各种渠道的不同"卖场"，多维度场景交

叠。勾勒出特定场景下用户的独特画像，根据用户画像精准"把脉"用户场景化需求，对传播和转化至关重要。落实到 To B 企业公众号运营的方法论层面，就是要善用私域运营工具，挖掘场景需求，寻找连接的切入点，提供与场景适配的传播、服务和体验。

本小节从获客、潜客转化和销售赋能三大场景出发，帮助 To B 市场人在微信生态私域运营中融入科学思维，通过运用数据分析、MA、CRM 等私域运营工具，提高公众号运营双效，加速从获粉到增粉再到转化的进程。

1. To B 企业公众号获粉阶段

当微信生态发展到一定规模时，靠人工继续运营公众号已经不是最佳选择，需要配合更科学的度量，此时可以借助专业管理工具自动、批量、个性化地对公众号的粉丝进行管理与运营。随着流量生态的逐渐削弱，微信公众号的涨粉难度加大，如何将公域流量导入私域并沉淀，成为困扰 To B 市场人的大问题。善用营销工具，如表单营销工具、朋友圈和社群的裂变工具、微信 SEO 优化工具，能够显著提高公众号的触达率，同时还可以借助邮件营销、短信营销、网站数据、收录查询、竞品分析等工具，打通线上线下全渠道活动触点，布局 SEO、广告投放、在线直播、线下会议、内容营销、社交裂变等全域获客方式，持续获取大量的高质量粉丝，将其沉淀到公众号私域内。此外，在大数据时代，还可以借助各类大数据分析工具对用户行为、渠道、内容进行多维度深度分析，以反哺公众号内容运营策略。

运营 To B 企业公众号归根结底是为了获客，在微信生态内通过线索流转的全生命周期旅程促成转化，也是 To B 企业公众号运营的一大目的。

2. To B 企业公众号粉丝转化阶段

微信生态内存在通过各种渠道进入的大量庞杂线索数据，有从朋友圈裂变海报来的，有从直播活动的二维码来的，还有从"智能推荐""看一看""搜一搜"等渠道来的。区分各个渠道来的线索，并对其进行统计分类、贴标签，工作量非常大。这时候可以借助统一的客户中台来对线索数据进行汇总，并通过对他们的关键行为评分来形成客户画像，然后通过对生命周期的管理，对线索进行精准分层，再通过CRM工具对线索进行分配、管理，以求洞察潜客意图，为处于不同购买阶段的线索自动推送个性化内容及活动。依托科学的精细化运营工具，可以显著提高公众号的运营效率。

3. To B 企业公众号销售赋能阶段

到了销售赋能阶段，品牌声量的重要性凸显，此时品牌影响力往往起关键作用。以营销自动化工具为主体的一站式营销自动化平台能够显著提升潜客在微信生态内流转的体验感。同时，在转化的关键节点，通过精细化运营手段对客户进行更多品牌公关类内容的推送，能够显著提升转化效率。

对于To B市场人而言，选择合适的工具赋能私域运营的方方面面非常重要，需要多多尝试，结合企业不同发展阶段的个性化需求进行工具组合，找出最适合自己的私域运营工具集，通过人（触点）、货（内容）、场（工具与渠道）"铁三角"的相互赋能，助力品牌形象塑造、涨粉获客与销售转化。

市场上有很多工具可以试用，爱点击旗下基于营销自动化的增长专家iParllay爱信来更是为To B市场人提供了免费的起步运营工具，助力企业零成本搭建全链路自动化增长体系，让企业通过营销和销售场景的有机融合，建立适合自身的运营模式。同时，在"个性化增长服务"方面，iParllay爱信来的营销自动化软件以引流获客、留存转化为目标，为企业实施全网SEO优化、品牌口碑优化、营销自动化策略等提供服务，通过大数据分析，挖掘数据价值，反哺业务运营及策略，有效打通私域运营工具与公众号内容运营的壁垒。

在公众号运营"铁三角"的闭环体系下，通过各类营销自动化工具赋能微信生态内容和触达体系，让合适的内容在合适的时间通过合适的触点触达合适的客户群，打造增长闭环，或许是To B市场人运营公众号的破局之道。

16

To B 新闻稿撰写实战

——崔希真

崔希真 Cision美通社亚太区市场总监。曾在互联网媒体担任多年新闻编辑，之后在不同领域的公司负责市场营销与公关传播工作，历经外资、国企、民企与创业公司。拥有山东大学信息学学士及香港中文大学市场营销硕士学位。在To B营销战略、内容营销、企业传播领域有丰富的实战经验。

写好新闻稿是 To B 企业市场人的基本功之一。新闻稿，在中小企业一般都是市场部或公关部人员亲自写，在大型企业一般是找媒介公司来写。在中小企业任职，你需要能写出扎实的新闻稿；在大企业任职，你需要能精准地判断媒介公司提供的稿子是否优质。

进入 21 世纪，信息传播的载体从纸媒、广播、电视转向 PC 互联网，乃至如今的移动互联网，经历了无数次变革，搜索引擎成为最重要的上网入口，与移动端共同占据数十亿互联网用户最多的时间，"霸占"着用户获取信息的渠道。此时的新闻稿，不再仅限于传统新闻稿"宣传"的作用，而是成为大多数企业公关传播的标配。

第 1 节　新闻稿对 To B 企业品牌传播的作用

新闻稿对 To B 企业品牌传播的作用主要体现在如下方面。

1）**新闻稿是最受媒体信任的新闻来源**。新闻稿是记者认为最可靠的信息源，也是媒体喜欢的素材，这导致新闻稿被引用、转载或问询的概率提升。美通社的母公司 Cision 每年都会针对全球记者进行调研。2023 年的调查结果显示，我国受访者超过半数都希望从品牌和公关人士这里获得新闻公告或新闻稿。舍弗勒中国区市场传播总监李佑美曾经在美通社举办的活动上表示，新闻传播渠道始终是 To B 企业传播的重要起点，其可信、权威、精简，是受众（包括媒体）快速了解企业新闻动态的最佳渠道。还有一点，在自媒体时代，网上信息参差不齐、真假难辨，来自企业的一手信息——新闻稿就显得更加弥足珍贵了。

2）**新闻稿是企业稳定的流量入口**。新闻稿会被反复转载，会留在企业网站上，会留在百度搜索结果中。新闻稿是传播非常重要的基石，它不仅能传递信息，还能在社交媒体发出的各种声音中为企业和产品"定调"，让人们在众说纷纭中搜索到"官方"的版本。要想通过新闻稿让传播有活力、有情感关联，新闻稿本身就要有事实、有见解、有意思、有说服力。

3）**新闻稿可以提升企业信息透明度，进而提升信任度**。通过发布新闻通稿的方式，主动、及时地向投资者或其他利益相关方（比如媒体、客户、员工等）披露信息，提高企业的透明度，在自媒体时代对防范和处理舆情危机极为重要，因为更高的透明度往往意味着更多的信任。从这个角度来说，新闻稿是提升受众对企业信任度的好方法。

4）**新闻稿可以为产品"定调"**。如果在推出新产品之前写新闻稿，会促使产品研发和营销人员认真思考产品定位和市场影响力，从而研发出更符合市场或客户需求的产品或功能，而不是研发人员的"自嗨"。从这个角度看，新闻稿对产品定位和研发具有促进作用。

5）**新闻稿可以为销售带来线索**。虽然新闻稿的发布效果不作为 ROI 来考量，但是新闻稿确实可以带来销售线索。比如笔者曾因发布了一篇 To B 企业新闻稿而获得客户的主动咨询，并最终成单。我们确实不应该把新闻稿作为带货的工具，但是在如今这个获取流量愈加困难的媒体环境下，通过新闻稿获取流量也不失为一种有效的方法。

上面介绍了新闻稿的重要作用，下面介绍相对于 To C 企业，为什么 To B 企业更需要做新闻稿传播。

1）**To B 企业的触点少，新闻稿能有效增加触点**。相较于 To C 企业，To B 企业的营销方式和手段少，可选媒介少，渠道有限。To B 企业面临"苛刻"的传播环境，无论是短视频还是铺天盖地的电梯广告都很少看到 To B 企业的身影。对于 To B 企业来说，用新闻稿来增加与目标受众的触点，是非常合理的思路。

2）**新闻稿容易规划和操作，可以有效提升 To B 企业的传播频率**。To B 企业的研发和产品生产周期长，不太可能像 To C 那样经常推出新品。如果完全按照研发和生产节奏来进行营销推广，那么企业在激烈的竞争中就会失去用户的关注。但是不围绕产品去生产相应的宣传物料，就可能造成投入产出比严重失调。大多数 To B 类宣传物料都非常复杂。新闻稿具有短平快的特点，非常容易规划和操作，所以可以胜任这方面的工作，让品牌始终活跃在用户的视野中。

3）**新闻稿需要的预算、经费较少**。新闻稿非常适用于注重成本和效率的企业。大部分 To B 企业在市场方面的预算都有限，所以新闻稿是一种很划算的营销形式。

4）**To B 企业的客户进行采购决策时，对信任度更为依赖**。To C 企业的客户很可能根据企业知名度就能决定购买。而对于 To B 企业的客户来说还需要考虑信任度的问题。相对于知名度，信任度更为关键。新闻稿恰恰是有效增加信任度的方式之一。

第 2 节　To B 企业新闻稿的常见类型

从表面上看，To B 企业可以对外宣讲的新闻似乎没有 To C 企业多。笔者每次参加大大小小的 To B 会议，都能听到这样的声音。其实 To B 企业有不少可以挖掘的素材或故事原材料，只不过很多人没有找到正确或合适的挖掘方法。

从分类入手，是比较快且直接找到新闻素材的方式。To B 企业的新闻稿大都是与产品、技术、业务密切相关的。不过最近几年越来越多的 To B 企业开始重视品牌建设，与品牌相关的稿件数量也多了起来。因此，这里把常见的新闻稿分为业务型和品牌型。下面给出两种类型新稿的一些具有代表性的标题，以方便读者理解不同类型的新闻稿。需要注意的是，企业所处发展阶段不同，对外发布的新闻稿类型也不同。因此，大型的跨国 To B 企业与创业融资中的 To B 企业，在新闻稿的侧重点上是不同的。

业务型 To B 企业新闻稿又可以分为如下几类。

1）**新产品、新服务**。典型标题如下。
- 江森自控发布楼宇自控系统 Metasys 12.0 版本
- 亚马逊云科技宣布 Amazon AppFabric 正式可用
- IBM 公司发布全球首个 2 纳米芯片制造技术
- 云闪住上海展首推"自研闪住云"全链路生态方案
- 益博睿线上化企业合规风险管理平台助力合规提质增效
- TDengine 发布时序数据库分析报告，与 InfluxDB、TimescaleDB 展开对比测试

2）**业务进展、案例**。典型标题如下。
- 江森自控通过 OpenBlue 数字化平台助力微软北京园区实现节能减排
- 群晖重塑中小企业备份市场，提升备份效率，有效控制部署预算
- 焕芯启程，聚势腾飞：中微公司南昌新厂落成仪式隆重举行
- 地平线与上汽集团、零束科技深化战略合作，征程 5 量产车型将于 2023 年落地

3）**展会、参展**。典型标题如下。
- 拥抱绿色循环浪潮，欧姆龙携多项创新技术亮相慕尼黑上海电子展
- "燧原科技面向 AIGC 模型训练的液冷集群"荣获 2023 世界人工智能大会"SAIL 之星"
- Coherent 高意将携一系列先进技术亮相上海光博会
- 2023 智能驾驶科技大会开幕，金桥未来出行产业园开园

4）**投融资、收购、合作**。典型标题如下。
- 国家能源集团与西门子能源在山西右玉合作共建公益林项目
- 宁德时代与戴姆勒卡车股份公司扩大全球合作伙伴关系
- 爱立信将以 62 亿美元收购云通信厂商 Vonage
- 零念科技完成 Pre-A 轮融资，推动智能驾驶平台软件国产替代

品牌型 To B 企业新闻稿的分类及对应的典型标题如下。
- **研究成果**：Zoho 推出《中国 To B 超级应用探索与实践白皮书》
- **人事变动**：霍尼韦尔任命柯伟茂为首席执行官
- **ESG、碳中和**：索迪斯携手中国英国商会共同推动国际学校员工体验及福利发展
- **雇主品牌**：Infosys 连续 3 年被评为全球杰出雇主
- **获奖、认证**：森赫电梯连续 4 年荣膺中国电梯制造商 10 强

第 3 节 To B 企业撰写新闻稿之前要做的准备

无论是计划中的定期新闻稿，还是突发的写稿安排，都不要盲目动笔，特别是当写稿任务来自其他部门时。你需要先跟需求方达成一致，掌握稿子的大方向，确保不会出现最后写出来的东西既不是对方想要的，也不是你想看到的。为此，笔者建议写稿前先确认以下几个问题。

写新闻稿的目的是什么

以美通社为例。比如，《提高出海品牌的短视频流量：美通社推出 Video Seeding 服务》这篇新闻稿是应产品部门要求写的。市场部向产品部门同事了解了如下信息：这是总部新推出的一个服务，适用于全球的企业客户。现在产品部门需要与市场部一起，为这个服务制订一个产品营销（Go To Marketing，GTM）计划。GTM 计划中包含产品推出、向现有客户介绍产品、与客户沟通、产品资料制作等环节。我们需要利用新闻稿来做产品宣布，并在新闻稿中明确产品的定位。

新闻稿的受众是谁

明确了新闻稿的目的，其实受众也就明确了。如果这个问题还不清楚，那么请务必搞清楚之后再往下推进。仍以上面的新闻稿为例：这篇稿件的受众可以确定为出海企业，特别是有媒体传播需求或营销推广需求的出海企业。

这里再举一个美通社的例子。每到年底我们都会盘点过去一年美通社的媒体合作伙伴的拓展情况，并发布一篇新闻稿，目的是告诉大家我

们在这方面有哪些新的合作伙伴。但我们在第一次写这篇稿件时竟然做成了工作总结和汇报，显然这是没有搞明白稿子是给谁看的。我们分析它的受众应该是客户，而不是内部员工。如果确定是给客户看的，那么就要明确稿件中的信息如何与客户更相关，能给客户带来什么价值。这里所说的价值可以是有用的信息、知识、洞察等。

通常来讲，一个 To B 企业的受众往往是其利益相关者，外部利益相关者可能包括客户或渠道方、供应商或合作伙伴、投资方、相关政策制定方、相关政策影响者、从业人士或观察者、公众、媒体、竞争对手。内部利益相关者包括创始团队或核心高层、员工或求职者。

大部分情况下，To B 企业的新闻稿受众都是客户，同时兼顾媒体（告知并希望吸引媒体来报道）、投资方（希望展示持续成长能力因而吸引融资）、政策影响者（希望展示实力以获得持续的政策支持）。

有一点要格外注意：上市公司有义务对外披露财务数据，这类报告可以做成工作汇报。这是政策要求，受众（投资者）需要看到这些信息并将其作为投资依据。但是非上市公司没有这样的义务，因此，对于非上市公司你千万不要把你的新闻稿写成工作总结和汇报。时刻牢记你的稿子最终是给谁看的！

新闻稿的检查清单

在确定了目的和受众之后，笔者建议在下面这些问题上找到差异点，挖掘内容的新闻价值。

1. 产品新闻稿的检查清单

美通社编辑主管赵晓晶曾给出一份产品新闻稿的检查清单。
- ❏ 你要发布什么产品？
- ❏ 为什么你可以发布这样的产品（行业地位）？
- ❏ 为什么要发布产品？
- ❏ 为什么选择在这个时候发布？
- ❏ 为什么选择在这个场合发布？
- ❏ 产品将应用在哪些领域？
- ❏ 产品会给客户带来哪些好处？
- ❏ 新产品与老一代产品、竞品有什么不同？

- ❏ 产品的销售渠道和促销方式是怎样的？
- ❏ 对产品销售的预期如何？
- ❏ 有哪些专家意见可以为产品的可信度加分？
- ❏ 引用哪位企业负责人的话会增加说服力和可信度？

2. 事件类新闻稿的检查清单

闻远达诚总裁李国威曾在一篇文章中建议用如下的清单来结构化事件类新闻稿。

- ❏ 你要做一个什么活动？
- ❏ 为什么你可以做这个活动（行业地位）？
- ❏ 为什么要做这样一个活动？
- ❏ 为什么选择在这个时候做活动？
- ❏ 为什么选择在这个地点做活动？
- ❏ 活动会对哪些人产生影响？
- ❏ 这个活动跟以往的活动或竞争对手的活动有什么不同？
- ❏ 活动会有怎样的持续行动和传播？
- ❏ 哪些重要人物会参加这个活动？
- ❏ 这个活动会讲什么有价值的东西？
- ❏ 引用哪位企业负责人的话会增加说服力？

3. 观点类新闻稿的检查清单

李国威给出的观点类新闻稿的检查清单如下。

- ❏ 你要发表一个什么观点/报告？
- ❏ 为什么你可以发表这个观点/报告（行业地位）？
- ❏ 为什么要发表这个观点/报告？
- ❏ 为什么选择在这个时候发表观点/报告？
- ❏ 为什么选择在这个地点发表观点/报告？
- ❏ 发表这个观点/报告会对哪些人产生影响？
- ❏ 这个观点/报告跟竞争对手发表的有什么不同？
- ❏ 这个观点/报告会以怎样的方式持续传播？
- ❏ 哪些重要人物会支持这个观点/报告？
- ❏ 这个观点/报告会提供什么有价值的东西？
- ❏ 引用哪位企业负责人的话会增加说服力？

第 4 节　好的 To B 企业新闻稿的典型特点

有一定的新闻价值

这里说的新闻价值是相对于媒体来说的。企业新闻稿的第一读者应该是媒体。好的新闻稿，应该具有吸引媒体和受众的新闻价值，而不是仅具有自己认为的新闻价值。时刻要想着这篇新闻稿是给谁看的，能给读者带来什么，读者看完了会有什么收获。总之，站在读者立场去考虑内容价值。

"燧原科技发布燧原曜图™文生图 MaaS 平台服务产品"一文经过美通社的发布后，一周内获得了超过 300 个媒体的转载。从标题看，这是典型的新闻式标题，主谓宾明确。从正文看，此文完全符合媒体记者报道一个新产品发布的新闻视角。该文正文第一段就表明新产品与 AIGC（人工智能生成式内容）有关，直击当下热点，引导读者往下读。这样的稿件就具有一定的新闻价值。

有行业高度和洞察

单纯写一篇产品推出的新闻稿不难，讲一讲新功能、新价值就可以成文。但是如果这篇稿子能从行业角度讲一讲行业现状，以及该产品为行业带来的价值、对行业发展的意义，那它的价值就更大了。这样的内容往往出现在一个公司高管在行业活动的发言中。一般来说，公关能从这种内容中挖到行业宝藏。比如"立邦参加全球汽车涂装盛会 SURCAR，引领可持续汽车涂料发展新方向"就是这方面的典范，下面是该文的片段。

SURCAR 国际汽车涂装研讨会在美国密歇根州隆重举行。作为汽车涂装沟通与合作平台，SURCAR 汇聚了众多国际一流汽车制造商、供应商以及知名研究机构。作为汽车涂料行业领军品牌，立邦应邀发表"薄膜技术：汽车制造中的新一代涂层方法"主题演讲，并荣获评委会大奖。此外，立邦受邀参与圆桌讨论，同其他业内企业就降本增效以及提升流程灵活性和可持续性方面的最新成果、关键技术发展、技术改进和创新进行了深入探讨。

在全球碳中和的背景下，"低碳经济"发展趋势已经成为汽车产业链成员的共识。全球主要汽车制造商和供应商均在逐步明确企业碳中和目标，并将"低碳化"切实贯穿在产品生产制造、落地使用过程中。在汽车制造的冲压、焊接、涂装、总装四大工艺中，涂装工艺是耗能最大的环节，约占整个汽车生产耗能的 70%。因此，控制汽车涂装车间的能耗将有助于汽车企业节约能源、控制成本，而涂层技术创新至关重要。

有数据和关键信息

读者往往对一堆文字中的数字比较敏感。在新闻稿标题或首段醒目位置，列出比较震撼的数字，既能突出重点，又能引起媒体注意。企业公关在深挖内容时，尽量去发现或提炼这些数字。2023 年 Cision 全球媒体调查报告显示，高达 62.7% 的我国受访媒体人表示，当报道新品发布时，希望企业的公关人士提供相关数据，以便展示某种趋势或证明该产品能为读者解决问题。

在"宁德时代与印度尼西亚携手打造近 60 亿美元动力电池产业链项目"一文中，就提炼了数字及其他关键信息。

让客户来背书

To B 企业讲故事的一个重要方式是让客户背书，但落地这个方式时较难获得客户的许可，特别是知名客户或者行业典型客户。对于可以获得客户许可的情况，这里就不过多介绍了，文章的写作方法和前文介绍的一样。那么，如果无法获得客户许可怎么办？其实可以采用一些迂回战术，比如仅作为第三方媒体，对知名客户的一些动态进行报道，不掺杂自己的产品信息，其实这也能起到一定的背书作用。下面是美通社撰写的一篇新闻稿，这篇文章其实就为美通社提供了一定的背书作用（限于篇幅，部分内容省略）。

上海地铁 15 号线试运营，日立电梯为线路提供 201 台自动扶梯
2021 年 2 月 5 日 / 美通社

1 月 23 日，上海地铁 15 号线开通试运营，这是国内一次性开通公里数最长、全自动驾驶等级最高的轨道交通线路。日立电梯为该线路古北路站至顾村公园站共 14 站提供了 201 台自动扶梯产品和服务。

上海地铁 15 号线……

在服务中国轨道交通方面，日立电梯……

用大众化传播的方式写新闻稿

近两年越来越多的 To B 企业开始思考将传播内容向大众用户靠拢，这说明 B 端和 C 端的内容边界正在变得模糊。笔者认为，的确可以跨越 B 端和 C 端的边界去做内容传播。荣格工业传媒高级工业资讯总监杨琰在美通社的一场 To B 传播活动上指出：在汽车行业的 B 端传播中，媒体倾向于转变以往纯技术解读的方式，使输出的文章看起来不再像一篇"技术论文"，而是聚焦整个产业链的上中下游，以故事感或者行业观察的方式呈现的网络文章。这种写法其实就是与 C 端写法在调性上进行了融合。

地平线作为智能驾驶行业的 To B 服务商，通过下面这篇新闻稿，让更多泛财经和大众读者知道了其品牌。

地平线与理想达成深度合作，打造可持续成长的智能驾驶电动车

2021 年 4 月 20 日上海国际车展期间，边缘人工智能芯片领导者地平线与头部新造车企业理想汽车正式签署深度合作协议。根据协议，双方将共同打造可持续成长的智能电动车，地平线征程系列芯片将在未来向理想汽车提供极致效能、开放易用的智能驾驶和智能交互计算平台。

把技术讲得易于理解

实际上撰写新闻稿的公关人扮演着技术翻译官的角色。有的 To B 公司的业务属于高精尖、窄众领域，领域技术枯燥难懂。要想把复杂的技术讲得不那么枯燥，可以尝试"场景化"的描写方式，即讲述这个技术应用在哪些场景，或者用类比的直观方法让读者能看懂。

李国威在他的一篇文章中曾提到一个有趣的写作角度：西门子在新闻稿中介绍其燃气轮机获得新的世界纪录时是这样描述的，即"61.5%的发电效率"。对于普通大众来说，这其实没有多大的意义。再比如，里面介绍该新产品的噪音水平小于 25dB（分贝）时加了一句"比人轻声耳语还安静"，这个反而吸引了很多人的注意。

西门子在杜塞尔多夫交付了一座装配有西门子 H 级燃气轮机的联合循环电厂，这项交钥匙工程刷新了三项世界纪录：试运行阶段发电净效率 61.5%；发电容量 603.8MW；为区域供热提供热力 300MW。这座电厂燃料利用率高达 85%，噪音不足 25dB。

与热点相结合

蹭热点在以往大都是 To C 企业的公关方式，近几年来越来越多的 To B 企业也开始尝试这个办法。把热点与业务、行业相结合，才是正确的新闻稿撰写方式。除了媒体或舆情热点，To B 的公关人还可以关注未来一两年内受到政府、媒体、投资机构重视的行业和话题，做好预备工作，以便及时反应，拿出好料来讲故事。

华为云的新闻稿"华为云盘古气象大模型研究成果在 *Nature* 正刊发表"，堪称与热点结合的典范。在 AI、大模型等概念全球大热时，华为云把一个与气象有关的研究成果被 *Nature* 杂志发表的消息公布出来，彰显了其强大的研发能力，这对于华为云本身来说也是至关重要的。具体文章限于篇幅和版权问题，这里不再给出了，大家可以去网上搜索并阅读。

一篇新闻稿只讲一个故事

一篇企业新闻稿抓住一个核心主旨（沟通目标、沟通人群）即可，这样能从文章整体的逻辑架构上帮助传播人明确文章的终点，做好文字、段落、板块的取舍。千万不要什么都要。一篇好的稿件一般只需要讲清楚两件事——有什么新的事情发生，以及为什么我（作为读者）要关注这件事。比如群晖的新闻稿"群晖重塑中小企业备份市场，提升备份效率，有效控制部署预算"，围绕"中小企业备份"这个核心，紧扣"效率、预算"这两个关键点展开，全篇只讲了一个故事，值得大家学习。具体文章限于篇幅和版权问题，这里不再给出了，大家可以去网上搜索并阅读。

第 5 节 新闻稿的结构与行文

美通社在多年前推出了一个信息图，很直观地展示了一篇新闻稿的典型结构，如图 16-1 所示。相关内容图中介绍得很清楚，这里就不重复了。

下面分别介绍新闻稿中的几个重要部件。

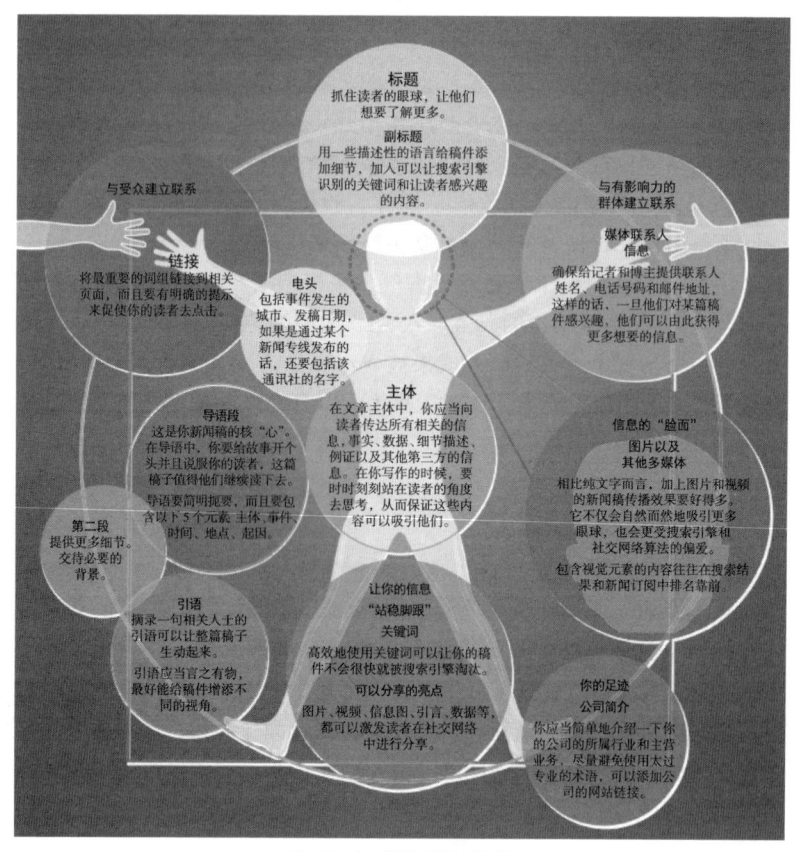

图 16-1 新闻稿结构图

新闻稿标题

新闻稿的标题一般需要满足以下几个要求。

1）**直观简洁**。让人一眼就看出这篇稿子是写什么的,这是写标题最重要的一点。一般来说我们建议新闻稿的标题以 22 字左右为最佳。短短 20 来个字,就要让人秒懂全稿,并不是一件容易的事,但是更难的是如何判断拟定好的标题可以让所有人秒懂。笔者常用的办法是:定好标题后,发给公司之外的人,让他们看着标题说出新闻稿要表达的内容。如果对方能马上说出来,那就证明这个标题够直观。

2）**埋关键词**。一篇新闻稿中，你想体现哪些关键词？挑其中的一到两个放到标题中。比如你的新闻稿涉及公司某一举措的动机、策略，那关键词就要瞄准对应的细分市场，包括"聚焦""支持""允许""减少"等。这些词往往与公司的垂直领域息息相关，或代表了一种产品或技术的具体影响。

3）**抓亮点**。以产品新闻稿为例。通常来讲，一个新产品或新服务会有很多的功能或亮点。在写新闻稿时，最好在标题中只体现一个核心的亮点。比如"华为发布 Atlas 智能计算平台，以强大算力开启 AI 未来"这个标题，前半句简明扼要地讲述了新闻事实，后半句点出产品的核心定位或亮点。

关于标题的拟定，下面给出两个小技巧。

1）**多起几个标题供选择**。美通社市场部的同事撰写新闻稿时，会给稿件拟定多个标题，然后让大家来投票决定用哪个。通常我们至少保留两个选择，一个用于通稿发布（也就是通过美通社的发稿渠道发布给外部媒体，这可以看作付费媒体渠道与口碑媒体渠道），另一个用于发表在自家公众号上（自有媒体渠道）。通稿发布的那个标题，我们更希望它是面向媒体的，因此要兼具专业度、权威性和吸引力。公众号上的标题，我们希望它更贴近粉丝的阅读习惯。

2）**先写标题还是先写正文**。答案是都可以，取决于你的写作熟练程度、新闻敏感度、对内容的熟悉程度，以及习惯。笔者的习惯是，先写一个特别简单的带主谓宾的短句，然后起草正文。有时候写着写着，一个很有趣的标题就浮现出来了。写完正文后，再回头去看之前的标题，根据全篇的定位、受众、价值等对其进行修饰和完善。

拟定标题还有下面两个注意事项。

1）**避免用那些被用滥了的动词**。那些常用在某一领域的词，即使再准确，也需要尽量避免使用。而那些可以简洁、准确地描述某一事实的词语，反而更容易被读者和媒体记者接受。

2）**避免假大空的词**。很多人都喜欢为标题加上形容词，尤其是展会类型的新闻稿，这都快成通病了，比如"圆满落幕""盛大召开""重磅"等，还有"开创""赋能""激动人心"这类口号性的词，这些形容词不能给读者带来任何实际价值。"形容词/副词，永远抵不过数字/事实。"

首段：最重要的话放在前面

在新闻稿的首段，通过阐明本质可以串联整个事件并点出其中包含的因果关系，而这往往会涉及产业趋势或者宏观背景。为了贴近读者，可以在新闻稿开篇解释为什么这个事件重要且值得关注，它会对读者产生怎样的影响，这有助于读者继续读下去。下面举例说明。

近日，Cision 旗下美通社推出《企业新闻稿写作案例书》（简称案例书或 PRN Big Book）。案例书集合了 18 个行业、13 个场景、60 多个品牌的优秀新闻稿，分门别类地展示了企业传播前沿成果，还提供了从新闻稿写作入门、进阶到品牌传播策略等不同阶段的技巧与方法论。这是继 2013 年美通社首次推出《新闻稿写作案例书》之后的又一力作。此案例书既可作为企业传播人士日常工作的案头工具书，又可作为历练基本功的好帮手。

在首段，要继续埋"关键词"。很多企业把新闻稿作为一种搜索营销的手段。如今的 PR 不只要把稿子发给媒体名单上的记者，还要考虑向企业的其他利益相关方发送新闻，主动与这些受众沟通，比如客户、消费者等。在写新闻稿时，要有意识并且在流程上考虑受众在搜索相关信息时会用到哪些关键词。

如何获取关键词？一个最直接的办法就是用舆情监测工具监测行业、媒体、社交媒体上的业界热点话题及被使用的高频词。找到这些关键词后，对其进行排序，然后把最重要的放在新闻稿的标题、副标题或导语中。总之，尽可能把重要的词放在稿子靠前的位置。因为搜索引擎会赋予这些词更高的权重，所以读者搜索相关关键词时，我们的新闻稿会出现在搜索结果靠前的位置，最重要的是我们的关键词会以醒目的方式显示。

正文撰写

关于正文内容的撰写，前文已经介绍很多了，这里不再重复。这里只强调一个小技巧，那就是在正文中加入**人物引言**。在新闻稿中添加适当的人物引言，有如下好处。

1）引言增加了被媒体引用的可能性。有些媒体不喜欢全文照搬来自企业的新闻通稿，但是新闻稿中提到的事件、引用的数据、企业高管或有关专家说出的有价值甚至"有争议"的话，都可能成为记者引用的来源、写稿的线索、做选题的灵感。

2）好的人物引言还能增加新闻稿的可信度。引言代表一个人说出来的话被公开放在了"纸面上"。如果这篇新闻的内容有造假嫌疑，则也会给提供引言的人带来麻烦。从这个角度来看，引言能够增加可信度。

3）可以让稿件"活"起来，增加可读性。通过引言，让企业新闻稿中出现其他人物，这也是一个接地气的好办法。

写人物引言时要注意哪些关键点？美通社的编辑主管赵晓晶根据日常处理的新闻稿，给出了以下建议。

1）**确保真实性**。诸如"一位专家表示""某教授认为""相关负责人说"这类表述，不能令人信服，不是合格的引言形式。新闻的第一课就是真实性。时间、地点、人物、事情的起因等都要经得起核查，没有具体姓名和头衔的人物容易降低新闻稿内容的真实性。

2）**引言内容与身份相符**。如果让企业的 CEO 在新闻稿里亮相，但其发言却平淡无奇，那一定会让读者大失所望，因为读者期待的是与之身份匹配的高质量内容。比如 CEO 级别的可以从一定高度来谈企业的行为给行业带来的影响，专家级别的则可以从技术创新的角度展开。

3）**写点新鲜的引言**。人物引言要避免大而空、喊口号、打广告等内容，媒体记者和大众读者都希望看到新鲜、有趣的个人观点。英特尔公司的新闻稿"实现自动驾驶不是独角戏，科技公司与传统车厂要合作共赢"中，在谈及与 Waymo 的合作时，英特尔公司原 CEO 柯再奇这样表达了对自动驾驶的憧憬与期待："我真心认为，我的孩子不再需要亲自驾车。那是大胆的设想：开车这件 90% 的美国人每天必做之事，将在那一代画上句号。"另外，可以在人物引言中提及一些重要性没那么高但是可以补充前文信息的数字或观点。

多媒体元素

在新闻稿中添加图片（照片、信息图、海报）和视频等多媒体元素，成为近几年来企业新闻稿的趋势，尤其是在社交媒体和移动互联网如此发达的今天。不过，这对于 To B 企业来说，落地挑战不小。图片还好说，To B 企业的视频往往制作周期较长。

第 6 节　执行层面的挑战与解决办法

在落地新闻稿时，市场部或公关部就像企业中的消息中心，要确保知晓公司重要的计划和进展，要有天线和地线来接收、发送消息。

1）**天线**：长期参与公司业务，与主要的业务部门、产品部门、技术部门、人力部门等保持定期沟通；了解所在行业的发展动态、发展趋势、热点，以及媒体的报道趋势。

2）**地线**：使用企业内部的公关营销日历等工具，确保定期输出全方位的新闻稿。

企业可以**组建内部的新闻部门**，并鼓励内部培养内容或技术方向的 KOL，鼓励全员参与内容提供。

To B 企业需要将传播内容产品化，做成几条独立的内容产品线，比如企业最新技术、企业产品故事、领导人采访、节日营销等。有了清晰的内容产品框架后，就会拥有源源不断的内容选题。

新闻稿撰写人需要有一定的新闻敏感度或者新闻素养。那么，怎么才能培养新闻素养呢？笔者的建议是，养成阅读重点媒体商业新闻报道的习惯，把自己放到新闻的环境里。每天阅读和观察优秀媒体所写的内容，观察行业最新动态，久而久之"新闻感"就培养起来了。同时，经常练习把热点与公司的传播内容相关联。要写出好的新闻稿，多看多学多练而已。

第 7 节　成功的 To B 企业是如何讲故事的

新闻稿其实是企业讲故事的一种方式。因此，讲故事所运用的策略同样适用于写新闻稿。但是，**To B 企业的内容本身就枯燥且令人费解，再加上一些技术出身的企业领导人容易过于关注自己的技术，所以很多新闻稿都缺乏讲故事的策略和技能**。当前大多数市场营销部门都纯粹受数据驱动，更关注线索、投资回报率和如何将潜在客户引入销售漏斗，而不是品牌推广和高层次的品牌传播。这导致许多 To B 和企业级 IT 公司总是专注于谈论产品，停留在对技术型受众的"推销模式"阶段，只机械地完成乏味的白皮书和枯燥的产品新闻稿。

一位曾在华尔街日报和福布斯工作过的产业记者基于常见的To B企业讲故事的难点，给出了解决办法。

1）**用通俗的语言介绍公司，更容易获得目标受众中的高层人群关注**。一个策略就是在必要时抛开行话。你在潜在客户身上使用的说辞对于其他受众来说并不适合，因为他们已经对你的市场及你试图解决的具体问题有了较深入的了解。例如，高层人士可能知道云计算如今势头正好，或公司正准备购买更多的技术来对抗复杂的网络安全攻击。然而，他们可能并不理解混合云数据中心的配置方法，也不知道"行为攻击检测解决方案"包括什么。

2）**将故事置于具有更大的范围和主题性的背景中**。比如你要写一个制作应用交付控制器的小型网络公司的故事，那么就可以把故事聚焦于与更大的竞争对手对抗这个点上。因为大多数读者都喜欢这样的故事，尤其是媒体记者，他们都喜爱弱小的英雄战胜强大敌人的故事。

3）**利用好你的客户**。如果你的业务对于一般人来说很乏味，那么就可以在你的客户中选择一个名气较大的，让他去公开谈论自己是如何使用你的技术的。你可以将这些高知名度的客户使用产品的故事转为你网站上的案例。只要文笔好，内容易于理解，这些案例就可以成为你的销售团队以及后续新闻采访的素材。注意，你需要提前和客户签好合同，也就是要征得客户的同意。

17

To B 短视频策划与制作

——李洋

李洋 超过8年品牌策划设计、市场营销推广等实战经验，Adobe国际认证影视设计、视觉设计专家，现任米亚斯市场部负责人。米亚斯集团是一家世界知名的物流自动化设备公司，为行业客户提供领先的内部物流解决方案。

随着短视频行业的兴起，得益于快速增长的用户数和平台的扶持，较早一批入局者已享受到快速发展的行业红利。但从现在来看，短视频的发展已进入存量时代，如何精细化运营和产出高质量内容是摆在运营者面前的难点，如何通过相对科学的方法可靠地复制内容，从而稳定地输出内容是企业尤其是 To B 企业亟待解决的问题。从相关调研数据来看，对于 To B 行业来说开展短视频营销的企业占比并不高，如何借着这股短视频的东风布局并挖掘其中的红利值得重点考量。

下面笔者根据自己的工作经验，从短视频平台特点分析到短视频团队的搭建、短视频创作设计再到日常运营优化，来谈谈 To B 企业短视频的落地实战。

第 1 节　短视频发展概况

我国短视频用户数量增长势头强劲，根据 CNNIC 调查数据，2021年我国互联网用户规模达到 10.3 亿人，其中短视频用户规模为 9.3 亿人，较 2020 年同期增长 6000 万人，如图 17-1 所示。

图 17-1　2018—2022 年我国短视频相关数据

我们可以简单换算一下：每 10 个使用互联网的人中就有 9 人使用短视频，而且短视频的用户量还在持续增加，已基本逼近整体网民规模。短视频俨然成为满足用户获取资讯、休闲娱乐、网络购物等需求的重要工具，相关数据如图 17-2 所示。

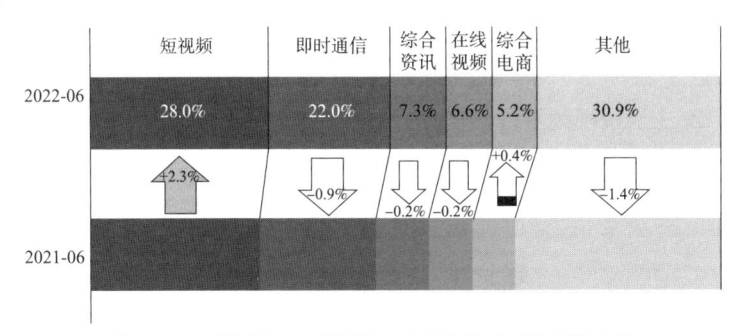

图 17-2　我国移动互联网用户使用各种应用的时长占比

另外，5G 商用技术的普及和发展，为互联网带来大带宽、低延时、广覆盖等优势，并大大改善了人们在移动端在线观看视频的体验。技术的迭代进一步促进了短视频的飞速发展。短视频深度契合当前用户碎片化的使用场景，占据用户使用总时长的比例已接近30%，是增长最快、占比最高的互联网应用，已经成为商业流量获取、营销推广的重要渠道。

1. 算法推荐机制

谈到短视频千人千面推送，就离不开平台背后的算法。各个短视频平台都有一套属于自己的推荐系统，这套系统可以把成千上万的视频精准投放给感兴趣的用户。综合来看，基本逻辑一般为平台根据用户注册的基本属性、兴趣爱好以及日常浏览记录形成用户画像，然后为用户定义相关标签，平台根据用户画像和视频标签进行自动匹配，继而将短视频定向推送给匹配度高的受众，从而达到吸引用户持续刷屏的目的。短视频平台推荐逻辑示意如图17-3所示。

图17-3 短视频平台推荐逻辑

2. 主流短视频平台

从目前各大平台的日活跃用户数来看，抖音、快手、视频号已成为公认的主流短视频平台。笔者整理了这几个平台的特点，如表17-1所示。

表17-1 三大短视频平台对比

对比项	抖音	快手	视频号
定位	传播平台，强调音乐、创意和社交，强运营	记录工具，强调记录生活和分享生活	人人可记录和创作的内容平台
传播入口	强调算法推荐，关注	推荐，关注	粉丝关注，社交关系，算法分发

(续)

对比项	抖音	快手	视频号
传播特点	弱关系，强内容，通过用户点赞等增强系统分发权重	重视普通人的需求，强调人人平等	强社交关系，依靠朋友、熟人之间的推荐，是公域和私域流量的组合
目标用户	优质爆款内容的KOL	二三线城市的年轻人，热爱分享的普通人	具有日常社交需求的用户

B 站也是重视 PGC 的内容传播平台，有一定的发布门槛，重视推荐且具有社区特点（弹幕等）。

互联网行业的爆发和时代发展的趋势使得短视频成为大家绕不开的新式营销工具，庞大的用户群和使用习惯使我们必须面对新营销玩法带来的冲击。了解各平台的特点、定位、推荐算法和分发逻辑，可以帮我们快速找到适合自己的宣传平台，达到引流、扩大品牌知名度的目标。

第 2 节　制作企业短视频的准备工作

1. 定位明确，找准用户画像

我们知道 B 端产品的属性（决策链较长，关键决策者较多，比如工业品涉及企业采购人员、高层管理者、项目规划工程人员等）和 C 端消费品的属性（比如食品促销，用户直接决策购买）有本质的不同，这就决定了 B 端短视频与日常短视频的运营方法不同。我们需要的是垂直领域的精准流量，所以在确定做短视频前，需要明确定位，根据目标客户的喜好来有针对性地做设计策划。也就是需要明确短视频是给谁看的，这些人希望看到什么视频内容，如何通过短视频扩大产品的曝光度，如何最终促进产品销售量。

2. 竞品分析，参考优秀同行的作品

知己知彼，百战不殆。在短视频筹备期间要参考优秀同行的作品，先挑选几家同行，然后分别从视频点赞分享数据、视频内容设计等方面进行分析，找到对方的突出亮点或者说值得我们参考的方向。借鉴同行

的成熟经验可以让我们少走弯路。下面以笔者所在的物流自动化设备行业为例进行说明。

某一同行在2022年发布了一条1分钟的短视频，视频内容为主打产品在著名客户中的落地应用情况，采用产品实际运营＋原理解说＋特效的方式呈现，反馈效果很好，有比较多的行业媒体进行了转发，收到了上万个点赞。通过分析该视频发现，我们可以从近期比较知名的客户中筛选出几个具有代表性的落地案例，进行跟踪采访和拍摄。我们知道B端客户是理性决策者，更加看重实际产品解决方案带来的效果，以及设备在项目现场的稳定运行情况，所以在视频中加入对比数据以及为客户带来的实际效益增长，更能起到说服的作用。我们据此做出的短视频发布后，取得了非常好的效果。

我们可以通过企业内部销售人员或者其他部门人员的转发点赞进行短视频的冷启动，最后进行后台运营数据对比，通过数据分析总结问题，不断地对作品进行完善和优化。

3. 建立团队，分工明确

要想获得持续性、稳定性的短视频内容产出，就需要一支分工明确的团队。一个优秀的短视频的生产流程至少包含策划、分镜脚本、拍摄剪辑、特效包装、解说配音、分发、运营互动等环节，专业性还是比较强的。

考虑到企业不同发展阶段的实际情况以及部门的资金预算，笔者给出几个具有高性价比的短视频制作团队的配置方案，如图17-4所示。

图17-4 短视频制作团队的配置方案

1）**简易型**：1个人至少包揽策划、拍摄、剪辑、投放这几个环节的视频制作工作，这种配置对个人能力要求较高，适合规模小、预算有限且短视频数量较少的企业。

2）**经济型**：3个人左右的小团队，拥有专业的摄影设备，编导、摄影、后期等各司其职，效率较高，适合规模较大、预算充足、拍摄任务多的企业。

3）**外包型**：1个策划人员＋专业广告公司，即公司设置一个专职策划对接专业广告媒体公司。一般企业和广告公司签订长期合作协议，视频业务整体外包。在这种配置中，线下公司策划人员对视频的整体效果进行把控，专业广告公司人员负责产出高质量的视频。这样的配置能够发挥各自所长，适合规模较大、预算充足、对视频质量要求较高的企业。

4. 根据公司发展打造短视频矩阵

在图文时代，我们经常会谈到新媒体矩阵，现在面对短视频的巨大流量红利，在人员配置和预算充足的前提下，可以筛选两三个具有代表性的短视频平台进行布局，错位分发作品，从而确保大部分用户都能刷到公司的相关视频，扩大品牌知名度。

笔者建议运营抖音号＋微信视频号的组合，原因如下。

1）据有关数据显示，抖音和微信视频号的用户重合率较低，可以覆盖更多的人群。

2）两大平台的用户基数巨大。抖音的用户数已超过8亿，DAU超过6亿，已成为一款国民级社交App，面对这样巨大的流量池，建议尽量入驻进行运营。而微信视频号因为背靠微信这样一款人人必备的社交聊天工具，在流量入口方面占尽优势，而且它与微信聊天、群聊、朋友圈、搜一搜、看一看、公众号等应用进行了深度融合。例如，在朋友圈转发视频号的内容会自动播放而且是大页面展示，其他平台的短视频通过微信转发无法直接观看。有了这样的成熟生态和巨大的流量资源加持，微信视频号的发展潜力无限。微信生态中的微信视频号如图17-5所示。

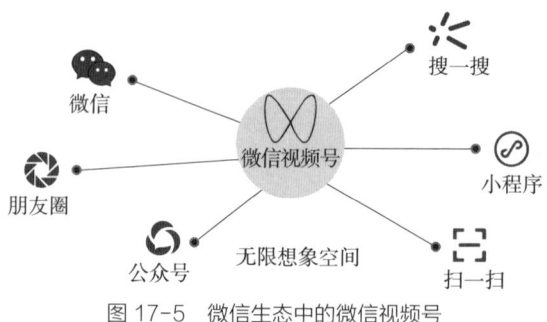

图 17-5 微信生态中的微信视频号

第 3 节 如何策划优质内容

优质视频的典型特点

综合分析一些评论 10 万＋的短视频和 B 端的优质视频，我们不难发现它们基本上集合了以下几个特点。这些特点是短视频能够迅速出圈、吸引大家转发点赞的动力源。

1. 有价值、有干货

有价值、有干货是创作者的首要追求。所谓有价值、有干货，就是提供的短视频可以为受众提供更多的优质内容，让观众看完觉得增长了见识，扩大了知识面。比如一家工业品公司可以开发一些视频专门普及垂直领域的小知识。

2. 趣味创意

短视频自带的属性就是有趣、好玩，这是爆红短视频取得现象级转发、点赞的基础。要想让内容与受众产生情感共鸣，可以试着将产品拟人化，使冰冷的产品变得有血有肉，不要采用枯燥无味的机械阅读方式，而应该采用特色化配音解说，这样更容易拉近与受众的距离进而让人有点赞、转发的动机。也可以从游戏化的角度来思考，把产品或者方案以闯关游戏的方式呈现出来。

我们可以看看近期热门短视频都采用什么呈现方法，以此作为创意参考。

3. 与企业产品、业务恰当结合

一条视频不能自始至终都是对产品、业务的泛泛而谈，这样的视频目的性太强，可能一些受众只停留几秒便跳到下个视频。如果这种视频的目的就是介绍产品，那无可厚非，但是如果视频的目的是宣传公司品牌、扩大品牌知名度，那么就需要做到润物细无声，推出产品或品牌时要做到顺势、不刻意。

4. 有热词、行业关键词等

热词以及所属行业中的关键词一般都自带流量，而且这部分流量非常优质，其中大部分都是潜在客户，合理利用将会带来巨大的品牌曝光度。一般可以通过搜索引擎的热搜或者数据平台上的热度排行榜来获取关键词。

另外，制作的基本要素要达标，即画质要清晰、稳定，时间要适中，内容情节要有逻辑，配音、配乐要恰到好处。

选题规划

针对 B 端视频进行策划，可以从如下几点进行创意发散。

1. 客户案例

这应该是国内外众多 B 端乃至 C 端产品经常用到的营销技法。通过用户的使用体验和案例分析，从侧面佐证产品的质量和带来的效果。尤其是 B 端产品，通常涉及一整套解决方案，这套方案在客户现场的落地应用通常对其他行业客户具有一定的参考意义，所以此类视频容易得到大范围传播。比如我们曾针对一套重载、铝卷的解决方案制作了短视频，该视频吸引了很多钢铁行业的客户前来咨询，尤其是看重供应商行业落地经验的决策者。

2. 行业知识

依托本公司在该领域、该行业的专业度和影响力，将行业的一些知识和通识归纳整理成易于观众理解的短视频，并进行传播。这样不仅能对用户进行教育，更能引发一些潜在用户的关注，当内容池足够多和覆盖面足够广的时候，将大大加强公司的品牌价值，扩大影响力。

3. 产品演示

我们知道，To B 企业的产品或业务落地流程多且复杂，具有一定的门槛壁垒，普通消费者或非专业人士较难理解产品、业务运行原理。比如，某企业是做自动化工业设备产品的，如何将晦涩难懂的关键技术优势表现出来？这个时候如果投入一定的资源进行产品演示，比如对产品的复杂运行原理进行动画模拟，以此来帮助客户理解或者配合销售对一些潜在客户进行辅助说明是很有必要的。产品演示还可体现公司的专业性，增强客户的信任感。

4. 结合趣味或热点

To B 类企业限于产品属性，制作的短视频一般很难和趣味挂钩，短视频运营人员通常绞尽脑汁也不得其解。前面说过，可以尝试将产品拟人化，比如可爱的形象来进行产品解说，拉近与观众的距离。

至于热点，是 To B 企业比较容易利用的。比如笔者的公司每年都以双十一为热点进行短视频的制作和分发，并配合准时达的承诺，这样不仅能够与热点巧妙结合，还能体现公司的实力和影响力。

优质的短视频还要具有一个关键因素——文案或者视频解说。虽然短视频以视频为主，但文字或解说可以丰富视频的画面表现，使短视频内容更加生动有趣。To B 类短视频的文字或解说，要提炼视频重点，不要说一些无关痛痒的话，可以尝试加入权威背书（比如获得的重量级奖项、大型媒体的报道等）。如果涉及一些产品参数，可将数字进行横向或者纵向对比，给人更直观的感受（横向对比友商，纵向对比客户使用产品的前后变化），这样更具有说服力和严谨性。我们知道，来自客户的评价是最好的广告词，所以也可以记录一些客户对产品的评价以此润色解说。

第 4 节　从 0 到 1 制作短视频

短视频的制作流程比较复杂，专业性强，而对于 To B 产品来说，要求更高。To B 短视频运营人员要对产品有一定的了解，在视频中要准确表达产品的运行原理，要以理服人，理性成分占比更多。下面从前期策划到拍摄剪辑再到成品输出对短视频制作进行详细讲解。

脚本

短视频制作的第一步通常是撰写脚本。我们可以认为短视频脚本是后期拍摄的大纲,是指导后期工作的方向和逻辑。脚本是一条优秀短视频的灵魂,是提高拍摄效率和掌控进度的依据,没有前期缜密的策划难以得到想要的拍摄效果。那么,如何撰写脚本呢?通常可以按照如下步骤进行。

1)**确定短视频主题**。这一条短视频要做哪方面的内容,是讲客户案例还是讲产品运行原理,是送出节日类的祝福还是追热点……

2)**策划内容情节**。这一步需要确定是通过用户的视角进行拍摄还是以内部员工的身份进行解说,还要确定拍摄的各种镜头脚本,确定机位(俯视、平行、仰视等)、人员走动、镜头衔接方式(硬切、淡入淡出等)等。

脚本框架如图 17-6 所示。

拍摄顺序	镜头主题	技法	画面内容	文案
1	交代作业环境	摇移、仰拍	全景:整体立体库(体现立体库的高和货位数量多)特写:立体库上存放的铝卷(体现铝卷尺寸大、重),高温环境(强冷风管)	存储容量:2700个铝卷库位高度:25m铝卷重量:20t铝卷直径:2.5m
2	产品关键零部件	水平、特写	堆垛机整体——上横梁——下横梁正、侧、俯等多角度拍摄堆垛机上的货叉(多机位拍摄)	驱动技术;集中润滑;高温环境;货叉及设备的隔热措施
3	设备运行方式	跟拍、摇移	堆垛机从入库口叉取铝卷后货叉回位,堆垛机运行至固定货位货架存入铝卷(正、侧、俯三机位)	米亚斯重载型伸缩叉最高载荷可达30t,V形叉体设计确保安全平稳地存取铝卷
4			铝卷从货架取出后开始运行至出库口(可将设备绑在堆垛机载货台和立柱上,以堆垛机视角记录在巷道的运行过程)	水平速度可达210m/min,升降速度可达60m/min,双驱动机构高效率运行,满足高流量出入库作业需求
5	设备效益总结	水平、后拉	堆垛机运行时镜头从局部立柱LOGO处拉到整体在巷道行走时的全景	堆垛机更强:最高载荷可达32t,高度可达30m效率更高:自动化存取作业为行业提质升级

图 17-6 脚本框架

比如我们要拍摄一条主要介绍产品落地情况的短视频,脚本框架就可以这样设计:先从用户的使用场景出发,介绍产品的运行环境、客户的痛点；然后从客户的视角出发，介绍自己选择该产品的理由，这样可以让潜在客户更有代入感；接着介绍产品的实际运行情况；最后总结产品的优点和取得的效益。

拍摄道具

确定脚本后，接下来需要将文字语言转换成镜头语言，利用各种拍摄工具进行制作。拍摄工具多种多样，规格种类繁多，拍摄工具从几千元到几万元甚至几十万元都有，企业需要根据专业度和部门预算进行选取。下面对常见的几种拍摄工具进行简单介绍。

1）**手机**。其实很多优质短视频都是用手机拍摄的。一些高端手机，比如华为的 Mate 系列、小米的 Ultra 系列，相机清晰度都很高，自带的稳定功能也相当出色。很多手机还配有拍摄专业模式。在 log 模式下拍摄的视频可以很好地保留高光和暗部细节，让后期调色游刃有余。如果再配合自带摇摄云台功能的三脚架，便可以应对大部分拍摄需求。手机成本低，携带方便，很适合资金有限的团队进行短视频试水运营。

2）**相机**。专业的摄影机画质更加细腻，有很好的景深，可以更好地突出画面重点。现在市面上有很多微单相机，小巧便携，价格适中，很适合对画质要求较高、预算比较充足的团队使用。

3）**无人机**。无人机很容易拍出大片效果，适合拍摄自然景色、建筑等常规视角无法概览全貌的景物。比如要拍摄机械类产品仓库（常有几十米的高度）的全貌或者大型产品的安装效果，无人机是首选，由远及近或者俯冲拍摄会带来很强的视觉冲击力。

除了上述主要拍摄工具，还有一些配套工具，比如云台稳定器、三脚架、降噪话筒及灯光设备等。

这里介绍一个灯光设备的使用方法——三点布光法。这种方法可以满足一般的产品拍摄要求。在拍摄主体物的前面布置一个主灯，作为场景中的主光源；然后在主体物的侧面布置一个亮度较小的辅灯，以提亮暗部；最后在主体后面布置一个亮度较小的轮廓灯，帮助主体物与背景拉开距离，突出画面的层次感，如图 17-7 所示。

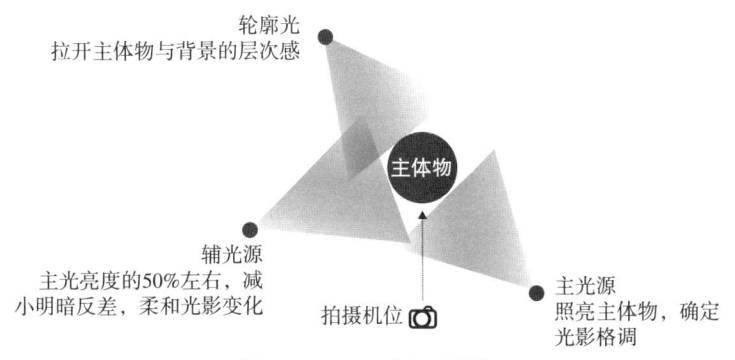

图 17-7　三点布光法示意

镜头语言

镜头通常由画面切换、快慢变化、画面物体位置关系等因素组成，一条优秀的短视频包含各种镜头的变化以满足不同的表达诉求。镜头语言一般包含景别、构图、运镜方式以及画面的处理技巧等内容，它们的灵活组合构成了丰富多彩的镜头供视频工作者调配选择。

1）**景别**。根据景距、视角的不同，景别分为全景、中景、近景、特写。全景一般拍摄主体物在场景中的全貌，交代环境的作用；中景拍摄主体物一半以上的画面，如果拍摄人物一般是膝盖以上部位，可以表达物体的运动以及人物的表情或形体动作；近景用于表现某个物体的局部特征，比如产品中的某个关键零部件；特写即表达主体物的细节部分，比如产品质感和纹理特征、LOGO 局部特写等。图 17-8 所示为几种景别的示意。

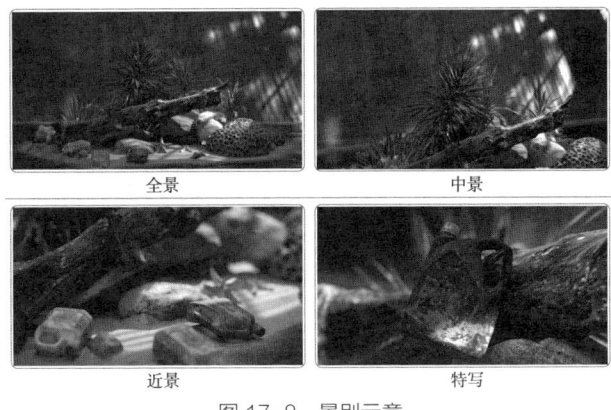

图 17-8　景别示意

2）**构图**。构图即通过合理安排人、景、物在画面的布局来表达你的思想。以拍摄产品视频为例，我们如果只是想表达产品的外观和细节，主体物便是产品，陪体物便是桌面或者附着物，为了突出主次关系一定要将多余的物体去除，让画面有足够的留白，这样看起来会显得干净整洁、层次分明。图 17-9 所示为几种常见的构图法，当我们进行拍摄的时候可以直接参考使用。

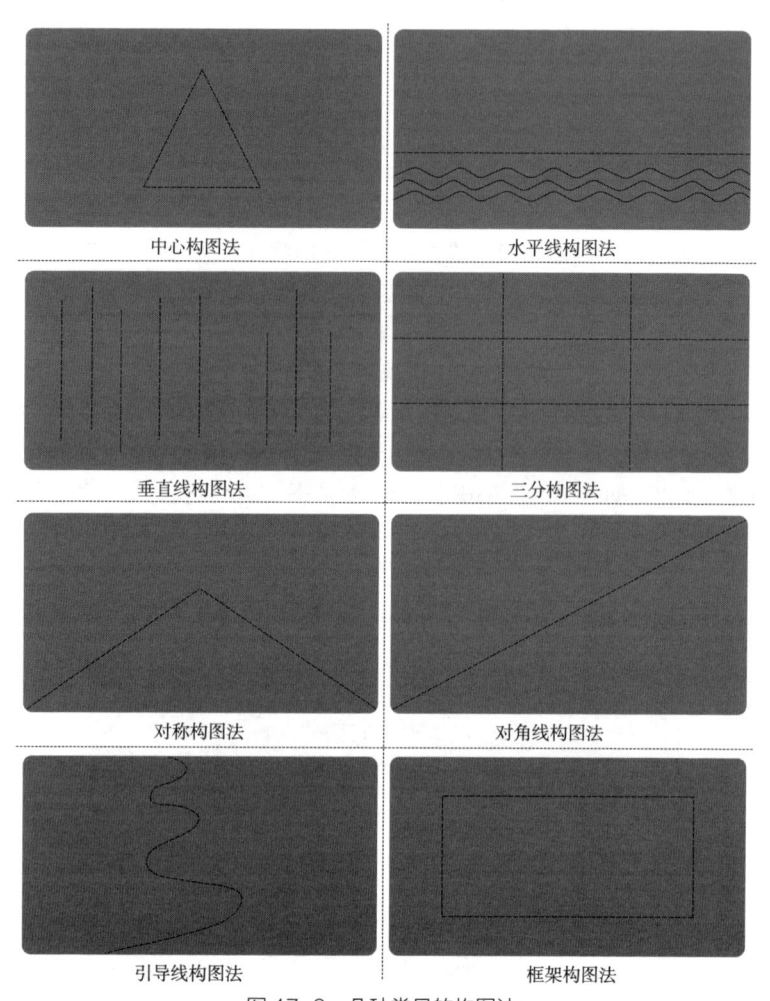

图 17-9 几种常见的构图法

3）运镜。运镜就是运动镜头。无论是电影还是短视频，都会有大量的运镜切换，以表现视频的丰富内容。运镜比固定机位的镜头更加灵活、有趣。固定机位的镜头会让人感觉呆板、木讷。多种运镜技巧能够让视频显得更丰富、更有力。下面简单介绍几种常用的短视频运镜方法。

- **推**：向前稳定推进，离主体物越来越近，或者用手机、相机中的变焦功能逐渐拉近与主体物的距离。
- **拉**：离主体物越来越远，可以从主体物中抽离，表现周边环境的变化。
- **摇**：以某点为轴心，上、下、左、右移动拍摄，通常用于表现更多的场景环境。
- **移**：沿着某个方向移动，一般与主体物移动方向一致，增加观众的代入感。
- **跟随**：从主体物视角进行跟踪移动，比如可以将相机放置在某个移动的设备（主体物）上，跟随拍摄。
- **升降**：镜头上升或下降，升镜通常用于情绪升华，降镜一般用于将观众从大环境带到主角身上。
- **转场**：两个视频段落之间的过渡衔接，一般分为技巧性转场和无技巧性转场，如图17-10所示。

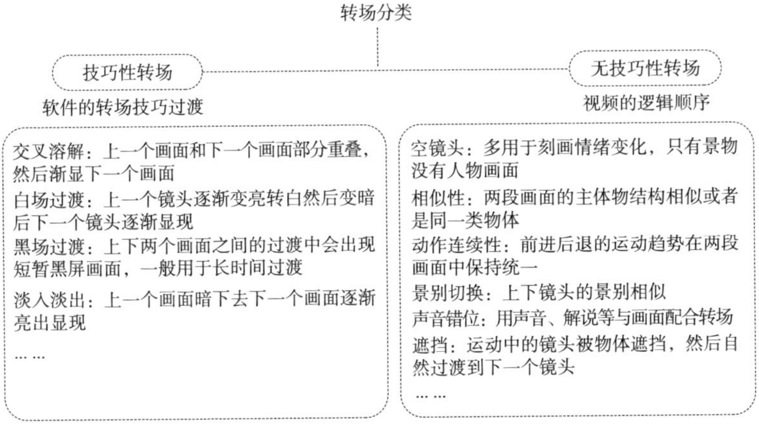

转场分类

技巧性转场
软件的转场技巧过渡

交叉溶解：上一个画面和下一个画面部分重叠，然后渐显下一个画面
白场过渡：上一个镜头逐渐变亮转白然后变暗后下一个镜头逐渐显现
黑场过渡：上下两个画面之间的过渡中会出现短暂黑屏画面，一般用于长时间过渡
淡入淡出：上一个画面暗下去下一个画面逐渐亮出显现
……

无技巧性转场
视频的逻辑顺序

空镜头：多用于刻画情绪变化，只有景物没有人物画面
相似性：两段画面的主体物结构相似或者是同一类物体
动作连续性：前进后退的运动趋势在两段画面中保持统一
景别切换：上下镜头的景别相似
声音错位：用声音、解说等与画面配合转场
遮挡：运动中的镜头被物体遮挡，然后自然过渡到下一个镜头
……

图 17-10 两种转场方法

剪辑包装

完成一段一段的视频拍摄或制作后，接下来就要进行"拉片"了。拉片就是对一段一段的视频进行组合。如何组合？这就要提到流畅性剪辑和跳跃性剪辑了。

流畅性剪辑就是连接相似的两个镜头，让画面衔接显得自然、顺畅，可以通过相同的运镜、色调、画风或采用合适的切换方法让视频切换显得更流畅。跳跃性剪辑就是连接两个差距较大的画面，在切换两个画面时使变化明显，给人很强的反差感，可以通过景别之间的变化、动静镜头、影调反差、运动相向等来表现两段视频的差异和变化，形成画面之间的冲突和对比。

有时候某些产品属性无法用实拍的方式来充分表现，我们需要通过实拍+特效制作的方式进行视频制作，这样不仅能体现公司的专业度和实力，更能全面展示产品优势，这就是特效包装。比如，我们要表现产品耐高温的优势，就可以加入火焰特效来模拟高温。

调色输出

无论从前期拍摄不足后期调色弥补还是从风格化视频的角度来说，调色都是视频输出前不可或缺的一步。通常我们拍摄的一些企业案例视频的后期调色要保持画面明亮干净不发灰，输出时以 H.264 编码的 MP4 格式为主，这种格式基本上能够满足大多数视频平台的要求，而且该编码格式的视频也能保证更高质量的视频画面。

从专业的角度来说，调色首先要做基础调色，即先让拍摄的画面曝光正常，然后对对比度、高光、阴影等进行适度调整，尽量还原物体本色，减少色差。其次是进行风格化调色，可以理解为我们日常用手机拍摄时喜欢添加的滤镜，这一步主要是表达拍摄的意图，增加氛围感，通过各种调色工具的配合使光影重塑、主体物突出。比如要拍摄一段机械产品介绍的视频，那么调色的思路可能是：在基础调色后保证画面白平衡、曝光的正确，然后对画面进行二级风格化调色，使画面偏冷，突出机械质感。

其他注意事项

下面分享一些笔者总结的拍摄短视频的经验和注意事项。

1）视频内容风格要统一，要遵循企业 VI 规范（这部分内容可以参考第 6 章），比如 LOGO 在每条短视频中的位置要固定（一般在右上角或左上角），字幕搭配要统一，封面要突出重点等。图 17-11 所示以视频号为例对短视频的封面进行了标注说明。

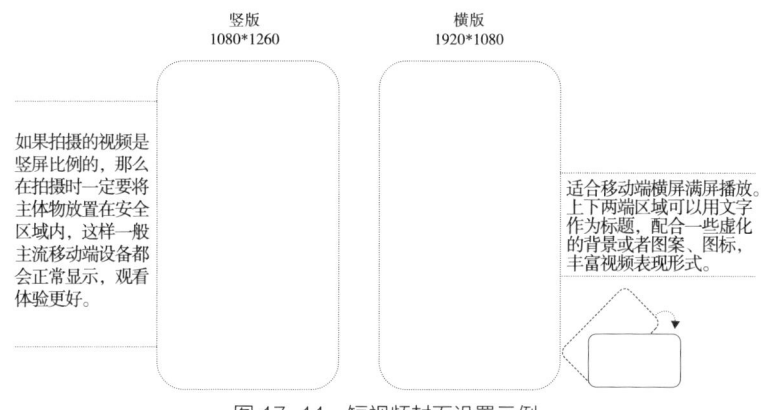

竖版
1080*1260

横版
1920*1080

如果拍摄的视频是竖屏比例的，那么在拍摄时一定要将主体物放置在安全区域内，这样一般主流移动端设备都会正常显示，观看体验更好。

适合移动端横屏满屏播放。上下两端区域可以用文字作为标题，配合一些虚化的背景或者图案、图标，丰富视频表现形式。

图 17-11　短视频封面设置示例

2）每个视频都有自己的标签，它是被平台推荐和用户搜索的重要依据，所以准备几个不同维度的关联标签很重要。假如我们现在需要拍摄一个关于堆垛机设备的视频，那么标签就可以是"堆垛机"。然后根据视频的具体内容进行细化，比如要突出产品负载重的特点，那么细化的关联标签就可以是"重载型堆垛机"，要切到具体行业就可以是"铝卷重载型堆垛机"。我们还可以加上"自动化立体库"这样和产品应用环境相关的词，以增大被搜索到的概率。

3）软件工具很重要，使用得当可以大大提高工作效率，提升视频质量。如果对视频质量要求不太高，只是单纯进行剪辑、拼接，那么剪映、爱剪辑等都能满足需求。这些剪辑软件里面有一些风格模板可供使用，学习成本不高，大家可以在 B 站上面搜索相关教程，很快就能学会。如果要制作复杂的特效和分级调色等，就要用到 AE、PR、Final Cut 等专业剪辑工具了。这些工具需要有一定的剪辑基础知识才能驾驭，专业剪辑软件可能对于初学者来说有一定的使用门槛，我们可以根据自己的实际情况来选择使用。

4）声音在短视频里的作用举足轻重，背景音乐一般能烘托气氛、丰富内容，配音解说可以展示一些通过画面无法展示的内容或者强调重点内容。配音解说可以请公司里声音比较好的同事帮忙录音。如果实在找不到合适的人员也可以采用人工智能软件配音的方式，配音软件一年的使用费也就几百元，性价比较高。有些人工智能软件的配音效果足以匹配专业人员，操作也很简单，你只需要上传文案（段落划分、断行、断句都要保证正确），然后以 MP3 格式导入剪辑软件即可。

5）一定要重视版权问题。视频中的字体、图片、视频素材甚至人物都可能导致侵权问题。字体尽量选择可商用的，比如思源黑体等，图片或者视频素材也要选择可商用或者 CC0 协议下的。至于人物，会涉及肖像权。

6）短视频发布的时间很有讲究，要尽量选在目标客户休息的时间，比如 12:00 到 13:00、20:00 到 23:00。

7）短视频的一大特点就是时间短，所以我们制作的视频一般要控制在 2～3min，而且要保证情节紧凑、内容充实。

第 5 节　短视频的运营与规范

短视频运营

至此我们已经制作好了一条短视频，那么如何通过运营使更多的人看到，让我们的产品通过这条短视频获得更多的曝光？这时候就需要进行精细化运营了。

刚做短视频的企业因为粉丝基数小，并且 To B 类短视频所能获得的平台推荐流量有限，所以需要采用合理的冷启动方式。这里推荐渠道组合方式，比如利用微信这个强大的生态（这里以微信视频号为例）：朋友圈转发＋公司全员点赞/转发＋行业社群转发＋合作媒体资源＋公司已有公众号资源＋行业展会论坛。

当然微信视频号也上线了推广付费功能，即通过"视频号＋热平台"对你想覆盖的人群进行智能推广。比如可以自定义期望视频触达的人数，可以根据用户标签定向推广等。企业可以基于预算和需要达到的推广目标进行灵活选择，这是前期推广资源不足又有一定预算的情况下的最佳选择。

当达到一定的曝光量，有粉丝主动留言评论或者在后台咨询时，我们要及时回复。良好的真实互动比机器自动留言更有温度，这个温度是粉丝可以感受到的。经过几轮的冷启动操作后，我们的账号就会积累一定量的用户，这时候需要保持一定的更新频率。可以根据团队规模和素材储备情况进行针对性更新，这样能够保证我们的账号在一定的周期内具有稳定的曝光度，同时能够积累粉丝人数。

当短视频运营到一定阶段后会出现瓶颈，浏览量、转发量、点赞量都将维持在一定的范围内，出现增长乏力的状况。这时候需要调整运营策略，比如对短视频的内容风格进行调整，但是要谨慎评估风格变动的大小，以免影响固有粉丝。调整不是改头换面，而是适度迭代更新，因为 To B 产品面向的是企业端，短视频的总体风格还是要遵循"专业内容通俗易懂、分享行业知识经验"这一主基调。只有始终与品牌的调性契合一致，才能树立品牌的专业形象。

值得一提的是，短视频平台众多，各家属性不一，用户群侧重点不同，甚至算法推荐逻辑也有差异。所以，我们运营这些平台上的短视频时要有一定的针对性，要精细化运营各个短视频账号，以便内容的分发符合平台的调性及用户喜好，形成特色的短视频传播矩阵。

我们一定要重视数据运营，一般短视频平台后台都会有数据提供给运营者。这里以微信视频号后台视频号助手为例：通常我们发布了一条短视频后，可以重点关注图 17-12 所示的数据，针对这些数据对视频号做优化调整。

微信视频号后台主要数据分析		
浏览次数	该视频大概被浏览观看的次数，重复观看也被计入次数	反映该短视频触达的用户数，如果浏览量小，则要考虑是否需要增加推广转发渠道
增、减关注数	该视频发布后带来的新增用户数或取消关注数	反映该短视频是否达到引流效果，从而为后期是否继续发布类似视频提供参考
完播率	完播率强调的是你的视频内容是否有吸引力促使用户全部看完	这两项指标侧重于反映视频内容的情节设计是否具有吸引力，画面情节的设计逻辑是重点
平均播放时长	平均播放时长指的是用户平均观看该短视频的时间，如果长达1min的短视频，平均播放时长只有10s，那么我们就要仔细分析前10s画面是否有问题	
点赞次数	该视频被用户点赞认同数	这三项指标侧重于反映视频内容是否能让人增长知识、提升技能，是否能够为用户带来帮助
分享次数	该视频被用户转发分享次数	
收藏次数	该视频被用户收藏次数	
评论次数	用户在视频下面讨论、留言的次数	反映该短视频是否具有议论点，用户参与度是否较高等

图 17-12　视频号后台数据

关于短视频的政策法规

无规矩不成方圆。国家有关机构以及平台会发布一些短视频规范，指导内容生产者和运营者的行为，引导短视频行业有序健康发展。所以我们在日常运营时一定要密切关注相关法规和平台规则的更新，比如一些敏感词汇/极限词的使用、与主流价值观违背的画面、文字/音乐/视频版权问题等，否则可能会被监管处罚甚至面临刑事责任。

其实平台和相关法律法规都鼓励原创高质量的短视频内容，各家应用平台更是希望通过优质内容来吸引更多的人使用，所以推荐流量自然会往这方面倾斜。由此来看，未来短视频的发展方向还是原创、高品质、主流价值观，沿着这样的创作方向走下去，短视频行业的未来空间就会很广阔。

18

To B 直播实战

——陈尘

陈尘 保利威直播高研院副院长，弯弓研究院前负责人，华南数字营销行业号"私域流量观察"主编。2019年发布《中国营销技术生态图谱1.0（MarTech 500+）》，并搭建数字营销学习社群。2020年搭建保利威直播营销体系，打造To B直播营销标准案例，输出直播增长四驱模型、品质直播七维标准模型、营销直播组合拳等，落地企业直播实战营及智库团队。

数字时代，百舸争流，大浪淘沙，价值尽显。

2020年以来，企业直播进入快车道，To B 直播的价值持续释放——从与业务场景深度融合，到行业应用全面开花，无不在传递一个信号：企业做直播，很重要。

我们来看两组数据：

1）61%的To B企业将直播作为市场营销的新动能，直播在受欢迎程度上仅次于文章，远远高于研究报告和网站。

2）在营销漏斗顶端为企业创造合格线索，To B市场人对直播的认可度高达53%，远高于其他营销形式。

直播改变了人们的生活方式，也为To B企业营销带来了新思路。

第 1 节　深入理解 To B 直播

毋庸置疑，To C 直播为 To B 直播的发展培育了一片肥沃的土壤。

2014—2017 年，以游戏、秀场等娱乐性为主的直播成功掀起一轮巨浪，强悍地"抢夺"了大批年轻人的碎片化时间，也让平台找到了新的流量聚集地。2018—2019 年，电商直播掀起新一轮热潮，一些头部主播成为全民关注重点，加上社会环境的影响，我国 C 端客户养成了日常观看直播的习惯，同时也推动了 B 端企业直播的全面爆发。

直播作为企业快速便捷地触达大批流量的入口和信息传播渠道，受到越来越多企业的关注和重视。随着 To B 直播的广泛应用，直播的观看渠道和内容类型也发生了很大变化，具体如下。

1）**观看渠道**：除了公域直播平台提供的直播入口外，还有微信小程序、官网 H5 以及企业 App 等，覆盖客户日常生活中的所有主要渠道。

2）**内容类型**：直播内容呈现多样化特征，除了面向 C 端客户的游戏、购物等直播外，还有音乐会、活动大会、企业培训、会展等以线下形式为主的传统内容。

总体来说，To C 直播的营销核心在于人，以主播的强 IP 促成点赞和下单，核心目标是形成流量聚集，进而将流量直接变现，一般会和 GMV 挂钩；而 To B 直播营销的核心在于品牌，核心目的是构建客户对企业品牌的信任感，让客户在日后需要的时候能第一时间联想到自己的产品。

"直接转化"不适合作为 To B 直播的核心目标，To B 企业由于客单价较高，很难通过一场直播就形成转化（但能够辅助成交），需要通过持续性直播进行长时间培育。因此，To B 直播应围绕品牌传播、获取/培育线索、市场联动等方向开展，成为企业营销获客的数字化新手段。

To B 直播与 To C 直播的区别如表 18-1 所示。

表 18-1　To B 直播与 To C 直播的区别

比较项	To B	To C
受众	企业级客户，需求较为明确	个人，需求多样化
目的	品牌传播，获取/培育线索	流量，转化，下单

(续)

比较项	To B	To C
直播场景	培训、营销、活动等与企业业务相关的场景，较为丰富	游戏、才艺表演、电商带货等，以主播个人呈现为主
直播平台	提供专业服务的企业直播平台，能满足不同企业的定制化需求	淘宝、抖音、视频号等，不支持定制化功能
客户数据	能收集直播全流程的客户信息，形成个人画像，便于后续跟踪培育	以平台提供的标准化数据为主
直播时长	以0.5～1小时为宜，发布会、大会等活动则根据实际情况而定	1小时以上
流量来源	企业宣发，私域流量为主	公域流量为主，主播粉丝

直播已经为 To B 企业增长提供了 3 个重要价值支柱。

1）**对外名片**。直播是企业在数字化时代的一张对外名片，通过直播间高品质的声画呈现和客户体验，传递品牌形象，提升品牌价值。

2）**信任阵地**。企业通过直播间丰富的内容表达以及与客户的实时互动交流，与客户建立良好的沟通机制，重塑品牌信任。

3）**数字资产**。直播作为一种原生的数字化产品和服务，是企业获取数据资产的重要场域。一方面，以直播交互驱动企业数字化营销和数字化学习，通过全生命周期的客户行为和直播观看数据，辅助企业精细化运营；另一方面，以数字化形式沉淀企业经验与重要内容，提高内容复用效率。

纵观企业的直播发展历程，可以发现，直播既能帮助企业进行线上营销拓客，盘活私域流量，提升成交转化效果，给企业带来业务增长，又能作为企业内部的沟通工具支持远程会议和培训，降低企业成本，提高运营效率。

第2节 To B 直播体系规划与平台矩阵构建

To B 直播体系规划

直播只是企业营销链路中的一环，为此，To B 企业搭建直播体系时，需充分考虑每一场直播的目的、受众，做好企业直播的顶层设计和规划。

以保利威直播漏斗模型（见图18-1）为例，To B 企业可以采用分层式直播，从品牌层到服务层依次深入——品牌层直播针对的是泛大众，内容面可以更广一些；目标层针对的是目标受众，内容与目标受众强关联；服务层针对的是特定人群，往往具有专属性，以服务为主。

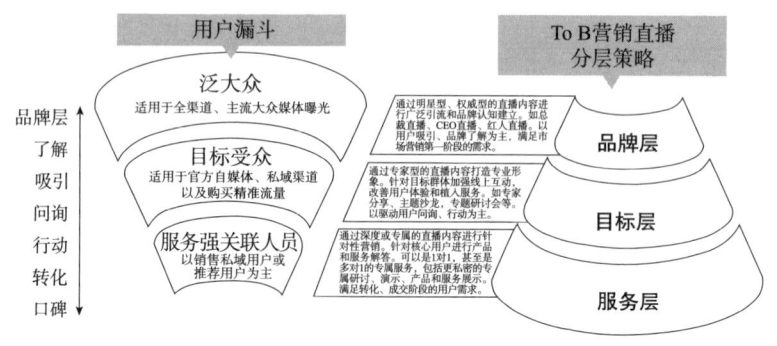

图 18-1　保利威直播漏斗模型

基于上述分层策略，To B 直播大致可以分为品牌事件型、市场联动型、业务促销型、干货栏目型、对话型等，企业可根据品牌活动节点和营销计划在不同时期开展不同类型的直播，将 To B 直播作为一条单独的营销主线贯穿全年，为企业的整体营销策划助力。

需要注意的是，直播要有系列性。单场直播的价值势能是很难释放出来的，而冠以一个主题，持续开播能获得更好的效果，也更容易被客户记住。这也是干货栏目型直播成为 To B 企业标配的原因。

保利威在2022年与《培训》杂志打造了"品牌圆桌 × V 对话直播"栏目，以12期专家对谈直播贯穿全年，结合时下热点精心设计每一期直播的主题/话题，邀请30多位资深专家分享个人的实践经验，旨在为每一位观看直播的"培训"人士带去实质性的干货。这一系列直播得到了来自不同行业培训同人的高度关注。在最后一期直播中，我们重新邀请了往期嘉宾来到直播间，打造培训行业首个线上年终茶话会，8位培训专家以回顾＋展望的模式让直播的影响力实现跃迁，也进一步强化了客户对该栏目的品牌认知。

上述案例透露出一个技巧——不仅要做持续直播，还要做联动型直播。

如上文所言，To B 和 To C 在直播打法上存在显著不同，其中一点就是私域流量和公域流量的差别。不同于 C 端直播可以获得平台给予主播的扶持流量，To B 直播更多依赖于私域流量。一般情况下，企业所覆盖的客户是有限的，如果一场大型直播全都是自己池子里的客户，那么活动的声量会大大降低。因此对于企业而言，可以联合几个同层次的其他企业进行联合直播，这不仅能够达到破圈的效果，还能极大提高线索获取率。

这里再和大家分享一个保利威通过 To B 直播实现品效增长的真实案例。

2022 年 6 月，保利威携手 30 多位合作伙伴共同打造了"V 对话特别企划"系列直播栏目（见图 18-2），各行各业的客户、伙伴齐聚保利威直播间，9 场跨行业的思想碰撞直播得到了观众与嘉宾们的信任和好评。

9 场直播共有 140 962 人次观看，场均观看量 15 500+；而从传播维度看，32 家合作伙伴对直播进行联合传播，将事件传播的成本降至 0 元，并实现了远超预期的事件传播效果。由此可见，这种直播营销模式能很好地为 To B 企业实现降本增效。

图 18-2　保利威 V 对话特别企划系列直播海报

直播平台矩阵构建

To B 直播要以双矩阵（全场景矩阵和全平台矩阵）罗盘作为实现品牌全域曝光和直播引流获客的地基。To B 直播往往不是单一的营销直播，而是全场景直播；不能在单一渠道推广，而是要做到直播全平台分发。保利威的双矩阵罗盘如图 18-3 所示。

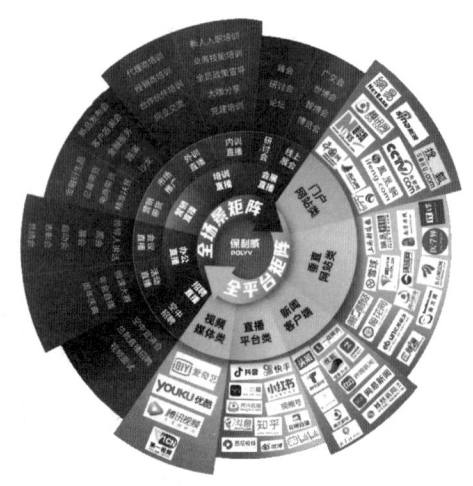

图 18-3　保利威双矩阵罗盘

随着 To B 直播愈发成熟，单一的营销场景难以支撑企业达成营销目标，只有依靠全场景直播才能有效地驱动营销增长。To B 直播主要围绕培训、营销、活动三大场景展开（见图 18-4），不同行业的细分场景有所不同，但核心诉求都是一致的——降本增效。为此，大多数企业都会将直播平台与内部 OA 系统相结合，打通内部员工数据和外部营销数据，以内外部双轮驱动的数字化模式实现降本增效，驱动业务增长。

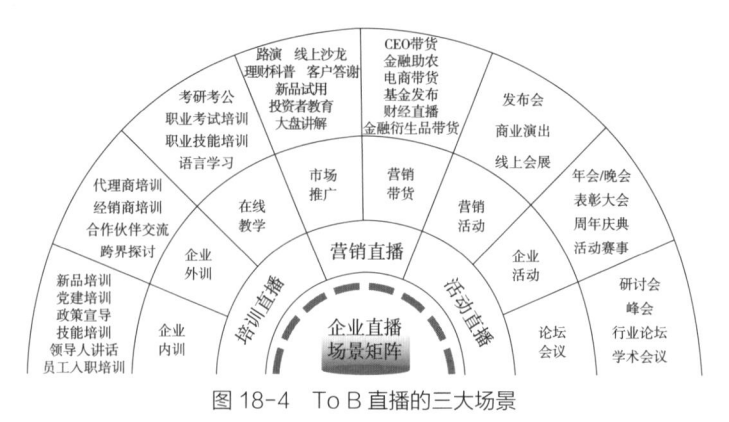

图 18-4　To B 直播的三大场景

To B 直播也不能只面向私域，还要面向公域的全平台，让每一场直播都能被更多人看见。

在部署直播系统后，To B 企业实现全域触达会更为高效。一方面，企业可以在直播平台向私域客户发起直播；另一方面，根据直播内容的差异性，可将直播分发至对应的公域平台，触达更广阔的公域客户。

以保利威直播为例，我们开展的每一场直播都会推流至数十个公域平台，在重要事件上也会邀请合作伙伴给予联播支持，以触达更广泛的人群，实现市场品牌曝光目标。结合过往经验可知，To B 直播多为产品、干货和方法论等知识内容输出，与视频号、知乎、B 站等平台调性较为相符，这几个平台的受众人群和 To B 企业的目标人群也更为契合，因此，在推流数据表现上，以上 3 个平台比其他公域平台更为优异。

除了考量平台和受众属性，To B 企业还可结合实际情况，综合考虑内容营销发力方向、自身矩阵部署情况等，选择合适的平台进行持续性运营，做长期有效的全域触达直播。

第 3 节　To B 品效直播搭建策略

实现直播品效合一的方法论

相信很多 To B 市场人都思考过这个问题：To B 直播如何才能做到品效合一？

随着营销模式愈发多样化，企业对品效合一的要求已不再是简单的品牌广告和效果广告相结合，而是在更多维度上给予品牌与业务更多支持。因此，To B 企业要想实现品效合一的直播，可以分别从"品"和"效"两个维度入手。

1. 品质直播助力品牌跃迁

正如前文所述，直播已经成为大多数企业常规的营销方式，一定程度上已经成为企业向外传递品牌形象的重要阵地。直播内容和质感会直接影响观众对企业的认知，高品质的直播会对企业品牌形象产生潜移默化的影响。

谈到直播的品质，人们第一时间联想到的往往是直播过程中的视听观感，以观看直播的舒适度来衡量其品质。实际上，我们应站在全局视角，通过直播的前、中、后所有落地执行环节来衡量 To B 直播的效果，例如前期的宣传推广以及后期的数据运营等。

经过对多家头部 To B 企业直播的全流程拆解及调研，我们发现企业可从以下 7 个维度打造品质直播，实现 To B 直播的品牌跃迁。

（1）推广策划，以直播为支点撬动全域周期性传播

在当下这个媒介极度碎片化的环境中，客户注意力迎来了前所未有的稀缺和分散。即便目前绝大部分企业都已经建立了能够免费、反复触达客户的私域流量池，但真正要做到高效且有效地触达客户依然很难。直播作为一种重要的企业营销方式，以及企业在数字化时代的名片，得到充分运用能够有效提升客户触达效果。

要注意，直播不是单次行为，要以年度、季度或月度为周期做好规划，要与其他活动产生联动，形成周期性、节奏性、主题性的活动，从而提升长效性。另外，在单场活动中，要以直播为支点撬动相关文章、海报、视频等内容的传播，形成以直播为主、多种内容为辅的传播矩阵，再在直播前、中、后三个时间节点上有节奏地触达客户，提高内容触达效率，增强传播效果。

图 18-5 所示是保利威的直播推广策划。

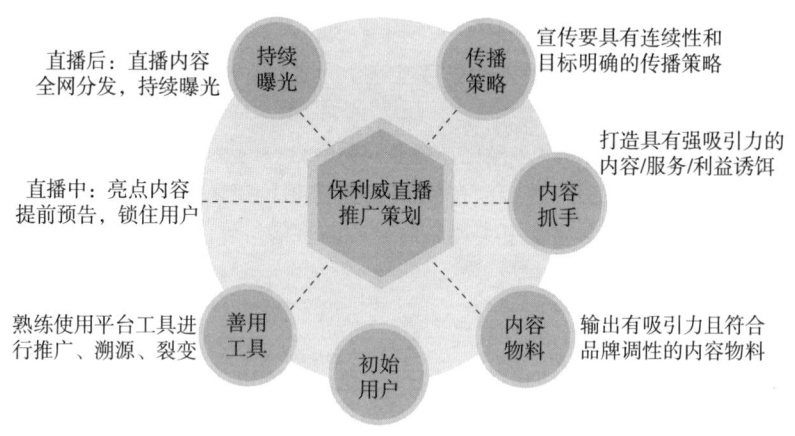

图 18-5　保利威的直播推广策划

（2）形象展示，以品质型直播间传递品牌形象

于企业而言，每一场直播都是一次品牌形象的传递与品牌价值的输出，而直播间的形象也成了企业形象的一部分。如何通过打造品质型直

播间来传递品牌形象,已成为企业当下需要解决的重要课题。

直播间所有能够与客户直接或间接产生连接的元素,都是直播间形象的一部分,都将影响直播的最终呈现品质,包括客户能够用肉眼看见的线上直播间装饰,为保障直播正常进行特意安排的线下直播间布置,以及主播和客户交互的两大主要模块——声音和画面。

(3)内容表达,重塑品牌与客户面对面的信任空间

企业过去与客户建立信任关系,主要是在产品质量得到保证之后,采取明星代言、产地自证、品牌经营、线下会面等方式,或者通过短信、微信等与客户进行持续沟通。而直播在一定程度上重塑了品牌与客户面对面的信任空间。直播具备强大的内容承载力,在主播口头讲解、信息画面展示、产品服务呈现等多元和多维内容的综合影响下,能够有效且迅速地构建品牌与客户之间的信任。

(4)实时互动,直播下的交互体验及客户共创

互动作为企业与客户、客户与客户之间建立关系的重要方式,其质量和频次往往决定了关系的质量,也会影响是否能够共创内容。图文时代的互动是相对滞后和低频的,一定程度上限制了客户和企业关系的建立。直播具备的真实、实时等特性,以及主播与客户可以面对面实时沟通的优势,使其天然拥有较强的信任力与黏性。直播已经成为企业与客户进行实时交互的重要方式。

直播是一个天然的互动池和共创间,实时互动作为直播最具魅力的特点之一,能够带来意想不到的效果。互动能够有效活跃直播间氛围,提高客户观看时长,拉近与客户的距离,提升直播的效果。主播的引导和氛围的衬托,能够很好地激发出客户对产品和内容提出自己的真实建议,为企业打造出真正符合客户需求的产品和内容提供思路。

(5)安全稳定,品牌权威与信任建立的安全保障

直播本身就是企业品牌形象的一部分,安全稳定与否会影响企业在客户心目中的形象、可信度。另外,稳定作为开播的基础条件,决定了直播能否正常进行,会直接影响直播能否给客户带来流畅的观看体验。

安全稳定是保障整场直播顺利进行及品质打造的关键,所以要尽可能排除并管控可能影响直播安全稳定的因素,确保关键事项的绝对安全和足够稳定。其中,内容安全、信息安全、平台稳定尤为重要。

（6）内容沉淀，以数字化形式沉淀企业经验与内容

经验和内容已经成为企业的重要资产。在员工入职培训、技能培训等对内培训，以及报告发布、干货分享等对外内容传播的场景中，经验和内容能否做到易存储、易复用和易管理，在一定程度上影响了企业能否将经验和内容的价值做到最大化，以及能否将其转化成更利于自身持续发展的资产。

相较于线下面对面这种受时间和空间限制且不利于内容存储和管理的信息传递方式，直播具有在线化、多元化和数字化的优势。在数字化时代，实现经验和内容的数字化，提高内容运营效率，已经成为企业数字化战略布局中非常重要的一环，而直播是效率更高的一种工具。

（7）数据沉淀，以直播交互驱动培训和营销数字化

在培训上，直播可以打破线下培训在时间和空间方面的桎梏，实现培训内容和培训过程的在线化、数字化，提升培训的效率和知识的复用率；在营销上，基于直播中沉淀下来的客户行为数据和直播观看数据，可以生成直播品质指数和全方位客户画像（见图18-6），为辅助企业精细化运营提供强有力的数据支撑。

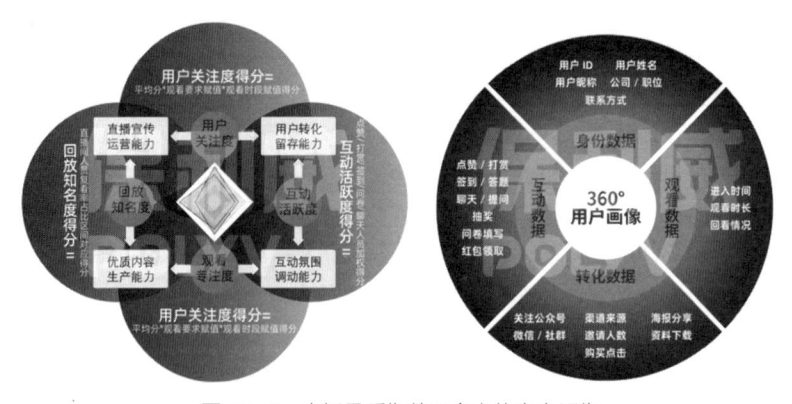

图18-6　直播品质指数和全方位客户画像

基于丰富的直播数据，能够优化直播内容和直播流程，提升后续的直播效果；根据客户画像，能够对客户进行分层，制定针对性的营销策略，从而达到辅助精细化客户运营、推动企业营销和培训增长的目的。

2. 品质直播驱动降本增效

从"效"层面看，To B 直播不同于 To C 直播，不能用一场直播的客户转化率来衡量直播的效果。To B 直播作为企业营销链路上的重要环节之一，核心关注点在于建立与客户的联系，培育企业与客户之间的信任，为转化打好基础。

在品质直播的驱动下，To B 直播的效果评估可以从降本和增效两大层面入手。

以上述 V 对话特别企划活动为例。在降本层面，我们借助 32 个生态合作伙伴的自媒体矩阵和联播影响力，将事件传播成本降至 0 元；借助直播的连接能力，我们让异地嘉宾同台互动，节省了嘉宾的差旅成本。而在增效方面，除了直播，我们还输出了文章、短视频、手册等，丰富了内容矩阵，延续了直播事件的影响力；异地直播形式得到嘉宾和客户的好评，这种直播形式也被沉淀下来，并成为备受 To B 客户欢迎的解决方案。

从数字化营销方式来看，直播作为企业在数字化时代的有力抓手，能为不同行业、不同业务搭建起数字化的桥梁。这里列举一些企业借助直播实现降本增效的主要表现。

1）**降低宣传成本**。可将周期性的直播与传统宣传方式相结合，有效降低企业的宣传成本；此外，直播还可以持续打造企业形象，将公域客户沉淀为私域粉丝，打造传播闭环，降低宣传成本。

2）**提高沟通效率**。借助直播的连接性，企业可以实现产品演示、咨询服务等功能，为客户提供更全面的产品信息，帮助客户更好地了解产品，提高沟通效率。

3）**提高运营效率**。企业直播系统可以与 CRM、OA 等系统相结合，帮助业务人员打通内外部数据，实现 To B 企业客户的全生命周期管理，如线索跟进、订单处理等，进一步提高运营效率。

4）**丰富场景体验**。数字化活动已经成为 To B 企业办会的主要形式之一，在元宇宙热潮的催化下，虚拟直播为企业活动提供了新的想象空间，高度自主的品牌定制场景极大地丰富了企业和客户的交互体验。

5）**提升线上体验**。发布会、营销峰会以及活动大会是大多数企业每年的"固定"发声渠道。随着直播技术日渐成熟，数字化活动逐渐被企业认可，线上办会成为企业的一种新型营销方式。线下重客户连接，线上重传播声量。

2022年9月，保利威联合华为云、36氪一起举办了"828 To B 企业节·企业直播专场峰会"。大会以纯线上的方式举办，10位嘉宾分居北京、广州以及深圳等地。大会结合了多种直播创新玩法和功能，得到观众和 To B 企业的好评。

在大会直播观看页中，我们设置了"直播云席"功能（见图18-7），让每一位观众进入直播间后"自动入座"，并准备好了专属海报和线上名片，观众之间可以点击座位头像查看资料并进行互动，做到了1:1还原线下活动的社交体验。

试想一下，线下活动所能承载的客户是有限的，但借助"直播云席"功能，可以为不能亲临现场的嘉宾和观众打造包含接待、入座、交流、社交的线下全流程参会体验，这对于重连接、重社交的 To B 市场人而言是具有革新性的。

信任是 To B 企业实现转化的一大核心因素，因此，很多企业会经常输出行业方法论、白皮书等来实现内容营销。当下，借助直播的形式发布报告，引导客户留资领取，已经成为 To B 企业的一大落地场景。在这个场景之下，我们研制出"卡片弹窗"功能（见图18-8）。企业可以在报告发布环节使用该功能，以对客户进行强提醒。"卡片弹窗"功能搭配观看时长、填写表单等直播功能，能有效地帮助企业实现线索留资的目的。

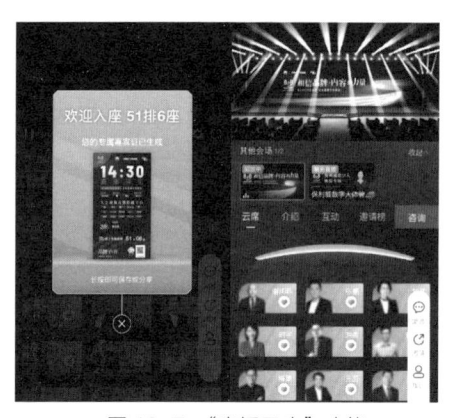

图 18-7 "直播云席"功能　　　　图 18-8 "卡片弹窗"功能

以上仅是直播在企业降本增效过程中的缩影。直播能为企业业务提供更广阔的想象空间,可以预见,随着 To B 直播应用和探索的逐渐深入,品效合一的直播将成为 To B 市场人的标配。

如何落地一场高品效的直播

如果企业要全流程落地一场直播,可按直播前、直播中、直播后 3 个阶段进行筹备,对应阶段的工作重点如下。

1)直播前:主题策划、直播场景、直播时间、脚本设置、前期推广。

2)直播中:直播互动、直播运营、视觉呈现。

3)直播后:数据复盘、二次宣发。

1. 主题策划

对于 To B 企业而言,有一个吸睛的主题意味着直播已经成功了一半。

基于上文提到的直播总体规划,每一期直播都应该有专属的主题——可以是近期行业的热点话题,可以是客户关心的产品更新动态,还可以是内部专家的干货 / 方法论分享。直播要有一个核心传播点,这个点能让观众产生共情,驱动观众主动转发推广,吸引更多的人观看。

大多数情况下,To B 直播会邀请嘉宾来到直播间,一方面是为直播增添影响力,另一方面是希望撬动嘉宾的个人流量,提升直播的关注度。

2. 直播场景

根据直播主题和类型选择合适的直播场景,让场景与主题相贴合,可以给观众带去更强的沉浸感和代入感。

常用的直播场景有如下几种。

1)**实景直播**。在企业办公室中取景或专门搭建一个场景进行直播。对场景要求较高,适用于访谈类直播。

2)**绿幕抠像**。通过绿幕 / 蓝幕抠像配合 2D 虚拟背景进行直播。需要有绿幕 / 蓝幕作为抠像条件,可根据需要叠加图片、视频等多媒体素材,适用于带货、知识分享等类型的直播。

3)**MR 直播**。通过绿幕 / 蓝幕抠像配合 3D 虚拟舞台进行直播。需要有绿幕 / 蓝幕作为抠像条件,需要具有 3D 虚拟舞台制作能力,适用于年会、发布会、晚会等类型的直播。

4）SaaS MR 直播。通过保利威的 SaaS MR 进行 3D 虚拟直播。需要有绿幕作为抠像条件，结合 SaaS 端 3D 模板，可快速开展 3D 虚拟直播，适用于小型发布会、企业全员培训等类型的直播。

5）XR 直播。借助 XR 屏幕，融合 AR、VR 以及 MR 等技术来扩展虚拟直播。需要 XR 屏幕支持，通过无死角的灵活摄像机视角转换、现场灯光设计，再利用高保真绿幕抠像功能将画面和虚拟 3D 背景模板合成到一起，让企业可以轻松打造元宇宙般的虚拟场景，适用于产品发布会、峰会、线上论坛等类型的直播。

3. 直播时间

人们难以长时间对某一事物长期保持高度的注意力，因此需要对内容要点和直播环节进行适当分配，在关键节点设置关键内容和互动，持续吸引观众的注意力。

根据直播主题/类型的不同，直播的时长也不同。如带货类直播一般为 2h 以上，培训类直播一般为 1h 左右，沙龙分享类直播一般为 1~5h，企业品牌发布会直播一般为 2~3h。以一场 45min 的直播为例，可在第 5min、第 15min、第 30min 等节点发布精细化内容，匹配客户互动行为，通过控场节奏和内容的设计，打造直播全流程的最佳体验。

4. 脚本设置

基于直播内容要点和流程可以输出直播脚本，直播脚本至少包含如下 3 个维度的信息。

1）**基本信息**：主要传递本场直播的相关信息，让相关人员对直播有一个大概的了解，包含直播目的、直播主题、直播地点、直播时间以及直播内容等。

2）**流程策划**：主要帮助执行人员了解每一个直播环节的流程，精确到每一个画面应该有什么操作，包含开场策划、画面策划及互动策划。

3）**工作人员**：主要为了明确直播过程中各岗位的职责，确保每一个人各司其职，包含人员分工、执行内容、执行节点以及重点标记等，目的是保证直播顺利落地。

图 18-9 所示是直播脚本示例。

流程	时间	时长	内容	嘉宾动作	画面	音乐	小助手
1	开场 -5min						
主持人开场	16:00-16:05	5min	×××××	候场	主视觉运镜 1个人名条	开场音乐	红包雨：20个共30元
	16:05-16:06	1min					
2	谈谈市场反响 -15min						
连线嘉宾	16:06-16:21	15min	×××××	嘉宾1-连线嘉宾，招手打招呼	1个特效窗 2个人名条	背景音乐	
互动环节	16:21-16:24	3min		截图送礼品	视频mov		记录获奖名单，推送企微二维码 若用户未成功添加，则用口令红包 【共读企业直播】

直播脚本
5月10日下午16点-17点40分
彩排时间：5月9日下午14:00-17:00 | 形式：MR虚拟场景多地连接

图 18-9　直播脚本示例

通常情况下，根据直播类型的不同，直播脚本也会有区别，但不论什么类型的直播脚本，都需要考虑在直播中巧妙穿插互动环节，以反复激活观众对直播内容和直播形式的注意力。

5. 前期推广

如果是涉及企业层面的品牌活动直播，往往需要进行全网的预热和宣传。此外，由于To B客户群体的固定性，企业需要自发地进行私域传播，实现全域推广覆盖。

常见的公域推广形式有：SEM/SEO投放、合作伙伴宣传支持、媒体宣发覆盖、公域平台话题发起等。

常见的私域推广形式有：邀请榜裂变推广、邮件、短信、企微全员营销、社群/朋友圈发布等。

在直播过程中，企业还可以通过类似"保利威云分发"这样的功能将直播转推至公域平台上，这样可以触达数以亿计的公域流量。若公域客户对直播内容感兴趣，可在公域平台引导客户添加企业微信或关注公众号，将公域流量转化为私域流量。

6. 直播互动

直播互动包括直播功能互动和聊天区互动两种形式，其中聊天区互动又可分为聊天区引导互动和聊天区观众互动。

1）**直播功能互动**：使用直播间已有的功能活跃直播间氛围，如红包、抽奖、打赏、问卷等。

2）**聊天区引导互动**：可结合主播讲述内容的要点，安排小助手在直播间进行提问，激发观众在聊天区进行互动的热情。

3）聊天区观众互动：主播需要关注直播间聊天区观众的提问并及时答疑，维持直播间的活跃度。如果担心直播过程中答疑会影响直播内容的连贯性，可安排小助手收集直播间提问，并在直播结束前集中解答。

7. 直播运营

一般而言，直播运营不仅涉及在直播中进行引流互动，还涉及贯穿直播全流程的推广、引流、促活以及后续的培育转化。例如，在引流阶段，To B 企业可从客户触达、客户吸引、裂变传播 3 个维度展开。

1）**客户触达**：可将直播转发至企业私域（如社群、朋友群）；可邀请嘉宾、合作伙伴联合传播，触达对方私域客户；可将直播推流至公域平台，吸引公域客户。

2）**客户吸引**：可在直播中设置惊喜礼品、干货内容，吸引客户停留观看；可打造高品质的直播视听体验和场景，留住客户；可使用"云席大会"功能，1:1 复刻线下参会体验，重塑线上社交。

3）**裂变传播**：可为每一位客户生成专属邀请海报；可开展邀请榜竞争，驱动自主转播，吸引更多人观看直播；可开启权限抽奖功能，用福利驱动观众转发直播间，触达更多客户。

而到了直播留存阶段，从实践经验看，多个留存入口比一个留存入口的效果更好。因此，在整个直播内容设计中，可以在直播介绍、聊天室、菜单栏、PPT 画面、开屏弹窗等多个位置设计多个入口，便于客户在不同场景下扫码进入私域池。相关方法示意如图 18-10 所示。

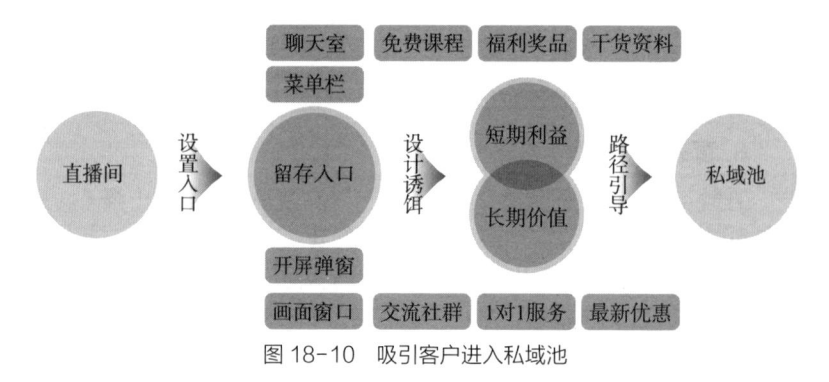

图 18-10　吸引客户进入私域池

在整个直播运营过程中，可以在直播平台发起直播，然后通过分发的功能同时转推到抖音、西瓜、快手、视频号等平台实现同步开播，然后再通过福利和诱饵的设置，把这些平台的客户引导至私域直播间，再在私域直播间通过福利、加微设置，将客户沉淀至私域，形成内容和数据的闭环，为企业的下一场直播做流量储备。

8. 视觉呈现

线上直播间的视觉设计和元素配置，可以完全定制成品牌风格，同时和每一期直播的主题进行强关联，形成长期稳定的视觉风格，以增强客户对品牌的视觉记忆力。

企业可以在直播间设置介绍长图、菜单栏、引流二维码、暖场视频或图片等，客户通过各种渠道进来之后，能够快速了解直播信息。

1）**介绍长图**：直播流程及环节长图，让观众知道目前直播进行到什么环节，帮助观众快速了解直播进程。

2）**菜单栏**：可根据实际需要设置聊天区、带货区、咨询区、产品介绍区，甚至可以嵌入官网及 H5 页面，为企业私域引流。

3）**引流二维码**：可以在直播间配置公众号二维码和私域二维码，引导留资转化。

4）**暖场图片/视频**：在直播开始前设置预告片、海报等，吸引客户停留观看。

在直播画面中，企业可以定制主播名牌、直播内容标题条、PPT、游戏规则等物料，确保直播中完整、全面地展示多种信息。通过不同设计元素的搭配，向受众传达固定的品牌视觉风格。

9. 数据复盘

一般而言，直播数据可分为基础数据和行为数据。基础数据包括观看时长、观看次数、观看渠道、观看终端、热力值等，行为数据指对客户在直播间的行为动作进行统计得到的数据，如发言、点赞、问卷、红包以及抽奖等。

根据不同维度的数据统计，可以分别对直播、观众和渠道进行分析。

1）**直播层面**：可根据直播观看人数、观看峰值、互动次数、热力值等数据了解观众对直播内容的感兴趣程度，从而优化后续直播的主题、内容。

2）**观众层面**：可以根据观众来源按需求或场景为客户打上标签，并与企业其他平台的数据实现互通，生成完整的观众画像。

3）**渠道层面**：若直播前为各个推广渠道设置了二维码，可通过查看各个渠道的观众来源，为后续的重点推广铺路。

除了数据维度，还可根据当场直播效果及落地情况展开不同维度的复盘，如流程推进、宣传推广、内容策划、转化设置等，提炼出直播的亮点与不足，从而沉淀出符合企业自身的标准直播方案。

10. 二次宣发

直播结束后，要沉淀直播回放、精彩花絮、图文精华等数字资产，企业可根据实际需要对内容进行二次制作及宣发。

1）**直播回放**：直播结束后会生成直播回放，开启直播回放后可以让错过直播的朋友在直播间回看直播。

2）**精彩花絮**：可以将直播剪辑成精彩花絮，根据不同渠道的特点分发不同时长的视频，如 30 秒朋友圈视频、1 分钟社群视频、5 分钟平台视频等，将直播价值二次释放。

3）**图文精华**：可对直播中的亮点进行方案拆解，做成公众号文章，沉淀成企业解决方案。

4）**分发矩阵**：根据企业特性和直播内容，可在公域平台建立企业自己的视频矩阵，也可结合渠道推广数据筛选精准渠道，将视频和图文内容分发至公域，触达更多的人群。

企业直播团队组建

靠一个人的力量很难把直播这件事情做好，因此，需要成立一个直播团队，团队中需要包含主持型人才、技术型人才、视觉型人才及运营型人才。

1）**主持型人才**：主要是主播，还包括主持人、助理、嘉宾等。主要任务是把控整场直播的节奏，熟悉直播主题、脚本等。要求对行业有一定的专业认知，表达自然流畅，面对镜头不怯场。

2）**技术型人才**：在直播过程中负责软硬件设备调试，确保直播顺利进行，能应对突发情况，包括导播、摄像灯光、调音师以及技术保障工程师、安全管控师等。

3）**视觉型人才**：负责直播间画面视觉（包含直播间 KV、嘉宾名牌、环节条等平面和视频物料）呈现，确保直播画面的高品质，包括平面设计师、视频设计师及化妆师等。

4）**运营型人才**：负责把控直播的节奏，包含直播主题策划以及直播前、中、后的客户运营等，引导客户互动评论，活跃直播间的气氛和提升关注度。常见的运营型人才包括直播总统筹、直播助手以及直播运营（公域、社群）等。

To B 企业直播团队架构参考如图 18-11 所示（其中未涉及视觉型人才）。

总统筹：直播的总负责人，从选题、找主播/嘉宾，到宣传推广、内容把控、直播上线、流程把控，再到跟进线索、分析数据。协调整个运营团队，对最终效果负责

主播：根据主题撰写主持稿，并负责整场直播的内容演绎

场控：把控整场直播内容，跟进现场的每个流程

直播助手：负责直播间抽奖、红包雨、问卷发放、聊天室答疑等互动操作

导播：负责直播画面音视频采集、推流、机位和素材切换，把握整体直播效果

安全管控师：做好直播间言论管控备案，提前设置相关敏感词过滤，监控聊天内容

直播摄影师、灯光师：负责直播画面拍摄工作，布置现场主灯光和辅助灯光

技术保障工程师：监控直播推流质量，保障直播过程稳定

直播公域运营：负责直播内容价值提炼，在多平台进行转推和宣传，同时负责外部引导，将公域流量引入私域直播间

直播氛围组：负责直播间言论引导，活跃直播间的气氛

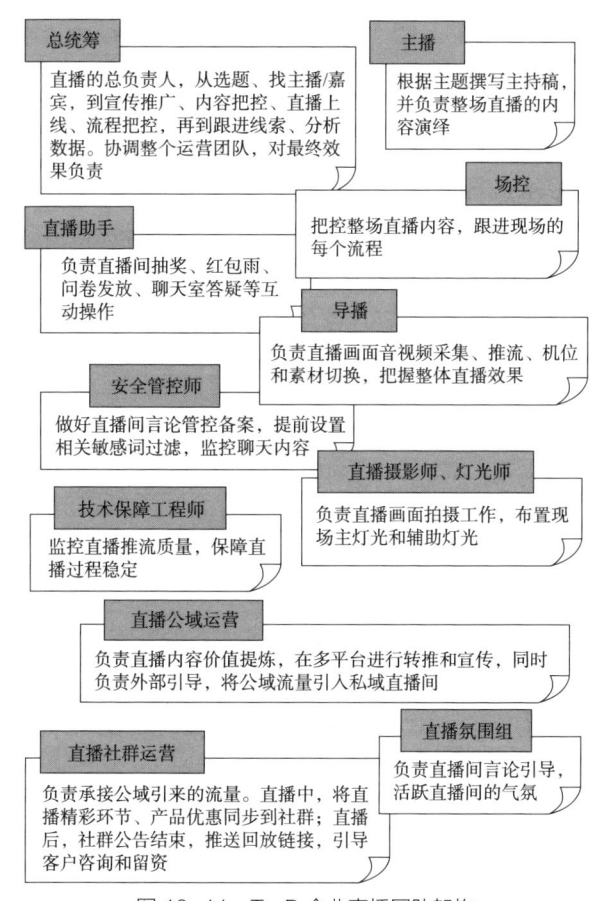

直播社群运营：负责承接公域引来的流量。直播中，将直播精彩环节、产品优惠同步到社群；直播后，社群公告结束，推送回放链接，引导客户咨询和留资

图 18-11 To B 企业直播团队架构

具体到单场直播，可根据直播形式和重要程度合理配置人员。大家可参考图 18-12 所示的"1+3+7"直播人员组合，按需分配单场直播的工作人员。

图 18-12 "1+3+7"直播人员组合

企业直播设备选择

工欲善其事，必先利其器。一场成功的直播除了需要内容和人员的支持外，还需要硬件设备的支持，合适的设备能够帮助企业高效打造品质直播。直播要用到的主要硬件设备如表 18-2 所示。

表 18-2 直播要用到的主要硬件设备

设备	功能特点	考虑因素
相机	决定了直播画面的清晰度，会影响整体直播效果和观众的观看体验	实际需求，相机价格，性能参数
灯光	决定了镜头下的人物形象，以及抠绿效果	场地大小，常用直播场景
麦克风	决定了主播收音和直播音质	收音范围，降噪能力，续航时间
推流设备	视直播类型和复杂程度而定，电脑开播能有效地把控直播画面，手机则可随时随地开播	直播类型，设备承载能力
采集卡	若涉及抠绿或多输入源组合，需要用到采集卡，通常情况下，1 张采集卡对应 1 个输入源	直播类型，输入源数量，价格
显示屏	用于给主播观看直播画面，以便主播及时调整直播状态	场地大小，直播互动
场景布置设备	直播场景的总体要求是简洁大气，装饰配件可包括窗帘、摆件、地毯、挂件等，具体可根据企业形象进行选择	企业风格，直播类型

直播平台选型

对于 To B 企业而言，一个靠谱的直播平台是必不可少的。当前直播平台很多，除了抖音、视频号等主流直播平台外，还有很多定制化直播平台。那么，到底如何选择直播平台呢？基于企业 To B 直播的实际需求，可以从产品、技术、服务三大维度评估并选择直播平台。

1）**产品**：主要考察直播平台功能的多样性。To B 直播还是以营销为主，丰富的直播互动功能（如直播前填写表单留资，直播中二维码引流以及直播后数据画像生成等）能够有效提升企业与观众的互动性，贯穿客户全生命周期的直播功能能对企业留资转化的有效提升起到推动作用。

2）**技术**：主要考察直播平台的稳定性、安全性以及底层接入能力。对企业而言，直播事故会对企业形象和客户对企业的信任产生不利影响。稳定性是为了保障企业的每一场直播都能安稳落地；安全性是为了保障企业的客户数据和直播数据不会外泄，全方位护航直播的有效；底层接入能力则考验平台的包容性，例如接入营销云 CRM、企业 OA 系统，将直播数据与全员数据打通，实现直播的有效闭环，否则企业直播就是一个孤立的系统，难以推动 To B 企业数字化营销的发展。

3）**服务**：主要考验直播服务商的运营服务能力。实际上，对于 To B 企业而言，客户从会用产品到用好产品有一段非常长的距离，因此，直播服务商需要通过服务能力帮助客户打造高品质直播。例如，咨询诊断服务可以帮助客户了解自己在直播方面存在的不足和改进措施，快速掌握直播能力；全案策划服务可以帮助客户建立对直播呈现效果的信心，提升双方的协作效率；人才培养服务则可以为客户培养实战型直播人才，将企业直播能力内化，为业务增长赋能……由于企业规模和性质的不同，企业在进行直播产品选型时，决策过程和考虑的功能需求点也不同。比如，企业需要多维度评估，全盘考虑之后才能进行最终决策。这里提供一个更丰富的企业直播平台选型要素说明表（见表 18-3），希望能给 To B 企业带来更多的实际帮助。

表 18-3 直播平台选型要素说明

要素	说明
稳定、高并发	在全球直播、高并发（多人同时观看）等直播过程中，往往会对直播稳定性提出更高的要求。企业可重点考察直播平台是否能在跨国、异地、多人等条件下进行稳定直播，是否会出现卡顿、黑屏等情况
安全	即直播平台的安全性，是否能对企业直播的内容进行强加密保护，防止数字资产被盗
清晰度	即直播画面的清晰度问题，清晰度过低会影响观众的视觉体验，企业应重点考察平台是否支持高清晰度（4K/8K）下的直播模式和推流稳定性
直播延迟	传统直播会存在 3~20s 不等的延迟，在一些强交互的线上场景，对直播的延迟提出了更高的要求。企业可考察直播平台的直播延迟情况，以及无延迟/低延迟直播条件下的收费模式
互动功能	即直播前、中、后涉及的互动功能，常见的有留资、红包、抽奖、答题、弹幕、打赏等
个性化定制	即直播平台是否支持个性化的功能定制，如 ODM、域名、直播平台界面等
低代码能力	即直播平台的可接入能力，是否支持二次开发，是否支持接入企业 OA 系统或其他 SaaS 软件等
创新技术	即直播平台应用前沿直播技术的能力，如 AI 直播、数字人、MR/XR 直播等
数据维度	即直播平台是否能生成完整的观众画像，并与企业内部数据实现互通。公域平台（如视频号、抖音、淘宝）仅支持在平台后台观看数据，不支持回传到企业系统中
业务场景	即直播平台是否能满足企业在不同业务场景（如培训、营销、活动）下的个性化直播需求
增值服务	即直播平台除了提供基础的平台能力外，是否能给企业提供全案策划、现场执行、场地搭建、直播人才培养、咨询诊断等全链路视频直播服务，帮助企业打造高品质直播效果

直播作为一种具有更强连接力、表现力、数据力和转化力的营销方式，能够为 To B 营销增长提供新的思路。随着 To B 企业私域价值的持续释放，价值型私域直播将会成为众多企业未来 10 年的增长主引擎。

19

To B 企业的客户背书体系建设策略与运营

——袁华杰

袁华杰 帆软副总裁，见证并参与了帆软从1000万元规模增长到13.6亿元规模的发展过程，拥有丰富的市场营销、企业管理和数字化管理实践经验。

客户案例和背书是 To B 营销人绕不过去的事，是营销工作的重要组成部分。我们到外面参加会议，会发现展台背景、入袋资料、嘉宾分享的内容，基本都有 LOGO 墙和客户案例植入，这都是客户背书的应用。营销，尤其是 To B 营销，特别强调持续性，所以如何把客户背书这件事持续有效地做下去，是摆在每个 To B 营销人面前的挑战。

第 1 节 从两个小故事说起

故事 1 2011 年年中，笔者加入了帆软，那时的帆软规模还很小，只有几十个人，也没什么名气。当时笔者接到一个任务——去拜访一家大企业的老板。笔者好不容易过了前台关后，却遗憾地发现该公司的老板没在，不得已只能留下一本产品画册后离开。当时笔者认为失去了一次成交的机会。没想到，几天后这家企业老板主动给笔者回了电话，要找笔者具体聊。之所以会这样，是因为这个老板在产品画册里看到了某知名 OA 企业也使用了帆软的产品，所以这个老板认为，该企业能跟帆软合作，说明帆软是可以信赖的。

其实，当时笔者并不太理解这到底是什么逻辑，后来才慢慢明白，从品牌传播上说这就是品牌联想转移，也就是 A 信任 B，B 信任 C，那么可能最终带来的结果是，A 也信任 C。正因为我们找到并且理解了这个逻辑，所以之后我们的官网或者一些合适的宣传品上都会加上这样一句话——"您信任的企业也信任我们"。

故事 2　笔者在小的时候，打开电视就会看到这样一条广告——背景音乐是爱的奉献，广告片里面老人用一种真情流露的方式分享××口服液给自己带来了什么，还有专家各种各样的推荐。那时候的笔者只要闭上眼就是××口服液的广告画面。即便是在偏远农村，××口服液也是无人不知，那时候很多人都把××口服液当成首选的保健礼品。1994 年到 1996 年三年的时间，××口服液的销售额从 1 亿元增长到 80 亿元，核心的营销手法便是做广告、铺渠道，而广告的核心便是专家推荐、客户证言。

产品再好，自己讲也只能是王婆卖瓜自卖自夸，永远比不上客户站台。客户说他是怎么用的，解决了什么问题，带来了什么价值，然后给出"值得你用"的定论，可以带来更多的成交和信任。

第 2 节　客户背书体系建设策略全解

两个小故事讲完了，我们进入正题。

我们对"客户背书体系建设策略"做一下分解：客户是基础，是背书的主体；背书是形式，客户案例、LOGO 墙都是背书的形式之一，这样的形式还有很多；体系是目的，我们需要构建一个体系，让背书能够持续产生；策略是方法，是指导我们构建背书体系的方法。具体分解示意如图 19-1 所示。

01	02	03	04
客户	背书	体系	策略
是基础	是形式	是目的	是方法

图 19-1　"客户背书体系建设策略"分解

客户的选择

要想做好客户背书，自然需要找到客户，所以第一步就是选择可以提供背书的客户。在选择客户的时候，不要想着直接去挑选，要先解决"有"客户的问题，之后再解决找到"优"客户的问题。这就如同一个人，若是还没有解决温饱问题，那么一定不会考虑健康饮食的问题。至于如何"有"客户，这在其他章有详细的介绍，这里不再展开。下面重点介绍如何选出"优"客户。

在选择客户时，客户标签是核心参考项。客户标签包含很多维度的数据，笔者建议基于产品的属性（包括行业、区域、规模、意愿等）为客户打标签。

1）**行业**：若产品要拓展在某一个特定行业的应用场景，此时就要重点选择这个行业的合作客户，当然要提前明确这个行业是不是我们未来的重点方向。

2）**区域**：若希望接下来重点发展北上广3个区域的市场，就要考虑这些区域的合作客户。

3）**规模**：所选客户代表的群体规模及其在该群体中的影响力，也是需要充分考虑的因素。

4）**意愿**：当然还要看客户的意愿，客户不配合，那肯定无法落地后面的工作。

5）**场景**：客户的落地场景也非常重要，客户在什么场景下做了什么，这种做法是不是有价值、有代表性，也需要考虑。

打造一个标杆客户需要花很多的时间和精力，如果客户讲不出自己做过什么，没有任何的故事性，我们就不要包装他。

从管理的角度看，还要加上销售的维度，比如，哪个区域哪个客户是哪个销售负责的。基于这样的维度，可以客观地审视所选择的客户的公正性和客观性。

展现的形式

LOGO墙、客户列表、客户案例、客户访谈直播等都是背书的具体展现形式。在展现形式方面，大家一定要解放思想，敢于去想。这里给大家分享一个模型，如图19-2所示。

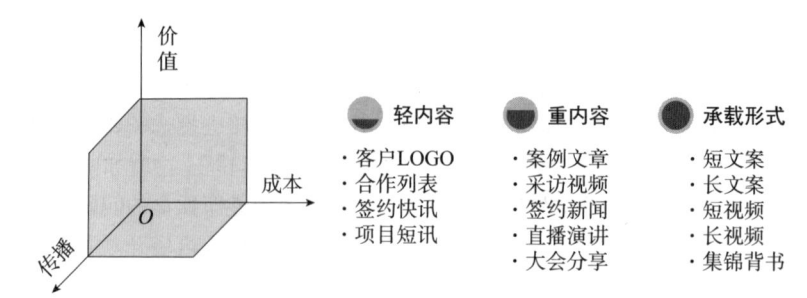

图 19-2　背书展现形式选择模型

由图 19-2 可知，首先要考虑客户的价值，我们所做的工作能不能影响到其他的客户？其次是要考虑成本，打造一个背书体系需要花费多少人力、资金成本？对于软件企业来讲，人力是一个比较大的成本，所以针对每个人每年产出多少内容需要有一个计划。最后就是要考虑传播，没有传播哪来的线索、口碑和品牌？背书的展现形式是不是能够满足传播？是不是有利于传播？这些也需要充分调研和分析。

背书的展现形式大致可以分为轻内容、重内容和承载形式 3 种，当然你也可以自创其他具有创新性的形式。我们要弄清楚自己现有的背书资源都有什么，背书是给谁看的，要达到什么目标，只有把这些问题考虑清楚了，才能创造新的展现形式。下面以轻内容为例进行具体讲解。

1）**客户 LOGO**。把客户 LOGO 细分为单个 LOGO、LOGO 墙、重点行业 LOGO 墙、重点区域 LOGO 墙等。

2）**合作列表**。帆软有 18 000 多家合作企业，做合作列表比较容易，但这么多企业是不可能一次都展示出来的。我们选择了具有更强代表性、更高影响力的头部合作企业进行展示，并对这些企业进行归类，如中国 500 强、民营 500 强、上市公司等，然后针对不同的目标客户，展示不同的企业，以求更好地缩短背书客户和目标客户间的距离，从而更有效地赢得客户的信任。

3）**签约快讯**。签约快讯不仅可以展示我们的事业蒸蒸日上，还可以让潜在客户看到我们跟某一家客户签约了，给客户提供一个聊天的话题。

4）**项目短讯**。在项目启动仪式或者庆功宴上，可以把项目短讯作为新闻进行发布。

相对于轻内容，重内容需要投入更多的成本，所以对于这类内容要重点考虑持续使用问题。至于各类内容的制作和宣发，本书其他章及《To B 增长实战：获客、营销、运营与管理》一书中有介绍，这里不再重复。

通过不同的承载形式，可以实现"一鱼多吃"，做到价值最大化。这部分内容这里也不展开了。

考量的指标

客户背书体系搭建好以后，是不是就可以直接、长久地使用了？答案是否定的。我们还要弄清楚构建的客户背书体系是否合格。下面提供 3 个基本的考量指标。注意，这里给出的指标是基础性指标，不同的企业还需要根据自己的实际情况加入其他考量维度。

1）**稳定性**。构建客户背书体系需要消耗一定的资金成本、时间成本和人力成本，投入这么多肯定是希望这个体系可以持久、稳定地产出内容，而不是三天打鱼两天晒网。背书体系最终是要为营销服务的，而营销本身就是讲究延续性的，所以稳定性将成为客户背书体系的重要考核指标。帆软的数据生产力大赛，就是专门用来收集客户的高质量案例的，这保障了案例的持续性；在签约快讯方面帆软也形成了流水化的作业，当前基本上可以实现每个工作日一个签约喜报的节奏。

2）**高效性**。因为客户背书体系最终是由人来执行的，所以必须考虑不同角色之间如何高效配合。比如，虽然生成签约快讯是一件简单的事情，但是这会涉及市场、销售、客户、设计等多个角色，如图 19-3 所示。若是无法保证各个角色之间的高效配合，那么不仅会影响客户背书体系的整体产出，还可能因为长期无法实现预期价值而导致整个体系崩溃。所以高效性也是一个重要的衡量因素。

3）**适合性**。无论公司给我们多大的支持力度，其实资源、预算等都是有限的，不可能让我们尽情发挥，所以控制成本是必须要做的。这就要求控制背书数量，要在背书数量和成本之间找到一个平衡点，并研究分析自己到底需要多少背书，这些背书是否真的必须要做。每次决定做某个客户背书之前，都要反复问自己这两个问题，否则慢慢就会陷入单纯追求数量的陷阱中。

图 19-3　签约快讯流水化作业示意图

策略要点

- 压力传导，大区负责人认同，配合执行
- 分摊任务，各销售小组每月1个，先做起来
- 系统化、流程化支撑，专人配合对接，降低沟通和执行难度
- 飞轮转动，多多益善，看到好处，形成习惯

流程及IT固化

①前方提交需求→②市场部审核→③提交视觉需求→④返回给客户确认→⑤宣传及反馈

采用的策略

得到合格的客户背书系统以后，接下来就是落地执行了。那么，采用什么样的策略才能保证执行到位呢？图 19-4 所示是帆软采用的执行策略。

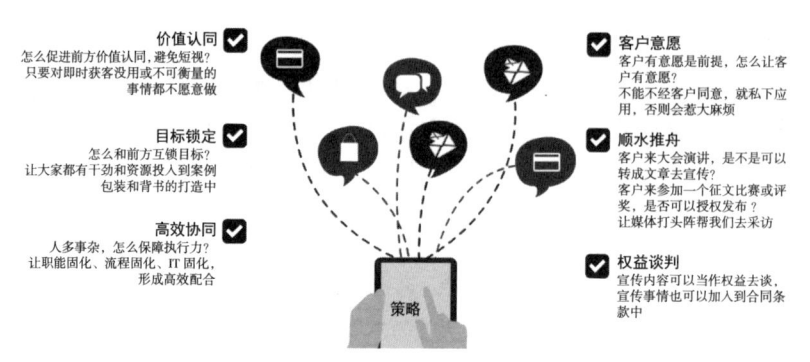

价值认同
怎么促进前方价值认同，避免短视？只要即时获客没用或不可衡量的事情都不愿意做

目标锁定
怎么和前方互锁目标？让大家都有干劲和资源投入到案例包装和背书的打造中

高效协同
人多事杂，怎么保障执行力？让职能固化、流程固化、IT 固化，形成高效配合

客户意愿
客户有意愿是前提，怎么让客户有意愿？
不能不经客户同意，就私下应用，否则会惹大麻烦

顺水推舟
客户来大会演讲，是不是可以转成文章去宣传？
客户来参加一个征文比赛或评奖，是否可以授权发布？
让媒体打头阵帮我们去采访

权益谈判
宣传内容可以当作权益去谈，宣传事情也可以加入到合同条款中

图 19-4　帆软采用的执行策略

图 19-4 所示策略可以分为左、右两个部分，其中右侧是外部策略，左侧是内部策略。下面我们先来看外部策略。

1）**客户意愿**。首先需要强调一点，在没有获得客户同意的情况下，千万不要背着客户把案例发出去，这很容易带来各种纠纷。那么，如何能巧妙地获得客户同意呢？笔者认为最好的办法就是与客户进行真诚沟通，说明做这件事对彼此的好处。若是沟通后客户依然不同意，怎么

办？比如我们遇到一个非常好的案例，但是客户不愿意发，怎么办？常见的做法是，在客户案例中把一些指向客户的关键字隐去，比如企业名称。不要让人看出这个案例跟客户有关联。也就是说，在这样的客户案例中我们只是还原一种场景。比如，把客户企业名称用"某行业的大型客户"替代，这种方法虽然会减弱背书效果，但是在一定程度上依然能获得我们想要的结果。

2）顺水推舟。客户来我们举办的大会演讲，可以将客户的演讲内容转成文章进行二次传播，帆软的很多案例都是这么来的。可以把客户的录音稿转换成文字稿，再加上客户演讲时所用的 PPT，就会得到一份高质量的文章，经过客户确认后就可以进一步传播了。另外，征文比赛或评奖活动也是顺水推舟获得客户案例的好方法。帆软每年都会举办数据生产力大赛，每年都能收集到近 100 篇高质量的案例文章，其中至少有 50 篇案例文章能够打动其他客户。

3）权益谈判。一些大型企业往往不愿意接受采访，也不愿意给我们做背书，但是这些企业却是非常好的背书对象，怎么办呢？笔者的建议是去找企业的官媒，因为这些企业往往都会在官媒上讲一讲自己在某个领域做了什么贡献。比如，很多企业的 CIO 每年都要对外发布当年 IT 部门都做了什么工作，这些工作有什么亮点，我们通过媒体把这些内容传播出去，对我们来说也算是一种隐性背书。

有了外部的支持，接下来就要考虑内部怎么配合落地了。市场部是一个价值放大的部门，不直接对接客户，所以需要销售部帮忙联络客户。如何调动销售部的积极性？笔者认为可以从如下几个维度展开。

1）价值认同。如果没有讲清楚这件事的价值，上来就找销售部要 10 篇高质量案例文章、10 条签约快讯，最终可能是什么也拿不到。即便制定了相应的制度，也可能执行不下去。价值认同要确认关键人，比如我们要跟某一个区域的销售部配合，就需要先获得这个区域的一把手的认可，通过他的监督能够很好地完成客户案例的收集。

2）目标锁定。目标锁定能够帮助市场部找到差距，然后有目的地进行改进。基于预期的目标，再找执行的差距，才能把事情做好。

3）高效协同。协同不能没有章法，角色定位要明确，权责要一致，比如要明确市场部对接的是谁。另外，制定一套高效的流程来指导整个任务的落地工作。

营销是一道证明题，营销人需要向客户证明我们的公司、产品靠谱，值得选择。客户背书是重要的支撑证据，但搭建一个合格的客户背书体系，是一件挑战性很大的事情，需要高执行力，需要下笨功夫。本章所讲的方法只是一个基础框架，大家需要基于本章内容，在实践中不断地摸索、尝试。

20

线下活动策划与营销

——陈楠

陈楠 15年以上To B企业品牌和市场营销经验,从一线实操到体系化建设均有涉猎,擅长将品牌、内容、活动、数字营销形成闭环,熟悉整合营销及资源杠杆运作,有丰富的市场团队、营销体系、品牌从0到1的成功打造和提升经验。曾任酷学院、北森、百度爱番番、光环云的市场负责人,以及东道品牌创意集团资深品牌营销顾问。

第1节 写给活动人的话

活动让品牌高效出彩、业务直接受益

活动负责人、品牌负责人或市场部的管理者,皆应视活动为核心工作。多数市场人员发现,在其日常工作中,与销售团队交流最多的往往都是关于活动的内容,销售团队最常向市场部提出的需求也与活动相关。公司高管及创始人对品牌影响力的提升诉求,往往都需要通过活动来实现。无论从专业成长还是职业发展来看,活动对市场部来说都至关重要。

对于品牌负责人而言，大型品牌活动是塑造品牌形象的有效途径之一。活动规模、参与者级别、上台嘉宾地位、内容质量、综合体验等方面的提升，均可提升公司及品牌的实力、影响力。活动所产生的影响力，也可迅速助推市场对企业、品牌的认知及信任感，为业务拓展带来积极影响。

对于销售团队而言，持续的地区性、城市性活动（如分享活动、社群沙龙、游学等）可为销售团队在开拓市场、获客、商机推进、成交促进等环节提供与客户面对面交流的机会。

硬成本低、受线下环境不确定因素影响小、操作便捷、覆盖范围不受地域限制等优势，使线上活动在营销领域占据重要地位。注意，线上活动与线下活动并非相互替代关系。线下活动在重要阶段建立重要关系的场景下，具有不可替代的作用。人的情感需要更多的见面、接触、交流、相处等动作才能得以巩固和加深，而对于 To B 这种需要综合信任不断提升才能决定合作的业务来说，"眼见为实"是更加靠谱的信任感获得的途径。线上活动作为长期发声、持续互动、潜移默化的"涓涓细流"，也具有自身优势。二者相辅相成，缺一不可。

活动是对市场人综合能力的全面考验

因为活动对公司业务拓展和品牌发展有重要作用，所以做好活动成为市场人职业生涯中不可或缺的能力。一场有效、成功的活动，从目标的制定、策划、邀约、执行到传播等都要处理好，这对市场人来说是一场综合能力的大考。下面列举几个重要但可能不常被提及的能力。

1）**精准设定目标的能力**。你要读懂市场竞争环境、客户价值需求、公司定位和发展战略、当下公司优劣势和阶段性目标、公司当前资源，这是合理且正确地设定活动目标的基础。目标清晰了，才能更好地确定活动定位、类型、规模、时间、主题、内容、嘉宾、流程等一系列问题。

2）**不打折扣的执行能力**。你要保证活动策划方案顺利落地。很多市场人在落地活动的过程中会提出各种问题，比如资源缺乏、时间不足等。因为很多策划案是多个部门、多人联合做出的，其中包含不少较高的公司期望，有些看上去甚至高于企业当前的能力，这就会导致策划案落地过程中困难重重。要想策划案顺利执行下去，就需要联合各方一起做，这就要求市场人具有四两拨千斤的能力。市场人需要研究明白各方诉求。比如顶流的嘉宾，他们或许对个人或所在机构的影响力有诉求，或者他们希望拓展新领域的影响力，又或者你们双方在业务上有相互助力之处等。借力使力、双赢是多方合作的法则，只有找到关键支点，才能"撬动地球"。

3）**调动和协同能力**。你要对内部资源和团队进行调动与协同，尤其是对销售团队进行调动与协同。你要与销售团队就目标进行充分沟通并达成共识，设定任务指标，给予不同参与者称手的工具和抓手，确保每一个动作执行到位，及时协同攻克过程中遇到的难题，及时追踪活动效果，及时进行总结，这是成套的精细活，非常考验市场人对销售、客户、业务的理解能力和理解深度。

除了上述能力，你还需要在传播、内容、执行等市场专业序列板块方面，具有整合、协同、调配的能力。这些比较好理解，这里不再展开。

第 2 节 如何做好线下活动

前文提到，线下活动在重要阶段建立重要关系的场景下，有着不可替代的作用。市场人需要找到线下活动能最好发挥作用的场景，才能让其发挥出明显的价值。而了解线下活动的分类，依照自家公司所处的发展阶段和诉求来挑选合适的线下活动形式，是充分发挥线下活动优势的前提。

深入理解不同类型的活动是基础

活动的分类逻辑有很多种，可按区域分，按主办方分，还可按活动目标分。比如按活动目标，线下活动常被分为品牌活动、业务活动、运营活动。品牌活动又分为品牌方向活动、产品方向活动、生态方向活动。业务活动又包含获客活动、客情活动、促单活动。运营活动主要指客户成功方向的增值活动，比如工作坊、游学活动、客户荣誉活动等。

按主办方，线下活动可分为自办活动和渠道活动。

其实对线下活动进行分类的主要作用是方便企业挑选、管理相应的活动，并汇聚、迭代活动经验。

活动类型汇总表如表 20-1 所示。

表 20-1　活动类型汇总表

活动目标	活动类型	关键受众	主办方
品牌活动	品牌方向活动	客户+行业+投资界	自办/第三方
	产品方向活动	客户+行业+投资界	自办
	生态方向活动	客户+行业+生态+投资界	自办/第三方
业务活动	获客活动	潜在客户	自办/第三方
	客情活动	关键客户	自办
	促单活动	商机中后期客户	自办/渠道
运营活动（客户成功）	工作坊	成交客户	自办
	游学活动	成交客户	自办
	客户荣誉活动	成交客户	自办

在实际运用中，上述活动可能会糅合在一起，比如在品牌活动中可能包含客户颁奖环节（客户荣誉活动），在生态大会上可能进行产品发布（产品方向活动）。所以具体的活动形式应该视实际情况而定，只要目标和受众明确，就能做到有的放矢。

基于公司的不同发展阶段组织活动

笔者曾服务过处于不同发展阶段的公司，下面将根据笔者的经历和观察，具体介绍不同的发展阶段对线下活动的不同诉求。总体来说，作为 To B 业务，品牌和业务是线下活动的主线，如果是 To B SaaS 企业，就需要再加上客户成功。

1）品牌活动要重节奏，打高点，起势能。
2）业务活动要持续深入，定向击破，务求收割。
3）客户成功活动需要对用户在业务和职业发展方面进行多维赋能。

对于处于不同阶段的企业来说，在上述 3 种活动的采用上也有所不同。

1. 企业初创阶段

对于初创企业来说，品牌活动必须是首次亮相的活动。这时候可能有人会说：初创企业的资源和人手都不足，如何确保品牌活动做得足够好？笔者的回答是"借势"。比如笔者曾经服务过一家公司，其合作伙伴是国际知名的云计算公司，两家公司有深度合作，因此我们公司就是在这家知名公司组织的万人规模的技术峰会上首次亮相的,获得了大量参会客户的认知。

接下来,我们跟着这家公司在各地进行巡回活动,以此来拓展我们在全国各地的业务。对于初创公司来说,高调亮相后,需要马上将影响力延续到业务区域,获得实际的订单最为关键。业务活动不用华丽,规模也不求多大,重要的是找到对的目标潜客,然后依靠公司的人脉、技术、物流等资源,让潜客对你产生更深入的了解和信赖,比如邀请业界有影响力的嘉宾、龙头企业站台,精心包装你的方案和案例,展现你的团队的专业实力和经验等。

2. 业务快速拉升阶段

对处于业务快速拉升阶段的公司来说,需要保持一年1到2次的品牌活动,并在资源允许的条件下进一步加强业务活动,务求活动精准有效。

在这个阶段,建立销售团队对市场团队的价值认同非常重要,销售团队永远是市场团队最重要的伙伴和支撑。在这个阶段,销售团队很注重线索资源的充足和精准,以及有活动让他们与客户进行深度交流并最终实现促单。

但在这个阶段,自办线下活动对获客来说 ROI 可能不会高,因为品牌的号召力还不足以吸引大量客户慕名而来,而参与第三方机构的活动费用较高,获客精准性难以保障。为此建议大家采用如下方式。

1)通过线上活动进行批量获客,然后定向邀请潜在客户参与线下沙龙,再邀请一些老客户和榜样客户到场。还可以组织"走进企业"的活动,采用以老促新的方式推进商机转化。

2)精选业内拥有优质客户资源的机构进行合作,你的企业提供分享嘉宾,针对定向目标人群进行宣讲。采用这样的方式,必须保证参与场次够多,保证有演讲、有展台,因为只有深度参与才能深度影响客户。另外,属地销售团队必须全力配合,只有这样才能保障活动获客的质量和后期推进的效果。

3)鼓励渠道伙伴、生态伙伴联合开展业务活动,设计激励和双赢机制来保障活动质量。

三管齐下,线上重量,线下重质,和销售团队形成正向合作。

3. 质的飞跃或瓶颈突破阶段

在上升期，企业要实现重要台阶飞跃或瓶颈突破，大型品牌活动的作用会凸显出来。处于这个阶段的企业，几个有代表性的业务挑战如下。

1）销售团队希望触达客户高层但自己能力不足。

2）公司需要形成行业第一品牌的认知，拓展大中型客户，但找不到方向。

3）公司要跨越固有的属性，但总是无法实现。

4）公司开始进入以老客户续约、增购为战略重点的阶段，此时需要树立客户成功的榜样体系助推业务发展，但是这个体系却无法建立。

5）公司要实现行业纵深，但找不到方向。

这几个挑战都需要借助成规模的线下活动来应对。

1）触达高层和拓展大中型客户市场这两个需求通常会同时出现，也经常会通过高层级且具有相当规模的行业级品牌活动得以实现。要构建行业第一品牌，在线下活动中就要传递这样的关键信息：顶流嘉宾、顶流内容、顶流合作伙伴、超大流量、超前的形式和观感等，这需要市场人进行全面创新、团队资源充分运作和充分借力。比如，要突破专业领域的限制，可以邀请具有广泛社会影响力的 IP，邀请商业管理领域的顶级媒体和商学院高层出席，再借助这些平台触达大中型企业的高层，甚至通过相关合作机构邀请享有国际盛誉的专家教授出席。这样一场具备行业高度甚至超行业高度的活动的基本资源就到位了，剩下的是具体的策划安排和执行。

2）要跨越企业的固有属性，可以寻求并构思富有社会影响力的项目，然后将其融入活动之中。例如与相关权威机构携手发起与自身理念相契合的公益性和研究性项目，唤起更多实力雄厚的大企业高管的参与，在大家实际付出努力的过程中，企业必然会收获良好的社会声誉以及客户更高层次的价值认同，从而超越原有的商业合作关系，发展成为志同道合的伙伴。

3）要构建客户榜样体系，常用的方法是组织客户评奖活动。这类活动的关键是如何构建业内认可的评价标准。通过联合权威研究机构和知名研究学者，推出长期的行业性研究项目，形成行业的标准模型和方法论，并在行业龙头企业和大中型企业案例中应用。然后，借助线下大型活动进行投票、评选、发布、解读，如此往复坚持多年，一个严谨可信的标准和榜样体系才能建立。

4）实现行业纵深的方法与上述方法类似，只不过重点在于联合行业龙头企业为你摇旗呐喊，积极邀请第一梯队企业加入，通过行业研究报告、白皮书等形式发布活动，一举打造行业影响力，纵深切入。

不知大家是否发现，上述内容都没有提及活动的执行细节。这并不意味着执行细节不重要，而是活动执行是市场人必备的基础能力，是及格线，而活动的价值是否被认可，取决于这场活动是否能够帮助公司解决问题。因此需要强调目标和定位的正确设定、策略方法的正确使用、资源的整合能力、跨团队的协同调度能力、节奏的整体把控能力等，这也是市场人需要重点培养的。作为 To B 市场人，眼里不能只有执行。

第 3 节　活动组合策略

成功的活动要排兵布阵，打好组合拳

当下市场营销的发展，已经很难只通过一次活动来解决公司发展的某个诉求，也难以给市场客户带来持久的认知改变，因此组合拳很重要。

品牌活动影响力大，业务活动精准直接。因此两类活动需要组合布阵。品牌活动的势能最深可以渗透到大区（如华北、华南、华西、华东、华中等），但一线城市之外就需要中小规模的业务活动承接了。同时品牌活动的主题立意更高，也能够使一线之下的城市活动更加有名头、有高度，更容易吸引当地的优秀企业。因此，笔者经常会将品牌活动在北上广深中的一地落地，紧接着在其他一线、准一线、地区中心城市做同一主题的中小规模的巡回活动。品牌活动上的分享嘉宾，再加上当地龙头企业嘉宾，便组成了区域巡回的讲师团，内容、嘉宾资源、视觉物料都能得到最充分的循环运用，区域性的业务活动更容易做到风生水起。这其实就是 IP 效应，以品牌活动的大 IP 带业务活动，业务活动本身也可以归属到同一 IP 体系，以便不断积累影响力。

不同的业务活动本身有不同的目标。业务活动目标主要分三类——获客、客情、促单。这三者是销售漏斗关系，需要逐步推进。因此需要

根据不同区域、不同的市场情况、不同诉求和公司品牌的影响力，来设计具体的业务活动。

1）对于全国性获客来说，线上活动结合线下活动是更高效的方式。但是对于区域内精准获客来说，线下活动更有效。区域内目标客户基本都得明确，可以通过线下中小型客户沙龙等形式进行深度触达并与目标客户建立联系，当然可能需要借助其他平台的资源（比如当地协会、圈群、媒体、平台等）进行定向邀请。

2）客情活动的关键点就是在不受干扰的环境中制造你与客户的话题和故事。因此活动策划人必须打开创意源泉，不要仅想到吃喝，要制造一些特殊场景，让你与客户碰撞出火花。

3）在促单方面，对于 To B 业务来讲，传统会销地推的效果并不好，而案例分享、走进知名的客户企业等"眼见为实"的活动会更有说服力。

业务活动的成功关键在于精准，以及在合理时间内快速见效。因此不要贪大，盘点各个区域城市的客户资源情况，以及企业与客户关系的深度、紧密度，尽量做出合理的安排。

活动要跨部门调度兵力，打好协同拳

活动不仅是活动组的事情，还是整个市场部所有职能部门的事情，所以需要整合和调动所有市场部职能部门的资源，甚至需要跨部门整合和调动资源，特别是客户成功团队和销售团队的资源。

从营销的角度来看，在活动中分享的内容需要有营销力，分享的嘉宾需要有影响力和流量号召力，环节的设计需要有营销力、视觉体验等。因此，任何一场 IP 型的中大规模活动，整个市场团队都应参与活动内容的头脑风暴，甚至还要邀请销售团队、生态合伙团队、客户成功团队的代表一起进行讨论，以确保活动的各个环节对客户有高价值，也就是有营销力。

传播团队、销售团队、客户成功团队对活动的预热和后期渗透，也需要精心安排，以争取活动前获得更多报名，活动后实现持续扩散和渗透。例如，考虑先进行先声夺人的传播，然后邀请销售和客户成功经理跟进邀约，并启动市场公开报名通道，以优先保障客户通过销售报名。同时，也可以为销售报名通道设计特别的优惠权益，促进客户和销售之

间的接触。接下来，传播可以像"剥洋葱"一样逐步推进，同时提供邀约团队的抓手和工具。在活动中，不断传播金句、照片和抽奖榜单，邀约团队就能够一遍又一遍地影响客户。活动结束后，及时发布图文并茂的活动集锦，让销售能够发给客户以感谢客户的参与。活动产生的高价值内容、课件、回放等素材可以作为销售与客户进一步互动的话题和抓手。

为了保障活动的参与人数和级别，以及达成最后的目标，需要先行盘点邀约团队的目标客户资源，做出合理的预估和过程行为指标的确定。同时，需要设计好传播和邀约的激励和管理机制。这对于活动目标达成尤为重要。特别是业务活动，要不断积累经验并优化设计。

举例来说，如果销售团队提出要举办一场促单活动，市场部需要先和销售团队确定这次活动的目标客户画像。比如，需要定义商机来自什么阶段的客户，属于这一阶段的客户资源有多少，现有客户资源是否足以支撑销售团队希望达成的活动规模，可以实现多少目标客户邀请到场，可以实现多少成交，目标成交金额是多少，目标 ROI 是多少，在成交周期内是否能完成成交等。同时，市场部还需要将全员营销数字化工具作为过程管理的抓手。

当然也要设计好兼顾团队和个人的奖励机制，奖品可以是资源倾斜、小礼物等。尽量避免采用惩罚机制，要尽量营造市场团队和销售团队之间正向的互动。

活动要建立外部联合机制，高效落地

无论是品牌活动还是业务活动，通常都要和合作伙伴联合举办。双方是否能高效协同，是这类联合活动能否成功的关键。联合类似协会、机构、媒体这样的平台共同举办活动，或者直接参与对方举办的活动，是活动人需要具备的基本技能，这里就不展开介绍了。而与生态伙伴和渠道伙伴联合举办活动，对活动人来说具有较大的挑战性。

与渠道伙伴联合举办业务活动，所面临的挑战并不在于活动本身，而在于激励机制、标准流程和视觉应用规范。激励机制是最关键的。可以用于激励的方式是经费的阶梯式补贴，即随着成单数量的增加，渠道伙伴举办活动的成本会越来越低。有些公司甚至设计了让渠道伙伴通过举办活动赚取利润的机制。设计这类补贴机制时可以参考 BAT 这些大公司的渠道市场活动的激励机制。根据笔者的经验，这些大公司有着成熟的经验和验证成功的方式。笔者过去还设计了催单的机制和方法，如针对前10位成交、现场成交、一周内成交或一个月内成交的人，均有不同的激励机制，这样的机制可以帮助销售团队促成订单。当然，也不要忘记设定基础的任务指标，并做好过程管理。好的激励机制，再加上合理的过程管理，活动成果才有保障。同时，需要规定清晰的协同分工流程、视觉规范，从而保障渠道活动按照统一的标准来落地，让客户拥有一致的品牌体验。

生态伙伴往往希望通过联合活动实现客户资源共享。因此，在品牌活动和业务活动中都可以与之进行合作。在业务活动层面，与生态伙伴的合作可以产生更直接的业务效果。联合举办业务活动的关键在于了解双方的客户群，找到话题交集，同时做好联合方案的包装和活动内容的植入。双方需要设定销售任务指标和合作流程，以及资源共享的机制。这样活动就能顺利落地，并为取得既定目标提供行动保障。这里可能不仅涉及双方的活动团队，还会涉及线索共享、外呼、分配和协同打单等方面，因此需要在活动前设计好相关机制。做好活动，脑子里不能只有活动。

第4节 活动人的"灵魂拷问"

本节我们回到人的角度，准确地说是职场人的角度，谈谈如何通过活动让自己获得更快成长。

活动人门槛低

"活动人门槛低，吃青春饭"这类观点笔者的确听到过，甚至笔者也有过这样的错误认知。误解源于我们只看到了很多活动的执行工作，只看到了执行过程中活动人和服务商的艰辛、操心，觉得活动工作很细碎，但是不具备高价值，甚至有些人觉得只要有好的服务商就能解决所有执行问题。

活动人的价值究竟在哪里？当活动人不再年轻，不再能超负荷加班时，成长方向又在哪里？笔者操作过几个活动后才知道，执行仅是活动众多重要环节中的一环。

活动是对市场人的综合考验，包括对市场需求的认知和敏感，对客户心理的把握，对竞争环境和公司差异化定位的理解，只有通过这些考验活动人才能让自己策划的活动在眼花缭乱的营销活动中引起客户关注。同时只有熟练运用人脉资源、媒体资源、伙伴资源、渠道资源、客户资源，活动人才能让活动成本更低，形成的声势和影响力却更大。再者，只有充分协同和激励销售、客户成功、售前、产品、研发、高管等资源，活动人才能让自己的活动获得内部认可并切实帮助公司产生业务成果。

综上，活动人的门槛一点也不低，更不是青春饭，甚至不到一定的段位，没有经过足够的职场磨炼，很难应对如此综合的挑战。市场方向的高层管理者应该充分理解活动的复杂性，在市场内部的分工部署和负责人的安排上要给予活动人足够的权限，在整体目标、定位、公司协同、外部资源整合方面应做好顶层设计和协调工作。

活动是市场鄙视链末端

如果能够正确理解活动的价值和复杂性，相信这个观点也就不攻自破了。活动不仅不是"末端"，而且是"腰部力量"。作为市场的综合管理者，活动人必须具备活动相关的经验和能力。活动人如何在职业生涯中从各种活动中汲取养分得到成长呢？

对于负责品牌和传播工作的活动人来说，通过活动，能够最近距离、大规模地接触客户，有机会仔细观察客户在活动过程中的反应，并直接收集反馈。比如：什么会让客户经常举起手机拍照？客户会在哪里停留更长时间？在整个活动过程中销售应该在什么时间和客户进行互动？客户更加在意哪些方面的体验？这些都是活动的吸引点，也是负责品牌、内容、传播工作的活动人需要多多了解的。

笔者多次强调综合能力，对于这一点笔者希望每个活动人都要细心体会和思考，并不断实践和总结。特别是有机会更多地深入业务活动中时，活动人可以直接了解客户、了解竞争、了解销售，也有更多的机会和业务活动属地的资源方当面交流。活动人一定要不断积累对市场、客户、业务的认知。

21

从零开始打造中高端社群

——朱强

朱强 全球性To B营销人服务平台——To B CGO创始人兼CEO,畅销书《To B增长实战:获客、营销、运营与管理》作者,中高端社群运营专家,国际4A广告公司创意人,虎啸奖评委,支付宝大学认证讲师,某知名To B企业前CMO。

第1节 社群的底层逻辑

底层逻辑1:三重连接

所谓三重连接,就是**精神连接、现实连接和数字连接**。人和人连接便形成群体,这个群体能长期聚合在一起而不散掉,是因为大家有着相同的目标、爱好或职业,群体中的人不仅会通过沟通交流进行连接,还会通过朋友圈、互相点赞、评论等进行连接,甚至会通过线下聚会进行连接。

1. 精神连接

精神连接表现在社群中就是社群信赖感和凝聚力。按照由浅至深,精神连接可以分为价值（上课、优惠、共同话题等）、身份认同（职位、地域、行业等）、共同目标、价值观和文化（行为规范、故事传承、道德约束、专属仪式、专属语言、专属器物等）几个层次。

1）**价值**。年轻人会因为领游戏道具而进群，会因为免费课程而进群，中年人会因为养生话题而进群，老年人会因为楼下超市领鸡蛋而进群，这就是价值，也是进群的理由。价值决定了目标人群会不会进群。这种价值有物理价值（鸡蛋、麻花、钥匙扣等），也有虚拟价值（优惠券、游戏道具等）。价值可以吸引目标群体进群，但只能把人短时间聚集起来，无法吸引人长期留在社群。

2）**身份认同**。如果大家来自相同地域、拥有相同职业或就职于相同行业，那么会更容易聚在一起，因为大家有共同语言，很多事情大家都能感同身受。

3）**共同目标**。到了这一层，社群成员的黏性会极大增强。当我们为了成为某类人、为了达到某种目的而聚到一起时，即使大家互不相识也会瞬间产生亲切感，因为共同目标就像纽带一样连接了彼此。

4）**价值观**。如果一个社群可以做到拥有自己的价值观，那这个社群基本上已经做到了顶级。当人和人因为价值观而聚到一起的时候，连接会非常牢固。价值观的渗透力太强，连接能力不可思议。你会因为读了杂志上一个有某种价值观的人的采访而对他产生认同，你会因为看了某个人的一段包含某种价值观的演讲视频而默默点头，甚至你会因为一个主播有鲜明的价值观而不自觉地打赏并帮助他宣传。这就是价值观的力量——我认同你，我才会支持你的行动。

5）**文化**。到了这个层次，社群就可以变成一种信仰了。那么，文化是由什么元素构成的呢？是行为规范、故事传承、道德约束、专属仪式、专属语言、专属器物等。对于这一层笔者无法展开太多，因为能做到这个层次的社群凤毛麟角，笔者也没做到。但没做到不代表看不到，我们要抱有希望，不断前行。

2. 现实连接

罗宾·邓巴在《社群的进化》中讲过，人其实是群居动物，所以喜欢聚集在一起。要想保持社群成员的黏性，一定要组织他们多在线下见面。总是在线上沟通，却见不到真人，人与人之间是不会更加亲密的。

现实连接其实对应的就是活动，分类也很简单，直接按规模划分就可以，主要分为如下3类。

1）小型活动（10人以内），亲密度最高。
2）中型活动（11人到100人之间），亲密度中等。
3）大型活动（100人以上），亲密度最低。

这三类活动要按节奏、按周期交叉开展。鉴于这层连接非常好理解，这里就不详细展开了。

3. 数字连接

数字连接的本质是通过数字化的手段，让社群黏性更高、影响力更强。由于当下社群最主流的载体是微信，因此下面以微信为例讲解数字连接。这里将数字连接分为两种——群成员之间的连接、群成员与社群的连接。

群成员之间的连接，由浅至深可以依次分为如下几层。

1）**都在同一个社群**。这是最浅连接的。
2）**互相加为好友**。虽然更进一步，但还没产生互动。
3）**朋友圈点赞**。这个时候连接已经加深了，因为开始产生互动了。
4）**朋友圈评论**。互动进一步加深。
5）**私信互相交流**。到了这一步，群成员之间的数字连接走到最深层次。数字连接越深，社群越稳固。当然了，双方开始线下见面，那就更深了，只不过线下见面不在数字连接的范畴了。

群成员与社群之间的连接，由浅至深可以依次分为如下几层。

1）**潜水**。多数群成员都是这个状态，而且这是社群的常态，千万不要以为优秀的社群内每天都会热火朝天。其实群成员的职务越高，对应社群的活跃度越低，毕竟他们每天要处理很多事情，不可能天天在群里聊天。

2）**群内发声**。到了这一层，证明群成员对社群有了一定的认可，可以时不时地在群里说几句话，有时分享的是干货，有时只是一个小玩笑。

3）**参与投票、填写问卷等活动**。大家注意，到了这个层级就产生真正的互动了，这种互动会让连接加深。

4）**付费**。走到这一层，群成员和社群就已经实现了最深的连接，而连接背后的意义就是群成员深深地认同了社群。很多社群的商业化都是在这一层完成的。

对于上述三重连接，如果你能把其中一重连接做到极致，其实就可以支撑起一个社群，不一定要把三重连接都做到极致，因为这太难了，而且你需要考虑投入产出比问题。若是觉得把一重连接做到极致也很难，那么可以试着把精神连接、现实连接、数字连接进行叠加，三重连接叠加得越深，社群成员的黏性和活跃度就越高。

底层逻辑2：双IP驱动

双IP，是指社群IP和个人IP（一般指群主IP）。不管是社群还是群主，都要进行品牌化运作，如果群主品牌和社群品牌都做到位，两者结合将产生巨大的威力。

无论是与知名企业合作还是邀请更知名的大咖入群，都会随着社群品牌的增强而变得越来越容易；群主品牌强，群主对内的影响力就大，群成员会更愿意响应群主的号召，这样动员大家一起做些有意义的事将变得异常容易。至于具体怎么打造社群IP和群主个人IP，后面会详细讲解。

中高端社群的增长可以分为如下3个级别。

1）一级增长：中高端社群的基础盘，即把人弄进来。
2）二级增长：中高端社群的加速盘，即让人传人。
3）三级增长：中高端社群的规模盘，即为人服务。

第2节　一级增长——基础盘

很多人往往喜欢在行动层面下功夫，总是把更多精力放在行动上，却很少花精力把要做的事想清楚。但是，一件事要想做好，一定是先谋定而后动，这样才会事半功倍。所以，基础盘才是重中之重。

基础盘共包括10部分内容，其中前两部分是定目标和定人群，看着非常不起眼，但这恰恰是最重要的部分，只有把这两部分梳理清楚了，后面的一系列动作才不会走偏。

基础盘 1：定目标

这里所说的目标并不是一个量化的指标，而是目的和愿景，即你想用这个社群来做什么，你希望把这个社群做成什么样子。

如果你是 To B 市场人，你做社群也许是为了获客，也许是为了塑造品牌，但也可能仅是因为老板看到私域概念大行其道，怕落后，于是在毫无预算的情况下命令你火速组建社群。总之你要想清楚目标，然后做好一年内不更改目标的准备。

这里有一个细节需要大家注意：如果你并不是组建这个社群的最终决策人，你上面还有老板或总监在管这件事，那么你一定要跟你的上级共同捋清楚目标，以防实施过程中出现偏差而莫名背锅。

基础盘 2：定人群

虽然这才是社群起盘的第二步，但"死"在这一步的社群非常多。假设一个社群里既有 CTO 又有设计师，还有保洁阿姨，除非这是一个企业内部群，不然这个群一定会很快死掉，因为群成员的职务、职位都不一样，大家没有共同话题。细拆的话，可以从如下 3 个层面定人群。

1）**沟通层面**。群成员身份不一致，那么大家关注的点、聊的话题就不一样，因为大家的立场不一样，行业经历也不一样，圈子不同，不能强融。所以定人群的时候建议按照行业、职位和职级这三个标签把人群界定清楚。

2）**内容层面**。群成员身份不一致，就会导致针对社群的内容创作方向不确定。无论是写推文还是制作视频，都无法确定内容到底是给谁看的，而且就算你最终做出了内容，也无法利用内容吸引精准的人群。

3）**商业价值层面**。社群成员身份不一致，后期很难商业化，因为企业不可能花钱在一个人群不精准的社群里做投放。

基础盘就像打地基，每一步都必须做扎实。

基础盘 3：定使命

某互联网大厂的高管曾经总结过一个做事原则：**虚的事情实着做，**

实的事情虚着做。做社群这件事是一件实事，而定使命就是一件虚事。上文提到，精神连接里的第三层是共同目标，而社群使命其实就是共同目标的最高层级。

群成员越优质（比如企业的中高层管理者），社群越需要有明确的使命。定使命关乎群成员留在群里的理由，比如企业的中高层管理者在经济实力、教育经历、眼界、品位等方面都在普通人之上，物质上的小恩小惠不足以成为他们进群的理由，他们更需要精神层面的理由。笔者把这种精神层面上的理由分为感性和理性两种。

1）**感性理由**。要让群成员有一种被使命召唤的感觉，让他们觉得进入这个社群有意义，并因此愿意参与社群的活动。比如，To B CGO（To be To B CGO，成为 To B 首席增长官）所要表达的就是感性理由。

2）**理性理由**。干货课程、人脉资源、潜在客户等，这些对目标客户都是有价值的内容，都可以作为理由吸引他们入群。

基础盘 4：定群名

多数情况下，群名的作用是让目标群体第一时间知道这个社群是做什么的并产生进群的欲望。（这句话非常重要，建议大家反复思考。）

笔者看过无数的群名，多数群名都很奇怪，要么不容易记，要么过于奇葩，要么一看就知道是割韭菜的。往小了说，群名决定了目标人群对社群的第一印象；往大了说，群名是塑造社群品牌的重要环节。定群名有 4 个要点和 2 个忌讳。

4 个要点如下。

1）**简洁**。无论是英文还是中文，尽量别超过 7 个字，否则很难让人瞬间记住。当然了，这个限制不是绝对的，但是一般情况下都要遵循这个限制。也有非一般的情况，比如商会型社群，那群名肯定很长，比如××省××市纺织业联合商会。

2）**包含核心信息**。群名中核心信息要明确。这里所说的核心信息包括但不限于使命、群成员身份、行业、地域、性别等。比如：To B CGO，包含了使命和群成员身份、行业；华南 CIO 联盟，包含了地域、群成员身份。千万不要为了酷炫，搞一个大家不能马上理解的群名，比如全栈群、命运圈等。除非你要做的是百人以内的极高端圈层，比如泰山会。

3）**易于图像化**。这部分主要是为后期设计整体视觉做准备，毕竟你的社群后期肯定要有 LOGO 和一整套视觉体系。LOGO 最好是群名的具象化，如果群名过于抽象，后期设计视觉的时候会比较困难。

4）**中立、第三方**。群名看上去必须是中立组织或是第三方组织，这样才会让目标人群放下戒备心理。这一点非常重要。举个例子，假如你要吸引财务总监进群，你的社群名是"财务课程售卖群"，你觉得目标人群会加入吗？若是改为"中南 CFO 联盟"，是不是会好很多？

2 个忌讳如下。

1）**包含公司名**。如果你的社群名里面有公司名，那你的目标人群肯定不愿意进群，这不明摆着要把他们变成客户吗？除非你们公司的名气极大。

2）**包含人名**。如果你的社群名里面有人名，会让这个社群看起来极不专业、不客观，因此很难吸引目标人群加入，除非你是大佬级别的人。

基础盘 5：定群主

群主是社群的灵魂人物，是社群的核心竞争力之一。群主的个性、专业度、行事风格等塑造了社群的独特性；群主的沟通、动员能力决定了社群的运行能力；群主的外在形象、表达能力塑造了社群的品牌形象。所以，选谁当群主是一件非常重要的事情。

前文讲过，社群 IP 叠加群主 IP 才能让社群的影响力发挥到最大，选定合适的群主就是塑造群主 IP 的良好开始，具体如何塑造群主 IP 后文会详细介绍，这里只介绍如何选一个合适的群主。

一个合适的群主需要做到如下几点。

1）**前期让群成员认可**。这个群主的职级必须跟群成员接近。如果职级比群成员低很多，那么群成员根本不会在乎群主每天在群里说什么、做什么；如果职级比群成员高很多，那么群成员有可能会出现自卑或者抗拒的情绪。群主要懂业务，懂群成员的行业，这样群成员才更愿意跟群主沟通和互动。当然了，想做到让群成员认可，还有很多因素，但前期选定群主的时候只看重这两方面即可。

2）**中期让群成员愿意配合**。选群主的时候，需要考虑社群运营到一定阶段，群主会组织线下活动或者组织群成员共创一些内容，这时候就需要群主有优秀的协调能力、沟通能力。

3）**后期让群成员愿意追随**。一个让人愿意追随的群主，其实是可遇不可求的，这需要群主个性鲜明、专业过硬、有自己的价值观等，其实这也是群主 IP 打造方面的内容，后文会介绍。

如果你打算用社群创业，那最好由你自己来当群主，上述能力如果你没有，那就抓紧提升自己吧！如果社群是由公司运营的，那最好由公司老板（也可以是副总裁、总监等）来当群主，你当群管理员，日常运营交给你，偶尔需要发言或出镜，那就让老板来。

基础盘 6：聚焦人群单一刚需

确定了目标人群，接下来要面对的问题是：如何吸引目标人群进群？很多人肯定会说用好内容吸引他们进群。那么，什么是好内容？笔者认为，好内容就是聚焦人群单一刚需的内容。

为什么是单一刚需？不能同时解决多个需求吗？不是不能，只不过这不适合在基础阶段做，这是加速盘和规模盘要做的事情。基础盘阶段，大多数社群都面临资源少、势能小的问题，这时必须聚焦所有精力和资源去解决群成员最刚的一个需求，这样才能实现效果最大化。

那什么是刚需呢？对于这个问题，剑桥大学品牌研究专家尹一丁教授撰写的《高势能品牌》一书中给出了答案：**一个能够迅速成功的产品必须要解决 4U 类型的问题，即没有有效的解决办法（Unworkable）、无法避免的（Unavoidable）、比较急迫的（Urgent）、市场关注度比较低的（Underserved）**。这 4 个 U 很清晰地定义了刚需。

To B CGO 社群在刚组建的时候，其实就解决了一个问题：To B 市场总监学习交流。当时没有一个平台可供市场总监学习交流，所以这符合第一个 U——没有有效的解决办法；市场总监每天都在做 To B 营销工作，并背着很重的 KPI，做不好就可能被辞退，所以这符合另外两个 U——无法避免的、比较急迫的；2019 年，根本没有人关注 To B 市场总监这个群体，更别说有人会跳出来解决他们的痛点，所以这符合最后一个 U——市场关注度比较低的。

那么，到底如何找到这里所说的唯一刚需？下面分享笔者摸索出来的方法。

1）**根据马斯洛需求理论划定范围**。马斯洛需求理论相信大家早就耳熟能详了，从上往下，需求越来越刚，所以我们肯定优先从最下层的生理需求方面去寻找刚需。渴了喝水、困了睡觉、饿了吃饭这些都是跟生存有关的需求，都算是生理需求。

2）**跟服务/产品相关**。在上述范围中筛选出跟你的产品/服务相关的需求，这样才能保证在后续运营过程中，转化率达到最大。比如，你主营高端枕头，一个枕头卖 18 000 元，那你肯定想到从睡眠这个生理需求切入，但这不是唯一的选择，你还可以顺着马斯洛需求模型往上选，从归属需求里选，比如家庭关系等。但如果你卖的是 To B 产品——软件、硬件、解决方案等，那么还要从目标人群的职场生存角度切入，说白了就是 KPI 或 OKR。若是你的产品/服务跟生理需求无关，那你就需要沿着马斯洛需求模型继续往上选，直到选到合适的需求。

3）**罗列、交流、筛选**。完成了上面两步，你就可以在一个具体的范围内把你能想到的痛点罗列出来了。比如得到的需求范围是目标人群的职场生存痛点，那么你罗列的相关痛点就可能是被老板打击、被同事孤立、工资迟迟不涨、有可能被裁员等。然后找几个符合你目标人群画像的人来进行沟通，通过聊天挖出他们提及最多的痛点。最后把你罗列的痛点跟他们提及最多的痛点做比对，一致的就是我们需要寻找的痛点，这个痛点对应的需求就是我们所说的唯一刚需。

为了帮助大家掌握上述方法，这里给出两个题目，供大家思考和练习。

题目一：某专门为高端人士策划婚礼的公司，单场婚礼策划服务费超过 100 万元，它要组建中高端社群。请问该选定哪类人群去运营？这类人群的单一刚需是什么？

题目二：某专门为企业提供员工体检服务的公司，客单价都在 50 万元以上，它要组建中高端社群。请问该选定哪类人群去运营？这类人群的单一刚需是什么？

基础盘 7：解决痛点的内容

1. 内容思维

注意，中高端社群与常规社群在内容设计思维上是不同的。中高端社群的内容设计思维主要分为如下 3 种。

（1）整合思维

整合思维是做社群运营应具备的最重要的思维。整合不仅涉及内容的制作，更是解决群成员问题的方式。社群帮助群成员解决问题的方式是整合资源，公司帮助目标群体解决问题的方式是生产产品或服务。很多做中高端社群的朋友绞尽脑汁地想用各种产品或其他东西留住群成员却收效甚微，就是因为一开始没想清楚解决问题的方式。所以，群主及其团队要花更多精力在筛选资源、整合资源、对接资源、跟踪后续效果上。那么，为什么要用整合的方式做内容呢？主要有如下两点原因。

1）因为是中高端社群，所以在内容和业务的专业度上，群主很难超越所有群成员，毕竟人外有人山外有山。所以如果你打算一直自创内容，那么一定会出现江郎才尽的情况，此时若是强行自创，那么做出的内容很难令群成员信服。

2）效率和成本问题。如果你决定全部内容都自己生产，那么生产内容的速度和频率都会打折扣；如果你决定全部内容都由你的团队生产，那人力成本会大大增加。

所以，在为群成员设计解决痛点的内容时，我们要优先思考邀请群成员或外部专家来共创。采用共创方式，群主及其团队虽然不需要直接创造内容，但是需要筛选内容，因此需要有能力判断什么是好内容，什么是有价值的内容，总之要当好内容筛选员。

（2）流量思维

在设计内容时，一定要把流量属性加上去，也就是在设计内容时，除了需要关注内容本身是否优质，还需要多从流量角度思考读者对什么样的标题没有抵抗力，看完为何愿意转发，转发后会不会引发二次转发等。

比如，你写了一篇 To B 市场部工作流程的文章，文中加了一个群助手二维码，扫码可以加入社群，这就是给这篇文章加了流量属性；如果没加二维码，文章内容的优质性虽然不会受影响，但没有了流量属性。

所以你在做内容时，无论是文章还是视频，都要从话题、嘉宾选择、引流设置等多个细节做好流量获取的设计。对于中高端社群来说，在流量最大化的同时还是要考虑体面的问题，说白了就是不能太功利，否则时间长了社群形象和品牌就坍塌了。

（3）经典思维

无论你做什么内容，都应该思考时效性问题。那些过了两三年依然值得反复看的经典内容，可以为中高端社群长期赋能。所以对于需要长久运营的中高端社群来说，经典思维非常重要。

经典思维主要涉及如下两层意思。

1）**内容要经得起时间检验**，即多做经典内容，少做时效性太强的内容（注意，是少做而不是不做）。这样可以让内容在最长的时间里源源不断地为社群获取流量和影响力。那么，什么样的内容是经典内容？"To B 市场部架构图与绩效考核设计"就属于经典内容，而"To B 企业 XX 融资 10 亿，欲加大市场投入"属于时效性内容。

2）**内容要能被复用**。这又包括两方面，一是**内容不变，形式可变**。如果你做的内容是文章，那么是否可以改成直播，是否可以做成视频？二是**多个内容组成新内容**。比如，十几篇文章是否可以汇集成书并正式出版？几十条产品讲解视频是否可以改造成一套视频教程？如果上述两条都可以满足，那就说明这些内容具有更强的生命力，可为社群积累流量和影响力。

2. 内容设计

由于目前主流的社群载体是微信群和企业微信群，因此下面以微信生态为例介绍内容设计的具体方法。

（1）内容种类的选择

选定了目标人群并确定了单一刚需后，接下来就要进行内容生产了。那么，生产文字内容、视频内容，还是播客类的声音内容呢？其实这很好决定，基本逻辑就是根据目标群体获取信息的种类偏好来选定。比如：目标群体是医院的院长，年龄多在 50 岁以上，他们一般偏向于通过文字获取有价值的信息；如果目标群体是营收规模为 10 亿元左右的年轻企业家，年龄一般为 30~40 岁，他们更偏向于通过短视频获取有价值的信息。当然，这只是笔者的推测，不一定符合实际，但足以表明笔者想表达的意思。

（2）内容的引流路径

确定了内容种类后还不能开始制作内容，因为制作内容是为了把目标人群引入社群，所以还需要考虑目标人群看了内容之后进群的路径是否顺畅。下面这 3 种情况是必须要避免的。

1）没有给出入群方法：一般在文章内都会添加进群的二维码或链接。

2）给出的入群方法不可用：比如二维码无法扫描或者扫码后提示无效。

3）链接无法直接打开：在微信订阅号的推文中加的链接是无法直接跳转的，必须通过点击文末左下角的"阅读原文"，在原文中才可以跳转。对于这种情况需要对读者进行引导。

所以，即使在微信生态内，你也要反复检查引流的路径是否顺畅。根据笔者的实践经验，引流路径最顺畅的还是微信推文，所以接下来以微信推文为例，讲解如何设计内容结构。

（3）推文内容结构设计

这里以 To B CGO 公众号的文章为例。一篇价值和流量属性兼具的文章，一般都包括如下几个部分。

1）**高点击率的标题**。请记住，标题的唯一作用就是吸引读者点击，但同时需要避免成为标题党，尤其是中高端社群运营的文章。那如何写出高点击率的标题？这背后的底层逻辑是什么？其实很简单，内核是人性的弱点，表皮是情绪煽动，既有内核又有表皮的标题，点击率自然高。人性的弱点有好奇、恐惧、安全感、虚荣、嫉妒、贪婪等，情绪煽动有紧迫感、愤怒感、归属感等。如果你想更系统地学习这方面的知识，强烈建议看一看约瑟夫·休格曼写的《文案训练手册》。下面是几个正反面的例子。

- To B 市场部工作流程（无内核，无表皮）
- 不想被裁，就把这份 To B 市场部工作流程拿走！（有内核——安全感，无表皮）
- 阅后即删！没有这份 To B 市场部工作流程，你就等着被裁吧！（有内核——安全感，有表皮——紧迫感）
- 500 强 To B 企业市场部不会告诉你的工作流程（有内核——好奇，无表皮）
- 良心何在！这份 To B 市场部工作流程，500 强企业还要藏多久！（有内核——好奇，有表皮——愤怒感）

2）**极有价值的内文**。文章的一头一尾是最重要的，中间的内文次之。所以内文只需要保证内容真的对社区成员有价值，不管你写什么，总之不要让他们觉得读完之后浪费时间。但还是有些细节要做好，比如：意义明确的小标题，这样能确保读者即使没看完所有文字也知道这篇文章在讲什么；段落适中，这样阅读体验是最佳的；整体文章长度不宜过短，因为在中高管的潜意识里，文章还是长一点才更优质、更专业。

3）**CTA**。在中高端社群运营方面，CTA有两方面的意思：一是用特定内容引导目标群体加入社群；二是用特定内容引导读者持续停留在社群的官方公众号并转发公众号内容。

用特定内容引导目标群体加入社群的方法包括如下几种。

- ❏ 文中加群助手二维码＋引导入群文案。
- ❏ 文中加群助手二维码＋干货资料图＋引导入群领取资料文案。
- ❏ 文中加群助手二维码＋群内限时活动＋引导入群参与活动文案。

用特定内容引导读者持续停留在社群的官方公众号并转发公众号内容的方法是，在文中添加其他文章链接（其他文章为社群官方公众号的文章）。

4）**添加背书类内容**。在文中出现此类内容的目的有两个：一是强化读者扫码进群的欲望，毕竟当读者看到一系列背书内容之后，会觉得不马上加入这个社群就亏了；二是强化社群的品牌和形象。常见的背书类内容如下。

- ❏ 核心群成员列表，列出公司、职位即可。
- ❏ 社群内成员所属企业列表，最好以企业LOGO形式呈现。
- ❏ 社群合作伙伴，最好以企业LOGO形式呈现。
- ❏ 社群内专家列表，即把在社群内做过分享或者在社群官方公众号发表过文章的专家或大咖列出来，以小头像形式排列呈现。
- ❏ 社群出版物，即以社群名义出品的图书或杂志等出版物，以图片形式呈现。

最后，要把自己当成读者，体验一下从阅读到扫码申请进群再到进入社群的整个流程，看看每个环节是否都足够流畅，如果有问题，那赶快解决。

到了这里，一篇发布到社群官方公众号的推文才算是结构优良。当然了，很少有人能做到刚开始运营社群时就把推文结构设计得这么完整，都是一步一步慢慢优化到这个地步的。

（4）内容的背后付出

推文、视频等社群内容都在"冰山"上面，其实还有很多工作在"冰山"下面，比如为了一篇社群推文，你或是你的团队需要和专家、高管沟通投稿档期、选题、推文标题等细节。这就要求群主和团队有很强的沟通、协调能力，只有这些软实力跟上了，后期的运营工作才会丝滑顺畅。

基础盘 8：引流路径

这里要讲的引流路径是指流量进入社群时你所设置的限制。这种引流路径有如下两种类型。

1）**从窄到宽**。进入社群的过程中限制条件比较多，进到社群后限制条件比较少。比如，你要进入社群需要扫码添加群助手，群助手审核通过后还需要你出示名片，名片审核通过后还需要等待3～5h才能加入社群。但是，当进入社群后，反而没人要求你修改群备注或者向你说明群规等。

2）**从宽到窄**。跟上一个类型完全相反，进入社群时限制条件少，但是进到社群后，限制条件很多，比如必须修改为固定格式的群显示名称，只能交流与本群定位相关的话题，不能转发其他文章链接等。

注意，上述两种类型没有对错之分，只有合不合适。如果你运营的是极高端的社群，不太在乎流量的多少，只在乎群成员质量，比如每个群成员都能影响某个领域，那其实很适合采用从窄到宽的路径。如果你运营的是中高端社群，比如群里都是总监级别的成员，那比较适合采用从宽到窄的路径。

引流路径不是一成不变的，它会随社群运营阶段的变化而变化，但在基础盘阶段，只需要根据自己社群的情况选择其中一种引流路径即可，不会涉及变化问题。

基础盘 9：人手和相关工具准备

在基础盘阶段，人手和相关工具可能并不充足，所以做准备工作时要遵循**成本最低原则**。不管是人力成本、经济成本还是时间成本，都要尽量做到最低。

怎样才算把成本控制到最低？笔者为此总结了一个 1211 套件，即 1 部手机、2 个微信个人账号、1 个公众号、1 个运营人（设计相关工作可外包或利用工具完成）。

1）准备一部中高端的手机，确保其性能优良，否则在后续运营社群的过程中会经常出现卡顿、黑屏、自动关机等情况，会严重影响你的使用体验。更重要的是，如果你正在为群成员对接资源或正在组织社群分享，手机突然出现问题，那就会影响群成员的体验，损害社群形象。所以在手机的准备上不能吝啬。另外，最好选择安卓系统的手机，因为在安卓系统上安装两个微信会比较方便，苹果手机其实也可以实现微信双开，但是操作比较麻烦。

2）2 个微信个人账号即 1 个群主个人账号，1 个群助手个人账号，而且 2 个微信个人账号都在一个手机上安装，这样不仅省钱，而且方便。群主个人账号用来组织社群活动、与群成员沟通、发群公告等；群助手个人账号用来对接想加入社群的人，为群成员解答问题。

3）作为中高端社群，你要有一个内容输出阵地，这也是社群品牌的塑造阵地，更是为社群引流的关键载体，这就是公众号。公众号的名称应该跟社群名称保持一致，以便在群成员心智中形成一个统一的印象，也便于塑造品牌；公众号最好选为订阅号，这样便于频繁输出内容、触达群成员。

4）运营人拿着一部手机开两个微信个人账号，既当群主又当群助手。至于设计，现在网上有很多软件和工具可以辅助做好基础设计，比如简易版的 LOGO、简单的海报。在基础盘阶段，设计不需要太复杂。

基础盘 10：视觉设计

在基础盘阶段，为了控制成本，完全没必要设计 VI，除非你的预算特别多或者有自己的设计师团队。在基础盘阶段，为社群做视觉设计的根本目的是给目标受众留下一个深刻、统一的印象，所以做好 LOGO、主色调就可以了。

1）LOGO：切记要具象化，让目标受众看到 LOGO 就产生联想，如狮子、老虎等动物形象，或者飞机、火车等交通工具形象，都是不错的选择。如果你觉得自己的社群和这些具象化的 LOGO 都不匹配,也可以把你社群名称的首字母提取出来做成 LOGO。总之,**LOGO 就是要让目标受众在最短的时间内认识你**。千万不要搞那些让人看不懂的 LOGO,再炫酷也不行。

2)**主色调**:很多人会认为若社群的物料全采用同一个色彩,会让人觉得枯燥。这个观点其实是不对的。同一种色彩并不代表只能用同一种颜色,你只需要保证主要色彩是同一种就可以了,配色是可以变化的。

第 3 节　二级增长——加速盘

基础盘的目的是把目标客户吸引到群里,而二级增长——加速盘的目的是实现人传人。什么是人传人?这涉及两层意思:一是现有的人不愿意走,喜欢在这个社群里;二是这个人还不断地向别人夸赞这个社群并推荐他们进群。

怎么才能实现人传人的效果?其实这跟开餐厅一样。顾客总是愿意去同一家餐厅吃饭,根本原因是这家餐厅的食物美味。食物美味,哪怕餐厅环境差点、老板脾气差点,顾客依然不会少。若是环境、服务也特别好,那顾客就会愿意推荐身边的人来用餐。回到中高端社群运营上,刚需内容对应美味食物,社群环境对应餐厅环境,社群服务对应餐厅服务。

到这里只是简单勾勒出一个好餐厅应具备的基本条件,那么还要具备哪些条件才能让一家好餐厅变成卓越的餐厅呢?答案是好的餐厅品牌和明星主厨。对于高端餐厅来说,很多顾客都是冲着主厨去的,甚至有时主厨的光环会盖过餐厅的品牌。这里社群品牌对应餐厅品牌,群主 IP 对应明星主厨。

综上所述,如果我们想要把中高端社群运营的加速盘做好甚至做得卓越,那就要从以下 6 个方向入手:完善刚需内容、优化社群环境、优化社群服务、塑造社群品牌、打造群主 IP、设计盈利模式。

加速盘 1:完善刚需内容

为什么是刚需内容?因为只有刚需内容才能留住群成员。如何找到刚需前文已经讲过了。在这个阶段，除了满足群成员的唯一刚需，针对其余刚需也可以适当地提供一些内容了。所以在加速盘阶段，我们要先拆解刚需，刚需拆解完后，再根据各个刚需来策划内容。下面以 To B CGO 为例进行介绍。

To B CGO 的目标群成员是 To B 企业市场中高管。2019 年，他们的刚需是学习和交流，其次是获客，再次是招人。所以 To B CGO 做内容规划时把主要精力放在策划学习、交流相关的内容上（线上＋线下），然后用剩下的精力来策划输出获客和人才招聘方面的内容。

对于学习与交流，我们策划了公众号推文、线上图文分享、线上视频直播、线下沙龙和大会等；对于人才招聘，我们策划了"To B 企业招聘信息汇总"的公众号推文，向社群成员收集招聘信息，每隔一段时间就会免费发布到公众号头条；对于获客的内容，我们策划了"优质供应商伙伴推荐"的公众号推文，围绕着 To B 市场中高管的需求对供应商进行分类，每类选出 3 个优质的企业，然后全部整理到一篇推文内，定期发到公众号头条，这样我们就能为一部分群成员解决获客需求。另外，社群内如果有群成员提出求职需求，我们也会迅速地对接给能满足其需求的企业。

这里要强调如下两点。

1）在加速盘阶段除了发布常规的公众号推文，还要策划一些爆款内容，就是那些很可能引发裂变、给社群和公众号带来大量流量的推文。极有价值或极易引发共鸣的内容，都具有成为爆款内容的潜质。比如我们策划的"To B 实战资料与 To B 市场部 KPI 指标汇总""官方整理|To B 市场人增长干货 120 份"等，单篇文章的阅读量都突破了 4 万，这样的文章就属于极有价值的内容。内容千变万化，种类多样，就看你怎么创造了。

2）在加速盘阶段要开始细化布局公众号的推文了，因为在这个阶段除了学习相关的推文，还会有人才招聘、供应商伙伴推荐等更多类型的推文，这就要求考虑如何编排这些推文以及如何设定这些推文的推送频率等，毕竟不能每天都全社群 @ 大家，那样很容易打扰群成员。

加速盘2：优化社群环境

根据笔者的实践经验，优化社群环境主要涉及如下6点。

1. 活跃度设计

做社群运营的人最看重的基本都是活跃度，似乎活跃度是评判社群优劣的唯一指标。其实这并不一定，尤其是中高端社群。为什么这么说？从中高端社群成员的日常工作状态角度进行思考，这类社群的成员往往在企业内身居高位，平时都很忙，只有在休息时才可能在群里说几句话。所以，中高端社群不活跃是常态，活跃只是偶尔的。另外，不要以为中高端社群不活跃就代表群成员对社群不认可，他们愿意一直在社群里待着，才是对社群的认可。如果他们觉得社群没有价值，早就退群了。当然，笔者并不是说活跃度对中高端社群没有意义，这里只是修正很多人对活跃度的看法。若是能让中高端社群保持一定的活跃度，那也是非常好的。

如何提升社群的活跃度？笔者建议采用鸡尾酒会法则。

你一个人去参加一场鸡尾酒会，参会的有400人，但你一个都不认识。到了现场你会主动说话吗？大概率不会。这时主办方——这次鸡尾酒会的主人出现在你面前，跟你握手，欢迎你的到来，因此你认识了主办方。这打消了你转身离开的想法。接着你发现所有鸡尾酒会参与者头上都亮起自己的身份信息，他们竟然都和你是同行，都是某行业中不同企业的市场总监。这时你是不是觉得更自在放松了？因为你不用担心说错话或社交没质量了。这时主办方邀请你上台，由主办方介绍你，其他成员举杯表示欢迎。你看到台下的人纷纷举起酒杯，也不自觉地举起了酒杯，同时鞠躬表示感谢。这时现场有一位朋友接了一个电话，然后神色焦急地向大家求助，主办方也主动站出来代他向大家求助，现场另一个朋友说可以帮忙引荐资源。当晚这种情况出现了十几次，大家因此加深了了解。

一个社群就是一场鸡尾酒会，群主就是主办方，群成员就是参加鸡尾酒会的人。所以想要提升社群的活跃度，你要做到如下几点。

1）群主要主动加群里至少10%的人为好友，并主动交流。这就是鸡尾酒会中的"主办方主动和参会人握手寒暄"。

2）群主要时不时地要求群成员修改群昵称。这就是让鸡尾酒会的所有参与者"头上亮起身份信息"。

3）当群成员超过一个阈值（比如300人或400人）时，就要设置进群门槛了，比如进群发红包。同时要为进群的人组织一次欢迎仪式，比如集体发欢迎词，群主首发，其他成员复制粘贴就行了。大家复制粘贴的动作就相当于鸡尾酒会中的"举杯"，发红包就是鸡尾酒会中的鞠躬表示感谢。集体发欢迎词还有一个隐藏的好处，就是没有及时看群消息的人后续也能知道又有什么人进群了，长此以往，大家就会认可这个群的价值。

4）群主要及时帮助群成员对接资源，多带几次头，群成员就会养成彼此帮忙的习惯。这就是鸡尾酒会中的"朋友帮另一朋友引荐资源"。

这就是提高社群活跃度的方法，但肯定不是唯一的方法，还有很多新的方法需要大家共同开发。

2. 固定入群规则

入群规则五花八门，这可以根据群主意愿和社群需求来设定。常见的入群规则涉及如下几个方面。

1）进群做一个简短的自我介绍。可以介绍自己的性格、爱好，也可以介绍公司的主营业务、目标客户等。

2）发红包。这主要是为了活跃社群气氛。

3）修改群备注、群名片或群昵称。这个动作主要是为了让群成员之间快速认识，方便大家合作或对接资源。

4）发名片。

5）发一段对某个特定话题的看法。这完全看群主的个人意愿，仅供参考。

3. 固定互动仪式

一个中高端社群要有固定的互动仪式，根本原因是营造社群活跃的气氛。互动仪式一般都设计为一些不用思考就可以完成的动作，最终用满屏的"虚假繁荣"引发真实的活跃。这里列出几个常见模板供大家参考。

1）复制粘贴新人欢迎词。欢迎词由群助手或群主带头发出，群成员直接复制粘贴即可。

2）嘉宾分享前的欢迎动作。包括666、热烈欢迎、来吧展示等特色欢迎动作，还是由群助手或群主带头发出，群成员直接复制粘贴。

3）复制粘贴对发红包群成员的感谢语。感谢×××、×××给力或×××威武等，最好形成固定习惯。

4. 交流规则制定

交流规则的基本要求是"以和为贵，畅所欲言"，我们要为群成员营造一个和谐平等、自由交流的氛围。这类规则依然是多种多样的，如何制定完全看群主意愿。这里给大家列出几条，仅供参考。

1）不许说脏话。
2）不许发语音。
3）群友发外部推文进群需要配上一段自己的观点。
4）不许嘲讽群友。
5）群友发自己写的推文进群需要配一个红包。

5. 群内广告规则制定

很多时候群成员因为公司或自身需求忍不住在群里发广告，如果置之不理，就会有更多的人发广告，慢慢地社群就会变成"垃圾场"，所以必须设定规则加以限制。这里给大家列出几条，仅供参考。

1）发广告要配红包，金额至少100元。
2）跟群成员无关的广告不许发。
3）三俗的广告不许发。
4）发文字广告，字数必须控制在100以内。

6. 社群特色语言

所谓社群特色语言，就是专属于你的社群的词汇、语句等。对于社群特色语言来说，一般不是社群的成员根本看不懂，这些词汇在群成员之间流传，让社群更有凝聚力，让群成员对社群的忠诚度更高。比如在To B CGO社群中，"送机票"表示移除人，"威武"用于夸人厉害。

加速盘 3：优化社群服务

优化社群服务的底层逻辑是围绕群成员的需求，以为他们省时间或省钱为目的来设计相应的服务规则，因为只有这样的服务对他们来说才是有价值的。这里列出几条，供大家参考。

省时间相关的规则如下。

1）**回应速度**。群助手对群成员的响应要迅速，尽量做到在群成员发问后的 60s 内做出回应。

2）**供应商推荐**。只为群成员推荐领域前三的供应商，节省群成员自己寻找、筛选供应商的时间。

3）**需求对接速度**。群成员一旦提出对接方面的需求，尽量做到在 2h 内拉群对接。

4）**干货资料输出**。在各个平台为群成员搜集干货资料并第一时间发送给群成员。

省钱相关的规则如下。

1）**活动门票福利**。利用社群资源与各类活动主办方置换门票等，免费发给群成员。

2）**中高端产品/服务福利**。利用社群资源置换产品或服务并免费发给群成员，比如西装定制服务、高端旅游定制服务、高端婚礼策划服务等。

3）**群内供应商专属折扣**。与社群内的企业达成一致，为社群提供专属产品折扣，群成员直接采购可享受社群专属折扣。

加速盘 4：塑造社群品牌

这里必须跟大家说清楚一件事：品牌塑造和社群品牌塑造的复杂度是不一样的，社群品牌塑造远没有品牌塑造那么复杂。塑造社群品牌本质上就是塑造社群在目标群成员心中的印象，所以你做的一系列动作都是为了在目标群成员心中塑造一个统一的、特定的印象，至于这个印象是高端的还是优雅的，是严谨的还是奔放的，就要看社群的需求了。比如 To B CGO，要塑造的就是一个高端、专业的印象。

那么，印象是如何塑造出来的呢？其实很简单，就是用各种各样的内容影响群成员的五感。优秀的社群品牌会通过视觉、味觉、嗅觉、听觉、触觉来全方位地影响群成员，给他们营造一个非常立体、真实的印象。注意，不一定要五个感官都影响到才算成功，其实只要在两到三个感官方面做好就很优秀了。

1）**视觉**：升级品牌 VI，输出高品质视频（纪录片、课程、宣传片等），打造高质量官网。

2）**听觉**：打造社群播客，创作社群专属歌曲或音乐。

3）**嗅觉**：打造线下活动现场专属香氛，打造群主专属香氛。

4）**触觉**：打造社群专属材质，用这些材质制作各种物料。

5）**味觉**：打造社群专属食品。

加速盘 5：打造群主 IP

打造群主 IP（又称人设），本质上就是打造群主的影响力。这种影响力拆开来讲就是对群内有号召力，对群外有商业价值。那么，这种影响力是怎么产生的呢？笔者认为做好如下 4 点，群主就会逐渐被群成员认可、喜欢甚至崇拜。

1. 形象

在群成员完全不认识群主的时候，他们需要通过各种表面的"证据"来判断这个群主的水平，从而决定自己是否要认可他。所以当群主没有任何名气、没有任何高级背景的时候，就需要营造权威、专业的形象，从而让群成员认可。那这种形象是如何塑造出来的呢？笔者认为可以从如下 4 点切入。

1）**着装**。这非常好理解，一个穿西装的律师和一个穿夏威夷花衬衫的律师，你肯定会觉得前者更专业；一个穿白大褂的医生和一个穿着嘻哈服装的医生，你肯定更相信前者。这就是外表对人的影响。虽然没有人愿意承认自己以貌取人，但着装确实在潜移默化地影响着你的判断。所以在一切公开亮相的场合或一切能让潜在群成员看到的平台，群主都要注意着装，无论群主是男是女，都要尽量穿干净利落的商务装。由于社群主要在微信生态内，因此群主必须努力塑造微信内的形象，尤其是群主的头像，必须用商务照或特定行业的照片（如医生、科学家等），切记不要用什么卡通、风景、机车等图片。另外，还要保持形象的统一性，不要今天是白西装，明天是黑西装，后天又换了一套红西装，这样无法给外界形成一个一致的形象，甚至会让人觉得你很浮躁，从而影响你塑造权威形象。

2）**场景衬托**。一个穿西装出入各类高档酒店、会场的群主和一个穿西装时刻出现在废品回收站的群主，你肯定会觉得前者更权威、更专业。这就是场景衬托的威力。通过各类场景的衬托，你更容易被外界认为是权威、专业人士。所以，在一切可以展示群主形象的平台上，都要发布在特定场景下的群主照片、视频等，比如阅读专业刊物的场景、在机场咖啡厅候机的场景、在专业会议现场记笔记的场景等。

3）**名人光环**。你经常跟权威、专业的名人在一起，那么你的权威、专业形象更容易塑造起来。什么是权威、专业的名人？知名学者、专家、企业高管等都是，多跟这些人合影，然后发到社交平台上。也许你会说，名人不容易碰到。实际上，非常容易碰到他们而且特别容易与他们合影，因为他们总会出现在各种专业会议上，会议中场休息或会后，完全可以主动邀请他们合影。

4）**观点输出**。作为权威、专业的群主，必须经常发表带有观点的内容，持续影响群成员，从而强化自己的权威、专业形象。这种输出最重要的是坚持，从最开始的每周发一次，慢慢到每天发一次。如果一开始没有自己的观点，那就大量输入，比如多看专业书籍、视频、网站等，输入多了自然就会有自己的观点了。

2. 故事

如果说形象的塑造是为了让群成员认可群主，那么群主故事的打造就是为了让群成员更立体地了解群主并开始喜欢群主。

群主故事是如何打造出来的？笔者认为至少需要把握好以下几点。

1）**与受众有共鸣**。群主故事可以是真实的也可以是虚构的，但无论是哪种情况，都必须保证这个故事能与群成员产生共鸣，甚至能让群成员从中看到自己。比如你运营着世界500强外企公关总监群，那你的群主故事应该围绕从公关专员成长为公关总监展开。另外，你打造的故事要尽量在草根逆袭的范围内，这样才能让普通人更有代入感，才更有可能打动人。

2）**与社群调性相符**。如果你运营着顶尖科学家的社群，那么你打造的群主故事就不能透露出不严谨的气息，否则就与社群的调性不相符了；如果你运营着科技企业 CEO 的社群，那你打造的群主故事就不能散发着文艺气息，否则会显得很违和。

3）**包含社群组建内容**。群主故事中必须包含组建社群的部分，包括为什么要组建这个社群，中途遇到了哪些困难，付出多少代价才让社群变成今天这个样子，如果不包含这些内容，那这个群主故事就白写了。

3. 个性

个性也许是最容易被人记住的标签了，无论是乔布斯还是马斯克，个性都非常鲜明，非常容易被人关注和讨论。我们虽然比不上这些商界传奇人物，但是多塑造鲜明的个性，也可以获得群成员的爱戴，而且塑造个性非常简单。

1）**鲜明且可爱**。"鲜明"非常好理解，我们塑造个性就是要让人记住，不够鲜明的个性是不会被人记住的，比如直率、爱说实话，这些都算鲜明的个性。注意，不能塑造诚实、安稳的个性，不是这些个性不好，而是不容易让人记住。另外，不是所有鲜明的个性都会让人喜欢，比如说话很直，不考虑场合、不考虑他人感受的直来直去会令人反感。所以在设定鲜明的个性时，也要考虑会不会令人反感，个性"可爱"也很重要。如果你要为公司老板塑造个性，那一定要跟他充分沟通，挖掘他身上令人舒服的个性，不能强行让他塑造他本来就没有的个性，那样会适得其反。

2）**与社群调性相匹配**。这就不用多解释了，跟前面打造群主故事介绍的相关内容一致。

4. 价值观

能否打造出很强烈的价值观是决定群成员能否对群主产生崇拜的关键原因。虽然打造价值观非常重要，但是打造价值观的方法却非常简单，跟打造企业价值观的方式一样。介绍企业价值打造的图书和文章都很多，所以这里就不展开了。这里只强调一句话：**打造价值观就是在选定合适价值观的基础上通过各种内容形式在各种渠道中反复传播**。你所选的价值观不能与大众普遍信奉的价值观相悖，要与群成员的信念相符。

加速盘 6：设计盈利模式

中高端社群的盈利方式很多，这里笔者把知道的都列出来，至于用哪些方式，每种方式用到什么程度，就要大家根据实际情况来调整了。

1. 会员费

这是最常见的社群盈利模式，操作非常简单，多数社群按年付费或按半年付费。这种模式能否持续取决于你对群成员服务的设计。只有长期提供物超所值的社群服务并且不断地推陈出新，这种模式才可能持久。当然，这种模式也有一些弊端，比如一旦收取了会员费，对于不守群规的会员就无法轻易移除了。

2. 广告投放费

当你的社群成员逐渐增多时，就会有很多企业来找你投放广告，这时你就可以收取社群投放费用了。使用这种模式需要注意，长期且频繁地在社群投放广告，会引起群成员的反感，不宜过度打扰群成员。所以在设计广告投放形式时要把广告主和群成员的感受考虑进去。比如 To B CGO 的社群广告投放形式被优化成红包雨投放。我们从广告投放收入里拿出一部分用来给群成员发红包，然后再把广告发进群，这样群的气氛很热烈，群成员也不至于对广告过于反感，广告主还收获了更好的投放效果。所以大家在设计广告投放方式时要下足功夫。

3. 赞助费

赞助费主要包括如下几种。

1）**活动赞助**。当社群做到一定规模的时候，可以组织群成员参与一些线上或线下活动，比如连线视频直播、播客、线下沙龙、线下大会等，如果你的参会者足够精准，那么就会有相关的企业来获客，你就可以设置一系列权益给到企业并收取相应的费用，费用就是赞助费。

2）**共创赞助**。有时候也会有企业邀请你共同创作一些广告内容并付给你费用。比如企业邀请你撰写一份白皮书，企业提供相关数据，你负责撰写与设计；又比如企业邀请你联合举办一场大会，企业付给你费用。这些都叫共创赞助。

3）**授权赞助**。随着社群的影响力逐渐扩大，很多企业办活动都会希望在广告物料"支持单位"一栏挂上社群的 LOGO，这样可以为大会吸引人气。这时企业会支付一定的费用来获取社群的 LOGO 的使用权，这就叫授权赞助。

4. 客户分成

群成员时常会产生某些采购需求，比如采购软件、代运营服务、某些硬件，如果群主恰好可以帮忙对接采购方和供应方，那就可以跟供应方谈成交后的分成。这种盈利模式很轻松，你只需要提供对接服务，等积累了足够多的供应方之后，会产生很多客户分成。

5. 群主出场费

当社群和群主都有一定影响力之后，会有企业邀请群主去做企业内部分享或者去某个大会上做嘉宾或主持人，这时可以向企业收取一定的出场费。

6. 群主咨询费

如果群主在某个领域极其专业，那么随着社群和群主的影响力不断扩大，会有企业或个人向群主咨询，这时就可以收取咨询费用。在提供咨询服务后，群主还要考虑是否跟进企业落地实施情况，情况比较复杂，导致咨询的定价也比较复杂。

7. 衍生产品

当社群影响力逐渐变大后，社群线下活动的主题 T 恤、主题马克杯等都可以单独售卖；群主写的书或组织群成员共同写的书正式出版后也可以获得收益；群主出的视频课或音频课可以售卖，社群组织群成员出的相关课程也可以售卖。上述这些都算是衍生产品。

8. 咨询培训

挖掘社群里能讲课、能出席各种大会做演讲、能给企业做内训或者能提供咨询服务的群成员，为他们对接合作资源，一旦成交，就可以获得提前约好的分成了。当然，也可以跟群成员签独家合作协议，把社群利益跟他们的利益牢牢绑定，甚至进一步积累各种资源，在社群里培养潜力股，把他们逐渐打造成业内专家或 KOL，然后再为他们对接合作资源，从中获取分成。

第 4 节 三级增长——规模盘

如果你把中高端社群运营的前两个阶段都做得非常好，那么恭喜你，你的中高端社群已经能做到领域前列了，而且不出意外的话，营收也会非常好。接下来要想继续突破，就需要进入规模盘阶段了。中高端社群的规模盘主要需要做好如下两大板块的事情。

规模盘 1：运营体系的调整

当社群发展到一定阶段时，就会产生多个微信群，若每个微信群的群主都由一个人来做，那群主的精力就不够用了，这时就需要设置其他群主了，整体的运营体系也会跟着改变，即从一个中心（所有群的群主都是一个人）变为一个大中心 + 多个小中心。当然，这只是导致社群运营体系变化的一个原因，因为中高端社群本身就存在着各种各样的差异，所以导致运营体系发生变化的原因很多，但是其中有些事情是共通的，比如引发运营体系变革的根本原因大多都是减轻群主的运营负担、在节约成本的情况下加速社群规模的壮大等。

下面以 To B CGO 打造的新运营体系为例进行讲解。这个体系是从"舵主体系"（公司任命一个总舵主，各个省建立分舵并任命分舵主，各省事务由分舵主负责，公司向其支付报酬）演化而来的。我们希望这个"舵主"不是权力的象征，而是服务者的角色，其任务不是管理群成员，而是组织或服务群成员，所以我们把这个角色命名为"To B CGO 服务官"。

我们针对服务官这个角色进行了如下职责和要求界定。

1）服务官要明确社群的愿景与文化。
2）服务官服务谁（哪个群体，这个群体需要什么）。
3）服务官如何提供服务。
4）服务官的任期是多久。
5）服务官如何卸任。

6）服务官如何连任。

7）服务官的年度评选如何做。

上述界定仅供参考，做运营体系调整的时候，你需要根据自己的实际情况对上述界定进行优化。

规模盘 2：社区网站化

中高端社群的社区网站化，即把以微信群为载体的社群转变成以社区网站为载体的社群。这么做主要出于如下两方面的考虑。

1）**为自己建立真正的私域流量**。微信群表面上看是私域流量，实际上所有流量都是微信的，所有权并不在我们这里。所有的规则都是微信定的，我们必须在它的规则之下运营社群，比如不可以同时在多个微信群中发群公告，不可以监测群成员的活跃度。所以，等流量积累到一定程度时，我们必须建设网站，把社群流量真正变成自己的流量。

2）**实现规模化营收并规避风险**。以微信群为载体的社群其实也可以做到规模化营收，但是会存在很大风险。比如，你已经实现了规模化营收，但是微信突然更改规则或者突然判定你过往运营微信群的行为违规，那么很可能导致你的社群生意瞬间崩塌。

那么，从微信群过渡到社区网站的底层逻辑是什么？也就是说，如何真正通过社区网站留住你的私域流量？其实就是一句话：**通过各种内容和拉新、留存机制将社群成员变成网站实名制会员**。只有把成千上万的社群成员转变成社区网站的实名制会员，我们才能给他们提供更精准、更个性化的服务，也能更精准地监测各类相关数据，才有可能给赞助商提供更有效的服务，让自己获取更多的营收。

那么知道了底层逻辑之后，就要思考社区网站该如何呈现，也就是网站要做成什么样。笔者认为有如下 3 种呈现类型。

1）**新闻门户型**。这类网站特别像 Tom.com、搜狐、网易那样的门户网站，把所有行业新闻直接堆到首页，用密密麻麻的新闻吸引用户留在页面并注册成为会员。国内的开发者社区 CSDN，就是这类网站的典型代表。

2）**形象展示型**。这类网站以塑造品牌形象为主，整体页面比较简洁,着重展示社群创始团队的优秀、社群成员的高级、社群各类活动的高端等。To B CGO 当前的网站就是这种类型的。

3)**功能价值型**。这类网站以极度明确的功能吸引用户注册成为会员,比如专门为视频创作者提供音效的网站、为学者提供文献资料查询的网站。中国知网就属于这种类型的网站。

22

To B 官网搭建与运营

—— 马西伯

马西伯 上海雍熙创始人、CEO，15年数字营销经验，曾就职于某美国上市公司。2008年创办上海雍熙，主要服务世界500强、中国500强、集团上市公司、外资企业等客户，是数字化网站升级的倡导者。10多年来专注于高端网站建设及数字化营销服务，服务过的典型客户包括宁德时代、浪潮、京东方、兆易创新、西门子、ABB、科大讯飞、默克化工、药明康德、宇通客车等。《To B增长实战：获客、营销、运营与管理》作者之一，虎啸奖评委、中图科信杯品牌策划大赛全国总决赛评委。

官网是To B企业非常重要的获客阵地，官网带来的线索质量远远高于其他平台，当然官网的搭建工作是非常繁杂且专业的，对市场人来讲也是一个挑战。不少企业对线下活动的投入非常高，甚至做了百万级的展厅，但是却没有投入更多精力去搭建官网，这是很可惜的。一个好的官网可以使用3～5年，而且每年可接待几十万甚至上百万的专业访客，一个展厅可能只会覆盖几千人。按照这种比例，这么高效且重要的战场我们是否要投入更多兵力呢？况且线下活动最终都会引导到官网进行收口，所以企业在官网方面应该给市场部更多资源和支持。

作为市场人,在官网升级方面要做到如下几点。

1)让自家企业提升对官网的重视程度。

2)了解和行业优秀网站的差距,除了视觉上的差距,还有内容营销等方面的差距。

3)要拿出行之有效的落地方案,让公司认同官网搭建方案。

市场人要对上述内容有系统认识。官网搭建涉及视觉、交互、软件功能开发、搜索营销技术等多个专业环节,本章不可能全部讲透。在《To B 增长实战:获客、营销、运营与管理》中,笔者通过单独一章分享了网站搭建的相关内容,介绍了网站的类型、搭建的步骤、设计规范,但是仍然有不少细节和进阶内容尚未涉及。所以笔者在那一章的基础上,在这里从市场部角度出发,补充竞品调研、原型策划、内容整理、项目时间规划、研发方法等基础内容,以及网站营销的闭环逻辑、线索归因模型设计等进阶内容。

第 1 节 高质量官网的标准:从感性到理性都要做好

本节从感性和理性两个方面,讲解一个优秀的具有高转化率的网站应该是什么样子的,如图 22-1 所示。

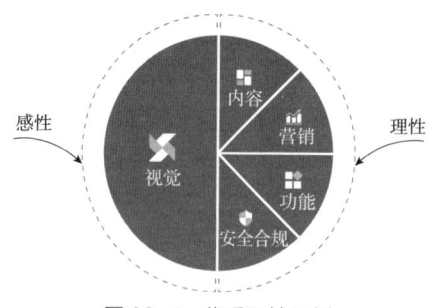

图 22-1 优秀网站示例

感性:视觉的冲击及记忆点的打造

客户带着怎样的心情开始阅读网站,对转化率有非常重要的影响。一个设计优秀的网站往往会给浏览者留下非常深刻的印象,从而促使客户重复访问,让企业获得更多接触客户并将其转为线索的机会。

1. 视觉设计

应把 50% 的精力放在视觉和交互提升上。在这样的背景下，要如何做网站设计呢？

（1）有品牌 DNA 及记忆点

多数企业都有自己的品牌 VI，在设计中融入相关元素可以提升网站的品牌唯一性。当然也可以结合动效将品牌的 LOGO 融入整个网站的交互中。图 22-2 所示是 Masterland 官网，该网站在品牌 VI 使用方面做得非常到位。

图 22-2 Masterland 官网

做到上述要求，就已经超越 80% 的网站了，但是如果你想有独特性，想打造特殊的记忆点，还需要使用有冲击力的表现手法。当然这一切都需要结合业务来完成，比如宁德时代的业务场景 3D 建模交互（见图 22-3）和致趣百川网站首页的滚动交互（见图 22-4）。

图 22-3 宁德时代官网

图 22-4　致趣百川官网

（2）设计要符合逻辑和内容

好的设计都不是天马行空的，尤其是做 B 端网站设计，必须围绕客户的产品或者解决方案、服务等进行设计，也就是在严谨的内容和逻辑基础上做创意设计。如果单纯为了吸引眼球去做设计，网站会失去专业性。

（3）有规范的设计标准

苹果的网站为什么看着舒服、专业？因为其背后有严格的设计规范及标准。我们做设计的时候需要遵循一条看不见的线，比如字体大小、间距留白比例、按钮弧度等，这些都有统一的规范。整个网站无论有多少个页面，设计页面元素时都要遵循严格的标准，比如网站主色：强调色：辅助色 =70：5：25，行间距为字体大小的 1.2～1.8 倍（注意，字越大字间距越小）。

2. 交互设计

网站的设计属于 UI 设计的范畴，和平面设计的区别非常大，两者最大的不同是网站设计比平面设计多出了一个体验维度——富媒体，比如视频、VR 全景等。网站与客户的交互是人机的互动，所以网站除了要方便获取客户信息外，还要提升内容的可视化表现能力，增加可玩性，包括从鼠标移入一个按钮的反馈到复杂的 3D 沉浸式体验。可玩性给予客户的体验不是单向的，而是可互动、可沉浸的体验。尤其是面对晦涩难懂的专业解决方案时，可玩性可以让客户更直观地理解方案的方方面面。图 22-5～图 22-8 所示为这方面的典型示例。

图 22-5　博世云观解决方案交互场景

图 22-6　常熟汽饰解决方案交互场景

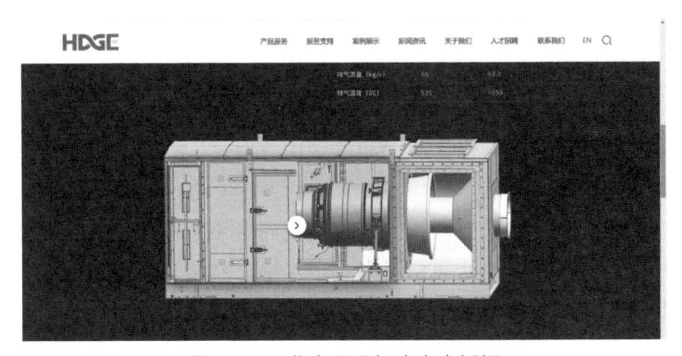

图 22-7　华电通用解决方案拆解

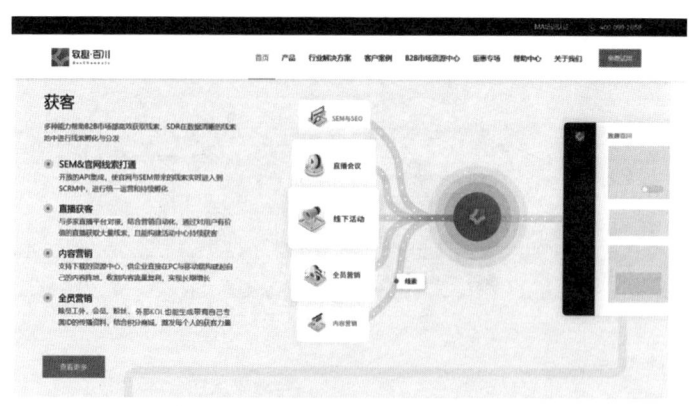

图 22-8　致趣百川线索流转的交互

关于感性设计的相关内容，笔者在《To B 增长实战：获客、营销、运营与管理》中进行了详细介绍，所以这里就不再展开了。

理性：后期运营的重要保证

网站的理性设计主要涉及内容、营销、功能、安全合规。优秀的理性设计是网站后期运营的重要保障。功能设计的相关内容本章不做过多介绍，下面重点对其他 3 项进行解读。

1. 内容

在内容设计方面，必须投入足够的精力做内容梳理和可视化展现设计。对于具体文案的撰写，需要走入销售人的工作中，看看他们在跟客户讲什么故事，促成客户买单的是哪句话，然后确定哪些内容是你需要的，一定要避免"自嗨"的内容。具体来说，可以按照如下方法设计内容。

（1）对内容进行结构化梳理和场景化呈现

企业的原始内容是非常混乱的，所以必须先对内容做分类，这一步大多数企业都能做得很好。但是如何把内容填到网站上呢？网站并不是说明书，所以优秀的公司会对内容做提炼，对重点内容进行结构化梳理，甚至对内容进行场景化呈现，把内容代入场景，可以使客户在体验中了解内容。这一完整流程的示意如图 22-9 所示。

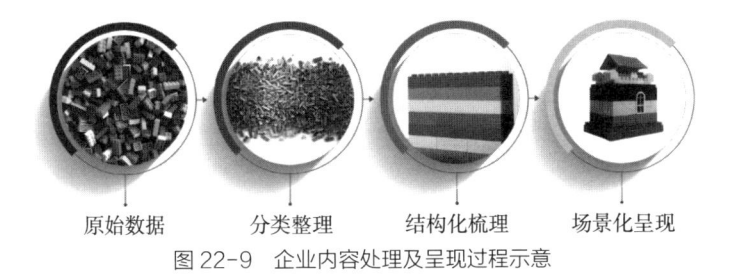

原始数据　　分类整理　　结构化梳理　　场景化呈现

图 22-9　企业内容处理及呈现过程示意

（2）避免自嗨的内容，避免过于专业

过于专业晦涩的用词不是给客户看的而是给少数同行看的。我们要考虑产品的核心受众，通过通俗易懂的文案让他们便于理解产品或者服务，同时阐述好我们的价值主张，从帮助客户解决问题的角度去构思文案。要记住，**真正专业的内容是受众易于理解的内容**。

（3）避免触犯广告法

新广告法对极限词等进行了限制，一旦违反相关规定，会受到广告费用 3～5 倍的罚款。大家可以借助在线检测工具对网站内容进行检索，做好内容审核工作，并对网站运营人员进行相关培训。

极限词参考：

- 国家级、世界级、最高级、唯一、首个、首选、顶级、国家级产品、填补国内空白、独家、首家、最新、最先进、第一品牌、金牌、名牌、优秀、全网销量第一、全球首发、全国首家、全网首发、世界领先、顶级工艺、王牌、销量冠军、第一（NO1、Top1）、极致、永久、王牌、掌门人、领袖品牌、独一无二、绝无仅有、史无前例、万能等。
- 最高、最低、最、最具、最便宜、最新、最先进、最大程度、最新技术、最先进科学、最佳、最大、最好、最新科学、最先进加工工艺、最时尚、最受欢迎、最先等含义相同或近似的绝对化用语。
- 绝对值、绝对、大牌、精确、超赚、领导品牌、领先上市、巨星、著名、奢侈、世界/全国×大品牌之一等无法考证的词语。
- 100%、国际品质、高档、正品等虚假或无法判断真伪的夸张性表述词语。

2. 营销

强调视觉，但拒绝花瓶，无论是重营销还是重品牌，都不要忽略网站天生的获客营销能力。

从公域获客角度来讲，网站非常像实体店面，选择在有流量的位置进行投放会获得更好的引流效果，但是费用高，比如 SEM。当然还有很多廉价获取流量的方法，比如 SEO、内容营销等，缺点是位置不好。

从私域留客角度来讲，网站通过白皮书、内容等引导客户扫描二维码关注公众号或者加店长微信，从而将其引入私域流量池。

除了上述这些，我们还需要做好数据收集工作。网站每天都有大量的客户进入，企业可以通过设计来获取详细的客户行为数据和营销数据，这对广告渠道优化和网站迭代升级都有很好的支持作用。

3. 安全合规

安全即网络安全。做好网络安全是网站营销运营的保障，也是对企业品牌的保护。目前面对复杂的国际国内环境，如果没有安全的服务器、安全的架构、稳定的网站后台，随时都有可能出现风险，比如被非法网站挂马。我国在不断加强网络安全监督，而作为被攻击风险本来就大的大中型企业，更需要专业的技术支撑。

合规主要涉及如下几个方面。

1）**备案**。网站备案有无问题，是否需要公安局备案，这些要搞清楚，避免在市场活动过程中网站被叫停。

2）**版权**。要确认字体、图片、视频、音乐有无版权问题。近几年与版权相关的案件非常多，除了一些正常的维权案件，也不乏很多公司恶意维权，或者把维权当成盈利手段。网站制作过程中使用的素材，包括运营更新的内容都需要注意版权问题，尽量选择一些付费版权素材，免费的素材很可能会惹上官司。大中型企业一定要注意这方面的问题。

3）**数据**。存储隐私数据是否合规也是必须要注意的。数据相关操作必须符合政策要求。

第 2 节 了解网站策划流程

竞品调研

注意,这里说的并不是市场调研,而是竞品调研。根据我们的项目落地经验,了解市场上的竞品,找到自己的网站与竞争对手的差异,不仅能保持网站的专业度,还能让网站更容易落地。下面分几个方面介绍竞品调研的方法。

1. 设计表现

需要站在行业里去看设计,不要跨行业。比如你是制造业,若你去看建筑设计行业的网站,就是错误的。每个行业都有自己的审美,在行业审美范围内寻求差异和创造设计记忆点才能更容易被目标客户认可。

图形图像、布局、文字、颜色、动效等多种元素构成了完整的设计。为了方便大家理解,笔者总结了一个网站设计评估分析表,如表 22-1 所示。通过这个表大家可以对整个网站进行分析,也可以对网站中的重点页面做细节分析。

表 22-1 网站设计评估分析表(满分 5 分)

	网站 A	网站 B	网站 C
设计一致性	4	3	4
设计美感	3	4	4
图片质量	3	5	4
交互动效	3	3	5
创新力	4	4	5
品牌记忆力	2	2	4
平均分	3.1	3.5	4.3
分析			

1)**设计一致性**。重点评估网站设计是否遵循了统一的 UI 规范,比如同类元素是否表现一致,各级标题字号、文字段落间距、按钮弧度、图片比例或尺寸等是否统一。

2)**图片质量**。图片的品质对网站来说非常重要。首先图片需要有足够高的清晰度,这是基础要求,网站要使用高清大图,图标要用矢量图标；其次图片要具有独特性，"烂大街"的图片是得不到读者认可的；最后图片要与网站场景高度匹配，高质量且匹配场景的图才是优质的，为此企业可以定制拍摄或者通过后期处理提升图片在这方面的表现。

3）**交互动效**。交互是平面差异化设计的核心，也是网站的灵魂。最基础的交互是基于不同尺寸屏幕及不同设备上的体验展开的，优秀的交互是基于内容的体验展开的。结合解决方案或者产品的特性，通过动态方式让客户更好地理解产品，并对网站产生记忆。

4）**创新力**。创新力是指在适度设计的基础上，对内容可视化、客户体验、行业场景等进行新的尝试。切记创新力不等于过度设计，所有的设计一定是基于场景和内容的。

5）**品牌记忆力**。这包括3个方面。

- 品牌VI的植入，比如对品牌辅助图形的运用。
- 品牌在客户心智中的形象。网站要给予客户更多正向信息，网站内容不完善、链接无法点击等问题都不能出现。若是出于成本或上线时间考虑，网站不可能做到完美，那就提供最小可用版本。
- 符合品牌当前状态的内容架构。举个简单的例子，上市公司必须在网站上设置与投资者相关的内容。

2. 内容结构

内容结构非常重要，不要轻易创新这个结构。做内容前，我们需要研究行业里优秀站点上的内容，如果竞品都采用类似的结构，那就说明客户已经习惯了这种结构，我们需要尊重这种浏览习惯。常见的内容结构如图22-10所示。

由图22-10可知，我们首先要保证核心内容的准确性，这部分内容一般由产品或者业务部门给出。其次，我们需要保证结构的有序性。有序的结构可以帮助浏览者更快地理解内容，从而加快转化速度。以产品页面为例，需要先介绍我们是谁（产品基础介绍），我们有什么（拆解功能点），我们的亮点是什么（产品优势），再介绍谁需要我们（客户画像），为什么选择我们（客户证言）。最后，要提炼内容，目的是帮助客户快速抓住重点，产生记忆。在核心页面组织上要进行文案的提炼，哪怕只有一句话也要对重点数字进行加强。

图 22-10 内容结构

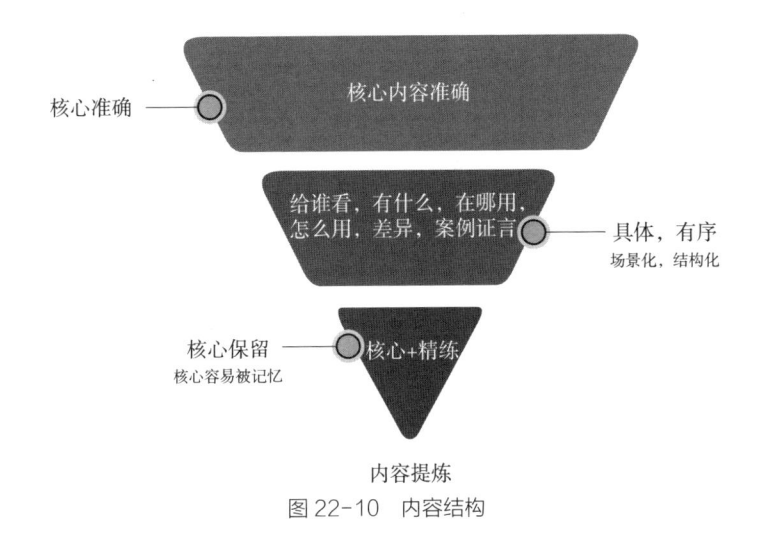

3. 营销力

营销力涉及获客能力、转化能力、数字分析能力等几个关键点。我们依然可以通过分析行业的其他优秀网站来寻求营销能力的提升，评估分析表如表 22-2 所示。

表 22-2 网站营销力评估分析表（满分 5 分）

	网站 A	网站 B	网站 C
获客能力	2	4	2
转化能力	3	4	5
数字分析能力	1	4	4
平均分	2	4	3.7
分析			

1）**获客能力**。首先看是否有做 SEO，从代码和站外表现两个方面进行分析。其次看是否在外部有官网入口，比如知乎、行业平台，这些都是官网的获客渠道。

2）**转化能力**。为了提高转化，网站会遵循一定的转化逻辑，比如价值主张、案例、证言等，而且在页面上会有明显的 CTA 按钮布局，包括方便留资的在线客服或者企微二维码。是否设置留资权限也是评估分析的一个方面，比如是否对内容中心、下载资料设置了留资权限等。

3）**数字分析能力**。先看有没有安装网站统计工具，比如百度统计、Google Analytics（GA）、CNZZ 等，通过这些工具可以查看网站的基础访问情况（在页面上右击然后选择看源代码，接着在源代码里搜索 baidu、google、cnzz 等字样）。如果想做更高级的分析，可以通过 uba 等付费工具进行埋点监控，可以从事件级别做检测，分析客户在网站上的行为。

4. 缺陷分析

调研竞品网站有什么问题，然后一条一条列出来，这是我们搭建自己的网站时需要规避的。对竞品网站进行缺陷分析的模板如表 22-3 所示。

表 22-3 对竞品网站进行缺陷分析的模板

	缺陷	类型	网址
1	设计统一性差	设计	
2	兼容性问题，手机浏览文字过小	体验	
3	层级过深，内容很难找到	体验	
……	……	……	……

网站结构规划

网站结构就是我们常说的栏目架构，网站一般包含一级栏目、二级栏目、三级栏目，需要根据业务需求来策划具体的网站结构。下面是进行网站结构规划时需要遵循的一些原则。

1）**一级栏目一般不超过 7 个**。一级栏目就是网页头部的导航栏，考虑到浏览器的宽度，一级栏目太多将导致无法使用正常字号一行排开。

2）**栏目层级一般不超过 3 级**。栏目层级不宜过深，每增加一级，客户寻找信息时就会增加一层困扰，多一次点击就多给客户一个离开的理由。同时要做好下拉导航，建议采用扁平化的方式展开栏目，在内页做好面包屑导航，方便客户快速定位到需要的栏目。

3）**网站结构遵循一定的逻辑，不要打破常规逻辑**。有的网站为了突出某个二级栏目，刻意把它提到了一级导航，这会给客户理解和搜索引擎爬取造成误导。人的思维是树形结构的，破坏这个基础的思维模式容易对客户造成困惑。如果需要强调某个栏目，可以通过顶部副导航实现。

图 22-11～图 22-15 为常见的不同行业的网站结构示例。

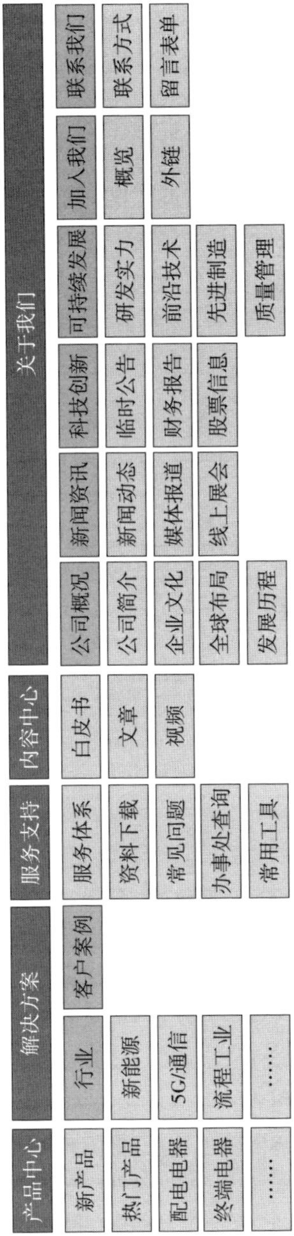

22 To B 官网搭建与运营　411

图 22-11 工业类企业网站结构示例

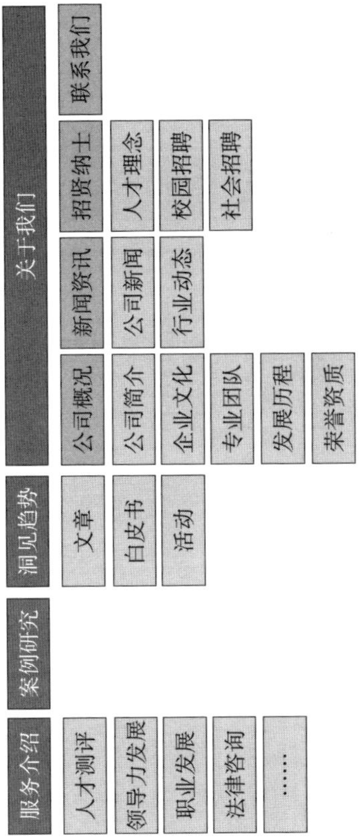

- 产品中心
  - 新产品
  - 热门产品
  - 配电电器
  - 终端电器
  - ……
- 解决方案
  - 行业
    - 新能源
    - 5G通信
    - 流程工业
    - ……
  - 客户案例
- 服务支持
  - 服务体系
  - 资料下载
  - 常见问题
  - 办事处查询
  - 常用工具
- 内容中心
  - 白皮书
  - 文章
  - 视频
- 关于我们
  - 公司概况
    - 公司简介
    - 企业文化
    - 全球布局
    - 发展历程
  - 新闻资讯
    - 新闻动态
    - 媒体报道
    - 线上展会
  - 科技创新
    - 临时公告
    - 财务报告
    - 股票信息
  - 可持续发展
    - 研发实力
    - 前沿技术
    - 先进制造
    - 质量管理
  - 加入我们
  - 概览
  - 外链
  - 联系我们
    - 联系方式
    - 留言表单

图 22-12 服务类企业网站结构示例

- 服务介绍
  - 人才测评
  - 领导力发展
  - 职业发展
  - 法律咨询
  - ……
- 案例研究
- 洞见趋势
  - 文章
  - 白皮书
  - 活动
- 关于我们
  - 公司概况
    - 公司简介
    - 企业文化
    - 专业团队
    - 发展历程
    - 荣誉资质
  - 新闻资讯
    - 公司新闻
    - 行业动态
  - 招贤纳士
    - 人才理念
    - 校园招聘
    - 社会招聘
  - 联系我们

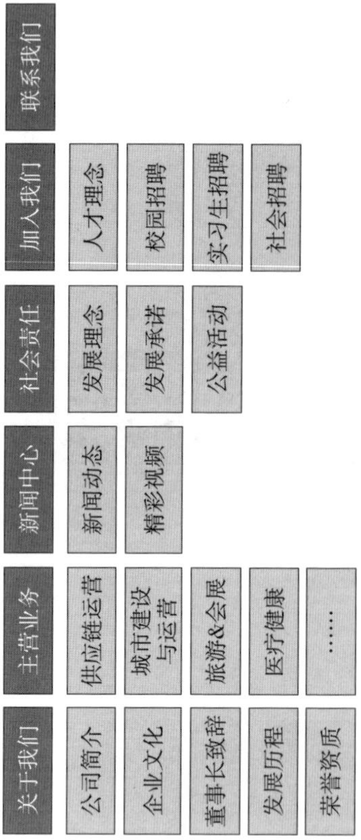

图 22-13 集团类企业网站结构示例

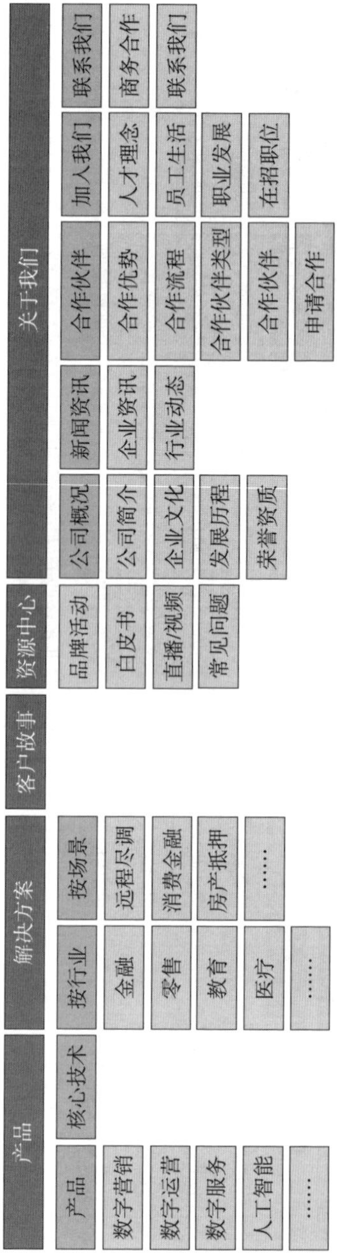

- 关于我们
  - 公司简介
  - 企业文化
  - 董事长致辞
  - 发展历程
  - 荣誉资质
- 主营业务
  - 供应链运营
  - 城市建设与运营
  - 旅游&会展
  - 医疗健康
  - ……
- 新闻中心
  - 新闻动态
  - 精彩视频
- 社会责任
  - 发展理念
  - 发展承诺
  - 公益活动
- 加入我们
  - 人才理念
  - 校园招聘
  - 实习生招聘
  - 社会招聘
- 联系我们

图 22-14 软件类企业网站结构示例

- 产品
  - 核心技术
  - 数字营销
  - 数字运营
  - 数字服务
  - 人工智能
  - ……
- 解决方案
  - 按行业
    - 金融
    - 零售
    - 教育
    - 医疗
  - 按场景
    - 远程尽调
    - 消费金融
    - 房产抵押
    - ……
- 客户故事
- 资源中心
  - 品牌活动
  - 白皮书
  - 直播/视频
  - 常见问题
- 新闻资讯
  - 企业资讯
  - 行业动态
- 关于我们
  - 公司概况
  - 公司简介
  - 企业文化
  - 发展历程
  - 荣誉资质
- 合作伙伴
  - 合作优势
  - 合作流程
  - 合作伙伴类型
  - 合作伙伴
  - 申请合作
- 加入我们
  - 人才理念
  - 员工生活
  - 职业发展
  - 在招职位
- 商务合作
- 联系我们

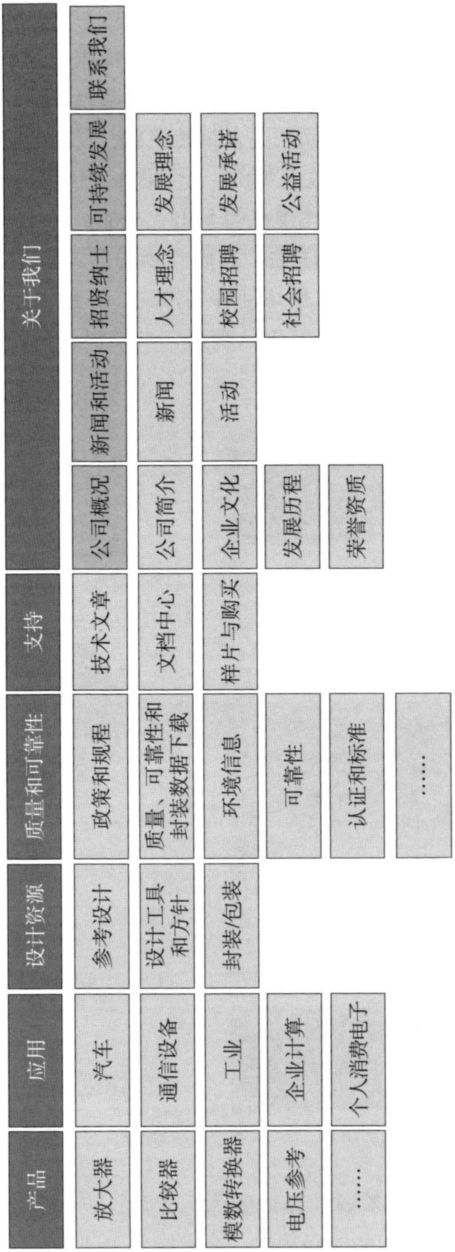

22 To B 官网搭建与运营

产品	应用	设计资源	质量和可靠性	支持	关于我们	
放大器	汽车	参考设计	政策和规程	技术文章	公司概况	新闻和活动	招贤纳士	可持续发展	联系我们
比较器	通信设备	设计工具和方针	质量、可靠性和封装数据下载	文档中心	公司简介	新闻	人才理念	发展理念	
模数转换器	工业	封装包装	环境信息	样片与购买	企业文化	活动	校园招聘	发展承诺	
电压参考	企业计算		可靠性		发展历程		社会招聘	公益活动	
……	个人消费电子		认证和标准		荣誉资质				
			……						

图 22-15 半导体类企业网站结构示例

网站原型策划

原型图的意义是帮助你忽略颜色及具体界面图标细节的设计,而把精力放在交互设计上。原型图一般是黑白灰的颜色,绘制原型图需要考虑页面的元素布局、页面之间的逻辑跳转关系、页面的交互说明等。原型图可以是静态的也可以是交互型的。原型图示例如图 22-16 所示。

原型图的核心价值主要体现在如下几个方面。

1)**快速验证需求的合理性**。我们收到的网站需求可能来自企业内部的各个部门,这些信息是杂乱且零散的。我们可以通过原型图和大家进行需求沟通,经过反复确认调整,可以保证网站快速落地,如图 22-17 所示。

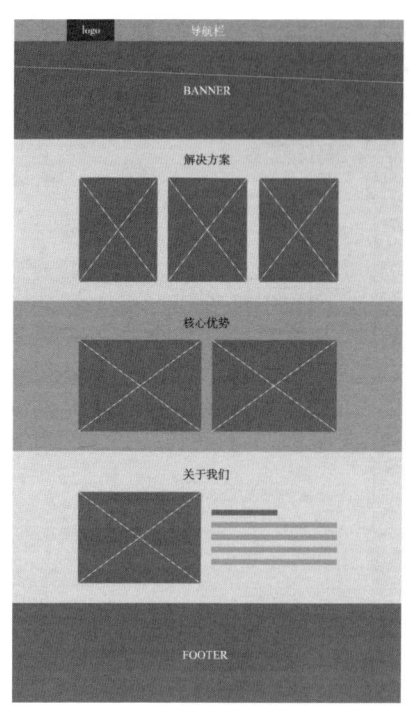

图 22-16　原型图示例　　　　图 22-17　原型图与需求处理

2)**原型图是营销策略的具体落地**。页面的转化路径设计、页面的行动号召设计、页面间的串联逻辑、线索转化的闭环设计等都可以通过原型图进行规划。我们可以把客户进入方式比作进入网站的各个通道，网站策划人员需要打通各个通道，客户与网站上的营销信息无障碍连通，如图 22-18 所示。

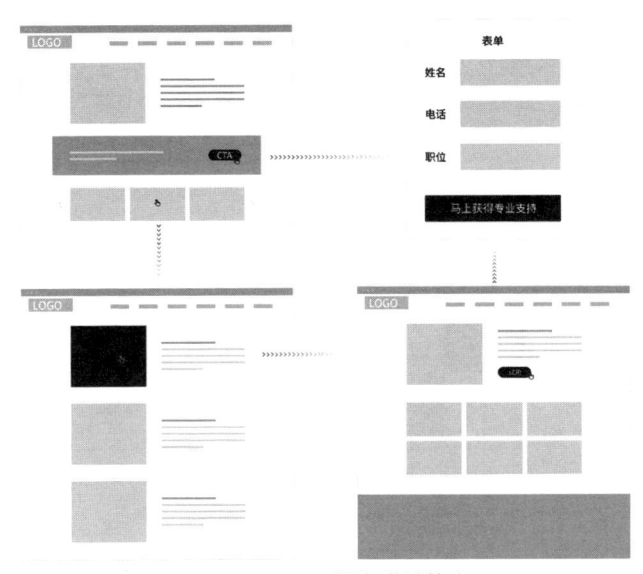

图 22-18 原型图与营销策略

3）**剥离视觉对客户的干扰**。视觉会干扰我们的逻辑思考，剥离视觉可以让我们聚焦于内容及流转逻辑。所以在视觉与原型图方面需要做一些取舍，具体如何取舍就要考验设计经验和创新能力了。

4）**让团队更好地参与**。有了原型图，我们就可以更好地和各个团队进行沟通了，让不同团队尽早且能更容易参与进来，以免在最终交付的时候网站与需求存在巨大偏差。把沟通前置，这一点非常重要。

合理排期

一个完整网站的制作周期大约是 3 个月，这里既包含网站设计、制作时间，还包含企业内部沟通反馈的时间。之前有人认为一个网站一两周就可以做好。拿模板套一个网站确实可以这么快做出来，但是这样的网站只能临时使用。如果你想让网站有 3～5 年甚至更长的生命期，就需要合理安排时间，否则交付的结果很快会被推翻。

如果有新品发布或者展会等具体的营销节点需要配合，那就要倒推网站的上线时间。当然，如果时间非常紧张，必须制定合理的目标，因为此时上线时间是首要考量指标，在需求方面可以妥协，等满足这次营销活动后再逐步完善网站。

功能过于复杂的网站可以分期上线，通过一个一个的里程碑，边验证边研发，否则会导致整个项目的交付时间过长，而且无法形成阶段性的成果。

制作网站排期表如图 22-19 所示。

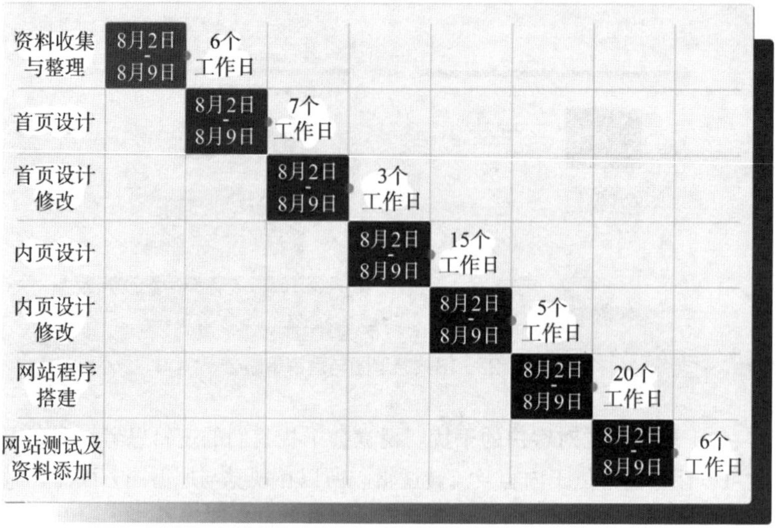

图 22-19　制作网站排期表

内容整理

内容整理是非常复杂的过程，我们需要把零零散散的素材展示在几十页的网站上，而且要保证内容的准确度，并符合营销逻辑。

1）**基于原型图整理内容**。做好原型图后就要去填充内容了，不要最终因为内容推翻原型图。原型图就好比骨骼，而内容就是肌肉、皮肤、服饰，有专业性内容也有装饰性内容，但无论什么内容都是为营销服务的，所以内容不是越多越好，而是要恰到好处。

2）**不要把 PPT 内容直接搬进来**。PPT 虽然和网站内容有一定的相关性，比如都是结构化内容，但 PPT 内容量更大。所以要想使用 PPT 中的内容，要重新进行提炼，把重点内容放到网站上，客户如果需要了解更多内容，可以申请下载完整的 PPT。

3）**好的内容是为客户服务的**。客户可以分为很多种，比如普通客户、求职者、投资者等，需要针对不同的客户提供不同的通俗易懂的内容。比如针对某个行业的专业人士，要在某些板块提供严谨的数据及其描述。大多数网站的客户都是非专业人士，所以网站需要提炼核心价值主张，用客户易于理解的方式展现，从帮助客户解决问题的角度出发，引导其看到并理解专业内容，最终实现转化率的提升。

4）**要提供场景化的展现方式**。所谓场景化，就是将客户代入工作或者生活场景中，在这个场景中要融入解决方案和产品。这里凸显的是场景，弱化的是产品，目的是顺水推舟地引入产品。图 22-20～图 22-23 是这方面的典型案例。

图 22-20　宁德时代的大场景

图 22-21　博世的智慧场景

图 22-22 云拿无人售货解决方案场景

汽车神经网络，是电路信号传输和控制的载体，为车内电器设备提供稳定的电源、信号和数据。

图 22-23 曼德汽车神经网络解决方案场景

验收标准

图 22-24 所示是验收网站的五大能力及其对应的标准细节。

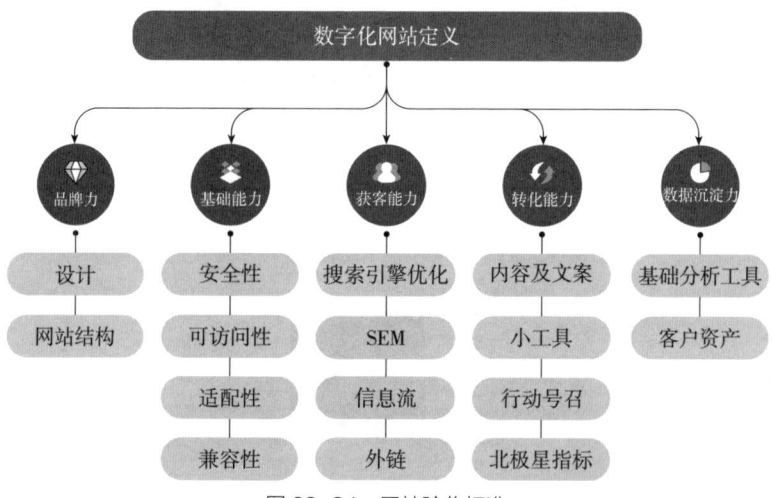

```
                    数字化网站定义
    ┌─────────┬─────────┬─────────┬─────────┐
   品牌力    基础能力   获客能力   转化能力  数据沉淀力
    │         │         │         │         │
   设计      安全性   搜索引擎优化  内容及文案  基础分析工具
   网站结构   可访问性    SEM      小工具     客户资产
             适配性     信息流     行动号召
             兼容性     外链      北极星指标
```

图 22-24 网站验收标准

1. 品牌力

创建一个网站需要考虑它的品牌价值。官网能否体现品牌价值取决于两点——**设计**（优秀的交互能力）和**网站结构**。这两部分前面都有介绍，这里只强调一点：**优秀的网站，一定要考虑网站客户的浏览过程**。比如客户浏览产品时潜意识里会思考产品如何应用，所以可以在产品模块加入对应解决方案的链接。再比如客户在浏览案例时会思考要使用哪些产品，所以在案例模块要加入产品简介的链接。上述这些都是通过梳理客户旅程实现的。网站的内部链接做好，是优秀网站结构的一个突出表现。

2. 基础能力

基础能力主要涉及如下 4 个方面。

1）**安全性**。这是第一位的，不再赘述。

2）**可访问性**。若服务器性能不佳，可能造成在某些高峰时段或某些地区无法访问网站，这会导致客户流失。

3）**适配性**。网站对各种终端屏幕的适配。终端屏幕分为移动端和 PC 端，移动端又可以细分为手机端与 iPad 端。虽然 PC 端网站在手机上也可以看，但在手机端字号显示过小，客户体验非常差。

4）**兼容性**。浏览器分很多种，我们无法决定客户使用哪一款浏览器，但是必须保证网站适配所有主流浏览器，比如 Chrome、火狐、Safari、IE、360、搜狗等浏览器。

3. 获客能力

获客能力对官网来说非常重要，但往往容易被忽略。这主要涉及 SEO 和 SEM 投放，这在前文及其他章都有介绍，所以这里不再展开。

4. 转化能力

流量进来以后，官网就需要承担把流量转化成最后客户的责任了。这涉及以下几个方面。

1）**内容及文案**。比如易于理解的口号、简单明了的产品介绍、动人可信的成功案例等。这部分内容前文和其他章也有介绍，不再重复。

2）**小工具**。官网可以部署一些小工具来提高转化能力，比如设备报价工具，也可以结合客户需求设计对应的工具。

3）**行动号召**。也就是与行动号召相关的按钮布局，行动号召文案要尽量统一。

4）**北极星指标**。很多网站由于渠道（表单、电话、在线客服等）过多，数据分散，很难统计和优化。所以网站应该尽量将流量引导到某一个转化页面，只保留在线留言表单，不要再提供其他选择，如在线咨询或者电话。

5. 数据沉淀力

网站上线前一定要安装**基础分析工具**，比如百度统计、CNZZ 等。如果有条件还可以补充客户行为分析工具，方便为未来网站升级、改版、迭代等提供数据支持。

除此之外，还可以考虑**客户资产**积累问题，比如对接营销云产品，根据访客访问网站的情况，为访客打上标签，通过内容的引导转化，直接促使客户留资或者引导关注企业公众号后下载资料并留资。这样可以让客户资产更加庞大，即使客户是匿名的，也可以利用 MA（自动化营销）工具将访客变成普通客户，再逐渐转化成熟客，最后完成成交转化。这才是未来数字化网站的迭代方向。

第 3 节　网站开发制作流程

下面是一个网站开发的总流程，每个阶段都有不同专业的人员提供支持，当然大部分公司要么一个人什么都做了，要么找专业的供应商来做。

1）**立项**。确认网站的执行目标，包含结果目标和时间目标，比如品牌视觉提升或者功能升级规划，网站未来给企业品牌或者营销带来的价值，网站与竞品之间的差异性，网站的交付标准，网站需要达到的预期目标，预计的时间，需要的成本，这些都确定就可以立项了。

2）**网站策划**。专业的网站策划，包含竞品调研、栏目结构规划、原型设计输出。这个阶段需要把策略融入原型设计中，结合自身的内容和优势，巧妙地设计转化逻辑或者品牌优势。优秀的策划是网站成功的前提。

3）**网页设计**。首页设计决定整个网站的风格。首页定稿后就要进行栏目页和内页的设计了。网页设计师会根据网站原型图进行网页设计，这个过程需要大量沟通，因为设计师只能提供设计思路，表达形态需要策划参与。

很多网页设计师会先制定网页设计规范，以保证官网的专业性，因为对于 To B 企业而言，官网要优先传递的就是严谨与专业，客户会因为网站联想到你的产品质量。如果你的网站毫无专业性，那么客户有充分的理由认为你的产品品质有问题。网站的专业性取决于很多因素，网页设计就是其中之一。

4）**前端设计**。设计师产出的是高保真的图片，这还不能称为网页。这个时候就需要前端工程师介入了。前端工程师把页面切碎成一个一个的小单元，再用 DIV+CSS 技术将这些单元重组成页面，此时页面是由 HTML 代码组成的，可以在浏览器中打开。响应式网站还要通过对屏幕大小的适配做到对各种屏幕的兼容。前端设计还包括交互设计，即将平面稿设计成可以互动的界面。对于前端设计，要先满足基础展示，再做屏幕大小的适配和主流浏览器的兼容性调试，最后开发特效。

5）**后端程序开发**。后端主要是对逻辑功能以及前端的渲染输出内容的实现。如果有会员中心，还要实现会员中心的功能，如前台的留言表单、产品高级筛选等。客户更新内容使用的网站后台，也属于后端开发。

6）**网站测试**。网站测试人员首先要进行设计稿比对，看网站是否能够与设计稿高度一致；然后进行前端兼容性测试，比如对不同设备、不同分辨率等的兼容；接着，对功能进行测试，比如表单、会员、后台等功能；最后进行安全测试，保证网站上线后的稳定。

7）**内容录入**。内容录入其实就是添加数据，对资料进行梳理，量级比较大的可以通过后台导入，无法导入的人工添加。这里涉及内容重组、文案重写、资料翻译校对。上述工作都完成后网站就可以上线了。

内容录入工作是大家容易忽略的重要步骤，后台是否易用，能不能灵活管理内容，以及更新到网站的内容在前台是否能够完美展现，这些都是要花时间校对的。尤其是内容量比较大的网站，一定要给内容录入预留足够的时间。

8）**上线发布**。经过以上几个步骤一个网站就做完了，接下来需要把网站代码部署到正式的服务器上，让所有人都能访问。我们需要保证域名是备案过的，然后把域名解析到网站部署的服务器 IP 地址，完成网站的上线。

第 4 节　官网的公域拓客及私域转化的闭环设计

定义优秀的网站

本节我们介绍 3 个公式。下面先看第一个。

$$优秀的网站 = 流量 \times 转化率$$

流量和转化率都是决定网站是否能成功的重要因素。网站要想获得成功，需要做好两件事：**吸引目标人群访问网站；让访客尽可能在网站上采取行动**。如果网站不能在网络上留下痕迹，无法通过优秀的内容获取流量，那一定算不上优秀；同样，如果网站内容不能吸引客户采取行动，引导他们获取想要的信息，那即便有流量也无法获取商业上的成功。由此衍生出下面两个公式。

$$零流量 \times 高转化率 = 零成功$$
$$高流量 \times 零转化率 = 零成功$$

我们需要平衡流量和转化率的关系，两个方面都不能有短板，就好比图 22-25 所示的矩形，图中矩形面积越大说明网站越优秀。

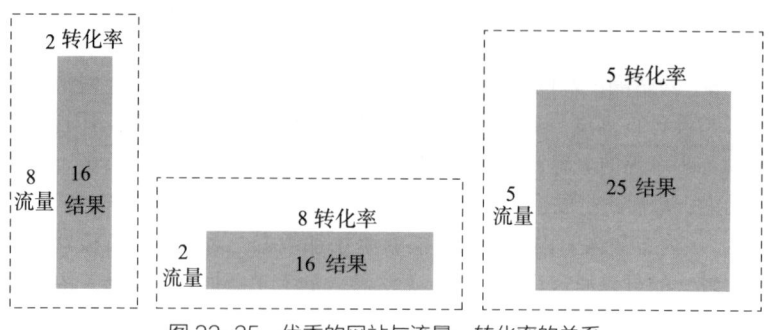

图 22-25　优秀的网站与流量、转化率的关系

塑造官网的公域拓客能力

1. 做好 SEO 基础

通过符合 SEO 的代码结构和优质的内容，可以获取大量搜索引擎免费给到的流量。要做好 SEO，可以从如下几个方面入手。

1）**做好站内 SEO 规范，为网站打好基础**。这方面的内容如图 22-26 所示。

项目	说明
tdk	对网站标题、描述、关键字进行设置优化是为了让网站更好地展现在搜索引擎中,使更多的用户知道我们的网站 title:用于告诉用户和搜索引擎当前页面的核心内容,放置核心词 description:显示在搜索结果中,用于告知用户网站的主要内容,是引导用户点击的索引 keywords:告诉搜索引擎当前页面内容的关键词,用户无论在搜索结果还是浏览页面上都看不到页面关键词
Sitemap.xml/ Sitemap.html	Sitemap.xml文件中列出网站中的网址以及关于每个网址的其他元数据,目的是方便搜索引擎更加智能地抓取网站,提高网站页面被收录为索引的概率,提高SEO效果
Robots.txt	1. 不要禁止抓取JS和CSS 2. Robots.txt中要包含sitemap xml的路径 3. 禁止抓取需要登录查看的页面和高度重复的页面
h标签	根据语义使用标签,比如h1,h2,h3,…为标题(h1标签每个页面只能有一个),p标签为段落
a标签	a标签要有title属性
图片alt属性	在alt属性中可以使用相关的关键词和文本帮助用户和搜索引擎更好地解释图像的主题
301重定向	1. 网站上线做www重定向是为了URL规范化并集中权重,不让权重分散 2. 网站改版时做301重定向,可将旧版本页面的所有指标全部转移到新版本的页面上
URL	1. URL要做静态化处理 2. URL地址使用小写字母 3. URL连接字符使用连字符(-)而不是下划线(_)
面包屑	1. 面包屑可以将关键词指向特定的页面,同时帮助搜索引擎查看一个页面与另一个页面之间的关系。在层次结构中使用时,这将改进对类别页面和内层页面的SEO 2. 面包屑加强和改善网站的内部链接结构。当开展站外SEO时,面包屑导航与上下文链接连接到其他相关页面有助于获得更大收益

图 22-26 站内 SEO 规范

2）**做好站外 SEO**。对于这部分内容，最重要的是做好链接的导入，通过外部优秀链接跳转到站内。通过锚文本链接到网站，可以实现定向关键词提权。不可否认，外链对网站优化的影响在减弱，但是仍然有着非常重要的作用，可以通过友情链接交换到资源，或利用人脉、集团资源获取链接推荐资源。最好找同行业的网站进行互推，这样可以更好地获取行业权重，增加被搜索引擎收录的概率并获得更高排名。

3）**做好关键词的研究及布局**。关键词布局指的是为网站寻找有吸引力的目标关键词，这类关键词需要满足 3 个条件：和网站高相关，有着较高的行业流量，竞争度低。我们可以通过搜索引擎下拉框中的搜索结果，获取相关关键词。

4）**站内链接建设**。做好网站各个页面之间的串联，把同样的关键词链接到网站的同一个页面，实现站内权重合理分配。通过页面链接布局，用较好的网页带动其他页面被搜索引擎收录。

2. 充分利用新媒体实现官网引流

知乎、小红书、微信公众号、百家号等新媒体，自身有大量的客户。通过这些新媒体，不仅可以触达大量客户，还能提高官网在搜索引擎中的排名。我们通过内容布局，可以引导客户从这些媒体平台跳转到官网。这类流量非常精准，而且具有长尾效应。

3. 加强移动端体验的优化

虽然 B 端客户大多都是在 PC 端获取专业信息的，但是不可否认，移动端占用了大家大量的碎片时间，而且移动网站非常适合在社交软件中进行传播，所以企业应该对移动端体验进行更多深耕。

做好流量承接，让线索"软"着陆

1. PSP 原则，为受众设计内容

进行网站内容设计时需要遵循 PSP（Product、Solution、Proposition，产品、解决方案、价值主张）原则。

首先我们要清楚网站内容是为产品服务的，因为客户只有通过产

品才能获得收益,但是真正吸引客户的并不是产品本身,而是产品所代表的解决方案。所以我们在做网站内容时,要试着拿自己的产品或者服务做练习,但又不能把内容重点放到产品上,而应放在如何解决问题上。

人们有各种需求,正是这些需求让客户产生购买产品的动力。但是需求和产品之间是存在缺口的,我们需要填补这个缺口,也就是把产品和需求联系起来。填补这个缺口的方法就是价值主张。价值主张是为潜在客户需求提供的解决方案。任何问题都有很多解决方案,这些解决方案可能都很好,但是只有具有好的价值主张的解决方案才能与客户产生共鸣。比如致趣百川网站的价值主张是"专注 To B 赛道,帮助 To B 市场部获取更多线索、提高线索转化率,为销售输送更多商机",而与该价值主张对应的产品是一套营销云。虽然可以提供类似解决方案的产品很多,但是因为致趣百川的价值主张是帮助 To B 市场部获取更多线索、提高线索转化率,这引发 B 端客户的共鸣,所以致趣百川的产品更受青睐。

2. 确定目标,设计转化漏斗

确定网站的转化目标,没有目标就无法设计转化路径。我们可以把网站的各级页面想象成一个个同心圆环,而目标就是圆心。所有页面都为了这个目标而设计,不管你在圆环中的哪个环,目标都是圆心。大多数网站的目标都是留住访客,所以我们需要优化访问路径,引导实现最终的转化目标。要实现留住访客的目标就会涉及如下两个核心指标。

1)**跳出率**。访问了一个页面就离开网站的访客数量占所有访客的百分比。正常跳出率需要控制在 60% 以内。若跳出率过高,就需要考虑流量的质量、网站内容是否与访客匹配,以及访客是否可以第一时间找到对应的内容了。

2)**退出率**。从某个页面退出网站的访客数量占此页面访客数量的百分比。若退出率过高,就要考虑这个页面是不是有问题,或者没有给访客进行下一层访问的引导。

为网站设计转化漏斗,基于转化漏斗去分析每个环节的访客流失情况,找到原因后对转化漏斗进行优化。可以通过专业的分析工具(如谷歌分析工具 GA、百度统计等)检测每条路径的客户流失情况,然后通过页面调整来优化漏斗转化率。一定要设计贴近商业目标的转化漏斗，比如下载资料、试用等，不要设计无效的转化漏斗。

3. 吸引访客的注意力

客户通过搜索某个关键词进入网站时，不会在意产品细节，而只想马上找到能帮他解决问题的方案。所以客户进入网站首先映入眼帘的就应该是价值主张，传递价值主张的常用方法如下。

（1）设计手段

这里涉及如下 6 个关键的设计因素。

1）**大小**。给重点文字足够大的字号，元素越大越有吸引力。

2）**位置**。在首屏的重要位置布局重要元素，减少干扰元素。

3）**颜色**。用相同颜色连接相关区域，用对比色将访客注意力吸引到特定的特性上。

4）**留白**。在重要元素周边留白会使元素更加显眼，比如增大重要标题的上下间距。

5）**对比**。一个元素与周围环境的对比越鲜明就会越显眼，无论是色彩、大小还是形状。

6）**运动**。运动物体更能吸引注意力，我们可以通过优秀的交互设计引起客户的注意，但不要用力过猛，不然会引起客户反感。

（2）情感传递

人们很多时候喜欢先通过情感进行决策，再用逻辑证明其合理性。很多时候在进行理性思考前，情感已经决定了要不要购买。做好客户共情，可以让网站更具吸引力。

（3）大数字的表现手段

人类天生对数字比较敏感，我们可以对重点数据进行提炼，通过大字体或者自动播放效果进行展示。

（4）利益导向

没人关心你是做什么的，他们只关心自己能获得什么，所以你需要把能帮客户做什么提炼出来，并着重显示。

4. 留住访客

成功吸引了访客的注意力，接下来就要思考如何维持他们的兴趣了，也就是长久留住访客。

1）**积极传递有用信息，解决客户关心的疑虑**。客户通常会有以下疑虑，网站需要积极传递对应的答案。

☐ 能满足我的需求吗？
☐ 行业中有人在使用吗？
☐ 可以提供本地化服务支持吗？
☐ 价格是否可以接受？

2）**敢于承诺，建立信任**。对于自己的产品一定要足够的信心。客户可能担心产品购买后无法满足需求，这时我们应该做出合理的承诺，比如无效退款。除了自我承诺外，还可以借助第三方来获得对方的信任，比如第三方认证报告、真实的客户评价等。

3）**激发客户兴趣**。针对客户关心的问题，在每一个页面都做好引导，通过技巧性描述让客户产生兴趣并持续下去，比如从成本、软件使用、同行业成功案例等多角度进行描述。

4）**网站操作要足够简单**。这主要涉及如下几个方面。

☐ 网站不要出现死角，即保证网站的所有页面都是连通的。
☐ 保持网站的简洁性，不要用过长的标题，且标题要简单易懂。
☐ 尽量使用图片、视频等元素提升客户的阅读体验。
☐ 让内容有充分的留白和层次，降低客户阅读疲劳感。
☐ 减少页面层级和操作步骤。

5. 行动号召，让访客采取行动

无论是吸引访客注意力还是留住客户，最终目的都是让客户采取行动，这就要用到我们前文提到的行动号召了。这涉及如下几个方面。

1）**持续且强有力的号召**。不要寄希望于通过一次行动驱动就可以让客户产生动作，我们需要在不同的页面持续布局行动号召内容，而且需要用更积极、更有力的行动号召方式。

2）**当前页面连续性号召**。不要认为我们只能在页面底部布局行动号召，在较长的页面中可以多次布局行动号召，如图22-27所示。

3）**明显的行动号召按钮设置**。必须要让客户在浏览过程中很容易就看到行动号召按钮，因此必须使用突出的色彩或者对比设计，还可以通过醒目的样式、诱导性文案、指向性箭头等外部手段来不断地提醒客

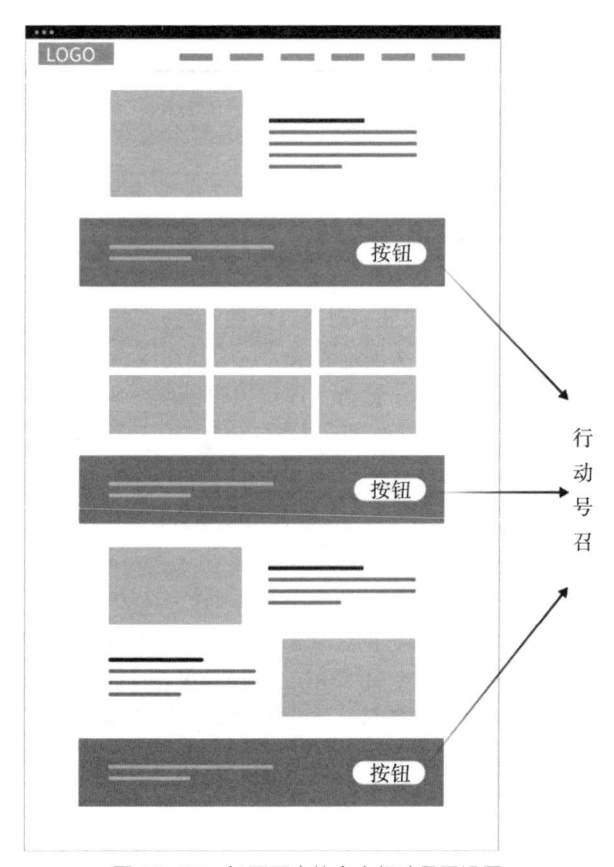

图 22-27　长页面中的多个行动号召设置

户行动号召按钮的存在，甚至加入倒计时抢购等利益点来刺激客户采取行为。

4）**表单提交按钮的优化**。用"提交"注册等作为行动号召按钮的名称激发客户行为的效果往往不明显，而用类似"马上获得专业支持"这样的名称会更容易促进客户进行下一步行动。因为后者对行动后的结果做了延伸，点明行动后可以得到的利益。

在本节最后，我们用一张图进行总结，笔者称这张图为网站价值闭环体系图，如图 22-28 所示。

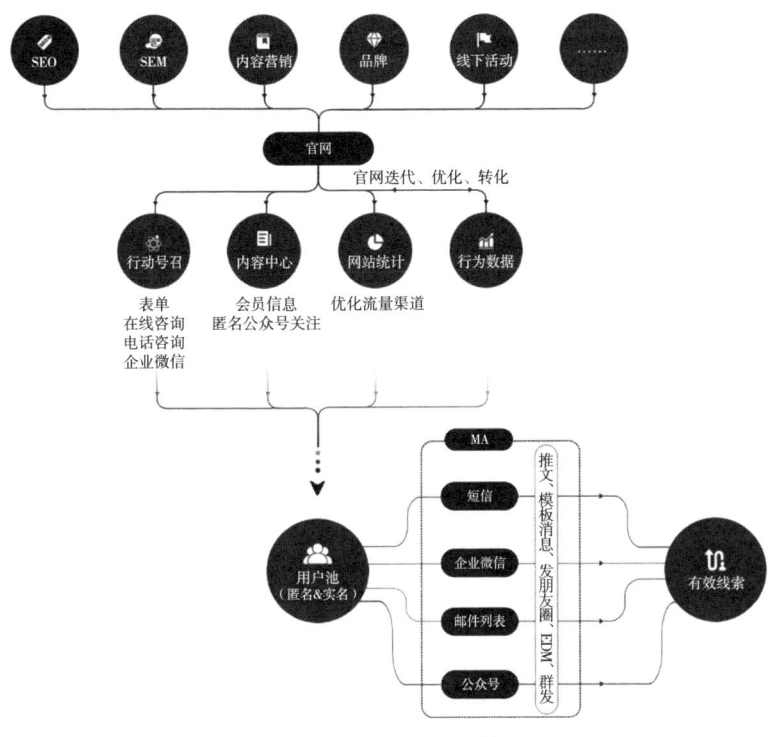

图 22-28　网站价值闭环体系图

第 5 节　自研还是外包

选择自研还是外包？这是很多企业都会面对的一个问题。企业需要根据网站类型、成本、人才储备、后期维护等决定到底采用何种方式。本节我们就来专门讨论一下这个问题。

1. 网站的形态判定

网站主要是两种形态，一种是官网，另一种是垂直网站。对于官网而言，无论是外包还是自研都有很多成功的案例，从实际情况看，90% 以上的企业都会选择专业的外包团队来帮助实现官网的构建。在某些场景下，自研却是更好的选择，比如构建类似电商网站这样的垂直运营类网站。

官网有几个明显的特点：对品牌形象、营销、安全、合规要求都很高，但是对迭代频率要求不高（一般只是页面级别迭代，并非功能级迭代）。要满足官网要求较高的几项，难度是很大的，找专业团队是最好的选择。

垂直网站主要指电商、To B 及其他具有垂直功能的网站。这类网站的功能迭代非常快，如果想运营好垂直网站，需要组建专门的部门，需要有专门的人负责设计、开发、运营等工作。当然自研垂直网站不一定要从零开始开发，可以选择购买市面上较为成熟的系统产品，然后由自己的团队做二次开发。

2. 成本及利益核算

企业选择外包还是自研还需要从成本及利益角度考虑。

1）**人力成本**。对于这一点，需要提醒大家的是，不是用自己的设计师、程序员去开发网站就可以节约成本。企业中的每一名设计师、程序员都肩负着各自的任务，把他们抽调出来去开发网站，需要评估因此带来的他们的本职工作的损失。但是如果担心外包公司无法满足自己的需求（比如对企业的业务理解不够深），自己的企业又有具有网站设计经验的专业人员，也可以考虑自研。

2）**时间成本**。并不是自研就可以保证网站按时上线，其实调度公司内部资源往往难于调动乙方团队。除非组建专门的团队，不然就需要跨部门调动资源，还要统一协调大家的时间，这一定会影响市场部门的工作进度。专业的乙方外包团队有专业的执行时间计划和流程，而且优秀的团队会做团队冗余配备，以应对紧急项目，并且其非常高的专业度也可以节约很多时间，如果能找到长期合作的公司后续配合也会更高效。

3）**试错成本**。对于 To B 企业来讲，试错成本是很高的，而且会对市场部的工作带来影响。若是采用自研的方式，可能后期的迭代优化过程需要占用开发人员更多的时间，这就会给这些人员的原工作带来更大的影响。另外，外包团队很少会接手一个有问题的网站，所以若是自研失败，重新找外包团队来做，费用不会因此变少。

4）**维护成本**。就算网站成功上线了，后续依然需要修复迭代，这也需要一定的投入，而且解决问题的成本很高。另外，企业中的人员流动是非常正常的，经常会出现前人离开而后续同事无法接手网站维护工作的问题。

5）**收获利益**。如果选到一家优秀的外包公司，市场团队可以在这个过程中获得成长。很多外包公司都非常注重分享和相互成长，所以在网站开发过程中，外包公司很有可能帮助企业培养出一位网站专家。

3. 团队构成

大多数企业都没有完整的网站团队。一个最小化的网站团队要包含网站产品经理（兼做项目经理）、UI设计师、前端程序设计人员、后端程序设计人员，而专业的网站团队还会包括策划、动效、文案、安全等岗位。所以多数企业是不具备自研条件的，而且也没有组建这样的团队。如果考虑自研，比如做垂直网站，那就至少需要组建一支最小化的网站团队。

4. 维护的可持续性

对于网站类项目，上线只是开始，在网站使用和运营过程中，无论是页面还是功能都需要一个长期迭代的过程，需要保证网站尤其是官网具有稳定的支持团队。无论是自研还是外包，都要考虑长期维护的问题。

5. 经常会遇到的问题

1）**官网需要对接内部业务系统，若是官网外包，业务系统升级怎么办？**

企业首先要考虑是否可以拆分系统，如果可以，那么就不建议业务系统和官网进行深度结合，应该尽量降低它们的耦合度。因为不同系统的迭代周期不一样，所以若是和官网做过多结合，后面无论是升级官网还是升级系统都会变得更复杂。如果一定要和官网结合，尽量通过一些标准的API做轻度结合，后续只要接口标准不变，那升级工作带来的影响就会很小。

2）**是否可以拆分外包？**

如果自有设计有一定的优势，可以拆分出部分设计来自行完成，但是一定要提前和外包团队做好UI设计标准沟通工作，以减少后续设计稿的调整工作。

第 6 节　归因、表单及常用运营工具

搭建官网的线索归因系统

在营销活动中，归因分析可以使营销人员了解每个营销渠道或者触点分别做了什么贡献。如果你想了解客户在官网中的转化过程，并优化营销投放的投资回报率，归因分析是至关重要的方法。

1. 线索归因

线索归因中最常见的是网站归因。网站归因是指识别和记录访客在网站上完成转化的行为，记录访客来源和与网站的互动。访客来源可能有多个，最终根据合适的归因模型划分各个渠道的价值，得到各个渠道的线索来源和转化成本，以及带来的价值。

比如一个 B 端网站，目标为访客填写表单。同时进行推广的渠道有百度 SEM、百度 SEO、门户贴片广告、EDM 邮件投递等。现在访客 A 看到 SEM 广告，点击进入网站后直接填写了表单，这个贡献一目了然，就不多说了。访客 B 看了 SEM 广告没有填写表单，但是过了一段时间他又搜索了某个关键词或者通过 EDM 邮件来到了网站并填写了表单，那这时的归因怎么算？这时就需要借助归因模型了。拿到最终的数据后，就可以判断不同渠道的质量并为渠道优化提供依据了。A 和 B 的网站客户转化路径示意如图 22-29 所示。

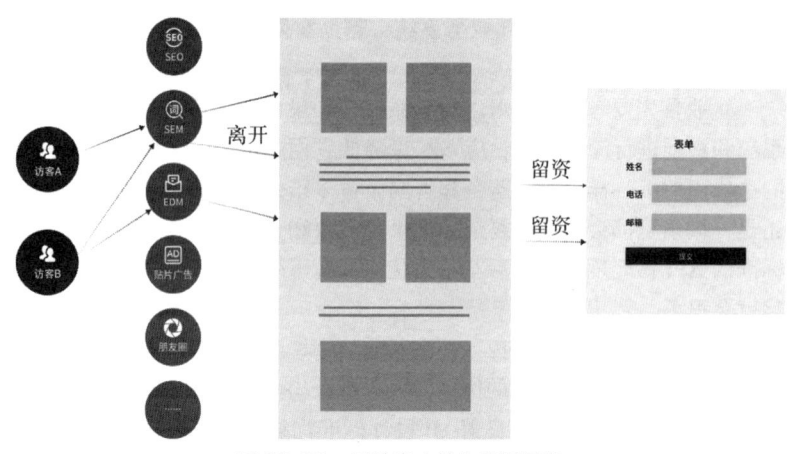

图 22-29　网站客户转化路径示意

线索归因的价值如下。

1）指导运营，可以通过归因数据客观评估和优化渠道，合理分配预算。

2）精细化 SEM 投放，对计划单元的关键词进行提纯，减少无效投放。

3）通过网站内部的线索归因，对网站进行优化升级。

4）提供更精准客观的预测，便于与上级及其他兄弟部门建立共同的营销目标。

2. 归因模型

营销人员最常犯的错误有如下两个。

1）**没有考虑转化所有接触点**。比如仅把首次点击作为衡量标准，其他营销活动（例如二次营销或电子邮件营销）的价值就会被忽略。相反，如果仅根据最终点击计算投资回报率，则内容营销、SEO 等的价值就会被忽略。

2）**未能同时考虑多个营销渠道和来源**。如果只孤立地看待某一个渠道，就会忽视不同营销工作之间的协同作用。

所以我们必须了解营销归因的工作原理，通过合理选择归因模型，确保评估结果更加准确。下面对常见归因模型进行简单说明。

（1）末次触点归因模型

末次触点归因模型示意如图 22-30 所示。

在末次触点归因模型中，将功劳全部归功于转化前与客户进行最后一次互动的触点。比如，客户通过参加直播活动或者看到公众号推文了解到我们，这时他们还没有采取任何行动，但知道了我们的品牌。经过一周的调研，客户通过在搜索引擎中搜索品牌

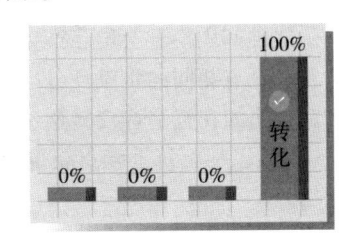

图 22-30　末次触点归因模型示意

名称找到我们并完成转化。在末次触点归因模型下，搜索触点将获得 100% 的转化功劳。

大多数网站分析平台（包括 Google Analytics）默认采用的都是末次触点归因模型。末次触点归因模型的优势是易于实施，可消除歧义（明

确定义客户转化的最后一个触点）。缺点是忽略了先前营销的贡献，会高估最后一个触点的贡献（如品牌广告）的投资回报率。

在网站转化难度小、转化周期短（即转化前触点不多）或还没做归因分析的情况下，可以选择末次触点归因模型。

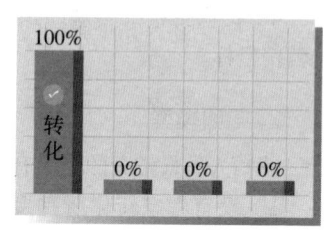

（2）首次触点归因模型

首次触点归因模型示意如图 22-31 所示。

首次触点归因模型将功劳全部分配给与客户互动的第一个营销渠道。它忽略了客户在第一次互动之后到转化之前其他营销活动的价值。例如，客户通过 SEM 广告搜索某个关键词进入网站，但是实际没有产生转化，后面通过内容营销孵化完成转化，在首次触点归因模型中会把功劳全部给予 SEM 广告。

图 22-31　首次触点归因模型示意

首次触点归因模型的优势是易于实施，可以简单地明确归因触点。缺点是忽略了之后渠道的营销价值，只关注客户进入渠道的优化，无法对后续孵化营销给出准确建议。

如果我们的目标是吸引新渠道的流量，衡量哪些渠道能快速曝光和提高品牌知名度，那么首次触点归因模型是合理的选择。

（3）线性归因模型

线性归因模型示意如图 22-32 所示。

线性归因模型会给予产生转化的多个客户触点相同的贡献评分。这比较好理解，比如在整个客户转化过程中涉及 4 个触点，那么每个触点获得 25% 的转化功劳。

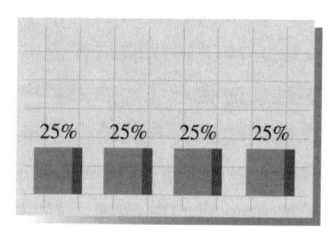

图 22-32　线性归因模型示意

线性归因模型的优势是可以量化每个渠道的影响，容易拿到多个渠道的转化归因数据。缺点是会低估或者高估某些渠道的贡献，难以区分哪些渠道的贡献更多或者更有潜力。

线性归因模型更适合用在网站内部转化分析上，比如分析广告图、行动号召按钮的位置等，这些因素的影响力几乎相同，所以适合对贡献进行平均分配。

（4）时间衰减归因模型

时间衰减归因模型示意如图 22-33 所示。

时间衰减归因模型会在考虑每次互动发生时间的基础上，将功劳分配给多个事件。它会为后来的触点分配更多的功劳。这意味着第一次互动获得的功劳最少，而最后一次互动获得的功劳最多。

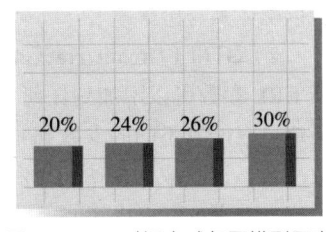

图 22-33　时间衰减归因模型示意

时间衰减归因模型的优势是利于优化最有力量的最后触点，缺点是对转化周期较短的场景价值有限，前期接触渠道的贡献会被严重低估。

时间衰减归因模型在实施中是相对复杂的，适合转化周期较长的场景，比如关系销售或者 To B 长线销售。

（5）U 形归因模型

U 形归因模型示意如图 22-34 所示。

在 U 形归因模型中，第一次和最后一次触点得到最高功劳，其余功劳平均分配给两次接触之间的触点。比如通过以下方式分配功劳：客户的第一个触点占 40%，客户转化前的最后一个触点占 40%，其他触点占 20%。

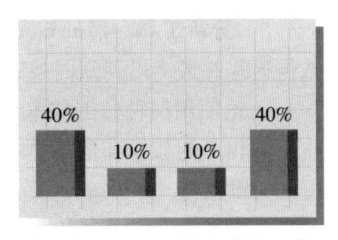

图 22-34　U 形归因模型示意

U 形归因模型的优势是可以解决多触点归因问题，综合了首次触点归因模型和末次触点归因模型的优势。缺点是低估了中间渠道的贡献，尤其是在中间渠道较多的情况下。

U 形归因模型是一种对线性模型的优化，强化了首次和末次贡献，但又不像首次触点归因模型和末次触点归因模型那样极端。

采用不同的归因模型，最终结果可能完全不一样，所以必须结合实际情况，选择最合适的归因模型。

3. 线索归因的手段

要对网站进行归因分析，需要一些技术手段的支持。

1)**基于 Cookie 的技术**。客户首次访问后,会在浏览器中生成并存储一个唯一的 Cookie。如果客户返回网站,可以查找此临时标识符,以确认为该客户。当然,如果该客户切换了设备,则需要与其他技术相结合以确认其身份。

2)**UTM（Urchin Tracking Module,Urchin 追踪模型）技术**。UTM 或 URL 参数可以附加到任何现有链接上,以收集渠道来源。通过 UTM 策略可以配置不同的参数到 URL 后,然后将 URL 配置到对应的广告投放平台,以获取网站访问者和流量来源等重要数据。关于 UTM 的更多内容,大家可以查找其他资料进行学习。

3)**唯一 ID**。在做归因分析的时候,唯一 ID 的选择是非常重要的,对于长链路多触点的场景,如果找不到唯一 ID,客户在旅程中切换渠道、应用甚至设备则很难追溯,因此唯一 ID 要尽量在早期建立。

4)**借助短链工具**。短链工具一般都有渠道分析和报表能力,可以把推广链接以短链的方式发出去,比如基于短信的营销就适合使用短链,因为短信有字数限制。

5)**分析工具**。借助 Google Analytics 等分析工具进行埋码,以实现数据追踪并最终得到归因报表。

无论使用何种归因技术,目标都是尽可能多地获取与客户旅程及转化事件相关的数据和信息,为营销人员提供优化现有营销活动和预算分配的关键支持。

表单转化设计

网站除了首页还有一个页面尤其重要,那就是留资表单页面,通过表单我们可以对整个营销环节进行闭环管理。下面重点介绍如何提高营销表单的转化率。

1)**尽量不要选择弹窗表单**。有时候我们为了优化客户体验,喜欢把表单做成弹窗形式,以求减少客户页面打开的时间,但是从数字营销角度来看,弹窗表单对线索追溯不够友好。因为在我们做一些营销动作的时候,经常需要唯一的 URL 来引导客户落地,如果没有独立表单页面,还需要引导客户到内容页面点击相应按钮才可以填写表单,这会增加客户流失风险。

2）**尽量给表单一个独立的页面**。通常营销工具都可以追溯页面级别的转化，所以我们可以对表单提交成功的跳转页面进行追溯，这样的操作更简单。

3）**在一个页面中尽量不要设计多个表单**。表单多了页面加载速度会受到影响，而且给客户更多的选择会造成客户犹豫不决，也不利于对客户需求进行细化引导。

4）**要给表单起一个有号召力的标题**。客户打开页面首先看到的是表单的标题，如果仅写"留言表单"，那就相当于放弃了这个大好资源，可以换成类似"前十名注册可获得顾问一对一支持""立即开始免费试用""报名可领取直播专属优惠"这样的标题。当然，也可以在标题下增加辅助文字做更详细的说明和引导。

5）**尽量在首屏展示表单**。如果是独立的表单页面，那么一定不要在这个页面放过多的文字或其他介绍性内容，以避免表单填写按钮显示在页面的底部。如果一定要放较多的图文描述，可以把文案和表单按钮设计成左右排版模式，图文居左，右侧是表单按钮。如果要在网站内容页嵌入表单按钮，也可以让表单漂浮在页面的右侧，方便客户随时填写。

6）**合理设置字段数量**。字段数量既不是越少越好，也不是越多越好。关于表单字段需要有多少个也是大家经常讨论的话题，从雍熙服务的客户的数据来看，一个表单有4～5个字段时是转化率最高的，所以如果表单没有特殊需求就尽量控制在这个范围内。当然也有特殊情况，比如小微企业为了提高线索质量、降低企业成本，或者垄断性企业为了获取更多的客户信息以方便后面的客户跟踪环，都会根据需求增加字段。

7）**给表单字段明确的指示，明确字段名称及是否必填**。对表单字段进行明确描述，有必要的话可以给出填写演示，比如"职称"这个字段很多客户填写时都会犹豫，这时就需要给出说明。另外，对于必填字段一定要明确标明，比如用红色的*标注，避免客户因为填写不完整造成提交过程中断。

8）**优化提交按钮的文案，完成最后的助攻**。很多人会忽略表单提交按钮的文案设计。提交按钮是距离表单最后几个字段最近的位置，尤其是字段较多的表单，最后通过提交按钮给出鼓励，往往可以产生意想不到的效果。

9）注意合规性，给出明确的隐私说明链接。我国对个人隐私保护越发严格，企业在营销过程中要做好相关提示，给表单增加隐私保护说明页面的引导链接，让客户可以方便地看到隐私说明。企业一定要做好合规相关工作，以免引起不必要的麻烦。

10）要定期对表单进行测试。建议企业每周都对自己的网站表单进行提交测试，尤其是在做活动前，以免因为技术问题导致线索流失。

不要忽略每次细节提升带来的力量，官网背后的流量千千万，能够提升一两个百分点的转化率都是非常有意义的。

常用运营工具

常用运营工具包括分析工具、统计工具和转化工具。其中分析工具有很多，前面已经多次提及，这里不再展开。统计工具也有很多，但是如果你想知道某个按钮的点击情况，那么就需要做好埋点，对于埋点，这里也不做太多描述。To B 网站经过几次迭代后若是需要做更高级的提升，可以引入行为分析工具，但是这类工具的成本比较高，所以初期可以使用网站统计工具。下面重点介绍转化工具。

常用的转化工具主要包括在线客服、智能弹窗，它们通过主动影响访客来完成线索转化留资。

1. 在线客服

通常我们所说的网站在线客服系统都是基于网页的即时通信工具实现的。它不需要安装任何软件，在浏览器窗口就可以进行实时交谈，且可以主动提醒客户发起沟通。常见的在线客服工具包括爱番番、智齿、商务通、53 客服等。

2. 智能弹窗

智能弹窗工具可以快速地为网站增加弹窗功能，这是对网站功能的快速增强。只需要给网站增加一行代码即可快速地为网站增加各种弹窗功能，从而帮助企业快速优化客户浏览路径，优化客户访问体验。目前国内这类工具的典型代表是 Wowpop。智能弹窗工具的主要功能如下。

1）**改善网站功能，让网站运营更灵活**。可以快速地为网站增加自定义弹窗，在不破坏或者影响网站结构的基础上增加弹窗通知。

2）**退出挽留，提升转化**。可以根据不同页面定制特定的弹窗引导，促进客户完成注册、试用等留资行为，并可以在网站上增加退出挽留功能。

3）**优化客户流程**。通过个性化的弹窗可以优化网站内链关系，为不同板块做好串联，优化客户旅程。

4）**内容优化增强**。根据关键词显示对应弹窗以增强相关内容。

5）**数据沉淀**。全程采集客户弹窗展现及点击行为数据，为客户旅程优化提供依据。

6）**数据合规**。针对客户 Cookie 自定义授权提示，在个人隐私数据保护方面提供更多的客户偏好选择。

23

SEM 营销与实战

——蒋梦瑶

蒋梦瑶 至策营销创始人兼CEO，有类咨询高级合伙人、首席营销顾问。12年品牌及市场营销经验，擅长品牌策略、数字互动及全案营销体系构建，历任媒体高管、科技独角兽企业CMO、数字营销公司合伙人及上市集团市场总监，对科技、地产、文旅行业的市场营销有独到见解。

市场营销的目标分为长期和短期两种：短期目标以获客量增长为主，长期目标以品牌建设和品牌传播为主。

SEM（搜索引擎推广）也就是基于搜索的竞价广告。通过 SEM 可以快速、持续地获取客户线索，只要操作得当，快则一周、慢则一月就会见效，从而帮助企业快速实现市场营销的短期目标。因此 SEM 是很多 To B 企业获取新客户的主要方法。

当然，SEM 离不开品牌建设和品牌传播的赋能。有了品牌声量的持续加持，才能完成"从曝光到流量承接"的完美配合；品牌建设则能够提升从推广到成交过程中多个环节的转化率，从而提升整体的业务营收。

第 1 节　SEM 执行流程

确定指标

只有指标明确，才能有的放矢，所以确定指标非常重要。指标一般分为两种：结果指标和过程指标。

1. 结果指标

结果指标有很多种，我们先来介绍两个整体指标——GMV、ROI。启动 SEM 营销之前，必须先从业务角度拆解这两个指标。

1）GMV，即业务营收指标。业务营收主要分为新客营收（首单成交）和老客营收（复购增购），如图 23-1 所示。因此在启动 SEM 推广之前，要先向上对齐目标，从业务目标中拆分出新客营收目标，再从新客营收目标中拆解出 SEM 营收目标。GMV 是市场部门的 SEM 团队要关注的第一个重要指标。

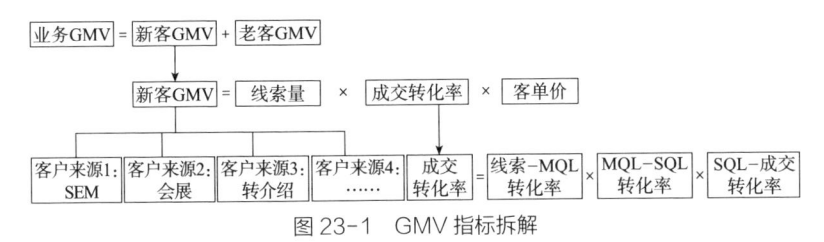

图 23-1　GMV 指标拆解

2）ROI，即业务利润指标。在 SEM 推广中，ROI= 推广营收 / 广告成本，如图 23-2 所示。推广团队通过这个指标可以清楚地知道每一分钱花出去换来了什么价值，从而做到心中有数。

注意，影响 ROI 的因素很多，在评估 ROI 指标时，要综合考虑内外部环境，要拉通产品、市场、销售等多个部门。如果 ROI 与同行相比较低或与自己的历史数据相比有所下降，不要只从推广成本上去找问题，要进行综合考虑。

上面是所有业务部门都要关注的整体性指标，那么市场部门的 SEM 团队需要重点关注什么指标呢？笔者认为要重点关注线索量和线索成本。

横向分析：同行数据对比

如产品、价格、销售模式类似，则"推广营收"因素无差异，此时对比 ROI 数据。如我方 ROI 较高，则说明广告成本低，推广团队表现优秀；如我方 ROI 较低，则说明广告成本高，推广团队还需继续提升工作质量

纵向分析：历史数据同比/环比

ROI 数据的涨跌受诸多因素影响，包括搜索平台流量、竞争对手等外部变化，以及产品力、产品价格、销售模式、销售力、市场推广能力等内部变化。需要具体问题具体分析，先定位问题，再分析解决

ROI = 推广营收 / 广告成本

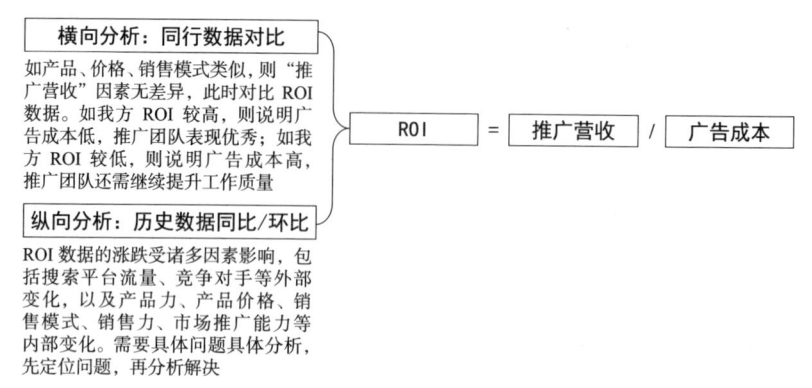

图 23-2　ROI 指标拆解

对 GMV 和 ROI 公式进行拆解，我们可以很清晰地看到，为了达成营收目标并保证获得足够高的利润，市场部门的 SEM 团队应该直接对线索量和线索成本负责，如图 23-3 所示。

ROI = 推广营收 / 广告成本

新客GMV = 线索量 × 成交转化率 × 客单价

- 线索量：市场部门关键指标
- 成交转化率（产品部门关键指标）
- 客单价：产品部门关键指标

广告成本 = 线索量 × 线索成本

- 线索量：市场部门关键指标
- 线索成本：市场部门关键指标

成交转化率 = 线索-MQL转化率 × MQL-SQL转化率 × SQL-成交转化率

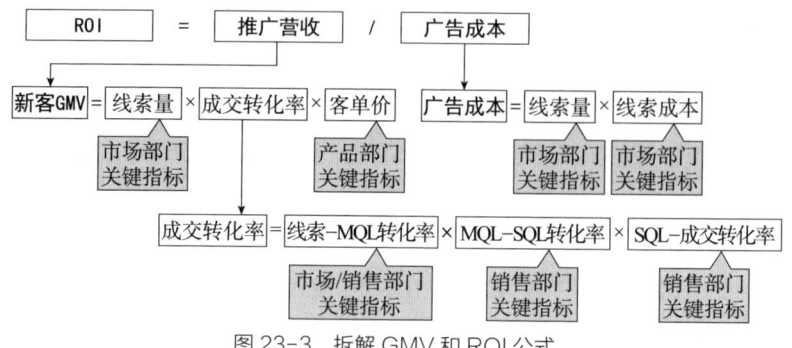

- 线索-MQL转化率：市场/销售部门关键指标
- MQL-SQL转化率：销售部门关键指标
- SQL-成交转化率：销售部门关键指标

图 23-3　拆解 GMV 和 ROI 公式

图 23-3 所示"成交转化率"中的"线索-MQL 转化率"指标，根据每个公司业务模式的不同可能由不同的部门负责，比如有些公司由市场部门负责，有些公司则由销售部门负责。

2. 过程指标

为了达成线索量和线索成本的部门指标，需要对过程指标进行拆解，如图 23-4 所示。

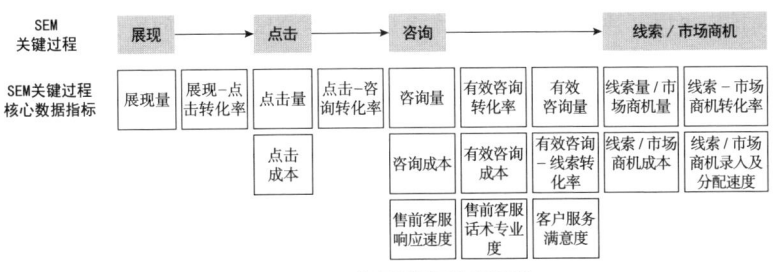

图 23-4 对过程指标进行拆解

图 23-4 所示的核心数据指标不一定都列入绩效考核,但在整个 SEM 推广过程中,每个指标都值得关注,每个指标的提升都会在最终成果上体现出来。

从结果指标到过程指标的拆解,让我们知道了"为什么要做 SEM"以及"为了达成目标应该关注什么",下面将深入研究"如何达成目标"的问题。

制定策略

根据线索量和线索成本,我们需要从平台选择和账户布局两个维度制定推广策略。

SEM 的主流平台有 4 个——百度、360、搜狗、神马,这几个平台的特色如表 23-1 所示。

表 23-1 4 个 SEM 平台的特色

SEM 平台	特点	策略建议
百度	线索成本较高,线索量大	主要流量获取平台
360	线索成本适中,线索量适中	补充流量获取平台
搜狗	线索成本较低,线索量较少	补充流量获取平台
神马	线索成本低,线索量少	平衡整体成本

在落地 SEM 的过程中,也需要注意一些技巧和方法,也就是推广策略。笔者认为可以从如下 3 个方向思考推广落地的问题。

1)**推广时长**。这主要涉及是否要开通夜间及周末推广的问题。夜间推广可以开通，但是出于成本考虑，需要测试最佳时间段，未必要开通整夜推广。另外，夜间及周末推广要考虑销售能否及时跟进，一般情况下从客户留资到销售首次跟进，建议间隔不要超过 30min。

2）**推广地域**。通过分析各省的历史推广数据，明确线索量分布情况、线索成本对比及不同省份是否有明显的淡旺季。此外要拉通销售部门，分析各省的成交率数据、复购数据及当地竞争情况。根据以上数据分析结果，再去优化和调整地域策略。

3）**多账户搭建策略**。我们可以通过多账户全面覆盖广告位，让客户无论如何搜索都会曝光你的广告，潜移默化地影响客户的最终选择，实现 1+1＞2 的效果。账户可以分为一级、二级、三级，不同级别的账户使用不同的投放思路。也就是说，不同级别的账户内的关键词、创意及落地页都要有所区别，不要全部上一模一样的物料，否则必然导致一个或多个账户的投入浪费，达不到整体最优的转化效果。

准备工作

SEM 的准备工作主要包括如下 4 个方面。

1. 团队能力准备

无论是 SEM 还是其他的市场营销动作，都离不开对产品和销售的了解。市场作为从产品到销售的承接环节，对团队的能力要求是"既能讲产品，又能谈客户"。因此，建议对 SEM 团队进行能力培训时，不管是中层还是基础执行岗位，都要包含以下两部分内容。

1）**学习营销工具**。主要的营销工具包括企业介绍手册、产品手册、产品报价单和经典客户案例。通过听讲解、小组学习、模拟对话、笔试等多种方式进行部门内部培训和考核，保证团队对营销工具的核心信息烂熟于心。

2）**六问销售**。请教销售部门同事 6 个问题，记录、整理答案并熟练掌握。

- **一问竞品**。了解主要竞争对手情况及优劣势对比，客户在初次咨询时可能会问"你们和 ×× 家产品有什么区别"，如果售前客服答不上来，可能就直接损失了一个客户。
- **二问报价**。如何回答客户的询价问题，比如"最近有什么优惠？"等问题，对于这类问题，销售部门同事有丰富的经验。
- ☐ **三问需求**。初次咨询的客户，有时候需求并不明确，这些尚未转成商机的线索如何跟进？需要市场部门和销售部门提前沟通，明确是将客户导流至专门的企业微信，直接转交给销售，还是留在市场部的流量池中持续培育。
- ☐ **四问流程**。市场部门将线索或市场认可的商机分配给销售部门后，销售是如何分发到个人的？每个销售人员是如何跟进的？对此推广团队都需要详细了解，以求做到顺畅配合。
- ☐ **五问案例**。销售部门有大量的经典成功案例，可要求该部门定期分享给推广团队，找到类似客户的共性标签，从而帮助推广团队在前端迅速识别高价值客户，标星后交给销售优先跟进，提升整体成交率。
- ☐ **六问话术**。销售都有话术剧本和 FQ&A 文档，推广团队可以借鉴学习。售前的咨询话术虽然不同，但与销售话术是前后配合，保持关键信息的一致可以提高后期的转化率。

2. 推广计划构建

要搭建 SEM 计划，团队肯定需要得到业务相关的关键词。得到关键词的具体方法如下。

1）研究、挖掘自身要推广的业务，根据业务拓展核心关键词。

2）通过不同搜索引擎的相关搜索、下拉框等进行核心关键词拓展。

3）应用推广后台相关数据及第三方工具挖掘更多的长尾关键词。

4）挖掘各类指数平台关键词需求图谱。

有了合适的关键词之后，就可以构建推广计划了。首先要明确推广的产品或服务是什么，围绕你的产品或服务来设立推广计划。对于单一业务，可以将关键词按词性分组，在一个计划下对关键词进行管理，也可按照营销目的、地域等因素将关键词划分到多个不同的计划。这样划分可以从多个维度观察数据的变化，并有利于账户优化。对于多业务，可根据产品或服务类别、推广预算、推广地域、推广时段等维度划分多个计划（还可将以上维度适当组合）。对于其他促销、活动等，可以单独构建计划。

3. 落地页建设

内容层面，优先重点展示客户最关心的——产品介绍、成功案例、联系方式；运营层面，建议参考多个模板进行素材搭建，并基于数据分析做 A/B 测试，数据表现好的模板可以持续使用，数据表现不好的模板要及时更新；产品层面，官方网站、百度基木鱼落地页等工具都可以使用。

4. 工具准备

先确定客户留资的方式是表单、电话还是在线窗口咨询，再从市面上选取适用的工具。不要选功能尚未上线或还在测试期的工具，一定要和企业自用的 CRM 系统做好数据对接，不能只关心线索数据，要关注从线索到成交的全流程。

从推广角度看，SEM 推广对 CRM 系统的功能也有需求，无论是自研还是外采，都建议推广团队重点关注如下 CRM 功能：线索批量导入、线索标签、线索状态切换、线索转化数据分析、销售数据表单自定义生成。

以上准备工作做完，就可以充值账户，开始推广了。在整个推广过程中，保证策略正确、执行到位，拿到结果的关键在于数据分析。

数据分析及其模板

我们先来看看需要做哪些数据分析，具体如表 23-2 所示。只有先明确不同的数据分析会起什么作用，有的放矢，才能有效地搭建数据体系。

表 23-2 常用的数据分析类别

类 别	目 的	使用说明
大盘流量数据分析	了解市场需求变化及各平台的数量分布变化	每月或每季度分析一次，把控整体趋势
成本数据分析	拆解推广过程成本数据，针对性地优化降本	每天重点监控并及时进行优化调整
线索质量数据分析	根据推广过程中的转化率及 ROI 数据，针对性地调整推广策略并拉通	每天重点监控并及时拉通销售部门，进行整体策略优化
销售转化数据分析	掌握成交金额及 ROI 数据等整体结果	每周或每月分析一次，拉通销售部门优化策略

下面给出几种数据分析的落地模板，具体如表 23-3～表 23-5 所示。

23 SEM 营销与实战

表 23-3 大盘流量数据分析模板

业务名称	核心词	百度搜索指数（以年计）	时间维度（全国数据）		地域维度（月均数据）		
			百度搜索指数（以月计）	百度搜索指数（以日计）	A省	B省	C省
业务A	核心词1	X	A	I	x	a	α
	核心词2	Y	B	II	y	b	β
	核心词3	Z	C	III	z	c	γ
	……	……	……	……	……	……	……
	合计	(=X+Y+Z+……)	(=A+B+C+……)	(=I+II+III+……)	(=x+y+z+……)	(=a+b+c+……)	(=α+β+γ+……)

表 23-4 成本数据分析与线索质量数据分析模板

sheet1: 合计

日期	展现	点击	消费	展现-点击转化率	点击成本/(元/个)	咨询量	有效咨询	咨询成本/(元/个)	有效咨询成本/(元/个)	线索	有效咨询-线索转化率	线索成本/(元/个)
×月×日												

sheet2: PC端

日期	展现	点击	消费	展现-点击转化率	点击成本/(元/个)	咨询量	有效咨询	咨询成本/(元/个)	有效咨询成本/(元/个)	线索	有效咨询-线索转化率	线索成本/(元/个)
×月×日												

sheet3: 移动端

日期	展现	点击	消费	展现-点击转化率	点击成本/(元/个)	咨询量	有效咨询	咨询成本/(元/个)	有效咨询成本/(元/个)	线索	有效咨询-线索转化率	线索成本/(元/个)
×月×日												

表 23-5 销售转化数据分析模板

日期	线索数量	MQL数量	线索-MQL转化率	SQL数量	MQL-SQL转化率	成交数量	SQL-成交转化率	推广成本	成交金额	ROI	环比数据分析	同比数据分析
×月×日												

过程及结果管理工具

除了数据分析，为了保证目标达成，还需要借助一些过程及结果管理工具。只有管理工作实现了标准化，才能保证高效达成目标。

1. 推广每日数据表

我们需要在表 23-4 所示的模板中，每天增加前一天的推广数据，然后基于数据的变化情况，实时进行推广策略的优化调整。

2. 推广经理工作 SOP（标准操作程序）

梳理"推广经理一天的 SOP"文档，这个文档不仅可以帮助 SEM 经理有规律地工作，还有助于管理者对工作节奏进行有效把控。推广经理的一天 SOP 参考模板如表 23-6 所示（可根据实际业务情况调整）。

表 23-6 推广经理一天的 SOP

时间	工作	备注
8:00—8:30	检查账户、网站及咨询工具等能否正常运行	
8:30—9:00	前一天推广数据统计	
9:00	开启推广	
9:00—9:10	关键词排名及展现情况检查	
11:40—12:00	统计上午MQL数量，检查日推广目标达成进度是否正常	如出现异常数据，要及时与售前客服沟通，排查问题
14:00—17:00	账户优化，竞品监测	
17:40—18:00	当日MQL数量统计，根据目标达成情况进行日工作复盘	如当日获客目标未完成，则要调整本月剩余工作日的每日目标量，保证整体结果达成

3. 售前咨询月度数据分析表

一般的 400 电话或第三方在线咨询应用都有数据分析功能，SEM 团队可以从不同维度抓取数据，如有效咨询的对话数、售前客服的平均响应效率、咨询高峰时段变化等，这些数据对于优化团队工作方法、提升工作效率都是非常有用的。

4. 售前团队话术库

前文讲过，售前客服要学习销售的话术，但更重要的是要生成自己的话术库。话术库分为基础话术库和案例话术库。

1）**基础话术库**。可以根据品牌资料、产品手册等，将客户的常规问题编辑成快捷语，或设置关键词触发自动回复机制，以提升咨询效率。

2）**案例话术库**。结合销售的问答文档，以及售前客服日常工作中遇到的典型成功案例，对冷门问题和成功率较高的话术进行整合，将个人经验转化为集体智慧。

执行注意事项

在 SEM 执行过程中，有一些事项是必须要注意的。

1）**不要使用极限词**。这部分内容第 22 章有介绍，这里不再重复。

2）**谨慎使用竞争对手的品牌词**。一般情况下，竞争对手的品牌词都会有商标保护。虽然竞争对手的品牌词能帮助截取部分精准流量，但如果不能合规操作，可能会给自己和企业带来风险与纠纷。

3）**SEM 平台的整体流量是有限的**。近年来，随着诸多互联网新平台的崛起，传统搜索平台的流量持续受到影响，但企业的发展需要持续的线索量增长。如果 SEM 线索遭遇增长瓶颈，大家可以打开思路，进行多渠道"开源"获客。除了传统的平台外，也可以尝试抖音、小红书等平台，微信的信息流推广也是很好的"开源"选择。在这个流量增长见顶、渠道极度分散的时代，SEM 团队必须开阔视野，勇于创新。

第 2 节　SEM 的团队管理

对市场总监来说，谁是你的团队？大部分人的第一反应是"我直接管理的下属就是我的团队"。其实不然，你在完成工作目标时要调动的所有内外部人员都是你的团队。因此，SEM 的团队管理涉及内部团队（市场部门内的 SEM 团队）和平行团队（密切配合的销售团队和产品团队）两部分。

管理内部团队涉及如下两个要素。

1）建立合理的团队架构。根据 SEM 工作流程，可以将推广团队设置为"前端""中端""后端"3 个小组。前端是推广专员或推广经理，负责获取咨询量；中端是售前客服，负责将咨询量转化为线索；后端是内容策划，负责推广落地页及广告素材等内容制作。具体如图 23-5 所示。

2）建立完整的团队能力模型，并基于能力模型进行人员的招、选、育、留。

岗位	核心能力		
推广经理	推广思路	学习能力	抗压能力
售前客服	销售思维	打字速度	沟通技巧
内容策划	数据运营	推广思维	文案能力

图 23-5 推广团队架构及核心能力

对于平行团队的管理，重点是要做到"三拉通"。

1）**数据拉通**。推广与销售的数据必须强拉通，核心数据包括线索量、转化率、营收目标、ROI 等。

2）**业务拉通**。市场团队要向销售团队、产品团队学习业务知识，销售团队和产品团队也要向市场团队了解前端的市场信息。"春江水暖鸭先知"，最新的客户需求变化、行业动向甚至新产品需求，都是市场团队先感知到的，因为市场团队处于接触客户的最前沿，接收的信息很多、很新，而推广端实时的流量数据变化、客户咨询端的需求变化，对产品研发和销售策略都有指导价值。

3）**职业路径拉通**。优秀的售前客服可以转岗到销售，对市场感兴趣的销售也可以从转岗售前客服开始，推广经理可以借助"开源"的机会，尝试更多平台、更多数字广告玩法……总之，SEM 获客只是开始，在丰富多彩的市场营销世界里，每个人都大有可为。

附录　中文名称与英文缩略语对照表

英文缩略语	中文名称
ABM	目标客户营销
ACV	年度签约价值
AR	分析师关系
BAF	作用、优势、属性
BDR	业务发展代表
BLM	业务领先模型
CEO	首席执行官
CFO	首席财务官
CIO	首席信息官
CLTV	客户终身价值
CMI	内容营销研究所
CMO	首席营销官
CMP	内容营销金字塔
COO	首席运营官
CRM	客户关系管理
CSM	客户成功经理
CTA	行动召唤
CX	客户体验
CXO	首席惊喜官（其中 X 代表未知惊喜，非英文首字母）
DMP	数据管理平台
EDM	电子邮件营销
FAB	属性、优势、作用
GTM	市场推广
ICP	理想客户画像
IP	知识产权，现泛指所有智力创作的版权
IPO	首次公开募股
IR	信息检索
IWON	网络口碑
KA	关键客户
KOC	关键意见消费者
KOL	关键意见领袖
KP	关键决策人
KPI	关键绩效指标
KV	主视觉
LTV	生命周期总价值
LSI	潜在语义索引，又称潜在语义分析
MA	营销自动化

(续)

英文缩略语	中文名称
MIL	注册线索
MLG	市场主导型增长
MQA	市场合格的客户
MQL	市场确认线索
MRD	市场需求文档
MVP	最小可行产品
OGC	职业生产内容
OKR	目标与关键成果
PDCA	计划、行动、检查、处理
PGC	专业生产内容
PLG	产品主导型增长
PM	产品经理
PMM	产品市场经理
POC	对客户进行验证性测试
PQL	产品确认线索
PR	公共关系,简称公关
PRM	合作伙伴关系管理
PV	页面浏览量或点击量
ROI	投资回报率
RQL	不合格线索
SAL	销售接受线索
SCRM	社会化客户关系管理
SDR	销售发展代表,主要负责商机、线索运营
SEM	搜索引擎营销
SEO	搜索引擎优化
SERP	搜索结果页面
SLG	销售主导型增长
SFA	销售技术自动化
SKU	最小库存单位
SMART	具体的、可量化的、有机会达到的、相关的、有时间限定的
SMB	中小企业客户
SOP	标准作业程序
SQL	销售确认线索
TAL	目标客户列表
TCO	总拥有成本
TDK	标题、描述、关键词
TEAM	目标挖掘、吸引参与、激活、度量
UGC	用户生成内容
UV	通过互联网访问、浏览这个网页的自然人
VI	视觉识别
WBS	工作分解结构